북경외대출판사 HSK시리즈

外研社 • HSK课堂系列

1200단어, 21일 완성!

新HSK 어휘족보

1~4급

리　황 · 쉬신유엔
자오잉 · 판하이펑 공저

新HSK词汇宝典 1-4级

북경외대출판사 HSK시리즈

新HSK 어휘족보

초판인쇄 2018년 10월 10일
초판발행 2018년 10월 17일

지 은 이 리황, 쉬신유엔, 자오잉, 판하이펑
발 행 인 오세형
책임편집 오자경
번　　역 손미경
디 자 인 조 진
제작지원 TOPIK KOREA
발 행 처 (주)도서출판 참
등록일자 2014년 10월 12일
등록번호 제319-2015-52호
주　　소 서울시 동작구 사당로 188
전　　화 도서 내용 문의 (02)6294-5742
　　　　 도서 주문 문의 (02)6294-5743
팩　　스 (02)6294-5747
블 로 그 blog.naver.com/cham_books
이 메 일 cham_books@naver.com
ISBN 979-11-88572-08-3(13720)

※ 도서출판 참은 참 좋은 책을 만듭니다.
※ 정가는 표지에 표시되어 있습니다.
※ 여러분의 소중한 원고를 기다립니다. cham_books@naver.com

머리말

《新HSK어휘족보1-4급(新HSK词汇宝典1-4级)》은 2013년 출간 이후 국내외 관련 학교 및 교육기관에서 HSK 교재로 선정되었습니다. 2015년 공자 아카데미 본부/국가한반(孔子学院总部/国家汉办)은 기존의 HSK1-6급 어휘 수준을 조정하여 시험 개요와 영역별 기출문제를 새롭게 발표했습니다. 이에 따라 HSK 수험생이 개편된 HSK시험을 준비하는 데에 부족함이 없도록 본 교재를 개정해야 할 필요성을 느꼈습니다.

新HSK1-6급 어휘 항목을 기준으로《新HSK어휘족보(1-4급)》개정판을 출간하였습니다. 개별 어휘의 품사, 병음, 결합, 예문 등을 새롭게 수정하고 기출문제 역시 새롭게 발표된 기출 문제로 교체하였습니다.

이 책의 특징은 다음과 같습니다.

첫째, 1200개 단어를 20개 단원과 1개의 종합평가 단원으로 구성하였습니다. 하루에 한 단원을 학습하는 것을 목표로 하여 단기간에 실력을 향상시킬 수 있습니다.

둘째, 효과적인 어휘 암기를 위해 기본적인 병음, 품사, 뜻풀이 뿐만 아니라 新HSK 문법 항목, 예상 문제 및 기출 문제에서 선별한 예문을 수록했습니다. 수험생들은 본 교재를 통해 新HSK의 고득점에 도전하시기를 바랍니다.

셋째, HSK 예상 문제와 기출 문제 5회분을 제공합니다. 문제 풀이, 핵심 문법 및 응시 전략도 함께 실었습니다. 기출문제를 통해 실제적인 언어 학습 환경에서 단어를 습득함으로써 HSK 1-4급의 시험 유형 및 방식에 익숙해질 것입니다.

넷째, 각 단원의 학습 중점인 용법 및 구조는 시험 출제 포인트에 따라 보충, 분석, 결합, 반의로 상세히 설명하였습니다. 비슷해 보이나 쓰임이 다른 용법과 구조를 정확하게 이해할 수 있습니다.

다섯째, 수험자의 자기 평가를 위해 각 단원에 30개의 실전 문제가 있습니다. 1-20번은 빈칸 완성 문제, 21~25번 문제는 문장 완성 문제 그리고 26~30번 문제는 제시된 그림과 단어에 맞게 작문하는 문제입니다. 매 단원 학습 후 자기 평가를 통해 실력을 점검하세요.

초판 집필진인 판하이펑(潘海峰), 리황(李凰), 자오잉(赵莹), 쉬신유엔(许歆媛)은 同济大学国际文化交流学院(동제대국제문화교류대학)의 교수진으로서 외국어로서의 중국어 교육과 HSK강의에 다년간 종사하여 풍부한 경험을 가지고 있습니다. 제2판의 개정판은 판하이펑(潘海峰), 리황(李凰)과 자오잉(赵莹), 이 세 교수진에 의해 완성되었습니다.

한국의 도서출판 참을 통해《新HSK어휘족보(1-4급)》한국어판을 출간하게 되어 기쁘게 생각하며 한국의 많은 HSK수험생 여러분에게 이 책이 도움이 되기를 희망합니다.

저자 일동

2018년 10월

이 책의 특징

1200개 단어를 20개의 단원과 1개의 종합평가 단원으로 구성하였습니다. 하루에 한 단원을 학습하는 것을 목표로 하여 단기간에 실력을 향상시킬 수 있습니다. 매 단원은 학습 중점, 어휘 해석, 자기 평가의 3부분으로 구성됩니다.

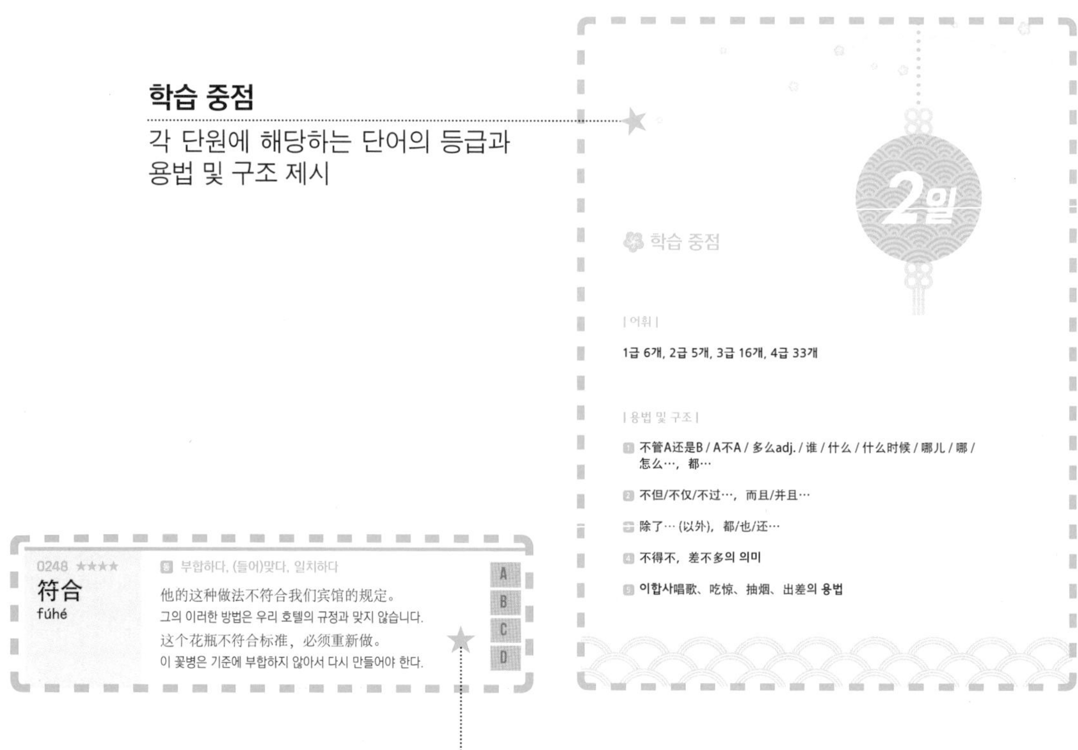

학습 중점

각 단원에 해당하는 단어의 등급과
용법 및 구조 제시

어휘

기본적인 병음, 품사, 뜻풀이와 예문 수록
新HSK기출 문제에서 선별한 예문, 新HSK에 적중!

· 단어의 급수를 ★로 표시
· 병음 순으로 빠르게 '찾아보기'

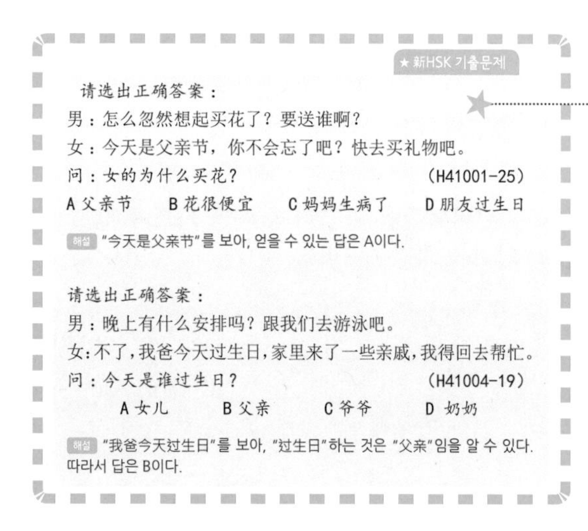

新HSK 예상 문제 · 기출 문제

新HSK 5회분(H41001-H41005) 제공
문제 풀이, 핵심 문법 및 응시 전략과 함께 해설 수록!

반의 紧张 (449)

형 분명하다, 알기 쉽다, 명백하다

黑板上的字你看得清楚吗?
칠판의 글씨가 너는 깨끗하게 보이니?
你听清楚他说什么了吗?
너는 그가 뭐라고 말하는지 잘 들리니?

분석 清楚 vs. 明白 (612)

"清楚"는 사람이 쉽게 보고 듣고 식별해낼 수 있거나 혹은 어떤 일에 대해 잘 알고 있는 것을 가리킨다. "明白"는 봐서 알고 들어서 알거나 이해하는 것을 가리킨다.

명 상황, 정황, 형편, 사정

大夫，我妈妈的情况怎么样?
의사선생님, 우리 엄마의 상태가 어떤가요?

결합 工作 (업무) / 生活 (생활) / 学习 (학습) / 国内 (국내) / 国际 (국제) + 情况

형 (하늘이) 맑다

明天是晴天还是阴天?
내일은 맑을까 아니면 흐릴까?

보충 阴 (1045)、多云 (1094)、下雨 (929)、下雪 (991)、刮风 (301)

용법 및 구조

시험 출제 포인트에 따라 반의, 분석, 결합, 보충으로 세분화

· 각 단어에 해당 '번호'를 표시
예) 叔叔(797)

· 성조는 '숫자'로 표기
예) 还 (hai2)

2일

自测
자기평가

1. 选词填空。

A 不管　B 出生　C 唱歌　D 成功　E 重新

1. 我喜欢画画儿，弟弟却爱好（　）。
2. 我的杯子不小心被打破了，我打算（　）买一个。
3. 只有努力，才能（　）。
4.（　）病得多么厉害，我都会坚持上课。
5. 他是 1990 年（　）的。

A 参观　B 成为　C 不但　D 诚实　E 菜单

6. 他（　）汉语说得好，汉字写得也很漂亮。
7. 她很（　），从来不说假话，不骗人。
8. 这次来北京我们打算去长城（　）。

21일

모의100제

1. 排列顺序。

1. A 我们应该首先表示感谢
B 而不是问礼物多少钱
C 收到礼物时

2. A 但他就是不敢去
B 昨天老师给他打了一个多小时的电话
C 鼓励他去参加汉语桥比赛

3. A 所以还是有很多人选择这个职业，尤其是女孩子
B 但是因为有寒暑假
C 在中国，虽然做老师很忙很累

4. A 虽然我们现在的生活条件变好了
B 很多人的健康和心情也因此越来越差
C 但是人们的压力却越来越大

A B C D E F G H I J K L M N O P Q R S T U V W X Y Z

자기평가 및 모의100제

· 각 단원 마지막에 新HSK4급과 동일한 평가 문항으로 구성
1-20번은 빈칸 완성 문제, 21~25번은 문장 완성 문제, 26~30번은 제시된 그림과 단어에 맞게 작문하는 문제

· 최종 단원에서 모의100문제를 통해 실전 감각을 키우기!

부록

新HSK 1-4급 기출어휘 목록표

〈1급〉

1	八月	Bāyuè	팔월
2	茶杯	chábēi	찻잔
3	吃饭	chī fàn	밥을 먹다
4	打车	dǎchē	택시를 타다
5	大学	dàxué	대학교
6	电影院	diànyǐngyuàn	영화관
7	汉字	Hànzì	한자
8	后天	hòutiān	모레
9	回来	huílái	돌아오다
10	回去	huíqù	돌아가다
11	今年	jīnnián	올해
12	开车	kāichē	운전하다
13	里面	lǐmiàn	~ 안에
14	明年	míngnián	내년
15	那里	nàlǐ	거기

부록

출제기관에서 공시한
新HSK1-4급 기출어휘목록표

목차 및 구성표

일차 별	용법 및 구조	페이지
1일차	① "把"자문 ② "被"자문 ③ "比"자문 ④ 구조 "别…了" ⑤ 이합사 "帮忙、报名"의 용법	9
2일차	① 不管A还是B / A不A / 多么adj. / 谁 / 什么 / 什么时候 / 哪儿 / 哪 / 怎么…,都… ② 不但/不仅/不过…,而且/并且… ③ 除了…(以外),都/也/还… ④ 不得不,差不多의 의미 ⑤ 이합사 唱歌、吃惊、抽烟、出差의 용법	29
3일차	① 的、地、得의 용법 ② 打구문 ③ 大夫등 직업 명사 ④ 이합사打折、打针、道歉의 용법	49
4일차	① 一点儿/有点儿의 구별 ② 电어구 ③ 发어구 ④ 결과보어 动+掉/懂 ⑤ 개사 对의 용법 ⑥ 이합사 堵车、发烧의 용법 ⑦ 접속사 而의 용법	69
5일차	① 정도 부사 非常, 개사 给、跟의 용법 ② 负责、干杯의 용법 ③ 告诉+人+事 및 鼓励+人+做什么事구조 ④ 分/分钟과 刚才/刚의 구별	89
6일차	① 光、还、还是의 의미와 용법 ② 过의 용법 ③ 好의 의미와 용법 ④ 后来/以后의 차이 ⑤ 画/画儿의 차이	109
7일차	① 几의 의미와 용법 ② 回、见面의 용법 ③ 会의 의미와 용법 ④ 即使…,也…및 既然…,就/也/还…구조 ⑤ 积极/计划/继续/坚持+做什么事구조 ⑥ 성격 관련 어휘	129

일차 별	용법 및 구조	페이지
8일차	① 教/借给+人+东西 및 教/叫/禁止+人+做什么事 구조 ② 进行/决定/觉得+小句/其他动词구조 ③ 跟/和+人+交流/结婚/竞争 및 给+人+解释/介绍구조	149
9일차	① 开始/考虑+做什么事 구조 ② 可+动词, 值得 구조 ③ 중국어 정태 부사 肯定、恐怕 ④ 来得及、来不及의 용법 ⑤ 了의 용법	171
10일차	① 俩/两、没/不의 구별 ② 连…也…구조 ③ 跟+人+联系 및 对+人/事/地方+满意구조 ④ 이합사 跟朋友聊天，聊一会儿天、聊聊天、聊天聊得很开心의 용법 ⑤ 신체 용어	191
11일차	① 의문 대명사 哪、哪儿의 용법 ② 어기부사 难道의 용법 ③ 어조사 啊、呢、吧、吗의 용법 ④ 양사와 명사 盘은 양사, 盘子는 명사 ⑤ 이합사 爬山、跑步의 용법	211
12일차	① 부사 其实、千万、确实 ② 대명사 其次、其他 ③ 접속사 然而、然后 ④ 동사 请、请假 ⑤ 动+起来의 용법 ⑥ 각종 과일 어휘	229
13일차	① 심리 동사 伤心、生气、失望의 용법 ② 동사 散步、商量、生病의 용법 ③ 上의 의미와 구조 上+…와 …+上 ④ 의문 대명사 谁、什么의 용법	249
14일차	① 구조是…的 ② 熟悉、顺便、随便、随着의 용법 ③ 이합사 刷牙、睡觉、说话의 용법 ④ 접속사 虽然…但是…의 용법 ⑤ 조어법 X员	269
15일차	① 이합사跳舞의 용법 ② 구조 提醒/同意+人+做什么事 ③ 구조讨厌/推迟/忘记+做什么事	287

일차 별	용법 및 구조	페이지
	④ 개사 通过、往、为、为了의 용법 ⑤ 미각 어휘 ⑥ 반의어 提高—降低、同意—反对、推—拉、推迟—提前、脱—穿、外—里、危险—安全	
16일차	① 无论의 용법 ② 希望+人+做什么事구조 ③ 习惯/喜欢+做什么事구조 ④ 跟/和/与…相同/相反구조 ⑤ 吸引、羡慕、笑话의 의미 ⑥ 下、想、象의 의미와 용법 ⑦ 小时/点의 구별	305
17일차	① 동사이면서 명사인 어휘 需求、要求 ② 要의 의미와 용법 ③ 也、也许、一定의 의미 ④ 要是…,就… 와 一…,就…	325
18일차	① 一会儿등 시량보어의 용법 ② 구조 一边…,一边… ③ 개사 以、由의 의미와 용법 ④ 접속사 因此、因为…所以…、由于、于是、与의 의미 ⑤ 以为、意思、应该의 의미 ⑥ 一切、用、印象、友好의 용법	345
19일차	① 越来越…和越A,越B ② 在、再의 의미와 용법 ③ 怎么、怎么样의 의미와 용법 ④ 动+着와 动1+着+动2 구조 ⑤ 这、正式의 의미 ⑥ 负责、真、值得의 용법	365
20일차	① 终于/最后、周围/附近、准确/正确、准时/按时/及时、仔细/认真、总是/一直의 구별 ② 动+住와 动+走 구조, 只要…就…구조 ③ 专门、最好의 용법 ④ 只好、指의 의미	387
21일차	모의100제	407

학습 중점

| 어휘 |

1급 6개, 2급 7개, 3급 23개, 4급 24개

| 용법 및 구조 |

1. 把자문
2. 被자문
3. 比자문
4. 别…了
5. 이합사帮忙、报名의 용법

0001 ★★★

阿姨
āyí

명 이모, 가정부 아주머니

妈妈有两个姐姐，一个妹妹，所以我有三个阿姨。
엄마에게 두 명의 언니와 한 명의 여동생이 있기 때문에 나는 이모가 세 명이다.

阿姨在打扫房间。
가정부 아주머니가 방을 청소하고 있다.

보충 叔叔（797）

0002 ★★★

啊
ā/à

감 놀라움과 감탄에 쓰는 표현, 무엇인가 깨달았을 때 쓰는 표현

啊 (1)，这儿的风景太美了！
아, 여기 풍경이 너무 아름다워!

啊 (3)，原来你是中国人呀！
아, 너 중국인이었구나!

분석

啊 vs. 呢（628）vs. 吧（15）vs. 吗（584），呢（628）참고

0003 ★★★

矮
ǎi

형 (길이가)짧다, (키가)작다

这座楼比那座矮。
이 건물은 저 건물보다 낮다.

他是我们班最矮的学生。
그는 우리 반에서 키가 가장 작은 학생이다.

★ 新HSK 기출문제

请选出正确答案：
男：这个椅子太矮了，坐着不舒服。
女：右边那个绿色的怎么样？比这个要高一些，而且更便宜
问：他们最可能在哪儿？ (H41001-23)

A 商店　　B 电影院　　C 咖啡馆儿

해설 대화 중 장소를 직접 언급하는 단어는 없다. 남자가 첫 마디에서 '의자'를 언급했고, 여자는 이어서 의자의 색깔, 높이, 가격 등을 이야기 했다. 그들이 의자를 사고 있는 중이라는 추측이 가능하기 때문에 상점에 있을 가능성이 가장 크므로 답은 A이다.

분석 矮 vs. 低（171）vs. 短（200）

"矮"는 키나 건물에 쓰이며 "低"는 温度(904), 水平(810), 程度(정도), 能力(632), 价格(403), 工资(284), 奖金(415), 收入(786) 등에 쓰인다.

반의어는 "高(271)"이다. "短"은 衣服(옷)、东西(물건)、时间(시간)에 쓰이며 반의어는 "长(88)"이다.

0004 ★
爱
ài

동 사랑하다, ~하기를 좋아하다

我爱我的祖国，爱我的家人。
나는 내 조국과 가족을 사랑한다.
张东不爱吃水果。
장둥은 과일 먹는 것을 좋아하지 않는다.

0005 ★★★
爱好
àihào

명 취미 동 ~하기를 좋아하다

妹妹有很多爱好。
여동생은 취미가 아주 많다.
王芳喜欢看书，我的爱好跟她不一样，我爱好运动。
왕팡은 독서를 좋아하지만, 내 취미는 그와 다르다. 나는 운동하기를 좋아한다.

0006 ★★★★
爱情
àiqíng

명 로맨스, (낭만적인) 사랑

浪漫的爱情故事总是很吸引人的。
낭만적인 러브스토리는 언제나 매력적이다.

보충 友情(우정) 亲情(가족간의 사랑) 感情(265)

0007 ★★★
安静
ānjìng

형 조용한, 평화로운, 고요한

王芳是一个安静的姑娘，她总是安安静静地坐在那儿。
왕팡은 조용한 소녀로 언제나 조용히 그곳에 앉아 있다.

★ 新HSK 기출문제

判断对错：
我挺喜欢现在住的地方，很安静。不像以前住的地方，虽然交通方便，但是周围很吵。
他现在住的地方很安静。（ ） (H41003-2)

해설 첫 마디의 "내가 지금 사는 곳이 조용해서 좋다" 를 근거로 옳은 답임을 알 수 있다.

반의 热闹（720）

0008 ★★★★
安排
ānpái

동 계획하다, 배치하다

你这次来上海有什么安排？去外滩吗？
이번에 상하이에 오는데 무슨 계획이 있니? 와이탄에 갈 거니?
学会安排自己的业余时间非常重要。
자기 여가시간에 대한 계획을 세울 줄 아는 것은 매우 중요하다.

0009 ★★★★

安全

ānquán

형 안전한

请保持安全的距离。

안전거리를 유지하십시오.

飞机马上就要起飞了，请乘客们系好安全带。

곧 비행기가 이륙합니다. 승객 여러분들께서는 안전벨트를 착용해주시기 바랍니다.

★ 新HSK 기출문제

请选出正确答案：

人脑不是电脑，所以密码不能太复杂，不过也不能太简单，否则不安全。想要密码安全，最好不要用手机号码、生日等。

用手机号码作密码： (H41003-78)

A 太复杂　B 不安全　C 会引起误会　D 很浪费时间

해설 "…하고 싶으면, …를 사용하지 않는 편이 좋다"에서 답이 B임을 알 수 있다. 이 문제에 나온 새 단어는 "复杂", "误会", "浪费"가 있다.

반의 危险（896）

0010 ★★★★

按时

ànshí

부 제 시간에, 마감 시간 전에

他每天都按时来上课。

그는 매일 제 시간에 수업에 간다.

★ 新HSK 기출문제

请选出正

男：明天的面试很重要，你千万不要迟到。

确答案：　女：我知道，你别担心了，我一定会准时到的。

问：男的希望女的怎么样？ (H41001-23)

A 请客　B 按时到　C 别生气　D 换一个航班

해설 "准时"와 "按时"가 유의어이기 때문에 답은 B이다.

选词填空：

爸爸，我明天出差，下星期四回来，您记得（　　）吃药。

(H41004-46)

A 伤心　B 按时　C 距离　D 坚持　E 耐心　F 个子

해설 동사 "吃"앞에는 부사가 올 수 있다. 구의 의미에 따라 "吃药"는 시간에 맞추어야 하는데, 즉 "按时吃药"로 답은 B가 된다.

결합 按时 + 吃药 / 上班 / 睡觉 / 完成 / 回家 / 参加

제 시간에+약을 먹다/출근하다/잠자다/완성하다/집에 가다/참가하다

분석
按时 vs. 及时（386）vs. 准时（1172），及时（386）참고

0011 ★★★★
按照
ànzhào

개 -에 따라, -대로

按照要求，完成句子。
요구에 따라 문장을 완성하세요.

按照公司的规定，上班时间不能聊天。
회사 규정에 따르면 근무시간에 한담을 나누면 안 된다.

분석 按照 vs. 根据（281）
按照 + 规定（314）/ 要求（1009）/ 顺序（814）/ 计划（390）等；
根据 + 情况（700）/ 经验（460）/ 条件（863）/ 预报（예보）等。

0012 ★
八
bā

수 8, 여덟

现在八点。
현재 8시이다.

八个汉字 한자 여덟 자
八份报纸 신문 여덟 부
八本杂志 잡지 여덟 권
八段课文 본문 여덟 단락
八顿饭 여덟 끼
八朵花 꽃 여덟 송이

0013 ★★★
把
bǎ

양 자루, 다발 개 -을/를

一把雨伞 / 椅子 / 刀子 / 钥匙…
우산 한 자루/의자/칼/열쇠…

请把椅子搬到楼上。
의자를 위층으로 옮겨주세요.

请把作业交给老师。
과제를 선생님에게 제출하세요.

보충 "把 + 목적어 + 동사 + 기타 성분 (예 : 구조보어 , 방향보어 , 시량보어 , 쌍목적어 중 인칭지시 목적어 등)" 은 자주 쓰이는 구조이다 .

★新HSK 기출문제

完成句子：

请　那张表格　把　两份　打印　(H41003-87)

해설 문장 구조 "주어+把+목적어+동사+기타 성분"에 따르면, "把那张表格打印两份"에서 "两份"은 "打印"의 결과임을 알 수 있다. "请"은 언제나 문장 맨 앞에 놓인다. 그러므로 정답은 "请把那张表格打印两份。"가 된다.

完成句子：

这次机会　把　教授　竟然　放弃了　(H41004-87)

해설 "주어+把+목적어+동사+기타 성분" 구조에서 부사는 "把" 앞에 위치한다. 그러므로 정답은 "教授竟然把这次机会放弃了。" 가 된다.

0014 ★

爸爸

bàba

명 아빠

我家有五口人，爸爸、妈妈、两个哥哥和我。

우리 집 식구는 다섯 명으로 아빠, 엄마, 오빠 두 명 그리고 나이다.

보충 妈妈（579）、爷爷（1015）、奶奶（620）、哥哥（275）、姐姐（442）、弟弟（179）、妹妹（599）；儿子（214）、女儿（644）、孙子（830）、孙女（손녀）

0015 ★★

吧

ba

조 명령, 권유, 청유, 제안 등에 쓰이는 어기조사

我们走吧。

우리 갑시다.

你是中国人吧？

당신은 중국인입니까?

분석

吧 vs. 啊（2）vs. 吗（584）vs. 呢（628），呢（628）참고

0016 ★★

白

bái

형 흰색의 부 허사가 되어, 헛되이

她穿白色的衣服真漂亮。

그녀는 흰색 옷을 입은 모습이 정말 아름답다.

昨天夜里刮了一夜大风，我的衣服都白洗了。

어제 밤 내내 바람이 많이 불어서 빨래 한 것이 허사가 되었다.

天下没有白吃的午餐。

세상에 공짜 점심은 없다.

0017 ★★

百
bǎi

수 백, 100

今天有几百人来报名。
오늘 몇 백명이 등록을 하러 왔다.

我们学校有五百多个留学生。
우리 학교에는 유학생이 오백여 명 있다.

보충 个（277）、十（769）、千（687）、万（890）

0018 ★★★★

百分之
bǎifēnzhī

수 퍼센트, 백분

要是你能回答对百分之六十的题，你就能通过 HSK 考试。
만약 네가 문제 중 60퍼센트의 정답을 맞출 수 있다면, 너는 HSK시험에 통과할 것이다.

★ 新HSK 기출문제

判断对错：
在接受调查的学生中，有超过百分之八十的人希望自己能有机会出国留学，但只有大约百分之二十的人已经开始申请国外学校。
很多学生希望出国留学。（ √ ）　(H41005-1)

해설 "80% 이상의 학생들이 유학 기회를 가지기를 희망한다" 고 했으므로 "많은 학생들이 유학을 가고 싶어한다" 는 맞는 말이다.

보충 1%：百分之一；30%：百分之三十；100%：百分之百

0019 ★★★

班
bān

명 반, 근무조

一年级一共有十二个班。
한 학년에 총 12개 반이 있다.

今晚我爸爸上夜班。
오늘 저녁 우리 아빠는 야근조이다.

0020 ★★★

搬
bān

동 이사하다. 옮기다

我们刚搬来不久，还不太熟悉这个地方。
우리는 이사 온지 얼마 안 되어 이 지역이 그리 익숙하지 않다.

请把桌子搬到前边来。
테이블을 앞쪽으로 치워주세요.

★新HSK 기출문제

请选出正确答案：

男：那箱饮料可不轻，还是我来搬吧。

女：麻烦你了，还得请你帮忙，谢谢你。

问：男的在帮女的做什么？ (H41005-23)

A 擦桌子　　B 搬饮料　　C 修家具　　D 整理房间

해설 "그 음료수는 가볍지 않다"와 "내가 나를게"를 근거로 답이 B임을 알 수 있다. 새로 나온 어휘는 "擦(74)", "整理(1125)"이다.

0021 ★★★

办法
bànfǎ

명 (무언가를 하기 위한) 방법, 수단

他们终于想出了一个好办法。
그들은 결국 좋은 방법을 생각해냈다.

분석 办法 vs. 方法 (229) vs. 主意 (1161)

"办法"은 보통 특정 문제를 해결하는 데에만 쓰이고, "方法"는 문제 해결에 두루 쓰여 "一种学习(일종의 공부)/教学(교수)/工作方法(업무 방법)"와 같이 말할 수 있다. "主意"는 회화에서 주로 쓰인다.

0022 ★★★

办公室
bàngōngshì

명 사무실

我们老师的办公室在二楼。
우리 선생님 사무실은 이층에 있다.

我要去留学生办公室办入学手续。
나는 유학생 사무실에 가서 입학 수속을 하려고 한다.

0023 ★★★

半
bàn

수 절반

半年	半个月	半块蛋糕
반년	반개월	절반의 케이크
半圆	南半球	
반원	남반구	

我等了他半天了，他还没来。
나는 그를 반나절 기다렸는데, 그는 아직 오지 않았다.

★新HSK 기출문제

请选出正确答案：

男：小姐，我女儿多少钱一张票？

女：您好，您的六十，您孩子买儿童票，半价。

问：女儿的票多少钱一张？ (H41001-19)

A 20块 B 30块 C 40块 D 60块

해설 "반값", "60 위안" 의 반값은 "30 위안" 이므로 답은 B 이다.

0024 ★★★

帮忙

bāngmáng

동 돕다, 부탁을 들어주다

帮我个忙，我电脑不好用，请你帮我看看。

좀 도와주세요. 제 컴퓨터가 작동이 잘 안되는데 좀 봐주세요.

분석 帮忙 vs. 帮助（25），帮助（25）참고

0025 ★★

帮助

bāngzhù

동 돕다, 보조하다

我们要互相关心，互相帮助。

우리는 서로에게 관심을 가지고 서로 도와야 한다.

★ 新HSK 기출문제

请选出正确答案：

他这些年做生意赚了不少钱，还拿出很大一部分去帮助那些经济有困难的人，所以获得了大家的尊重。

问：他为什么获得了尊重？ (H41005-74)

A 年龄大 B 脾气好 C 他是富人 D 帮助穷人

해설 "所以"앞 문장이 원인이다. "他...赚了不少钱 还拿出很大一部分去帮助那些经济有困难的人(그는 많은 돈을 벌었고, 경제적 어려움이 있는 이들에게 큰 돈을 썼다)"에서 그가 "获得尊重(존경을 받는)"이유가 "帮助穷人(가난한 이들을 도와서)"임을 알 수 있다. 여기에서는 "还"에 보충 설명의 뜻이 담겨 있어 답은 D이다. 이 문제에 처음 나온 어휘는 "年龄(636)", "脾气(661)", "富(256)", "穷(704)"가 있다.

분석 帮助 vs. 帮忙（24）

"帮助"는 서면어에 주로 쓰이며, 구어에서는 "帮" 한 글자만 쓰이는 경우가 많다. "帮忙"은 "帮我个忙"/"帮他的忙"/"帮不上忙"과 같이 쓰이는 이합사이다.

0026 ★★★★

棒

bàng

형 훌륭하다, 좋다(회화체에서 쓰임)

你干得真棒！

너 정말 잘 했어!

他的发音棒极了！

그의 발음은 정말 훌륭해!

A B C D E F G H I J K L M N O P Q R S T U V W X Y Z

0027 ★★★

包

bāo

동 포장하다 명 가방, 패키지 양 포, 팩, 봉지, 자루

请把那几件衣服包起来。
그 옷들을 포장해주세요.

你的包真漂亮。
너 가방이 정말 예쁘다.

桌子上有几包书。
테이블 위에 책이 몇 포대 있다.

0028 ★★★★

包子

bāozi

명 만두

今天早饭吃包子。
오늘 아침으로 만두를 먹었다.

0029 ★★★

饱

bǎo

형 배부른

晚餐很丰富，我吃得很饱。
저녁이 많아서 배불리 먹었다.

科学研究证明：饱食不利于身体健康。
과학 연구가 과식이 건강에 해롭다는 것을 증명했다.

보충 饿（212）、够（295）

0030 ★★★★

保护

bǎohù

동 보호하다

妈妈总是保护自己的孩子。
엄마는 언제나 자신의 아이를 보호한다.

★ 新HSK 기출문제

完成句子：

要注意　　夏季外出时　　保护皮肤　　（样卷 - 91）

해설 "保护"뒤에는 목적어로 명사구가 붙어 "保护皮肤"와 같은 동사+목적어 구조가 된다. "要注意"뒤에 목적어가 오면 "要注意什么"가 되는데, 여기에서는 "要注意保护皮肤"가 된다. "夏季外出时"는 시간의 상황어로서 항상 문장 앞에 놓인다. 그래서 답은: 夏季外出时要注意保护皮肤。

결합 保护 + 环境(364) / 森林(738) / 自己(1175) / 眼睛(1001) / 自然(1176)

0031 ★★★★

保证

bǎozhèng

동 보증/보장/확보(하다)

为了身体健康，每天要保证充足的睡眠。
몸이 건강하려면 매일 충분한 수면이 확보되어야 한다.

我们公司的产品都有质量保证。
우리 회사 제품은 모두 품질 보증서가 있다.

★ 新HSK 기출문제

完成句子：
保证　我　完成　按时　任务　(H41003-91)

해설 "保证"다음에는 주로 동사 목적어구가 와서 '무엇을 하는 것을' 보증/보장/확보 한다. 여기에서 답은 "保证按时完成任务"가 된다.

0032 ★★★★
报名
bàomíng

동 등록하다

这次比赛，你报名了吗？
이번 경기에 등록했니?
今天下午我没空，要去报名参加HSK考试。
오늘 오후 나는 시간이 없다. HSK시험에 등록하러 가야 한다.

★ 新HSK 기출문제

请选出正确答案：
男：小姐，这是我的报名表，是交给您吗？
女：对。请等一下，请在这儿填一下您的联系电话。
问：根据对话，可以知道什么？　(H41005-21)
A 他们在理发　B 他俩是夫妻　C 男的想请假　D 男的在报名

해설 "报名表"와 "填......联系电话"에서 답이 D임을 알 수 있다.

0033 ★★
报纸
bàozhǐ

명 신문

桌子上有一份报纸。
테이블 위에 신문이 한 부 있다.
晚饭后，我爸爸喜欢看一会儿报纸。
우리 아빠는 저녁 식사 후 잠시 신문 보는 것을 좋아하신다.

0034 ★★★★
抱
bào

동 (품에)안다, 포옹하다, 포섭하다

妈妈开心地抱着她的儿子。
엄마가 아들을 기쁘게 끌어안고 있다.

0035 ★★★★

抱歉
bàoqiàn

형 미안한, 죄송한

我为自己的行为感到抱歉。
저 자신의 행동에 대해 죄송하게 생각합니다.

★ 新HSK 기출문제

选词填空：
A：真（　　），我迟到了。
B：没关系，表演还有5分钟才开始。

(H41001-55)

A 工具　B 收　C 温度　D 到底　E 辛苦　F 抱歉

해설 "我迟到了"와 B의 대답 "没关系"에서 답이 F임을 알 수 있다.

분석 抱歉 vs. 道歉（161），道歉（161）참고

0036 ★

杯子
bēizi

명 컵, 잔

桌子上放着一个好看的杯子。
테이블에 예쁜 컵이 놓여 있다.

杯子里装满了水。
컵에 물이 가득 담겨 있다.

보충 x 杯：酒杯（술잔）、茶杯（찻잔）、水杯（물잔）；瓶子（670）

0037 ★★★

北方
běifāng

명 북방

北方人喜欢吃面条，而南方人喜欢吃米饭。
북방인들은 면류를 좋아하는 반면, 남방인들은 쌀밥을 좋아한다.

보충 东（190）、西（917）、南（623）

0038 ★

北京
Běijīng

명 베이징

北京是中国的首都。
베이징은 중국의 수도다.

0039 ★★★★

倍
bèi

양 배, 승수(곱하는 수)

4是2的两倍。
4는 2의 두 배다.

人们的收入比十年前提高了两倍。
사람들의 수입은 십년 전보다 두 배 증가했다.

0040 ★★★

被
bèi

개 …에 의해(수동)

他的钱包被小偷偷走了。
그는 지갑을 소매치기에게 도둑맞았다.

这本小说被翻译成了英文。
이 소설은 영어로 번역되었다.

一个人被撞倒在地上。
한 사람이 바닥에 넘어졌다.

보충 구어에서 "被" 는 "叫，让" 으로 바꿀 수 있고, [S+ 被 +（O）+V+ 기타], [S+ 叫 / 让 +O+V+ 기타] 와 같은 구조로 쓰인다.

0041 ★

本
běn

양 책, 간행물, 파일

桌子上那本杂志是王先生的。
테이블 위의 그 잡지는 왕선생의 것이다.

0042 ★

本来
běnlái

부 원래

我本来是要去的，可是突然有事去不了了。
나는 원래 가려고 했는데 갑자기 일이 생겨서 가지 못했다.

这张桌子本来就是黑色的。
이 테이블은 원래 검정색이다.

★ 新HSK 기출문제

排列顺序：
A 没想到竟然得了第一名
B 她本来只是抱着试试的态度去参加比赛
C 这让她又吃惊又高兴 (H41005-57)

해설 "本来"는 이전의 생각을 제기하고, "竟然"은 마지막 결과와 이전의 생각이 다름을 의미한다. "她本来...参加比赛"부터 결과인 "得了第一名"까지의 시간 순서를 통해 B 다음 A가 오는 것을 알 수 있으며, 문장 C는 "这"가 대명사이므로 맨 마지막에 놓인다. 그래서 답은 BAC 가 된다.

분석 本来 vs. 原来（1084）
"本来(본래)"는 반드시 이렇게 해야함을 강조, "原来(원래)"는 변화를 강조한다.

0043 ★★★★

笨
bèn

형 어리석은, 바보스러운

人们常说，"笨鸟先飞"。
사람들은 '어리석은 새가 먼저 난다'고 종종 말한다.

没有人觉得自己比别人笨。
아무도 자신이 남들보다 어리석다고 느끼지 않는다.

보충 聪明（124）

0044 ★★★

鼻子
bízi

명 코

妈妈说：经常说谎的人鼻子会越来越长。
엄마는 "거짓말을 자주하는 사람의 코는 갈수록 커진다"고 말했다.

鼻子很重要，人们用它来闻味道。
코는 아주 중요하다. 사람들은 그것으로 냄새를 맡기 때문이다.

보충 耳朵（216）、眼睛（1001）、嘴（1184）、头发（875）

0045 ★★

比
bǐ

개 …에 비해, …보다

我比他喜欢学习。
나는 그보다 공부를 좋아한다.

我今天来得比你早 / 早一点儿 / 早得多 / 早二十分钟。
나는 오늘 너보다 일찍 왔다. / 조금 일찍 / 많이 일찍 / 20분 일찍

★ 新HSK 기출문제

完成句子：
打针　好　比吃药　效果　(H41005-89)

해설 "比"자문의 구조 "A比B+怎么样"을 근거로하여 "打针比吃药...好"라는 것을 알 수 있다. "打针"과 "吃药"은 어느 방면을 비교하는 것일까? 바로 "效果"이다. 얻을 수 있는 정답은 "打针比吃药效果好"이다.

보충 상용어구 "A比B+형용사(+一点儿 / 得多 / 시량보어)", 예문 2 참고.

0046 ★★★

比较
bǐjiào

동 비교하다 부 비교적, 상대적으로

他喜欢和别人比较。
그는 다른 사람과 비교하는 것을 좋아한다.

这次考试比较容易。
이번 시험은 비교적 쉬웠다.

보충 非常（241）참고

0047 ★★★★

比如
bǐrú

동 예를 들다

구체적인 용법은 552번 예문 참고.

0048 ★★★

比赛
bǐsài

동 겨루다, 시합하다, 경기하다 명 경기, 시합

我们跟他们比赛打篮球了。
우리는 그들과 농구 시합을 했다.

这场比赛我们一定会赢。
이번 경기는 우리가 반드시 이길 것이다.

결합 举行（474）/ 参加（80）+ 比赛

0049 ★★★

笔记本
bǐjìběn

명 노트북, 노트, 수첩

毕业时，我的同屋送我一个笔记本。
졸업할 때, 내 룸메이트는 내게 노트 한 권을 선물해 줬다.

0050 ★★★

必须
bìxū

부 반드시

今天你必须完成作业。
오늘 넌 반드시 숙제를 끝내야한다.

분석 必须 vs. 只好（1142），只好（1142）참고

0051 ★★★★

毕业
bìyè

동 졸업하다

他们一毕业就结婚了。
그들은 졸업하자마자 바로 결혼했다.

★ 新HSK 기출문제

请选出正确答案：

今天，你们终于完成了大学四年的学习任务，马上就要开始新的生活了。我代表学校向同学们表示祝贺！祝你们在今后取得更大的成绩，也希望你们以后有时间多回学校来看看。

这段话最可能是在什么时候说的？ （H41005-45）

A 访问　　B 开学　　C 毕业　　D 放寒假

해설 "你们终于完成了大学四年的学习任务"와 "希望你们以后有时间多回学校来看看"을 통해 학생들이 벌써 학교를 떠났다는 것을 알 수 있다. 즉, 졸업을 한 것 "毕业了"이다. 따라서 정답은 C이다. 이 문제에서 새로 나온 어휘는 "寒假(330)"이다.

0052 ★★★

变化
biànhuà

동 변화하다, 달라지다 명 변화

事情变化得很快。
상황이 아주 빨리 변한다.

鼻子很重要，人们用它来闻味道。
최근 몇 년 동안 상해의 변화가 정말 크다.

보충 구어에서는 "变" 이라고도 말한다. 예) "你变了" "变" 은 동사 역할만 할 수 있다. 경우에 따라서는 뒤에 상태보어가 붙어서 "变得…" 구조로 쓸 수 있다. 예) "你变得我都不认识了"

분석 变化 vs. 改变 (257) vs. 变成 vs. 变得, 改变 (257) 참고

0053 ★★★★

遍
biàn

양 번, 차례, 회

我不懂，你能再说一遍吗？
이해가 안되는데, 다시 한번 말해줄 수 있나요?

분석 遍 vs. 次 (123) vs. 趟 (845)

遍: 동작 시작부터 끝까지의 온전한 과정을 강조함. ; 次:반복해서 나타나는 사건에 쓰임. 趟: 왕복하는 횟수를 나타냄. 예)去一趟, 来一趟, 走一 등

0054 ★★★★

标准
biāozhǔn

명 표준, 기준 형 표준의, 표준적이다

这些表格都不符合标准。
이 양식들은 모두 기준에 부합하지 않는다.

他的汉语发音很标准。
그의 중국어 발음은 아주 표준이다.

★ 新HSK 기출문제

排列顺序：

A 甚至有人说那只是一种感觉，没有标准

B 成熟的标准到底是什么

C 不同人给出的答案各不相同 (H41005-62)

해설 B는 주제문장이므로 당연히 첫 문장으로 와야한다. C는 B가 제시한 문제에 대답하였으므로 B뒤에 온다. A는 "甚至"를 이용해 "更进一步说"를 나타냈으므로 가장 뒤에 놓이게 된다. 따라서 정답은 BCA이다.

0055 ★★★★

表格
biǎogé

명 표, 양식, 도표, 서식

请你填一下这张表格。
이 양식에 기입해주세요.

★ 新HSK 기출문제

判断对错：

抱歉，这张表格您填得不对，请稍等一下，我再拿一张新的给您，请您重新填写一下。

表格填写错了。(　　)　　(H41004-2)

해설 "这张表格您填得不对...请您重新填写一下"를 통해 "表格填错了"라는 것을 알 수 있다. "不对"와 "错"의 뜻은 서로 같다. 얻을 수 있는 정답은 옳음이다.

결합 报名(등록하다)/ 申请(신청하다)(752) + 表格

0056 ★★★★

表示
biǎoshì

동 의미하다, 가리키다, 나타내다, 표시하다

学生们向老师表示了感谢。
학생들이 선생님께 감사를 표시했다.

商务部表示将停止进口这些商品。
상무부에서 이 상품들의 수입을 중단할 것이라고 표명했다.

0057 ★★★★

表演
biǎoyǎn

동 공연하다, 연기하다, 꾸미다, 연출하다

演员们表演得非常精彩。
배우들의 연기가 매우 훌륭했다.

★ 新HSK 기출문제

请选出正确答案：

他是一位著名的演员。有一次，一个地方举行一个比赛，看谁表演得更像他。参加的人有三四十个，他自己也报名参加了，但没有告诉任何人，结果他得的竟是第三名。他觉得这是他一生中最大的一个笑话。

他参加的是什么比赛？　　(H41002-40)

A 游泳　　B 骑马　　C 表演　　D 画画儿

해설 "一个地方举行一个比赛，看谁表演得更像他...他自己也报名参加了"를 통해 그가 참가한 것은 "表演"경연이라는 것을 알 수 있다. 얻을 수 있는 정답은 C이다. 이 문제에서 새로 나온 어휘는 "游泳(1066), 骑(682), 画(359)"이다.

0058 ★★★★

表扬
biǎoyáng

동 칭찬하다, 표창하다

那个班受到了校长的表扬。
그 반은 교장선생님의 표창을 받았다.

★ 新HSK 기출문제

判断对错：

小刘已经提前完成了全年任务，我希望你们各位也都能像小刘一样，希望你们加油！好，现在让我们一起鼓掌祝贺小刘！

小刘受到了表扬。（　　）　(H41001-5)

해설 "小刘已经提前完成了全年任务...鼓掌祝贺小刘"를 통해 "나는(我)"지금 "表扬小刘"이라는 것을 알 수 있다. 따라서 정답은 '옳음'이다. 이 문제에서 새로나온 어휘는 提前(855), 任务(727), 希望(921), 祝贺(1164)이다.

0059 ★★

别

bié

부 …하지 마라

别开玩笑了，认真点儿！

농담하지 말고, 좀 진지해져라.

★ 新HSK 기출문제

完成句子：

告诉他　答案　你　最好　别　(H41002-95)

해설 "别"는 "동사+목적어"앞에 놓여 어떤 사람이 어떤 일을 하는 것을 허락하지 않음을 나타낸다. "告诉"는 뒤에 두개의 목적어가 붙는다. 즉 "告诉+사람+일"이라는 것이다. 이를 통해 "别告诉他答案"을 만들 수 있다. "你"는 주어이고 어기부사인 "最好"는 주로 주어 뒤에 놓여 "你最好..."형식으로 쓰이며 그 뜻은 "…하는 것이 가장 좋다."이다. 얻을 수 있는 정답은 "你最好别告诉他答案"이다.

0060 ★★★

别人

biérén

대 다른 사람, 타인

这件事别人都知道，就你不知道。

이 일은 다른 사람들은 다 아는데 너만 모른다.

要想获得别人的尊重，得先尊重别人。

다른 사람의 존중을 받고싶다면, 먼저 다른사람을 존중해야 한다.

自测

자기평가

1. 选词填空。

A 比较　B 安静　C 按时　D 比赛　E 按照

1. 我的房间不太（　　），晚上我常常去图书馆学习。
2. 我没（　　）妈妈说的做，妈妈很生气。
3. 每天（　　）吃饭对身体有好处。
4. 这种水果（　　）好吃。
5. 那场足球（　　）非常精彩。

A 棒　　B 表演　　C 安全　　D 办法　　E 北方

6. 下面请小王为大家（　　）一个节目。
7. 这个班学生的发音非常（　　）。
8. 那条路太暗了，你一个人走不（　　）。
9. 北京在中国的（　　），南京在南方。
10. 你有（　　）让她不生气吗？

A 比如　　B 保护　　C 报名　　D 安排　　E 变化

11. 你晚上有（　　）吗？我想请你吃饭。
12. 妈妈总是想办法（　　）自己的孩子。
13. 这几年北京的（　　）越来越大。
14. 汉语水平考试什么时候（　　）？
15. 幽默有很多种，最主要是语言上的，（　　）讲笑话。

A 抱歉　　B 帮助　　C 本来　　D 保证　　E 爱好

16. A：你有什么（　　）？
B：我喜欢篮球、足球、画画和书法。
17. A：我星期天搬家，你能来帮忙吗？
B：真（　　）！我星期天要上课，不能去帮你了。
18. A：你的汉字写得真好，下周末的汉字比赛你会参加吧？
B：我（　　）不想去，那我再想想吧。
19. A：这个词我不认识，你能（　　）我吗？
B：没问题，我看看。
20. A：你的工作怎么还没有做完？
B：对不起，我（　　）明天做完。

2. 完成句子。

21. 弟弟　吃了　把药　吗　______________________
22. 那道　没有　标准答案　题　______________________
23. 姐姐　快　比妹妹　跑得　______________________
24. 我代表　向你们　学校　表示　感谢　______________________
25. 报道了　报纸　上　那条　消息　______________________

3. 看图，用词造句。

26. 毕业

____

27. 矮

____

28. 搬

____

29. 饱

____

30. 表扬

____

학습 중점

| 어휘 |

1급 6개, 2급 5개, 3급 16개, 4급 33개

| 용법 및 구조 |

1. 不管A还是B / A不A / 多么adj. / 谁 / 什么 / 什么时候 / 哪儿 / 哪 / 怎么…，都…

2. 不但/不仅/不过…，而且/并且…

3. 除了… (以外)，都/也/还…

4. 不得不，差不多의 의미

5. 이합사唱歌、吃惊、抽烟、出差의 용법

0061 ★★

宾馆
bīnguǎn

명 게스트하우스, 호텔

这是当地最高级的宾馆。
여기가 이 지역의 최고급 호텔이다.

这家宾馆的服务质量受到了客人们的表扬。
이 호텔 서비스 품질은 손님들에게 칭찬을 받았다.

보충 x 馆：图书馆（도서관，877）、博物馆（박물관）、展览馆（전시관）、茶馆（다관）

0062 ★★★

冰箱
bīngxiāng

명 냉장고

天太热了，最好把吃剩的饭菜都放进冰箱里。
날씨가 너무 더워서 먹다 남은 반찬은 모두 냉장고에 넣어 두는 게 가장 좋다.

冰箱坏了，再买台新的吧。
냉장고가 고장났으니 다시 새 걸로 한 대 삽시다.

보충 空调（에어컨，509）、电视（텔레비전，183）、电脑（컴퓨터，182）

0063 ★★★★

饼干
bǐnggān

명 비스킷, 과자

弟弟喜欢吃巧克力饼干。
남동생은 초콜릿과자를 좋아한다.

这种饼干味道特别好，要不要尝尝？
이 비스킷은 아주 맛있어요. 한번 맛 볼래요?

보충 蛋糕（케이크，151）、牛奶（우유，640）

0064 ★★★★

并且
bìngqiě

접 그리고, 게다가, 나아가

周围的环境不太安静，并且房租太高，我不租了。
주변 환경이 그리 조용하지 않고, 게다가 집세까지 비싸서 그 집은 빌리지 않겠다.

离开教室时，别忘了把书带上，并且把灯关了。
교실에서 나갈 때, 책 챙기고 불 끄는 것을 잊지 말아라.

★ 新HSK 기출문제

请选出正确答案：

医生提醒人们，在使用感冒药之前，一定要仔细阅读说明书。并且最好只选择一种感冒药，否则药物之间可能互相作用，会影响我们的健康。

医生一共有几个提醒？ （H41001-71）

A 1个 B 2个 C 3个 D 4个

해설 접속사 "并且"는 "설명서를 읽는 것"과 "한 종류의 감기약을 선택"하라는 의사의 주의사항 두 가지를 연결시켜준다. "否则"는 "그렇지 않으면"이라는 뜻으로, 만일 "한 종류의 감기약을 선택"하지 않으면 일어날 수 있는 뒷일을 나타내는 것이지 의사의 또 다른 주의사항이 아니므로 정답은 B.

분석 并且 vs. 而且

"并且"는 한 글자의 형용사와 함께 쓸 수 없으나 "而且"는 한 글자의 형용사와 함께 쓸 수 있다. 예를 들어 '好而且贵(좋고 비싸다)'이 글에서 "而且"대신에 "并且"를 쓸 수 없다. "而且"앞에는 종종 "不但"이나 "不仅"등이 붙는다.

0065 ★★★★

博士
bóshì

명 박사

我姐姐是语言学专业的博士。
우리 언니는 언어학 전공 박사이다.

★ 新HSK 기출문제

请选出正确答案：
女：听说你准备出国读博士？
男：是啊，已经申请了。如果顺利的话，下个月就可以出发了。
问：男的打算做什么？ (H41001-18)

A 结婚 B 去旅游 C 出国工作 D 出国读书

해설 "박사 공부하러 유학 준비 중이라며"라는 여자의 말에, 남자가 "그래"라고 대답한 것을 통해 "남자가 유학을 준비 중"임을 알 수 있으므로 답은 D. 이 문제에 나온 새 단어는 "结婚", "旅游", "出国(출국하다)", "工作"가 있다.

보충 硕士（석사 ,818）

0066 ★

不
bù

부 (부정 접두사)부정을 나타냄

自己不喜欢的东西不要要求别人喜欢。
자기가 좋아하지 않는 것을 남에게 요구하지 말라.

분석 不 vs. 没

"不"는 형용사와 심리동사의 부정에 주로 쓰이는데, 주관적이고 평가성을 지닌 단어를 부정한다. "没"는 "동사+了"형태로 쓰이며 객관적인 단어를 부정하고 "有"를 부정할 때도 쓸 수 있다.

A B C D E F G H I J K L M N O P Q R S T U V W X Y Z

0067 ★★★

不但…而且…

búdàn… érqiě…

접 …뿐만 아니라…, 또한 (게다가)…

小王的女朋友不但聪明，而且漂亮。
왕씨의 여자친구는 똑똑할 뿐만 아니라 예쁘기도 하다.

不但哥哥考上了博士，而且妹妹也考上了。
오빠가 박사 시험에 합격한 것뿐만 아니라, 여동생 또한 합격했다.

★ 新HSK 기출문제

排列顺序：

A 这台笔记本电脑的价格是2500元

B 而且上网速度也很快

C 它的特点是很小、很轻 (H41005-65)

해설 B에 "而且", C에 "它"가 있으므로 둘 다 첫 번째 문장이 될 수는 없다. 따라서 A가 첫 번째 문장. B와 C는 모두 "这台笔记本电脑"의 특징을 설명하고 있는데 "…,而且…"를 근거로 C가 앞에 B가 뒤에 오는 것을 알 수 있다. 정답은 ACB.

排列顺序：

A 不但能看到一群群小鱼在河里游来游去

B 这儿的河水非常干净，站在河边

C 还能看到河底绿绿的水草 (H41113-10)

해설 A에 "不但", C에 "还"가 있으므로 A가 먼저 오고 C는 뒤에 오는 것을 알 수 있다. A와 C에모두 "能"이 있어서 "不但能", "还能"으로 A와 C가 연결되고 B의 "河水干净"은 A와 C의 원인이므로 정답은 BAC.

보충 "不但…，而且…" 구조는 따로 떨어져서 사용할 수도 있다. 예를 들어, "不但…，还…"；"而且"가 단독으로 쓰일 때 그 뒤에 주로 부사 "还/也" 등이 따라온다.

분석 不但 vs. 不仅 (71), 不仅 (71) 참고

0068 ★★★★

不得不

bùdébù

부 어쩔 수 없이, 부득불, 반드시

最后一班车也开走了，我不得不打的回家。
막차도 가버렸으니, 어쩔 수 없이 택시를 타고 가야겠다.

这份材料很多地方不符合标准，我不得不再写一遍。
이 자료는 많은 부분이 기준에 부합하지 않아서, 어쩔 수 없이 다시 써야 한다.

★ 新HSK 기출문제

完成句子：

请假休息　　重感冒　　让他　　不得不　　(H41002-93)

해설 중국어에는 " X 事情让 X 人怎么样"으로 쓰이는 용법이 있다. 이에 따라 "重感冒让他请假休息"로 구성 되고 "不得不"는 술어 앞에 쓰이므로 정답은 "重感冒让他不得不请休息"

0069 ★★★★

不管
bùguǎn

접 …을 막론하고, …에 관계없이

不管刮风还是下雨 / 天气好不好 / 天气怎么样 / 天气多么不好，我都陪你去。

바람이 불던 비가 오든/ 날씨가 좋던 안 좋든/ 날씨가 어떻든/ 날씨가 얼마나 나쁘든, 관계 없이 내가 널 데려다 줄게.

★ 新HSK 기출문제

排列顺序：

A 不管在外面的世界遇到什么困难

B 家永远是我们心中最安全的地方

C 因为我们总是能够在家里找到爱和幸福　　(H41004-60)

해설 "不管……,(都)……"에 근거하여 A가 B앞에 오는 것을 알 수 있다. C의 "因为"는 앞 일의 원인을 설명하므로 가장 뒤쪽에 오기 때문에 정답은 ABC.

보충 "不管…，都…"，"不管"의 뒤에 주로 "A 还是 B/A 不 A/多么 + 형용사 / 谁 / 什么 / 什么时候 / 哪儿 / 哪 / 怎么…"등이 와서 조건을 나타낸다. "都…"는 앞에 오는 어떠한 조건 하에도 결과는 모두 변함 없음을 의미한다.

분석 不管 vs. 尽管 (448), 尽管 (448) 참고

0070 ★★★★

不过
búguò

접 그러나, 그런데, 하지만

她长得很漂亮，不过性格有点儿奇怪。

그녀는 예쁘게 생기긴 했지만, 성격이 조금 이상하다.

这个词我不认识，不过句子的意思我猜对了。

이 단어는 모르지만, 문장의 뜻은 알아맞혔다.

분석 不过 vs. 但是 vs. 可是 (498) vs. 只是 (오직), 可是 (498) 참고

분석 不过 vs. 但是 vs. 可是 (498) vs. 却 (713), 却 (713) 참고

0071 ★★★★

不仅
bùjǐn

접 …뿐만 아니라

她不仅会唱歌，而且还会跳舞。
그녀는 노래 부를 수 있을 뿐만 아니라, 춤도 출 수 있다.

★ 新HSK 기출문제

排列顺序：

A 这种树叶宽、厚的绿色植物

B 也能给我们带来一个好的心情

C 不仅可以使室内空气更新鲜 (H41002-60)

해설 A문장은 주제 문이므로 첫 문장으로 오게 되며, "不仅... ,也..."를 근거로 C는 B앞에 놓인다는 것을 알 수 있다. "不仅"은 항상 "而且, 并且, 也, 还"등과 함께 쓰인다. 답은 ACB.

분석 不仅 vs. 不但（67）

"不仅"은 수량이 더 많음을 강조하고 그 뒤에 접속사 "而且, 并且" 부사 "也, 还" 등을 붙일 수 있다. "不但"은 정도가 더 심함을 강조한다.

0072 ★

不客气
bú kèqi

사양하지 않다, 체면 차리지 않다; 천만에요, 별 말씀을요

大家不用客气，就把这里当成自己的家吧。
다들 사양 말고 여길 자기집처럼 생각하렴.

0073 ★★★★

部分
bùfen

명 (전체 중의) 부분, 일부

HSK考试的第一部分是听力。
HSK시험의 제1부분은 듣기이다.

大部分学生通过了这次考试。
대부분의 학생들이 이번 시험에 통과했다.

★ 新HSK 기출문제

请选出正确答案：

大部分人每天晚上至少应该睡 7 个小时，但是这个标准并不适合每一个人，有些人即使只睡 5 个小时也很有精神。

每天晚上睡 7 个小时适合： (H41001-77)

A 儿童　B 胖子　C 所有人　D 大部分人

해설 "대부분의 사람들은 매일 저녁 적어도 7시간은 잠을 자야 한다"를 통해 얻을 수 있는 답은 D. 새로운 어휘는 "儿童(213)", "胖(653)", "所有(831)"이다.

0074 ★★★★
擦
cā

동 (천, 수건 등으로)닦다, (깨끗하게)문지르다

请把桌子擦干净。
테이블을 깨끗하게 닦아라.
阿姨正在擦窗户呢。
아줌마가 지금 창문 닦고 있어.

0075 ★★★★
猜
cāi

동 추측하다, (짐작하여)맞히다

猜一猜，我手里有什么？
내 손에 뭐가 있는지 알아맞혀봐?

★ 新HSK 기출문제

看图，用词造句。

猜
(H41002-60)

해설 "猜"는 동사이므로 "주어+동사+목적어"구조에 따라 얻을 수 있는 참고 답안은:
"你猜我给你带什么来了?", "你猜猜这些是什么?"

0076 ★★★★
材料
cáiliào

명 재료, 원료, 자료

这些材料很有用，请好好整理一下。
이 자료들은 아주 유용한 것이니 잘 정리해 두어라.
你知道这张桌子是用什么材料做的吗？
이 테이블은 무슨 자재로 만든 건지 아니?

0077 ★
菜
cài

명 채소, 야채, 반찬, 요리

这家饭店的菜不仅好吃，而且很便宜。
이 식당 음식은 맛있을 뿐만 아니라, 매우 싸다.
今晚的菜真丰富啊！
오늘 저녁 반찬이 푸짐하네!

0078 ★★★
菜单
càidān

명 메뉴

先生，这是我们的新菜单。
선생님(성인 남성에 대한 경칭), 이건 저희 신메뉴입니다.
小姐，请给我们菜单，我们要点菜。
아가씨(젊은 여성을 일컫는 말), 주문 할 테니 메뉴 좀 주세요.

0079 ★★★★

参观

cānguān

동 참관하다, 견학하다, 시찰하다

旅游团今天下午要参观东方明珠。

관광 팀이 오늘 오후 동방명주를 견학할 것이다.

0080 ★★★

参加

cānjiā

동 (어떤 조직이나 활동에) 참가하다, 가입하다, 참여하다, 참석하다

我们都要参加普通话考试。

우린 모두 표준어 시험에 참가할 것이다.

张东没有参加那次演出。

장동은 이번 공연에 참가하지 않았다.

결합 参加 + 晚会(파티)/ 比赛(48)/ 考试(490)/ 演出(1003)/ 活动(372)

0081 ★★★★

餐厅

cāntīng

명 식당

那家餐厅的包子味道不错！

그 식당 빠오즈는 맛이 좋다.

0082 ★★★

草

cǎo

명 풀

树下长着很多草。

나무 밑에 풀이 많이 자랐다.

他正躺在草地上听音乐呢。

그는 지금 풀밭에 누워 음악을 듣고 있다.

0083 ★★★★

厕所

cèsuǒ

명 화장실

这是男厕所，女厕所在二层。

여기는 남자화장실이고, 여자화장실은 2층에 있어요.

보충 일반적으로, "厕所"의 环境(364)과 条件(863)은 비교적 좋지 못하다고 할 수 있는데, 더 礼貌(543)하고 正式(1129)한 말은 "卫生间", "洗手间"이다.

0084 ★★★

层

céng

양 층, 겹(중첩·누적된 물건을 셀 때 쓰임)

老师的办公室在二层。

선생님 사무실은 2층에 있다.

那家宾馆一共28层。

그 호텔은 총 28층이다.

★ 新HSK 기출문제

请选出正确答案：

这座楼一共有 28 层，为了节约您的时间，3 号、4 号电梯 17 层以下不停，直接到 17—28 层，如果您要到 1—16 层，请乘坐西边的 1 号和 2 号电梯。

1 号电梯可以去哪层？ (H41002-76)

A 16　　B 17　　C 18　　D 19

해설 "如果您要到1—16层,请乘坐西边的1号和2号电梯"를 통해 1호 엘리베이터가 1—16층을 가는 것을 알 수 있으므로 답은 A. 이 문제에 새로 나온 어휘는 "节约(438)"

분석 层 vs. 楼（572），楼（572）참고

0085 ★

茶

chá

명 (마시는)차, 차나무

茶是一种非常健康的饮料。

차는 매우 건강한 음료이다.

我最喜欢喝绿茶，而姐姐最喜欢喝红茶。

나는 녹차를 가장 좋아하고 언니는 홍차를 가장 좋아한다.

0086 ★★★

差

chà

형 나쁘다, 표준에 못 미치다

这次考得很差。

이번 시험은 망쳤다.

他没有钱，吃得很差，身体很不好。

그는 돈이 없어서 먹는 게 형편없으니, 건강이 안 좋다.

0087 ★★★★

差不多

chàbuduō

형 비슷하다, 큰 차이 없다 부 거의, 가까이

她们姐妹俩长得差不多。

그 자매는 둘이 생김새가 비슷하다.

我差不多等了他两个小时。

거의 두 시간 동안 그를 기다렸다.

분석 差不多 vs. 几乎（378），几乎（378）참고

0088 ★★

长

cháng

형 (길이, 시간이)길다 명 길이

我来中国的时间比他长。

내가 중국에 온 게 그보다 더 오래되었다.

长时间玩电脑对眼睛不好。
오랫동안 컴퓨터를 하는 건 눈에 좋지 않다.
这张桌子全长两米。
이 테이블의 총 길이는 2미터이다.

0089 ★★★★
长城
Chángchéng

명 만리장성

长城是中国著名的景点，它已经有两千多年的历史了。
만리장성은 중국의 유명한 명소로 벌써 2천여 년의 역사를 가지고 있다.

0090 ★★★★
长江
Cháng Jiāng

명 장강, 양자강

长江是中国最长的河。
장강은 중국에서 가장 긴 강이다.

★ 新HSK 기출문제

排列顺序：
A 全长约 6300 公里，比黄河长 800 多公里
B 长江，是中国第一大河
C 它们都是中国的“母亲河” (H41005-63)

해설 B문장은 주제 문이므로 첫 문장으로 오게 된다. A문장에서는 "长江"이 얼마나 긴지 "黄河"와 비교치를 설명했으므로 A는 B 뒤에 온다. C문장에서 "他们"은 "长江"과 "黄河"를 가리키는 것이기 때문에 C는 가장 뒤에 놓인다. 따라서 정답은 BAC.

0091 ★★★
尝
cháng

동 맛보다

这杯牛奶味道好极了，你要尝一尝吗？
이 우유는 맛이 정말 좋아요. 한번 맛 보실래요?

★ 新HSK 기출문제

看图，用词造句。

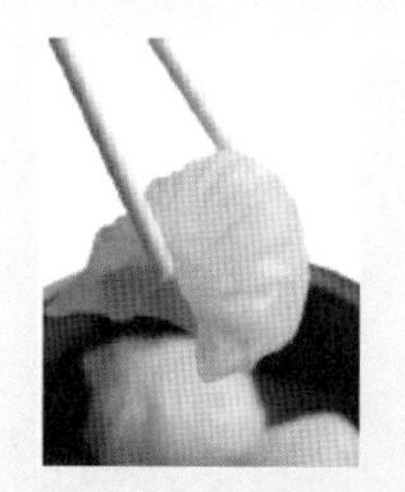
尝 (H41001-97)

해설 "尝"은 동사이며 "주어+동사+목적어"구조로 쓰인다. "试","尝"등의 동사는 단시(short time)동사로, 보통 "试(一)试", "尝(一)尝", "试一下", "尝一下"형식으로 쓰이며 "시도해보다"라는 뜻을 가지고 있다. 참고 답안은 你尝一尝,味道很好. 你尝尝这个饺子。

보충 鼻（코）—闻（냄새 맡다）、眼睛（1001）—看（486）、耳朵（216）—听（865）、手—摸（만지다）

0092 ★★★★

场

chǎng

양 (스포츠 경기 또는 오락 활동 등을 분류)

这场比赛太精彩了！

이번 경기는 정말 멋졌어!

昨天我去看了一场电影。

난 어제 영화 한편 보고 왔어.

0093 ★★

唱歌

chànggē

동 노래 부르다

我们去唱一会儿歌吧。

우리 노래나 잠깐 불러보자.

小朋友们一边唱歌,一边跳舞,开心极了。

어린이들이 노래 부르며 춤을 추는데 아주 즐거워한다.

보충 이합사는 "唱唱歌", "唱一小时歌", "(唱)歌唱得很好" 등의 구조로 쓰인다.

0094 ★★★★

超过

chāoguò

동 초과하다, 넘다, 추월하다, 앞지르다

我现在的水平已经超过他了。

내 현재 수준은 이미 그를 넘어섰다.

★ 新HSK 기출문제

完成句子：

亿元　许多家饭店的　都超过了　年收入（H41003-90）

해설 "的+명사"구조에 따라 "许多家饭店的年收入"가 주어 역할을 한다. 동사 "超过"뒤에는 주로 일종의 기준(주로 수량어구를 표시함)이 따라 오기 때문에 "都超过了亿元"이 된다. 또한 "주어+동사+목적어"구조를 근거로 하여 정답은 "许多家饭店的年收入都超过了亿元"이다.

0095 ★★★

超市

chāoshì

명 슈퍼마켓, 마트

她从超市买回了很多东西。

그녀는 슈퍼마켓에서 많은 물건을 사왔다.

这家超市正在打折。

이 마트는 지금 할인 행사 중이다.

★ 新HSK 기출문제

请选出正确答案：

男：请问，附近有超市吗？

女：前面那儿有个银行，银行对面有一个小超市。

问：超市在哪儿？（H41001-11）

A 银行对面　B 银行右边　C 车站附近　D 使馆西边

해설 "银行对面有一个小超市"를 통해 슈퍼마켓은 "银行对面"에 있음을 알 수 있다. 정답은 A.

0096 ★★★
衬衫
chènshān

명 셔츠, 블라우스

穿这件衬衫真合适。
이 셔츠 정말 잘 어울린다.

小姐，我可以试一试这件衬衫吗？
아가씨, 이 블라우스 한번 입어 볼 수 있나요?

보충 衣服（1032）、裤子（514）、裙子（715）、袜子（882）、帽子（594）

0097 ★★★★
成功
chénggōng

동 성공하다

失败是成功之母。
실패는 성공의 어머니이다.

没有人会随随便便成功。
손쉽게 성공하는 사람은 없다.

반의 失败（766）

0098 ★★★
成绩
chéngjì

명 성적, 성과, 수확

在父母的鼓励下，我取得了好成绩。
부모님의 격려 덕분에 좋은 성적을 얻었다.

他每门考试的成绩都是优。
그는 모든 시험 성적이 A이다.

0099 ★★★★
成为
chéngwéi

동 …(이/가)되다, …(으)로 되다

成为一名医生是我的理想。
의사가 되는 것이 나의 꿈이다.

我喜欢我的老师，我要成为他那样的人。
나는 우리 선생님이 좋다. 그런 사람이 되고 싶다.

0100 ★★★★
诚实
chéngshí

형 정직하다, 성실하다

从小，父亲就教育我们要做一个诚实的人。
어려서부터, 아버지께서는 우리에게 정직한 사람이 되라고 가르치셨다.

他是一个诚实的人，从来不骗人。
그는 정직해서 다른 사람을 속인 적이 없다.

★ 新HSK 기출문제

请选出正确答案：
男：您能给我们介绍一些您的成功经验吗？
女：我觉得要重视平时的积累，要多向周围的人学习。
男：那您觉得您最大的优点是什么呢？
女：是诚实。
问：女的觉得自己怎么样？ (H41002-33)
A 很勇敢　B 很诚实　C 很可爱　D 很有礼貌

해설 남자의 "您...的优点是什么?"라는 질문에 여자의 "是诚实"라고 대답했으므로 정답은 B. 이 문제에 새로 나온 어휘는 "优点(1058)", "勇敢(1056)", "可爱(495)", "礼貌(543)".

0101 ★★★
城市
chéngshì

명 도시

城市里的人口越来越多。
도시의 인구는 점점 늘고 있다.
一般来说，大城市交通都比较拥挤。
일반적으로, 대도시의 교통은 비교적 혼잡하다.

0102 ★★★★
乘坐
chéngzuò

동 (교통수단 등을) 타다

在上海很多人都乘坐地铁上班。
상해에서는 많은 사람들이 지하철을 타고 출퇴근한다.

결합 구어에서는 주로 "坐"를 쓴다. 예를 들면, 坐车 / 飞机 / 地铁 / 船（118）。

0103 ★
吃
chī

동 먹다

晚餐很丰富，我吃得很饱。
저녁 식사가 푸짐해서 정말 배불리 먹었다.
我喜欢吃中国菜。
나는 중국요리를 좋아한다.

0104 ★★★★
吃惊
chījīng

동 놀라다

这件事让我们非常吃惊。
이 일로 우리는 많이 놀랐다.

听到这个消息，同学们都很吃惊。
이 소식을 듣고, 동기들이 많이 놀랐다.

★ 新HSK 기출문제

看图，用词造句。

吃惊
(H41002-96)

해설 "吃惊"은 형용사이다. "주어+부사+형용사"구조에 따라 "她很吃惊"이라고 쓸 수 있다. 여기에 시간이나 원인 등을 함께 쓸 수도 있는데 참고 답안은 "她听了以后很吃惊.","这个消息让她非常吃惊."이 있다.

0105 ★★★
迟到
chídào

동 지각하다

请同学们每天按时来上课，不要迟到。
학생 여러분, 매일 제 시간에 맞춰서 수업을 듣고 지각하지 마세요.

0106 ★★★★
重新
chóngxīn

부 다시, 새로

这篇文章错误太多，我只好重新翻译一遍。
이 글에는 오류가 너무 많아서 새로 번역하는 수 밖에 없다.

我的杯子被打破了，不得不重新买一个。
컵이 깨져버려서 어쩔 수 없이 다시 사야 한다.

★ 新HSK 기출문제

选词填空：
A：你来看看，这些表格的顺序不对吧？
B：对不起，是我粗心。我（　　）打印一份给您吧。
(H41005-53)

A 主动　B 重新　C 温度　D 来不及　E 严重　F 大概

해설 "顺序不对","对不起,是我粗心."이라고 한 것을 보아 "重新"인쇄해야 한다는 것을 알 수 있다. 즉, "再打印一份"인 것이다. 따라서 정답은 B.

重新 vs. 再（1098），再（1098）참고

0107 ★★★★
抽烟
chōuyān

동 담배(를) 피우다

现在很多饭馆都禁止抽烟。
요즘 많은 식당에서 흡연을 금지하고 있다.

★ 新HSK 기출문제

完成句子：

好处　　抽烟对你　　没有　　一点儿　　(H41005-94)

해설 "对"는 개사로서 "A对B有/没有好处"구문으로 쓰이고, 수량사 "一点儿"은 명사 앞에 놓이게 된다. 따라서 답은 ①抽烟对你没有一点儿好处. 또한, "주어+一+양사+명사+(也) /不+동사"구문에 따라 답은 ②抽烟对你一点儿好处没有.

0108 ★★

出
chū

동 나가다, 나오다

你什么时候出来的？

너 언제 나왔어?

妈妈从冰箱里拿出一瓶啤酒。

엄마는 냉장고에서 맥주 한 병을 꺼냈다.

★ 新HSK 기출문제

完成句子：

范围　　他说的问题　　今天讨论的　　超出了 (H41002-94)

해설 "提出"는 동사이다. "今天讨论(846)的" 뒤에는 명사인 "范围"가 놓여 목적어 역할을 하고, 주어 "他说的问题"를 더해 "주어+동사+목적어"구문에 따르면 정답은 "他说的问题超出了今天讨论的范围"이다.

반의 进 (450)

0109 ★★★★

出差
chūchāi

동 출장가다

爸爸经常去美国出差。

아빠는 자주 미국 출장을 가신다.

我这次来上海是旅游，不是出差。

이번에는 상해에 여행 온 것이지, 출장 온 것이 아니다.

★ 新HSK 기출문제

请选出正确答案：

男：你知道小蓝去哪儿了吗？她的手机一直占线。

女：她出差了。你找她有事？

男：她的自行车钥匙在我这儿。

女：她就住在我家附近，我帮你给她吧。

问：关于小蓝，可以知道什么？　　(H41002-33)

A 出差了　　B 车坏了　　C 迷路了　　D 在睡觉

해설 남자의 "你知道小蓝去哪儿了吗?"라는 물음에 여자가 "她出差了"라고 대답한 것을 보아 답은 A.

A B C D E F G H I J K L M N O P Q R S T U V W X Y Z

0110 ★★★★

出发

chūfā

동 출발하다, 떠나다

明天早上 9点准时出发。

내일 오전 9시 정각에 출발합니다.

李博士从北京出发，访问了很多地方。

이박사는 북경에서부터 출발하여 많은 곳을 방문하였다.

0111 ★★★★

出生

chūshēng

동 태어나다

他出生在法国。

그는 독일에서 태어났다.

弟弟是 1990年出生的。

남동생은 1990년에 태어났다.

★ 新HSK 기출문제

完成句子：

去年秋天　我孙子　出生　是　的　(H41005-88)

해설 "주어+(是)...的"구문은 이미 발생한 일에 대해 "在哪儿,什么时候,什么人,怎么"발생했는가를 알고 싶어함을 뜻한다. 정답은 "我孙子是去年秋天出生的." 더 예를 들자면, "你是从哪儿进来的?" "你是什么时候开始学汉语的?" "我是坐飞机来的." "我跟朋友一起来的." "这个语法常常在HSK考试中出现,大家要多练习."처럼 쓸 수 있다.

0112 ★★★★

出现

chūxiàn

동 출현하다, 나타나다

最近国内出现了一些新情况。

최근 국내에 몇몇 새로운 정황들이 나타나고 있다.

0113 ★

出租车

chūzūchē

명 택시

他每天坐出租车上班。

그는 매일 택시를 타고 출근한다.

我同屋被一辆出租车撞倒了。

내 룸메이트가 택시에 치여 쓰러졌다.

보충 기타 교통수단을 나타내는 단어 乘坐 (102) 참고

0114 ★★★

除了

chúle

개 …을/를 제외하고, …외에 또

除了上海以外，我还去过南京和杭州。

상해 외에 남경, 항주에도 가봤다.

除了张东，我们班同学都参加了那场表演。

장동을 제외하고 우리 반 친구들 모두 이번 공연에 참가한다.

除了走路以外，怎么去北京都行。

걸어가는 것 말고는 북경에 어떻게 가든 상관없다.

★ 新HSK 기출문제

排列顺序：

A "地球一小时" 活动是从 2007 年开始的

B 它还希望引起人们对气候变暖问题的关注

C 除了提醒人们节约用电以外 (H41005-58)

해설 A문장은 주제문으로 가장 앞에 놓이게 되고 "除了...,还..." 구문에 따라 C는 B앞에 온다는 것을 알 수 있다. 따라서 정답은 ACB.

보충 상용어구 "除了…（以外），都 / 也 / 还…"

0115 ★★★★

厨房
chúfáng

명 주방

妈妈正在厨房里做晚饭。

엄마는 지금 주방에서 저녁식사 준비 중이다.

보충 客厅（거실）、卧室（침실）、书房（서재）、洗手间（924）

0116 ★★

穿
chuān

동 (옷, 신발, 양말 등을) 입다, 신다

他今天穿了一件黄衬衫。

그는 오늘 노란 셔츠를 입었다.

穿白裙子的那个女孩儿是我妹妹。

흰 치마 입은 저 여자아이가 내 동생이다.

보충 穿上—脱（881）下、戴（149）上—摘下（벗다）

분석 穿 vs. 戴 (149)

穿+衣服(1032)/ 鞋子(신발) / 裤子(514)/ 袜子(882)/ 裙子(715); 戴+帽子(594)/ 眼镜(1002)/ 手表(788)

0117 ★★★★

传真
chuánzhēn

명 팩스

老板让你给他们公司发个传真。

사장님께서 그 회사에 팩스 한 통 보내라고 하셨어.

我们从来没有收到过他们发的传真。

우린 그쪽에서 보낸 팩스를 받아본 적 없다.

0118 ★★★

船
chuán

명 배

船的速度没有飞机快。
배는 비행기만큼 빠르지 않다.

我们是坐船去旅游的。
우린 배를 타고 여행 갔다.

보충 기타 교통수단을 나타내는 단어 乘坐 (102) 참고

0119 ★★★★

窗户
chuānghu

명 창문

天实在太热了，把窗户打开吧。
날씨가 너무 덥다. 창문 좀 열자.

我们教室的窗户擦得很干净。
교실 창문을 깨끗하게 닦았다.

0120 ★★★

春
chūn

명 봄

一年有四个季节：春，夏，秋，冬。
일 년은 봄, 여름, 가을, 겨울 사계절이 있다.

★ 新HSK 기출문제

请选出正确答案：

今年北京的冬季一点儿都不冷。(　　)

A 我还是出了地铁再给你打电话吧。
B 才到中国没多长时间，你就学会用筷子了，真不错。
C 医生，除了每天吃药，还需要注意什么？
D 我大学同学王进，和我关系一直很不错的那个。
E 是啊，马上就要春天了，还没下过雪呢。　　(样卷 -47)

해설 문제에서 "今年北京的冬天一点儿都不冷"이라고 한 것을 보아 계절에 관한 이야기 중 임을 알 수 있다. 제시된 보기 중에 E만 계절을 이야기하고 있다. 또한 "是啊...还没下过雪呢."라고 한 말과 문제 중의 "一点儿都不冷"가 상응하기 때문에 정답은 E.

请选出正确答案：

每到春天，这条公路两边的树上就会开满花，又香又漂亮。每次经过这里，空气中的香味总能让人放松下来，心情也会变好。

春天走在那条路上，会让人觉得(　　)　　(样卷 -71)

A 路难走　B 很失望　C 心情愉快　D 很有力气

해설 "心情也会变好"라고 한 것을 보아, 봄에 그 길을 걸으면 기분이 상쾌해진다는 것을 알 수 있다. 따라서 답은 C.

自测

자기평가

1. 选词填空。

A 不管　B 出生　C 唱歌　D 成功　E 重新

1. 我喜欢画画儿，弟弟却爱好（　）。
2. 我的杯子不小心被打破了，我打算（　）买一个。
3. 只有努力，才能（　）。
4. （　）病得多么厉害，我都会坚持上课。
5. 他是 1990 年（　）的。

A 参观　B 成为　C 不但　D 诚实　E 菜单

6. 他（　）汉语说得好，汉字写得也很漂亮。
7. 她很（　），从来不说假话，不骗人。
8. 这次来北京我们打算去长城（　）。
9. 小姐，请给我（　），我想点菜。
10. 小时候，我很喜欢我的老师，长大后，我也（　）了一位老师。

A 出现　B 吃惊　C 尝　D 乘坐　E 猜猜

11. 你（　），我给你带什么好东西来了？
12. 我喜欢（　）地铁上下班，因为不堵车，很快很方便。
13. 你（　）一下这盘菜，我觉得味道不对，好像坏了。
14. 她那么漂亮，竟然还没有男朋友，真让人（　）。
15. 因为经常加班，他的身体（　）了一些问题。

A 成绩　B 出发　C 除了　D 出差　E 饼干

16. A：你这次考试的（　）怎么样？
    B：别提了，很不理想。
17. A：王经理在吗？
    B：他上星期去北京（　）了，现在还没有回来。
18. A：（　）学汉语，你每天还做什么？
    B：我还经常打篮球或者踢足球。
19. A：我饿了，有什么吃的吗？

B：要不要尝尝我新买的（　　）？

20. A：我们明天几点（　　）？

B：八点半准时走。

2. 完成句子。

21. 一千人　每学期学习的　都超过了　人数 ____________________

22. 汉语水平考试　参加　你　四月份举办的　吗　了 ____________________

23. 努力　生活的压力　让我　不得不　工作 ____________________

24. 也没有　对身体　抽烟　一点儿好处 ____________________

25. 前面那个　女孩儿　穿红衣服的　是我朋友 ____________________

3. 看图，用词造句。

26. 餐厅

____

27. 擦

____

28. 冰箱

____

29. 菜

____

30. 穿

____

학습 중점

| 어휘 |

1급 3개, 2급10개, 3급 13개, 4급 34개

| 용법 및 구조 |

1 的、地、得의 용법

2 打구문

3 大夫등 직업 명사

4 이합사打折、打针、道歉의 용법

0121 ★★★

词典
cídiǎn

명 사전

麻烦帮我拿一本汉英词典。
번거롭겠지만 한영사전 좀 이쪽으로 건네주세요.

★ 新HSK 기출문제

完成句子：
工具书　是　一本　《现代汉语词典》　(H41005-92)

해설 "是"자구의 구조는 "주어+是+목적어"이다. "《现代汉语词典》"은 "工具书"의 일종이므로, 주어는 "《现代汉语词典》"이다. 따라서 정답은 "《现代汉语词典》是一本工具书。"

0122 ★★★★

词语
cíyǔ

명 단어

学习语言时，积累词语很重要。
언어를 배울 때, 단어 축적은 매우 중요하다.

这几个词语的用法是这篇课文的学习重点。
이 몇 가지 단어의 용법이 이 본문의 학습포인트이다.

0123 ★★

次
cì

양 때(일어난 순간), 번(차례, 횟수)

我一次中药也没有吃过。
나는 한약을 한번도 먹어보지 않았다.

분석 次 vs. 遍 (53) vs. 趟 (845) 遍 (53) 참고

0124 ★★★

聪明
cōngmíng

형 똑똑하다, 총명하다, 영리하다

小王的女朋友不但聪明，而且漂亮。
소왕의 여자친구는 똑똑할 뿐만 아니라 예쁘기도 하다.

★ 新HSK 기출문제

请选出正确答案：
狗是一种聪明的动物，它能听懂人的话，明白人的心情，会和人产生感情。
根据这段话，狗有什么特点？　(H41001-38)
A 干净　B 聪明　C 有趣　D 有耐心

해설 첫 문장 "狗是一种聪明的动物"이 주제문이며, 이를 통해 얻을 수 있는 답은 B. 이 문제에 처음 나온 어휘는 "干净(259)", "有趣(1071)", "耐心(621)"이 있다.

반의 笨 (43)

0125 ★★
从
cóng

개 …부터

从上海到北京乘坐高铁只要四个多小时。
상해부터 북경까지 고속철을 타고 가면 4시간 만에 도착한다.

从这个方面来说，我们成功了。
이 방면에서는 우리가 성공했다.

보충 상용어구 "从 A 到 B" 구문에서 A 와 B 는 시간，장소，수량，方面(230) 을 나타낸다.

0126 ★★★★
从来
cónglái

부 지금까지, 여태껏, 이제까지 (주로 부정형으로 쓰임)

他从来都是第一个到教室的。
그는 지금까지 항상 첫 번째로 교실에 왔다.

我们从来没有收到过他们发的传真。
우린 여태껏 그들이 보낸 팩스를 받아 본 적이 없다.

他每天都按时来上课，从来不迟到。
그는 매일 제시간에 맞춰 수업을 듣고, 늦은 적이 없다.

보충 "从来" 는 과거에서부터 현재까지 계속 그랬음을 나타내며，뒤에는 주로 부정형이 붙는다.

0127 ★★★★
粗心
cūxīn

형 소홀하다, 부주의하다

由于粗心，我这次考试考得不太好。
부주의한 탓에, 이번 시험은 망쳤다.

他这个人很粗心，不仔细，常常连自己的名字也写错。
그는 소홀하고 꼼꼼하지 못해서 본인 이름 쓰는 것도 자주 틀린다.

★ 新HSK 기출문제

选词填空：
不管做什么事情，都应该认真，仔细，不能太马虎，太（　　）。
A 食品　B 粗心　C 礼貌　D 坚持　E 挂　F 完全　(H41003-48)

해설 "...应该认真、仔细, 不能太马虎、太(　)",를 통해 "认真", "仔细"의 반의어이며 "马虎(582)"의 동의어가 정답임을 알 수 있다. 따라서 "粗心"을 선택. 정답은 B가 된다.

보충 동의어는 "马虎"(582)

반의 仔细(1174)，认真(725)，细心(세심하다)

0128 ★★★★

存
cún

동 저축하다, 모으다, 생존하다, 존재하다, 보존하다, 저장하다

很多年轻人不愿意把钱存银行。
많은 젊은이들이 돈을 은행에 저축하기를 꺼려한다.

你的号码我忘了存进手机里了，你能再发我一遍吗？
핸드폰에 네 번호 저장하는 걸 잊어버렸네, 다시 한번 보내줄 수 있니?

보충 花 (357)，取 (707)，扔 (728)

0129 ★★

错
cuò

명 잘못, 착오 형 잘못되다, 부정확하다

每个人都会出错，关键是知错能改。
모든 사람은 실수를 한다. 중요한 것은 잘못을 인정하고 고칠 수 있는가이다.

您别生气了，我知道自己做错了。
화내지 마. 내가 잘못했다는 거 알고 있어.

★ 新HSK 기출문제

请选出正确答案：

下班时，同事小王叫住我，说到现在还没有联系上那位顾客，我告诉他的电话号码不对。我查了一下手机，才发现那个电话号码少了一个数字，我真是太粗心了。

小王为什么没有联系上那个顾客？ (H41004-73)

A 手机丢了 B 传真机坏了 C 电话号码错了 D 顾客没带手机

해설 "电话号码不对","少了一个数字"라는 내용을 통해 얻을 수 있는 답은 C. "不对"와 "错"는 뜻이 서로 같다("相同" 938). 이 문제에 처음 나온 어휘는 "丢(189)", "坏(361)", "顾客(300)"이 있다.

0130 ★★★★

错误
cuòwù

명 잘못, 착오 형 잘못되다

对不起，我为自己的错误感到抱歉。
미안해요, 제 잘못에 대해 사과하겠습니다.

请你认真考虑，否则可能做出错误的决定。
진지하게 생각해봐, 그렇지 않으면 잘못된 결정을 할 수도 있어.

분석 错误 vs. 错

"错误"는 보통 서면어에 쓰인다. "错"보다 정도가 더 심각하고 주로 동사 "犯(위반하다, 저지르다)"과 이어 쓰며 형용사 역할을 할 때에 그 반의어로 "正确"가 있다. "错"는 구어에 주로 쓰인다. 정도가 비교적 가벼우며 반의어는 "对"이다.

보충 错 (129)，误会 (916)

0131 ★★★★

答案
dá'àn

명 답안, 답

你知道这道题的答案了吗?
이 문제 답을 알고 있니?

这个问题他回答了两次，但是两次答案都不对。
이 문제에 그는 두 번 대답했지만, 두 가지 답안 모두 틀렸다.

★ 新HSK 기출문제

看图，用词造句。

答案（样卷 -97）

해설 "答案"은 명사이며, "주어+동사+목적어"구조에 따라 얻을 수 있는 참고 답안은: "他正在想答案", "他不知道问题的答案", "他不知道答案是什么"가 있다.

분석 答案 vs. 回答（368）
"答案"은 명사 역할만 할 수 있고, "回答"는 동사 역할만 할 수 있다.

0132 ★★★★

打扮
dǎban

동 화장하다, 치장하다, 꾸미다 명 차림(새), 치장, 단장

她每天都打扮得很漂亮。
그녀는 매일 예쁘게 꾸민다.

一般来说，女孩儿比男孩儿更喜欢打扮。
일반적으로 여자아이들이 남자아이들보다 꾸미기를 더 좋아한다.

看他的打扮，像是一个学生。
차림새를 보아하니 학생인 것 같다.

★ 新HSK 기출문제

看图，用词造句。

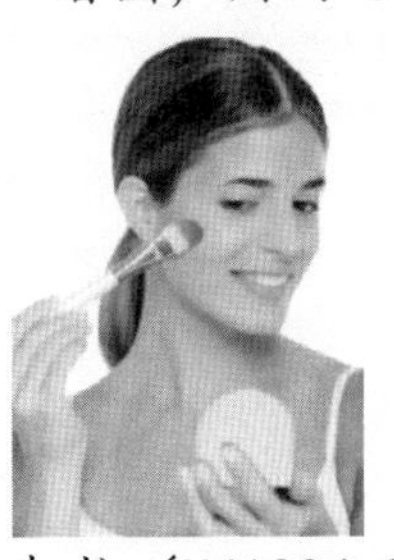

打扮（H41004-96）

해설 "打扮"은 동사이며 뒤에 목적어가 따라온다. 참고 답안은 ① "她正在打扮自己"; 뒤에 보어가 붙을 경우 참고 답안은 ② "她打扮得很漂亮"; 또한, 앞에 부사어 "表演前"가 붙을 수도 있는데 이 경우 참고 답안은 ③ "表演前要好好打扮一下"이다.

0133 ★

打电话
dǎ diànhuà

전화를 걸다, 전화하다

她正在给男朋友打电话呢。
그녀는 지금 남자친구에게 전화 중이다.

当他进来的时候，我正在给朋友打电话。
그가 들어올 때 나는 친구에게 전화 거는 중이었다.

★ 新HSK 기출문제

完成句子：

禁止　打电话　加油站　附近　(H41004-94)

해설 "上/下/左/右/里/外/附近…"등은 방위사이며 "명사(장소)+방위사"구조에 근거하여, "加油站附近"이 된다. "禁止"는 "地方+禁止+做什么"의 구조로 상용되기 때문에, 답은 "加油站附近禁止打电话"가 된다. 이외에, "附近加油站"은 틀리다. 왜냐하면, 방위사가 명사(장소)앞에 있을 경우 "방위사+的+명사(장소)"구조가 되어야 때문이다. 정답은 바로 "附近的加油站"이다.

0134 ★★

打篮球
dǎ lánqiú

농구하다

他哥哥的爱好是打篮球。
그의 형은 취미가 농구이다.

王教授打篮球的样子很帅。
왕교수의 농구하는 모습이 아주 멋지다.

보충 网球（891）、羽毛球（1078）、乒乓球（667）。
이 세 종류의 "球"는 "打"를 동사로 쓰고, "足球"는 "踢"를 동사로 쓴다.

0135 ★★★★

打扰
dǎrǎo

동 방해하다, 지장을 주다

工作时，我不喜欢被人打扰。
나는 일을 할 때에 다른 사람에게 방해 받는 것을 싫어한다.

他正在认真学习呢，别打扰他。
그는 지금 열심히 공부하고 있으니 방해하지 말아라.

0136 ★★★

打扫
dǎsǎo

동 청소하다, 깨끗이 정리하다

我常常周末打扫房间。
나는 보통 주말에 방 청소를 한다.

要来客人啦，快把房间打扫一下，太脏了。
손님 오시는데 빨리 방 좀 치워라. 너무 더럽잖아.

打扫 vs. 整理 (1125)

脏(1103)→ 打扫→干净(259); 乱(578)→整理(1125)→整齐(단정하다, 깔끔하다)

0137 ★★★

打算
dǎsuàn

동 …할 생각이다, 계획하다 명 계획, 생각

你打算什么时候出国留学？
언제 유학 갈 생각이니?

寒假你有什么打算？
겨울방학에 무슨 계획이 있니?

★ 新HSK 기출문제

完成句子：

我　陪叔叔　去长城　看看　打算　(H41002-87)

해설 "打算"은 "什么人打算做什么事"의 구조로, "陪"는 "陪什么人做那么事"의 구조로 상용된다. 먼저 "去长城" 이후에 "看看"이므로 정답은: "我打算陪叔叔去长城看看."

분석 打算 vs. 计划 (390), 计划 (390) 참고

0138 ★★★★

打印
dǎyìn

동 인쇄하다, 프린트하다

请帮我打印5份。
5부 인쇄 해주세요.

把作业打印出来交给老师。
숙제는 프린트해서 선생님께 제출하세요.

보충 复印 (254)，打印机 (프린터)

0139 ★★★★

打招呼
dǎzhāohu

동 인사하다

这个民族打招呼的方式很特别，是互相碰对方的鼻子。
이 민족은 인사하는 방식이 매우 특별한데 그것은 바로 서로 상대방의 코를 맞대는 것이다.

0140 ★★★★

打折
dǎzhé

동 가격을 깎다, 할인하다

听说那家超市正在打折，我们去看看吧。
그 마트 지금 할인 중이라던데 한번 가 보자.

보충 구어에서는 주로 "打几折" 라고 쓴다. 예를 들면, 打八折 (20 퍼센트 할인), 打三折 (70 퍼센트 할인) 이다.

0141 ★★★★

打针
dǎzhēn

동 주사를 맞다

我从来没有打过针。
나는 지금까지 주사를 맞아 본 적이 없다.

★ 新HSK 기출문제

判断对错：

女儿发烧了，我带她去医院。大夫给她打了一针，三岁的女儿尽管很害怕打针，不过她没有哭。

女儿不同意打针。（　　）　　（H41001-10）

해설 "女儿尽管很害怕打针, 不过她没有哭"라는 문장을 통해 딸이 주사 맞는 것에 찬성했다는 것을 알 수 있기 때문에 정답은 X. 이 문제에서 새로나온 어휘는 "尽管(448)","害怕(328)","哭(512)","同意(874)"가 있다.

0142 ★

大
dà

형 크다, 넓다

那个大箱子是我的，小的是弟弟的。
저기 큰 상자는 내 것이고, 작은 건 동생 것이다.

我大哥是律师，二哥是警察。
우리 큰 형은 변호사이고 둘째 형은 경찰이다.

반의 小（949）

0143 ★★★★

大概
dàgài

부 대략, 아마(도)

今天的会议大概有多少人参加？
오늘 회의에 대략 몇 명 정도 참가하나요?

都这么晚了，他大概不来了，我们开始吧。
이렇게 늦었는데, 그는 아마 안 올 거예요. 우리 시작합시다.

★ 新HSK 기출문제

选词填空：

A：你们学校的硕士和博士研究生一共有多少人？

B：准确数字我不太清楚，（　　）有三四千吧。（H41005-52）

A 主动　B 重新　C 温度　D 来不及　E 严重　F 大概

해설 "准确数字我不太清楚"문장을 통해 뒤에 오는 "三四千"은 추측임을 알 수 있다. 따라서, "大概"를 선택. 정답은 F이다. 이 문제에 나오는 새로운 어휘는 "准确(1171),"清楚(699)"가 있다.

분석 大概 vs. 大约 (146) , 大约 (146) 참고

분석 大概 vs. 可能 (497) vs. 肯定 (506) vs. 也许 (1017)

가능성으로 말하자면, 肯定(506) > 大概(143) > 可能 > 也许(1017)

0144 ★★

大家
dàjiā

대 모두, 다들

考试马上就要开始了，请大家把书包放到教室前边。
시험이 곧 시작되니 모두 가방을 교실 앞에 갖다 놓아 주세요.

0145 ★★★★

大使馆
dàshǐguǎn

명 대사관

今天下午我要去大使馆办签证。
오늘 오후에 비자발급 받으러 대사관에 가야 한다.

보충 X 馆：图书馆（877），展览馆（전시관），宾馆（61），博物馆（박물관），体育馆（체육관），照相馆（사진관）；大使（대사）

0146 ★★★★

大约
dàyuē

부 아마, 대략

参加比赛的大约有200人。
경기에 참가하는 사람은 약 200명쯤 될 것이다.
大约十点的时候，门口出现了一辆白色的汽车。
10시쯤에 출입문에 흰색 차량이 한 대 나타났다.

분석 大约 vs. 大概（143）
"大约"는 수량 또는 시간에 대해서만 예측하는 것이므로, "大约"를 쓸 때에는 문장에 주로 수량 혹은 시간을 나타내는 단어가 함께 쓰인다.
"大概"는 수량 또는 시간에 대한 예측 외에 상황에 대한 추측도 가능하며, "很可能"의 뜻을 가지고 있다.

0147 ★★★★

大夫
dàifu

명 의사

当地没有有名的大夫，他带妻子来上海看病。
현지에는 유명한 의사가 없어서 그는 아내를 데리고 상해에 와서 진찰받았다.
我不去医院，我怕大夫让我打针，太疼了。
나 병원 안 갈래. 주사 맞는 게 무서워. 너무 아프잖아.

보충 职业（1139）：护士（355），导游（156），律师（576），经理（458），警察（463），教授（429），记者（392），演员（1004），司机（819），职员（직원）

분석 大夫 vs. 医生（1033）
"大夫"는 구어이고, "医生(1033)"은 서면어이다.

0148 ★★★

带

dài

명 띠, 밴드, 벨트 동 지니다, 휴대하다, 가지다

乘客们，飞机马上就要起飞了，请系好安全带。
승객 여러분, 비행기가 곧 이륙합니다. 안전벨트를 착용해 주시기 바랍니다.

这一带经济发展得非常好。
이 일대는 경제가 매우 발전했다.

你带词典了吗？
사전 가져왔어?

他带病人去医院了。
그는 환자를 데리고 병원에 갔다.

보충 X带： 领带（넥타이）， 鞋带（신발끈）， 安全带（안전띠）

분석 带 vs. 拿 (616) vs. 取 (707)
"带"는 주로 상태를 나타내고 휴대성을 강조한다. "拿"는 주로 동작을 나타내며 물건이 손안에 있음을, "取"는 다른 곳에서부터 신변 가까이 가지고 왔음을 강조한다.

0149 ★★★★

戴

dài

동 (안경, 모자, 장갑 등) 착용하다, 쓰다

他总是戴着一副黑眼镜，穿着一身黑衣服。
그는 항상 검은 안경을 쓰고 검은 옷을 입고 있다.

분석 戴 vs. 穿 (116), 穿 (116) 참고

0150 ★★★

担心

dānxīn

동 걱정하다, 염려하다

阅读考试是40分钟做40个题，大家都担心自己做不完。
독해 시험은 40분 동안 40문제를 풀어야 해서 모두들 문제를 다 풀지 못할까 봐 걱정한다.

妈妈，请别为我担心，我在这里一切都好。
엄마, 제 걱정은 하지 마세요. 여기서 잘 지내고 있어요.

분석 担心 vs. 害怕 (328) vs. 恐怕 (510) vs. 怕 (무서워하다), 恐怕 (510) 참고

분석 担心 vs. 着急 (1115), 着急 (1115) 참고

반의 放心 (239)

0151 ★★★

蛋糕

dàngāo

명 케이크

我们把蛋糕分成8块吧。
우리 케이크를 8등분하자.

这块蛋糕比那块大。
이 케이크 조각이 저것보다 크다.

★ 新HSK 기출문제

判断对错：
对不起，先生，那种蛋糕已经卖完了，不过，您可以尝一下这种饼干，味道也很不错。
他想买蛋糕。 （ ） (H41003-1)

해설 "对不起, 先生, 那种蛋糕已经卖完了"를 통해 "他想买蛋糕"가 옳은 설명임을 알 수 있다.

0152 ★★★★
当
dāng

동 …이(가) 되다, 담당하다, 맡다 개 …(할)때, 동안

同学们的理想都不一样，有人想当经理，有人想当律师，有人想当老师。
학생들의 이상은 모두 다르다. 어떤 사람은 경영자가 되고 싶고, 어떤 사람은 변호사, 어떤 사람은 선생님이 되고 싶어한다.

当他进来的时候，我正在给朋友打电话。
그가 들어왔을 때, 나는 친구에게 전화하는 중이었다.

보충 개사 역할을 할 때에는 "当…的时候" 구조로 자주 쓰인다.

0153 ★★★
当然
dāngrán

부 당연히, 물론

我当然知道这个词语的意思。
이 단어의 뜻은 당연히 알고 있지.

我们是好朋友，他结婚我当然要参加。
우린 좋은 친구인데, 그가 결혼한다면 당연히 참석해야지.

보충 X然：当然，竟然 (465) 은 부사이고，既然 (395)，虽然 (826) 은 접속사이다.

0154 ★★★★
当时
dāngshí

명 당시, 그때

我当时还小，不明白他话的意思。
그때 나는 아직 어려서 그의 말 뜻을 잘 몰랐다.

当时的情况很危险，我只能那么做。
당시 상황은 매우 위험해서 나는 그렇게 밖에 할 수 없었다.

★ 新HSK 기출문제

排列顺序：

A 就受到人们的普遍欢迎

B 当时的人们没想到它会给环境带来严重的污染

C 100 年前，塑料一出现　（H41002-61）

해설 "一…就…"구문에 따라 C가 앞에 오고 A는 뒤에 온다는 것을 알 수 있다. "塑料"는 주어이고, B문장의 "当时"는 "那个时候"와 "100年前"을 함께 가리키고 있으며 "它"는 "塑料"를 가리키는 것이기 때문에 B가 가장 뒤에 놓이게 된다. 따라서 답은 CAB이다.

0155 ★★★★

刀

dāo

명 칼

吃西餐时，一般用刀和叉(chā, 포크)。

양식을 먹을 때에는 일반적으로 나이프와 포크를 사용한다.

0156 ★★★★

导游

dǎoyóu

명 관광안내원, 가이드

去年我去一个小城市出差，找了一个当地的导游带我玩了一个星期。

작년에 작은 도시로 출장을 갔었는데, 현지 가이드를 구해서 일주일 동안 놀다 왔다.

我对导游这个职业不感兴趣。

나는 가이드라는 직업에 대해서는 별로 관심이 없다.

★ 新HSK 기출문제

请选出正确答案：

女：那位导游给我的感觉很不错，这几天我们玩得很愉快。

男：同意，她的服务态度确实挺好，我们真应该好好谢谢她。

问：他们打算感谢谁？　（H41004-14）

A 警察　B 导游　C 服务员　D 售货员

해설 여자가 말한 "那位导游…"를 통해 알 수 있는 정답은 B. 이 문제에 나온 새로운 어휘는 "服务员(247)", "售货员(794)"이다.

보충 이외에 직업을 나타내는 단어 大夫 (147) 참고

0157 ★★

到

dào

동 도달하다, (장소에)도착하다, …에/까지 오다

师傅，我到下一站下车。

기사님, 다음 역에서 내릴게요.

老师，期中考试我们学到哪一课？

선생님, 중간고사 전에 몇 과까지 배우나요?

我等他等到十点，他还没回来。

나는 그를 10시까지 기다렸지만 그는 아직도 돌아오지 않았다.

보충 "到"는 주로 "从 A 到 B"의 구조로 쓰인다. 그 중 A와 B는 시간, 장소, 수량 등을 나타낸다.

0158 ★★★★

到处

dàochù

부 도처, 곳곳, 가는 곳

今天是周末，街上到处都是人。

오늘은 주말이라서 거리에 가는 곳마다 사람이 많다.

到处是鲜花和掌声。

도처마다 꽃과 박수 소리이다.

★ 新HSK 기출문제

请选出正确答案：

说话虽然是生活中最普通的事，却不简单，有许多地方值得注意：着急的事，要慢慢地说；别人的事，要小心地说；伤心的事，不要见人就说。

遇到伤心的事，应该：（H41005-80）

A 和同事说　B 别到处说　C 多和朋友说　D 别让邻居知道

해설 "伤心的事, 不要见人就说"를 보아, 마음 아픈 일은 이리저리 말하고 다니지 말아야 한다는 것을 알 수 있다. "见人就说"와 "到处说"의 뜻이 서로 비슷하므로 답은 B이다. 이 문제에서 새로 나온 어휘는 "邻居(563)"이 있다.

0159 ★★★★

到底

dàodǐ

동 끝까지 해내다 부 도대체

做任何事都要坚持到底。

어떤 일을 하던지 계속 끝까지 해내야만 한다.

明天到底几点出发？

내일 대체 몇 시에 출발하나요?

★ 新HSK 기출문제

选词填空：

A：丽丽说再等她几分钟，她马上就来。

B：她（　　）在干什么呢，怎么这么慢？（H41001-51）

A 工具　B 收　C 温度　D 到底　E 辛苦　F 抱歉

해설 "到底"는 "想弄(641)清楚答案"의 뜻이 있다. 가끔씩은 불만족의 어감을 가지고 있기도 하다. 여기에서 "到底"는 말하는 사람의 조급함(着急1115)과 불만을 드러내는 것이므로 정답은 D이다.

분석 到底 vs. 究竟（467）

"到底"가 부사 역할을 할 때에는 주로 의문문에 쓰여, 말하는 이가 그 결과를 매우 궁금해하거나 해답을 얻고 싶어함을 나타낸다. 이 의미로서는 "到底"와 "究竟"이 같지만 "究竟"은 서면어에서 주로 쓰인다.

분석 到底 vs. 终于 (1162) vs. 最后 (1187), 终于 (1162) 참고

0160 ★★★★

倒

dào

동 붓다, 따르다 형 거꾸로 되다, 반대로 되다

姐姐给自己倒了杯咖啡，开始看小说。

언니는 커피를 한 잔 따라 놓고 소설을 읽기 시작했다.

客厅墙上的画儿挂倒了。

거실 벽에 그림이 거꾸로 걸려있다.

0161 ★★★★

道歉

dàoqiàn

동 사과하다

这件事是我错了,我向你道歉。

이번 일은 제가 잘못했으니 사과하겠습니다.

★ 新HSK 기출문제

请选出正确答案：

道歉并不仅仅是一句简单的"对不起"，道歉时应该让人感觉到你真心的歉意，那样才有可能获得别人的原谅。

怎样才能得到别人的原谅？　　　(H41004-79)

A 真心道歉　B 说对不起　C 态度冷静　D 改变意见

해설 문장 중에 "不仅仅"이 있는 것을 보아, 전환의 의미를 지닌 뒷문장에 이 단락의 포인트가있음을 알 수 있다. "道歉时应该让人感觉到你真心的歉意,那样才有可能获得别人的原谅"이라는 문장을 통해 사과를 할 때에는(道歉) 진심(真心)이 필요하다는 것을 알 수 있다. 따라서 답은 A. 이 문제에서 새로 나온 어휘는 "态度(839)","冷静(539)", "改变(257)", "意见(1041)"이 있다.

분석 道歉 vs. 抱歉 (35)

"道歉"은 동작이다. "道"는 "说"의 뜻이고 "歉"은 미안하다는 의미로 "道歉"은 바로 "说对不起"인 것이다. "道歉"뒤에는 목적어가 붙을 수 없어서 주로 사용하는 구조는 "向+人+道歉" 또는 "为...向+人+道歉"이다. "抱歉"은 일종의 느낌으로 그 뒤에도 역시 목적어는 붙을 수 없으며 "感到/表示抱歉"구조로 자주 쓰인다. 따라서 "我抱歉你/这件事"이라고 말하지 않고, "我对你/这件事感到抱歉"이라고 말해야 한다.

0162 ★★★★

得意

déyì

형 득의하다, 대단히 만족하다, 마음에 꼭 들다

她儿子当上了律师,她很得意。

그녀의 아들이 변호사가 되자 그녀는 아주 의기양양했다.

这场比赛又赢了，队员们很得意。
이번 경기도 이겼다. 선수들은 아주 만족했다.

분석 得意 vs. 满意 (588)
"得意"는 스스로의 성공에 일종의 자부심(骄傲422)을 드러내는 모양이고, "满意"는 사람, 물건, 일, 상황이 본인의 바람에 부합한다는 것이다.

분석 得意 vs. 骄傲 (422), 骄傲 (422) 참고

0163 ★★★
地
de

조 관형어로 쓰이는 단어나 구 뒤에 쓰여, 그 단어나 구가 동사 또는 형용사와 같은 중심어를 수식하고 있음을 나타낸다.

我们要努力地工作，快乐地生活。
우린 열심히 일하고 즐겁게 생활해야 한다.
他得意地对我说："你看，我的汉语水平多高啊！"
그는 의기양양하게 나에게 말했다. "봐, 내 중국어 수준이 얼마나 높은지!"

0164 ★
的
de

조 관형어 뒤에 쓰여, 관형어와 중심어 사이가 종속 관계이거나 일반적인 수식 관계임을 나타낸다

我爸爸是一家公司的经理。
아빠는 한 회사의 사장님이시다.
穿红衣服的女孩儿是张东的女朋友。
빨간 옷을 입은 여자아이가 장동의 여자친구이다.
他是个诚实的人，从来不骗人。
그는 정직한 사람이라서 여태껏 다른 사람을 속인 적이 없다.

0165 ★★
得
de

조 동사 뒤에 쓰여 가능을 나타내거나, 동사나 형용사 뒤에 쓰여 결과나 정도를 나타내는 보어와 연결시킨다.

他们唱歌唱得非常好。
그들은 노래를 정말 잘 부른다.
今天天气热得让人受不了。
오늘 날씨가 너무 더워서 못 견디겠다.
黑板上的字你看得清楚吗？
칠판에 글씨 잘 보이니?

보충 …的 : 주어, 목적어 '앞에' 위치 ; …地 : 술어 '앞에' 위치 ; 得… : 술어 '뒤에' 위치

0166 ★★★★
得
děi

동 해야 한다

明天一早就要出发，今天晚上得早点儿睡觉。
내일 아침 일찍 출발 해야 하니, 오늘 밤은 조금 일찍 자야 한다.

A B C D E F G H I J K L M N O P Q R S T U V W X Y Z

要想在中国读大学，得先通过 HSK四级考试。
중국에서 대학을 다니려면 우선 HSK 4급 시험에 통과 해야 한다.

0167 ★★★
灯
dēng

명 등, 라이트

灯坏了，房间里很暗，什么都看不清楚。
등이 고장 나서, 방이 너무 어두우니 아무것도 보이지 않는다.

0168 ★★★★
登机牌
dēngjīpái

명 탑승권

我能看一下你的登机牌吗？
탑승권을 좀 보여주시겠어요?

보충 飞机（240），航班（333），乘客（승객），起飞（684），降落（417），安全带（안전벨트）

0169 ★★
等
děng

동 기다리다

等了半天他也没来。
한참을 기다렸는데도 그는 오지 않았다.

0170 ★★★★
等
děng

조 등, 따위

这里生活很方便，周围有超市、银行、饭店等。
주변에 마트,은행, 식당 등이 있어서 이 곳에서의 생활은 아주 편리하다.

보충 구어에서는 주로 "等等" 또는 "什么的" 로 쓰인다.

0171 ★★★★
低
dī

형 낮다, 뒤떨어지다 동 내리다, 낮추다

冬天，外边的温度很低，不过屋里的温度比较高。
겨울에는 바깥의 온도는 아주 낮은데 집안의 온도는 비교적 높다.
我从不在困难面前低头。
나는 어려움 앞에서도 절대 굴복해 본 적이 없다.

분석 低 vs. 矮 (3) vs. 短 (200), 矮 (3) 참고

0172 ★★★★
底
dǐ

명 밑, 바닥, (년(年)또는 월(月)의)끝 무렵

床底下有一个行李箱。
침대 밑에 여행가방이 있다.
还没到月底，我的钱就花光了。

아직 월말이 안 됐는데 벌써 돈을 다 써 버렸다.

보충 X底 : ① 아래 : 桌底 (테이블 아래) 床底 (침대 아래) ② 밑, 바닥 : 瓶底 (병 바닥), 箱底 (상자 밑) ③ (년(年) 또는 월(月)의) 끝 무렵 : 年底 (연말), 月底 (월말)

0173 ★★★★
地点
dìdiǎn

명 지점, 장소, 위치

请通知大家，会议地点改为313室。
회의 장소가 313호로 바뀌었다고 모두에게 알려주세요.

0174 ★★★
地方
dìfang

명 장소, 곳, 자리

由于住的地方离公司太远，所以他上班常常迟到。
회사에서 너무 먼 곳에 살고 있어서, 그는 자주 지각한다.

0175 ★★★★
地球
dìqiú

명 지구

地球是我们共同的家园，我们一定要保护地球。
지구는 우리들의 공통된 터전이다. 우리는 반드시 지구를 보호해야 한다.

地球上百分之七十的面积是海洋。
지구상의 70퍼센트의 면적이 바다이다.

보충 太阳 (838), 月亮 (1091), 星星 (별), 星球 (천체, 행성)

0176 ★★★
地铁
dìtiě

명 지하철

我们是坐地铁去还是坐公交车去？
우리 지하철 타고 갈까 아니면 버스 타고 갈까?

보충 기타 교통수단을 나타내는 단어 乘坐 (102) 참고

0177 ★★★
地图
dìtú

명 지도

因为有地图，我成功找到了那个地方。
지도가 있었기 때문에 그곳을 찾을 수 있었다.

地图上，蓝色表示海洋。
지도상에 파란색은 바다를 나타내는 것이다.

0178 ★★★★
地址
dìzhǐ

명 주소

抱歉，我没记下来，你能把你们公司的地址再说一遍吗？
미안합니다만, 제가 적어놓지 않아서, 회사 주소를 다시 한번 알려 주실 수 있을까요?

0179 ★★

弟弟
dìdi

명 남동생

我弟弟正在读大学三年级，明年毕业。
내 남동생은 지금 대학 3학년이고 내년에 졸업한다.

보충 기타 가족 구성원을 나타내는 단어 爸爸 (14) 참고

0180 ★★

第一
dì-yī

수 제일, 최초, 첫 번째

你知道第一个吃西红柿的人是谁吗？
너 최초로 토마토를 먹은 사람이 누군지 아니?

这次比赛，他们队又得了第一名。
이번 경기에서 그의 팀이 또 1위를 했다.

自测
자기평가

1. 选词填空。

A 打电话　B 担心　C 打招呼　D 打扫　E 地点

1. 别（　　），你这次的考试成绩很好。
2. 请把教室（　　）干净。
3. 你知道吗？考试（　　）换了。
4. 我很想我的妈妈，我每天都给她（　　）。
5. 中国人（　　）时，习惯说“吃了吗”。

A 打扰　B 道歉　C 地方　D 到处　E 得意

6. 你这么做不对，你应该向他（　　）。
7. 工作的时候我不喜欢别人（　　）我。
8. 他考了第一名，看起来很（　　）。
9. 他的房间很乱，（　　）都能看见衣服、书和吃的东西。
10. 你说的（　　）我找不到，你再查查地图，看看是不是搞错了？

A 但是　B 聪明　C 粗心　D 打扮　E 地址

11. 请帮我把冰箱送到我家，这是我家的（　　）。

12. 这么简单的题我都做错了，真是太（　　）了。

13. 她很（　　），老师讲的新知识她只听一遍就会了，别人常常要听两遍。

14. 虽然他刚刚参加工作，（　　）干得很不错。

15. 今天是她的生日，她（　　）得很漂亮。

A 大概　　B 导游　　C 到底　　D 当时　　E 从来

16. A：我从来没去过南京，不知道应该去哪儿玩。

B：没关系，你可以找一位当地的（　　），让他帮助你。

17. A：听说经理今天表扬他了？

B：对，经理说（　　）没遇到过像他这么聪明的人。

18. A：他是不是快过生日了？

B：我不知道是哪天，只记得（　　）是二月。

19. A：小王的身体怎么样了，听说他上个星期生病了？

B：（　　）很严重，不过现在没事了。

20. A：你昨天说参加比赛，今天又说不去了，你（　　）想不想参加？

B：对不起，我还是不去了。

2. 完成句子。

21. 词典　打算　汉语　她　买一本　________________

22. 很快　那个戴红帽子的　跑　得　女孩儿　________________

23. 老师的答案　标准答案　这道题　以　为　________________

24. 经理　他代表　参加　会议　________________

25. 打印　三份　这份文件　请帮我　把　________________

3. 看图，用词造句。

26. 等

____

27. 打折

____

A B C D E F G H I J K L M N O P Q R S T U V W X Y Z

28. 打篮球

29. 大夫

30. 地铁

학습 중점

| 어휘 |

1급 14개, 2급 3개, 3급 17개, 4급 26개

| 용법 및 구조 |

1 一点儿/有点儿의 구별

2 电어구

3 发어구

4 결과보어动+掉/懂

5 개사对의 용법

6 이합사 堵车、发烧의 용법

7 접속사而의 용법

0181 ★
点
diǎn

명 점, (액체)방울; 사물의 방면이나 부분; 지정된 시간 양 (~儿) 약간, 조금

在汉语里，我们可以用六个点表示“等等”。
중국어에서는 6개의 점으로 “기타 등등”을 나타낼 수 있다.

现在几点了？
지금 몇 시지?

今天有点儿热。
오늘 조금 덥다.

분석 一点儿 vs. 有点儿

“一点儿+명사”: 弟弟会说一点儿法语 남동생은 독일어를 조금 할 줄 안다.

“형용사+一点儿”: 有没有长一点儿的? 조금 더 긴 건 없나요?

“有点儿+형용사”: 件有点儿长 ,有短一点儿的吗? 이건 좀 길다. 좀 더 짧은 거 있나요?

“형용사+一点儿”는 비교를 표시하고, “有点儿+형용사”는 불만을 나타낸다. 이외에, “형용사+了+一点儿”또한 불만을 드러내는 표현이다. 예를 들면, 这件衬衫长了一点儿,有短一点儿的吗? 이 블라우스는 좀 기네요. 더 짧은 거 있나요?

분석 点 vs. 小时 (953), 小时 (953) 참고

0182 ★
电脑
diànnǎo

명 컴퓨터

我的电脑坏了，你能帮我修一下吗？
컴퓨터가 고장 났는데, 좀 고쳐 줄 수 있니?

小姐，那台红色的笔记本电脑多少钱？
아가씨, 저 빨간색 노트북은 얼마에요?

보충 笔记本电脑（노트북）, 脑（두뇌 , 지능 , 머리）

0183 ★
电视
diànshì

명 텔레비전

电视已经成了人们生活的必需品。
텔레비전은 이미 사람들의 생활필수품이 되었다.

보충 电脑 (182), 电话（전화기）, 点灯（전등）, 冰箱 (62), 洗衣机（세탁기）, 空调（에어컨）, 电（전기）

0184 ★★★
电梯
diàntī

명 엘리베이터

电梯坏了，我们只好走楼梯。
엘리베이터가 고장 나서 계단으로 걸어가는 수 밖에 없다.

★ 新HSK 기출문제

请选出正确答案：
女：我们还是坐别的电梯吧，你看电梯门上写着"货梯"。
男：好吧，去那边吧。
问：他们为什么不坐这个电梯？ (H41002-18)
A 太旧了 B 是货梯 C 电梯坏了 D 他们去二层

해설 "电梯门上写着'货梯'"라는 글을 통해서 얻을 수 있는 정답은 B. 이 문제에서 새로 나온 어휘는 "旧(470)"이다.

보충 楼梯(계단)，货梯(화물용 엘리베이터) 客梯(승객용 엘리베이터)

0185 ★
电影
diànyǐng

명 영화

昨晚的电影太无聊了，看着看着我就睡着了。
어젯밤 영화는 너무 재미없어서, 보다 보니 잠이 들어버렸다.

0186 ★★★
电子邮件
diànzǐ yóujiàn

명 이메일

我认为电子邮件代替不了手写书信。
나는 이메일이 손 편지를 대신할 수 없다고 생각한다.

★ 新HSK 기출문제

判断对错：
小红去外地上学了，我们虽然不能经常见面，但每个周末都会发电子邮件或者上网聊天儿。
他和小红每周都见面。( ) (样卷-16)

해설 "我们虽然不能经常见面"을 보아, 그와 小红이 매주마다 만날 수 있는 것은 아님을 알 수 있다. 따라서 정답은 X.

0187 ★★★★
调查
diàochá

동 조사하다

根据调查，女人比男人活得更长。
조사에 따르면, 여성이 남성보다 더 오래 산다.
调查结果还没出来。
조사결과가 아직 안 나왔다.

0188 ★★★★

掉
diào

동 떨어지다, 떨어뜨리다

小心，什么东西从楼上掉下来了。
조심해, 뭔가가 위층에서 떨어졌어.

보충 "掉" 는 동사 뒤에 주로 쓰이며 보어 역할을 한다. 분리되거나 손실되는 것을 의미한다.
예) 扔 (728) 掉, 丢 (189) 掉, 喝 (340) 掉, 输 (799) 掉

0189 ★★★★

丢
diū

동 잃어버리다

弟弟的自行车丢了，他伤心得哭了起来。
남동생이 자전거를 잃어버리자 속이 상해서 울기 시작했다.

분석 丢 vs. 输 (799)
"丢"는 물건이 없어져버린 것이고, "输(799)"는 경기를 주로 가리킨다."输"의 반의어는 "赢(1052)"이다.

0190 ★★★

东
dōng

명 동쪽

中国在世界的东方。
중국은 세계의 동쪽에 위치한다.
学校东、南、西、北各有一个门。
학교에 동,남,서,북 각각 하나씩 문이 있다.

보충 방향 ("方向" 232) 을 나타내는 단어: 东, 西 (917), 南 (623), 北, 东北, 西北, 东南, 西南, 中间 (1149)

0191 ★

东西
dōngxi

명 물건

我同屋经常去那家超市买东西。
내 룸메이트는 항상 그 슈퍼마켓에 가서 물건을 산다.
你知道自己做蛋糕要准备些什么东西吗？
케이크를 직접 만들려면 어떤 것들을 준비해야 하는지 아니?

0192 ★★★

冬
dōng

명 겨울

这个房间冬暖夏凉，住着非常舒服。
이 방은 겨울엔 따뜻하고 여름엔 시원해서 살기에 아주 편하다.

보충 季节 (394): 春 (120), 夏 (930), 秋 (705), 冬

0193 ★★

懂
dǒng

동 이해하다, 알다

既然同学们都懂了，那我们就学习下一课吧。
학생 여러분이 모두 이해했으니 그럼 이제 다음 단원으로 넘어갑시다.

我刚才读的你都懂了吗？
내가 방금 읽은 것들 모두 이해했니?

★ 新HSK 기출문제

请选出正确答案：

55. 大家都会帮助你的。（ ） （样卷 -55）

A. 医生说你的身体好多了。
B. 有什么不懂的问题可以告诉我们。
C. 我已经在 7 号门这边等你了。
D. 你星期日还要上班？
E. 他在哪儿呢？你看见他了吗？
F. 我们是朋友介绍认识的。

해설 문제 중에 "帮助"를 언급했다. 난관에 부딪히거나 문제가 있을 때에 비로소 다른 사람의 도움이 필요한 것이기 때문에 보기 B의 "不懂的问题"가 이와 상응한다. 따라서 보기 B가 정확하다.

분석 懂 vs. 理解 (547) vs. 了解 (562) vs. 明白 (612), 明白 (612) 참고

0194 ★★★

动物
dòngwù

명 동물

狗是一种聪明的动物。
개는 똑똑한 동물이다.

보충 12 간지（十二生肖）：사람의 태어난 해의 지지（地支）를 대표하는 12 가지 동물. 老鼠（쥐），牛（소），老虎 (534)，兔子（토끼），龙（용），蛇（뱀），马 (581)，羊（양），猴子（원숭이），鸡（닭），狗 (293)，猪（돼지）

기타 동물 : 熊猫 (981)，鱼 (1075)，猫 (591)，鸟 (638)，植物 (1140)

0195 ★★★★

动作
dòngzuò

명 동작, 행동, 움직임

京剧演员的动作很难学。
경극 배우의 동작은 아주 배우기 어렵다.

你的动作不太标准。
네 동작은 그다지 표준이 아니다.

0196 ★
都
dōu

부 모두, 전부

既然同学们都懂了，那我们就学习下一课吧。
학생 여러분이 모두 이해했으니 그럼 이제 다음 단원으로 넘어갑시다.

분석 都 vs. 全部 (710), 全部 (710) 참고

0197 ★
读
dú

동 글을 읽다, 공부하다

如果你每天读5遍课文，你的英语口语水平会提高得很快。
본문을 매일 5번씩 읽어본다면, 영어 말하기 실력이 아주 빨리 향상될 것이다.

我弟弟正在读大学三年级，明年毕业。
내 남동생은 지금 대학 3학년이고, 내년에 졸업한다.

0198 ★★★★
堵车
dǔchē

동 차가 막히다

今天路上堵车堵得厉害，所以我迟到了。
오늘 차가 심하게 막혀서 늦어버렸다.

★ 新HSK 기출문제

请选出正确答案：
首都体育馆今天晚上有活动，等活动结束的时候人肯定很多，你和女儿还是提前一点儿出发吧，我怕会堵车。
提前出发是为了： (H41005-66)
A 参加活动　B 观看表演　C 错开堵车　D 去接儿子

해설 "...人肯定很多", "...我怕会堵车"를 통해 얻을 수 있는 답은 C이다. 여기서 "怕"는 "担心"의 뜻이다.

0199 ★★★★
肚子
dùzi

명 배, 복부

肚子突然疼得厉害。
배가 갑자기 너무 아프다.

★ 新HSK 기출문제

选词填空：
A：我的（　　）在叫了，早上只吃了一小块儿蛋糕。
B：饿了？我包里有巧克力，给你。 (H41002-51)
A 填　B 正式　C 温度　D 酸　E 广播　F 肚子

해설 "早上...蛋糕", "饿了?"를 통해 얻을 수 있는 답은 F. 이 문제에서 새로 나온 어휘는 "饿(212)"가 있다.

★ 新HSK 기출문제

请选出正确答案：

男：今天吃得太多了，肚子有点儿不舒服。

女：喝点儿热茶可能会好一些。

问：男的怎么了？ (H41004-11)

A 想喝茶 B 啤酒喝多了 C 肚子不舒服 D 不想去医院

해설 남자가 "肚子有点儿不舒服"라고 말한 것을 보아 얻을 수 있는 답은 C. 이 문제에서 새로 나온 어휘는 "啤酒(660)", "舒服(798)"가 있다.

0200 ★★★

短

duǎn

형 짧다

每个人都有长处，也都有短处。

모든 사람에게는 장점과 단점이 있다.

虽然他学汉语的时间很短，但是说得非常流利。

비록 그가 중국어를 배운 시간은 짧지만, 아주 유창하게 말할 줄 안다.

분석 短 vs. 矮 (3) vs. 低 (171), 矮 (3) 참고

0201 ★★★★

短信

duǎnxìn

명 (휴대폰으로 보내는) 문자메시지

开车时打电话或发短信都非常危险。

운전 중에 전화를 하거나 문자메시지를 보내는 것은 매우 위험하다.

보충 电子邮件 (186)，传真 (117) 이들과 함께 결합되어 쓰이는 동사는 "发"이다.

0202 ★★★

段

duàn

양 단락, 토막(사물의 한 부분을 나타냄)；한동안, 얼마간, 기간, 단계, 구간(시간이나 공간의 일정한 거리를 나타냄)

请把这段课文翻译成英语。

이 본문을 영어로 번역 해주세요.

最近这段时间工作忙吗？

요즘 일이 바쁘니?

大家已经走了很长一段路了，需要休息。

다들 벌써 꽤 많이 걸었으니 좀 쉬어야 한다.

결합 一段 + 课文 (교과서의 본문) / 时间 (772) / 感情 (265) / 距离 (477) / 对话 (206) / 木头 (목재)

0203 ★★★

锻炼
duànliàn

동 단련하다

我每天下午四点钟都去锻炼身体。
나는 매일 오후 4시에 운동을 하러 간다.

先去小公司锻炼一下，对你以后去大公司工作有帮助。
우선 작은 회사에 가서 단련을 좀 해봐. 나중에 큰 회사에 가서 일할 때 도움이 될 거야.

★ 新HSK 기출문제

请选出正确答案：

如果你想减肥，那么必须做到两点：一是少吃东西，二是多运动。少吃不代表不吃，而是要科学地吃。关键是要多运动，但是也不需要每天都运动，一周运动两到三次，每次运动一个小时也就差不多了。骑自行车、打篮球、跑步等都是很好的减肥运动。

关于减肥，最重要的是： (H41005-82)

A 多锻炼 B 有计划 C 每天都运动 D 不要有烦恼

해설 "最重要的是..."를 물었다. 단문에 "关键是..."라고 써있는데, 이 경우 "关键"뒤에 따라오는 "多运动"이라는 말에 주의해야 한다. 이는 곧 A의 "多锻炼"과 같기 때문에 정답은 A이다. 단문에서 "但是也不需要每天都运动"이라고 했기 때문에 C는 틀렸음을 알 수 있고, B와 D는 언급되지 않았다. 단문에 "关键", "但是", "而是"등의 단어나 나왔을 때에는 반드시 주의해야 한다. 이러한 단어의 뒤에 오는 내용이 답안이 되는 경우가 많다. 이 문제에서 새로 나온 어휘는 "烦恼(225)"가 있다.

0204 ★★

对
duì

개 …에게, …에 대해 형 맞다, 옳다

答案到底是对是错，老师也不知道。
답이 맞았는지 틀렸는지 선생님도 모른다.

我对导游这个职业不感兴趣。
나는 가이드라는 직업에 대해 별 관심이 없다.

道歉的话你已经对我说了很多遍了。
넌 이미 나에게 여러 번 사과했다.

보충 개사 "对"가 주로 쓰이는 구조는 '对+목적어(사람/일/물건)+술어'이다. 이 구조에 쓰이는 술어동사 또는 형용사는 주로 두 가지 상황이 있다.
① 태도를 나타내는 단어: 예) 尊重 (1189), 友好 (1067)
② 관계를 나타내는 단어: 예) 熟悉 (800), 了解 (562)
"对"는 또한 "对+人+说/笑 (957)"의 구조로도 쓰인다.

0205 ★
对不起
duìbuqǐ

동 미안하다

对不起，我来晚了。
미안해요, 늦었습니다.

0206 ★★★★
对话
duìhuà

명 대화

根据下面的对话，写一篇短文。
아래의 대화에 근거하여 작문하세요.
有人偷听了我们的对话。
누군가 우리 대화를 엿듣고 있다.

0207 ★★★★
对面
duìmiàn

명 맞은편, 건너편, 반대편

学校对面是一家超市。
학교 건너편에 슈퍼마켓이 있다.
站在我对面的是玛丽。
내 맞은편에 서 있는 게 마리이다.

보충 前面（691），后面（351）

0208 ★★★★
对于
duìyú

개 …(에) 대해(서), …에 대하여

对于那里的详细情况，我并不十分了解。
그곳의 자세한 상황에 대해서는 나 역시 잘 알지 못한다.
对于我来说，这本书有点难。
나에게 이 책은 조금 어렵다.

분석 对 (204) vs. 对于 vs. 关于 (307)

(1) 대부분의 상황에서 "对"와 "对于"는 통용 가능하다. 그러나 뒤에 따라오는 목적어가 사람을 가리키는 명사 혹은 대명사인 경우, 술어가 태도 또는 관계를 나타내는 단어인 경우에는 "对"만 쓸 수 있고 "对于"는 쓸 수 없다. 예를 들면: 对我很尊重/有信心/很友好.

(2) 어떤 대상 혹은 관계를 나타내는 것 외에도 "对"는 방향을 나타낼 수도 있다["向(945)"과 같음]. 예를 들면: 对我笑笑. "对于"는 이러한 용법이 없다.

(3) "对于"와 "关于"뒤에 목적어가 붙어 일반적으로 주어 앞에 놓이며 화제를 이끌어내는 역할을 한다. 그러나 "对"는 목적어가 붙어 주어 앞에 놓일 수도 있고, 주어 뒤에 놓일 수도 있다.

(4) "对"와 "对于" 모두 "对/对于...来说"의 구조로 구성될 수 있으며, 사람 또는 사건의 시점을 판단(判断.651)하거나 평가함을 나타낸다. "关于"는 이러한 용법이 없다.

A B C D E F G H I J K L M N O P Q R S T U V W X Y Z

(5) "关于"는 "是...的"구조에 쓸 수 있다. 예를 들면: 他买了一本书,是关于语言学的.(그는 언어학에 관한 책을 한 권 샀다.) "对"/"对于"는 이러한 용법이 없다.

0209 ★
多
duō

형 많다 부 얼마나, 얼마만큼

广场上人真多啊!
광장에 사람이 정말 많다!

我一天记不住这么多生词。
나는 하루 만에 이렇게 많은 단어는 못 외운다.

要想学好汉语，就要多听、多说。
중국어를 잘 배우고 싶다면 많이 듣고 많이 말해야 한다.

多可爱的小狗啊!
강아지 너무 귀엽다!

보충 "보다 많이, …이상" 을 의미할 때 : (≤ 10) **两个多小时** 두 시간여 / **三块多钱** 3 원남짓 ; (>10) **十多公里** 10 여킬로미터 / **五十多本书** 책 50 여권

부사 "얼마나" 를 의미할 때 : ① "多 + 형용사" 의문을 나타냄 .

예) **长城多长 ? 那座楼多高 ? 前面还有多远 ? 要等多久 ?**

② "多 + 형용사 + 啊" 감탄을 나타냄 . 예) **多美啊 ! 多好啊 !**

부사 "더" 를 의미할 때 : "多 + 동사" 예) **多听, 多说, 多练, 多穿点儿** .

그러나 , "多" 의 반의어인 "少" 가 형용사 역할을 할 때에는 "적은 , 약간의" 의 의미만 있다 . 부사 역할을 할 때에는 "덜" 의 의미가 있다 .

0210 ★★★
多么
duōme

부 얼마나, 아무리

多么精彩的演出啊!
얼마나 훌륭한 공연인가!

无论多么困难，我们都要坚持下去。
아무리 힘들더라도 우리는 계속 참고 버텨야 한다.

0211 ★
多少
duōshao

대 얼마, 몇

你知道中国有多少人吗?
중국에 얼마나 많은 사람이 있는 줄 아니?

那台红色的笔记本电脑多少钱?
저 빨간색 노트북은 얼마인가요?

0212 ★★★

饿

è

형 배고프다

人在感觉饿的时候往往吃得很快。
사람이 허기를 느낄 때에는 흔히 빨리 먹게 된다.

★新HSK 기출문제

请选出正确答案：

饿坏了吧？我马上去做饭。（　　）　　（样卷 -43）

A. 快考试了，他这几天都在家复习呢。
B. 都在我相机里呢，我一会儿上网发给你吧。
C. 可以刷信用卡吗？
D. 不着急，我中午吃得很饱。
E. 当然。我们先坐公共汽车，然后换地铁。
F. 你打算什么时候把这件事告诉他？

해설 보기 D의 내용과 문제의 내용은 상관성이 크다. 그 중, "饱"와 "饿"가 서로 호응하며 "不着急"와 "马上"이 서로 호응한다. 따라서 답은 D.

반의 饱（29）

0213 ★★★★

儿童

értóng

명 어린이

今天是六一儿童节。
오늘은 어린이날이다.

父母的文化水平影响着儿童的成长。
부모의 교육수준은 아이의 성장에 영향을 준다.

보충 成人 (성인), 孩子 (326), 男孩 (남자아이), 女孩 (여자아이)

0214 ★

儿子

érzi

명 아들

这位母亲一直为自己的儿子感到骄傲。
이 어머니는 언제나 자신의 아들을 자랑스럽게 여겨왔다.

보충 女儿 (644)

0215 ★★★★

而

ér

접 그리고, 게다가, 그러나

这家饭馆的菜好吃而不贵。
이 식당의 음식은 맛도 있고 가격도 비싸지 않다.

北方人喜欢吃面条，而南方人喜欢吃米饭。
북방 사람들은 면을 좋아하지만 남방 사람들은 밥을 좋아한다.

보충 "而"이 "그리고"의 뜻을 나타낼 때에는, "형용사 1+ 而 + 형용사 2" 구조로 상용된다. 예를 들면, 聪明 (124) 而漂亮 (666).

0216 ★★★

耳朵
ěrduo

명 귀

与耳朵听到的相比，人们更愿意相信眼睛看到的。

귀로 듣는 것과 비교했을 때, 사람들은 눈으로 본 것을 더 믿으려고 한다.

那只小猫的两只耳朵长得很好玩儿，一只大，一只小。

저 고양이의 양쪽 귀가 아주 재미있게 생겼다. 한쪽은 크고 한쪽은 작다.

보충 기타 인체 두부 (头部) 의 명칭 鼻子 (44) 참고

0217 ★

二
èr

수 둘

第二课的语法比较复杂。

2과의 어법은 비교적 복잡하다.

분석 二 vs. 两 (559)

단독으로는 쓸 때에는 "二", 뒤에 양사를 붙여 쓸 때에는 "两"을 쓴다. 예를 들면, 两本书, 两个人, 两顿饭등이 있다.

0218 ★★★

发
fā

동 보내다, 건네주다, 발생하다, 생기다

他确实没有收到我发的邮件。

그는 확실히 내가 보낸 이메일을 받아보지 못했다.

보충 收 (785), 交 (418)

0219 ★★★

发烧
fāshāo

동 열이 나다

弟弟发高烧，得快点儿送医院。

남동생이 고열이 나서 빨리 병원에 데려가야 한다.

他发烧了，却没钱去看病，现在耳朵什么都听不见了。

그는 열이 나는데도 치료받을 돈이 없었다. 지금은 아무것도 듣지 못한다.

0220 ★★★★

发生
fāshēng

동 발생하다, 생기다, 일어나다, 벌어지다

你走后，又发生了很多事情。
네가 가버린 이후에 정말 많은 일들이 일어났다.

那边发生了一起交通事故，大家都往那儿跑。
저 쪽에서 교통사고가 발생해서 사람들이 그쪽으로 뛰어간다.

0221 ★★★

发现
fāxiàn

동 발견하다, 알아차리다

去北京旅游时，我发现那儿有很多大使馆。
북경에서 여행할 때, 그곳에는 정말 많은 대사관이 있음을 발견했다.

0222 ★★★★

发展
fāzhǎn

동 발전하다

发展经济是一个地区的根本。
경제발전은 그 지역의 토대이다.

这些年上海发展得很快，变化很大。
최근 몇 년 동안에 상해는 발전이 매우 빠르고 변화가 심하다.

★ 新HSK 기출문제

请选出正确答案：

经过他的努力，公司的生意越做越大，最近又在三个城市开了新的分公司。一切都在往好的方向发展，他也更有信心了。

公司现在怎么样？ (H41002-78)

A 收入减少 B 发展很快 C 主要制造家具 D 不适应市场变化

해설 "公司的生意越做越大，最近又在三个城市开了新的分公司"라는 말을 근거로 얻을 수 있는 답은 B이다. 이 문제에 새로 나온 어휘는 "收入(786)", "减少(407)", "适应(784)"가 있다.

0223 ★★★★

法律
fǎlǜ

명 법률, 형법

我哥哥的专业是法律，毕业后他想当一名律师。
우리 형의 전공은 법률이다. 졸업 후에는 변호사가 되고 싶어 한다.

★ 新HSK 기출문제

请选出正确答案：

小刘，这方面的问题我也不太懂，不过我有一个亲戚是律师，我给你他的电话号码，有什么问题，你可以直接问他。

小刘想了解哪方面的情况？ (H41005-71)

A 艺术 B 汉语 C 法律 D 语言

해설 "我有一个亲戚是律师...有什么问题, 你可以直接问他"를 통해 小刘가 "律师"에게 묻고 싶은 문제가 있음을 알 수 있다. 즉 "法律"방면의 문제에 대해 알고 싶은 것이므로 정답은 C이다.

보충 기타 "专业"(1167) 를 나타내는 단어 : 历史 (550), 经济 (457), 管理 (309), 语言 (1080), 数学 (803), 文化 (905)

0224 ★★★★
翻译
fānyì

동 통역하다, 번역하다

这几个地方翻译得不太准确，你得重新翻译一下。
이 몇 가지 부분의 번역이 정확하지 않으니 다시 번역해주세요.

她打算毕业以后当翻译。
그녀는 졸업 후에 통역관이 될 생각이다.

0225 ★★★★
烦恼
fánnǎo

형 번뇌하다, 걱정하다

女朋友总跟他吵架，他很烦恼。
여자 친구와 항상 말다툼을 해서 그는 고민스럽다.

年龄越大，烦恼越多。
나이가 많을수록 걱정이 많다.

★ 新HSK 기출문제

排列顺序：
A 首先要学会像扔垃圾一样把烦恼扔掉
B 生活中总会有烦恼
C 要想让自己轻松、愉快 (H41002-62)

해설 B문장은 주제문으로 제일 첫 문장으로 오게 된다. C문장의 "要想"은 "如果"의 뜻이다. "如果想让自己轻松,愉快"이라면 즉 "要学会像扔垃圾一样把烦恼扔掉"인 것이다. 그러므로 C는 A 앞에 온다. A문장에 비록 "首先"이 있긴 하지만, 의미를 생각했을 때 가장 마지막에 놓여야 한다. 따라서 정답은 BCA이다.

0226 ★★★★
反对
fǎnduì

동 반대하다

对于这个决定，他既不支持，也不反对。
이 결정에 대해서 그는 지지하지도 반대하지도 않았다.

同学们都反对他当代表。
학생들 모두 그가 대표가 되는 것을 반대했다.

★ 新HSK 기출문제

完成句子：

反对的　知道校长　原因　没人　(H41004-93)

해설 "的+명사"의 구조에 따라 "反对的原因"이 된다. "反对"의 주어는 "校长"이므로 "校长反对的原因"이 되고, 동사 "知道"의 주어는 "没人"이기 때문에 답은: "没人知道校长反对的原因"이다.

반의 同意 (874)

0227 ★

饭店
fàndiàn

명 식당, 호텔

当地有很多有名的饭店，到时你可以随便选一家。
현지에 유명한 식당이 아주 많으니 그때 가서 마음대로 한 곳을 고르면 된다.

这是一家五星级饭店。
여기는 5성급 호텔이다.

0228 ★★★

方便
fāngbiàn

형 편리하다, 간편하다

学校周围的交通非常方便，有公交车、地铁等。
버스와 지하철 등이 있어서 학교 주변의 교통이 아주 편리하다.

★ 新HSK 기출문제

请选出正确答案：

这房子家具全，电视、空调、冰箱都有并且都很新；离火车站也很近，交通方便，离您公司也不远，您可以坐公共汽车甚至可以骑自行车上班，把身体也锻炼了；价格也比较便宜，真的很值得考虑。

关于这房子，下列哪个正确？　(H41001-37)

A 很贵　B 离机场近　C 交通方便　D 周围风景不错

해설 "价格也比较便宜"라는 말을 통해 A는 틀렸다는 것을 알 수 있고 "离火车站也很近"을 보아 B도 틀렸음을 알 수 있으며 문장에 "机场"은 언급되지 않았다. "离火车站也很近,交通方便"을 통해 얻을 수 있는 답은 C이다. D의 "周围风景"은 문장에서 언급되지 않았다.

0229 ★★★★

方法
fāngfǎ

명 방법, 수단, 방식

由于学习方法不对，他的汉语水平提高得比较慢。
학습 방법이 잘못되어서 그의 중국어 실력 향상이 좀 느리다.

분석 方法 vs. 办法 (21) vs. 主意 (1161), 办法 (21) 참고

0230 ★★★★

方面
fāngmiàn

명 방면, 부분, 분야, 영역

我在生活方面已经完全适应了，就是学习上有点儿困难。
생활은 이미 완전히 적응했는데 단지 공부하는 게 조금 어렵다.

任何电脑方面的问题都可以问他，他是这方面的专家。
컴퓨터 분야의 어떠한 문제라도 그에게 물으면 된다.

0231 ★★★★

方式
fāngshì

명 방식, 방법, 패턴

解决这个问题有两种方式。
이 문제를 해결하는 데는 두 가지 방법이 있다.

0232 ★★★★

方向
fāngxiàng

명 방향

我找不到路，也没有地图，不知道该往哪个方向走，只好给你打电话。
길을 못 찾겠다. 지도도 없고 어느 방향으로 가야 할지 몰라서, 너에게 전화하는 수밖에 없었어.

보충 방향을 나타내는 단어 东 (190) 참고

0233 ★★★★

房东
fángdōng

명 집주인

我的房东是个很好的人。
우리 집주인은 참 좋은 사람이다.

明天我要和房东见个面。
내일 집주인과 만날 것이다.

0234 ★★

房间
fángjiān

명 방

这是王教授的房间，你的房间在三楼。
여기는 왕교수님의 방이고, 네 방은 3층이다.

0235 ★★★

放
fàng

동 놓아주다, 풀어주다, 놓아두다

他放了那只鸟儿，让它飞向了蓝天。
그는 그 새를 풀어주어 파란하늘로 날려보냈다.

那本法律书你到底放在什么地方了，我怎么也找不到。
그 법률책을 대체 어디에 뒀니? 아무리 찾아도 못 찾겠다.

0236 ★★★★
放弃
fàngqì

동 버리다, 포기하다

为了陪在父母身边，他放弃了去美国留学的机会。
부모님 곁에서 모시기 위해서 그는 미국 유학의 기회를 포기했다.

你为什么要放弃做这件事？
너 어째서 이 일을 포기하려 하니?

★ 新HSK 기출문제

请选出正确答案：

昨天的放弃决定了今天的选择，今天的选择决定了明天的生活。只有懂得放弃和学会选择的人，才能赢得精彩的生活。

这段话告诉我们，学会放弃：（H41005-70）

A 值得原谅　B 是个缺点　C 能减少竞争　D 会有更多选择

해설 첫 문장의 "昨天的放弃决定了今天的选择"를 보아 이 글은 "放弃"와 "选择"의 관계를 말하고 있다는 것을 알 수 있다. 따라서 얻을 수 있는 답은 D이다. 이 글에서 새로 나온 어휘는 "原谅(1085)", "缺点(711)", "竞争(464)"이다.

반의 坚持（404）

0237 ★★★★
放暑假
fàng shǔjià

여름방학을 하다

我决定放暑假的时候哪儿也不去，就在家学习。
여름방학을 하면 아무데도 가지 않고 집에서 공부만 하기로 결심했다.

보충 寒假（330），放寒假（겨울방학을 하다）请假（703）

0238 ★★★★
放松
fàngsōng

동 늦추다, 느슨하게 하다, 긴장을 풀다

我只想找个景色美丽的地方，好好儿放松放松。
나는 그냥 경치 좋은 곳을 찾아서 푹 쉬고만 싶다.

분석 放松 vs. 轻松 (698)

"放松"은 동사이고 주로 술어 역할을 한다. 목적어를 대동할 수 있으며 중첩형식은 "放松放松"이다. "轻松"은 형용사이며 주로 관형어 또는 목적어 역할을 한다. 예를 들면 "轻松的环境","感到很轻松"과 같다. 중첩형식은 "轻轻松松"이다.

0239 ★★★
放心
fàngxīn

동 마음 놓다, 안심하다

对于这个决定，他既不支持，也不反对。
이 일을 네가 하게 되어서 정말 안심된다. 너는 일 할 때에 착실하기도하고 또 숙련된 사람이기 때문이다.

반의 担心（150）

0240 ★

飞机

fēijī

명 비행기

坐飞机去还是坐火车去，你决定了吗？
비행기를 타고 갈지, 아니면 기차를 타고 갈지 결정했니?

보충 기타 교통수단을 나타내는 단어 **乘坐** (102) 참고

自测

자기평가

1. 选词填空。

A 发展　B 反对　C 短信　D 方便　E 而且

1. 对于害羞的人来说，发（　　）是一种不错的交流方式。
2. 她不但聪明，（　　）常常帮助别人，大家都非常喜欢她。
3. 食堂就在宿舍旁边，吃饭很（　　）。
4. 妈妈（　　）姐姐跟那个男人结婚，因为他没有工作。
5. 现在中国（　　）得越来越快，中国人的生活也越来越好了。

A 堵车　B 翻译　C 房间　D 方法　E 放松

6. 这句汉语我看不懂，你能帮我把它（　　）成英语吗？
7. 前面怎么又（　　）了？我快迟到了！
8. 他住1号楼，（　　）号码是1216。
9. 你学习成绩那么好，有什么好的学习（　　）吗？
10. 你最近太紧张了，需要（　　）一下。

A 法律　B 电梯　C 方向　D 对面　E 方面

11. 刚来中国时，我在学习、生活、交朋友等很多（　　）遇到了困难。
12. 在中国，就要按照中国的（　　）来做事情。
13. 王老师的办公室就在我们教室（　　），所以我每天都能看到他。
14. （　　）坏了，我们只能爬楼梯了，还好五楼不算很高。
15. 我不记得路了，你有地图吗？我看看应该往哪个（　　）走。

A 调查　　B 发生　　C 放弃　　D 烦恼　　E 发烧

16. A：王经理一天没来上班，你知道他（　　）什么事了吗？

　B：听说他家里有事儿，这几天都不能来。

17. A：学汉语太难了，我觉得我学不会。

　B：再坚持一下，不要刚开始学就（　　）。

18. A：到底是谁拿走了那份资料？

　B：公司正在进行（　　），现在还不知道结果。

19. A：你最近心情好像不太好，怎么了？

　B：我的包丢了，里面有很多重要的东西，这事儿真让我（　　）！

20. A：你去医院了吗？身体好点儿了？

　B：去了，好多了，已经不（　　）了，但是还要继续吃药。

2. 完成句子。

21. 听懂　能　他　汉语　广播 ______________________

22. 原因　发现　你　问题的　吗　了 ______________________

23. 非常　大　范围　这次考试　的 ______________________

24. 放暑假时　旅行　我常常　去别的　城市 ______________________

25. 电脑　现在人们　常常用　收发　电子邮件 ______________________

3. 看图，用词造句。

26. 锻炼

____

27. 放

____

26. 电视

27. 动物

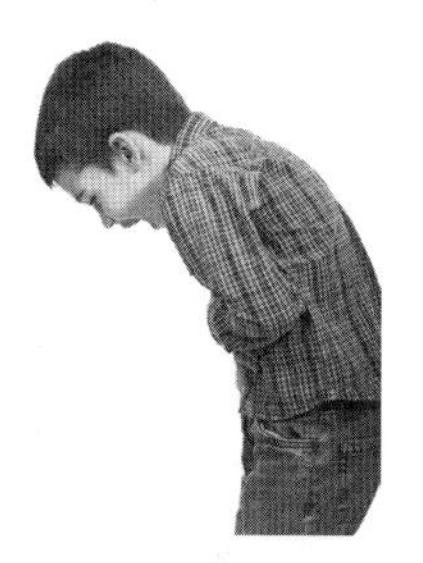

30. 肚子

학습 중점

| 어휘 |

1급 5개, 2급 8개, 3급 14개, 4급 33개

| 용법 및 구조 |

1. 정도 부사非常, 개사给、跟의 용법
2. 负责、干杯의 용법
3. 告诉+人+事 및 鼓励+人+做什么事구조
4. 分/分钟과 刚才/刚의 구별

0241 ★★

非常
fēicháng

부 매우

放暑假的时候，天气非常热。
여름방학을 할 때에는 날씨가 매우 덥다.

晚餐非常丰富，我吃得很饱。
저녁 식사가 아주 풍족해서 정말 배불리 먹었다.

보충 有点儿 (181) < 比较 (46) < 很 (347) < 非常 (매우) < 特别 (848) < 十分 (770) < 极 (387) 부사"极了"는 주로 형용사 뒤에 쓰이며, "형용사 + 极了" 구조로 자주 쓰인다.

분석 非常 vs. 很 (347) vs. 挺 (867), 挺 (867) 참고

0242 ★★★

分
fēn

동 나누다, 분류하다 양 분(시간), 점수(스포츠, 게임, 시험 등), 펀(화폐단위. 1위안의 100분의1)

既然他不喝，我们几个人就把这箱饮料分了吧。
그는 마시지 않으니 우리끼리 이 박스에 든 음료수를 나눕시다.

现在是八点十分。
지금은 8시 10분이다.

由于粗心，这次考试我只得了 65分。
부주의해서, 이번 시험에 겨우 65점을 받았다.

보충 기타 화폐단위를 나타내는 단어 角 (424) 참고

분석 分 vs. 分钟 (243), 分钟 (243) 참고

0243 ★

分钟
fēnzhōng

명 분

如果你能在三分钟内猜出答案，你就赢了。
만약에 네가 3분안에 답을 맞춰낸다면, 네가 이기는 거다.

他一分钟能游 100米。
그는 1분에 100미터를 수영할 수 있다.

분석 分钟 vs. 分 (242)

"分钟"은 한동안의 시간을 나타내고 주로 "小时"와 함께 이어서 쓴다. 예를 들면, "一小时四十分钟"이다. "分"은 어떤 시점을 의미하고 주로 "点"과 함께 이어 쓴다. 예를 들면, "一点四十分"이다.

0244 ★★★★

份
fèn

양 부, 통, 권(신문, 잡지, 문건 등을 세는 단위)

请帮我把这份材料打印两份。

이 자료 좀 두 부씩 인쇄해주세요.

我对现在的这份工作非常满意。

나는 지금의 이 일에 대해 매우 만족한다.

0245 ★★★★

丰富

fēngfù

형 많다, 풍부하다, 넉넉하다 동 풍부하게 하다

晚餐非常丰富，我吃得太饱了。

저녁 식사가 아주 풍족해서 정말 배불리 먹었다.

多跟同事讨论可以丰富你的工作经验。

동료들과 많이 토론을 하면 네 업무 경험을 풍부하게 할 수 있다.

★新HSK 기출문제

排列顺序：

A 但实际上都是由经验丰富的老师傅做的，质量非常好

B 这些家具看起来普普通通

C 即使用上二三十年也不会坏 （样卷 -60）

해설 A문장의 "但"은 전환의 의미를 나타낸다. 따라서 A는 첫 문장이 될 수 없다. A앞에 오는 문장의 내용은 당연히 "经验丰富的师傅做的","质量非常好"와 전환 관계를 이루어야 하므로 B문장의 "看起来普普通通"이 된다. C문장은 B문장의 기초에 보충을 하고 있으므로 제일 마지막에 놓이게 된다. 따라서 정답은 BAC이다.

0246 ★★★★

否则

fǒuzé

접 만약 그렇지 않으면

这场比赛我们队必须赢，否则我们都得回国。

이번 경기에서 우리 팀은 반드시 이겨야 한다. 그렇지 않으면 우리는 모두 귀국해야만 한다.

보충 "否则" 는 보통 한 문장의 중간 단락에 많이 쓰인다 .

0247 ★★

服务员

fúwùyuán

명 (서비스업의) 종업원

那家宾馆的服务员态度非常好。

이 호텔 종업원들의 태도가 아주 만족스럽다.

服务员，请给我一份西红柿鸡蛋汤。

웨이터, 여기 토마토계란탕 한 그릇 주세요.

보충 X 员： 售货员 (794), 演员 (1004), 职员 (직원), 远动 (1096) 员 , 营业员 (판매원)

0248 ★★★★

符合
fúhé

동 부합하다, (들어)맞다, 일치하다

他的这种做法不符合我们宾馆的规定。
그의 이러한 방법은 우리 호텔의 규정과 맞지 않습니다.

这个花瓶不符合标准，必须重新做。
이 꽃병은 기준에 부합하지 않아서 다시 만들어야 한다.

보충 有点儿 (181) < 比较 (46) < 很 (347) < 非常 (매우) < 特别 (848) < 十分 (770) < 极 (387) 부사"极了"는 주로 형용사 뒤에 쓰이며, "형용사 + 极了" 구조로 자주 쓰인다.

0249 ★★★★

父亲
fùqīn

명 아버지

我父亲是一名律师，母亲是大学老师。
나의 아버지는 변호사이고, 어머니는 대학교수이다.

父亲从小就教育我要做一个诚实的人。
아버지께서는 어려서부터 나에게 정직한 사람이 되어야 한다고 가르치셨다.

★ 新HSK 기출문제

请选出正确答案：
男：怎么忽然想起买花了？要送谁啊？
女：今天是父亲节，你不会忘了吧？快去买礼物吧。
问：女的为什么买花？ (H41001-25)
A 父亲节 B 花很便宜 C 妈妈生病了 D 朋友过生日

해설 "今天是父亲节"를 보아, 얻을 수 있는 답은 A이다.

请选出正确答案：
男：晚上有什么安排吗？跟我们去游泳吧。
女：不了，我爸今天过生日，家里来了一些亲戚，我得回去帮忙。
问：今天是谁过生日？ (H41004-19)
A 女儿 B 父亲 C 爷爷 D 奶奶

해설 "我爸今天过生日"를 보아, "过生日"하는 것은 "父亲"임을 알 수 있다. 따라서 답은 B이다.

보충 "父亲" 은 서면어이고, "爸爸" 는 구어이다. "母亲 (614)" 는 서면어이고 "妈妈 (579)"는 구어이다. "爸爸和妈妈"를 서면어로는 "父亲和母亲" 이라고 하며 "父母亲" 또는 "父母" 라고도 할 수 있다.

0250 ★★★★

付款
fùkuǎn

동 (돈을)지불하다

先生，请到收银台付款。
선생님, 계산대에 가서 지불해주세요.

请问，您的付款方式是刷卡还是现金？
카드로 지불하시겠어요, 아니면 현금으로 하시겠어요?

보충 "付款"은 구어에서는 "付钱"이라고도 쓴다. 일반적으로 "付款"은 数量(802)이 비교적 큰 편이다.

0251 ★★★★

负责
fùzé

동 책임지다 형 책임감이 강하다

这件事情由小王负责，他是这方面的专家。
이 일은 소왕이 책임져라. 그는 이 방면에서 전문가이다.

不要担心，他是一个非常负责的人。
걱정할 필요 없다. 그는 아주 책임감이 강한 사람이다.

★ 新HSK 기출문제

请选出正确答案：
女：明天几点到？八点来得及来不及？
男：提前点儿吧？咱们还得负责打印会议材料呢。
问：他们要提前做什么？ (H41001-14)

A 准备礼物 B 打印材料 C 收拾房间 D 讨论问题

해설 "提前(855)点儿吧,咱们还得负责打印会议材料呢."라는 문장을 보아 얻을 수 있는 답은 B이다. 이 문제에서 새로 나온 어휘는 "准备(1170)", "收拾(787)", "讨论(846)"이다.

분석 负责 vs. 责任 (1105), 责任 (1105) 참고

0252 ★★★

附近
fùjìn

명 근처, 부근, 가까운 곳

这里的生活非常方便，附近有银行、医院、超市等。
주변에 은행, 병원, 마트 등이 있어서 이 곳에서의 생활은 아주 편리하다.

분석 附近 vs. 周围 (1159), 周围 (1159) 참고

0253 ★★★

复习
fùxí

동 복습하다

学习的过程中，复习和预习同样重要。
학습 과정에서 복습과 예습은 똑같이 중요하다.

复习得差不多了，先休息休息。
복습은 거의 마쳤다. 우선 좀 쉬자.

보충 预习 (1081), 练习 (557) ; 复印 (254)

0254 ★★★★

复印
fùyìn

동 복사하다

我又把上次的材料复印了一下，会议结束后发给大家。
지난번 자료를 또 복사했습니다. 회의가 끝난 후에 여러분께 나눠 드리겠습니다.

보충 打印 (138)

0255 ★★★★

复杂
fùzá

형 복잡하다

这里的情况很复杂，我还没有完全了解清楚。
이곳의 상황이 매우 복잡해서 나는 아직 완전하게 이해하지 못했다.

분석 复杂 vs. 麻烦 (580) vs. 难 (624), 麻烦 (580) 참고

반의 简单 (408)

0256 ★★★★

富
fù

형 많다, 풍부하다, 넉넉하다

他的公司发展得非常好，越做越大，他也越来越富。
그의 회사는 아주 잘 성장해서 점점 규모가 커지고, 그 역시 갈수록 풍족해진다.

반의 穷 (704)

0257 ★★★★

改变
gǎibiàn

동 고치다, 바꾸다, 달라지다

我们改变不了周围的环境，但是我们能改变自己适应环境。
우리가 주변의 환경을 바꿀 수는 없다. 하지만 스스로를 환경에 적응하도록 바꿀 수는 있다.

来中国留学以后，我改变了很多，学会了做饭、洗衣服等。
중국에 유학 온 이후로 나는 많이 변했다. 밥도 할 줄 알고, 빨래도 한다.

분석 改变 vs. 变化 (52) vs. 变成 (…으로 변하다, …(가) 되다) vs. 变得 (…로 되다)

"改变"은 명사목적어가 붙을 수 있다. 예를 들면, 改变计划(390)/看法(487)/习惯(922)/性格(979)/主意(1161)와 같다. "变化"는 명사가 될 수도, 동사가 될 수

도 있다. 그러나 그 뒤에 목적어가 붙을 수 없다. "变成"은 뒤에 명사가 붙으며 변화의 결과를 나타낸다. "变得"뒤에는 형용사가 붙으며 상태를 나타낸다.

0258 ★★★★

干杯
gānbēi

동 건배하다, 잔을 비우다

让我们为友谊干杯!
우리들의 우정을 위하여 건배!

0259 ★★★

干净
gānjìng

형 깨끗하다, 청결하다

教室的窗户擦得很干净。
교실 창문이 깨끗하게 닦였다.

他负责把房间打扫干净，我负责把饭做好。
그는 방 청소를 책임지고, 나는 밥 하는 것을 책임졌다.

보충 打扫 (136) 참고

반의 脏 (1103)

0260 ★★★★

赶
gǎn

동 뒤쫓다, 따라가다, 서두르다, 재촉하다

师傅，请开快点儿，我赶飞机!
기사님, 빨리 좀 가주세요. 비행기를 따라 잡아야 해요.

既然不赶时间，我们就一边走一边逛吧。
시간에 쫓기지 않으니, 걸으면서 구경이나 하자.

0261 ★★★★

敢
gǎn

동 용기를 내다, 과감하게 …하다

我不敢打他，因为他个子比我高，年龄比我大。
나는 감히 그를 때리지 못한다. 왜냐하면 그는 나보다 키도 크고, 나이도 많기 때문이다.

你敢不敢告诉他你喜欢他?
너 감히 그를 좋아한다고 말할 수 있겠니?

0262 ★★★★

感动
gǎndòng

동 감동하다. 감동시키다 형 감동하다

听到这个消息，大部分人都感动得哭了。
이 소식을 듣고, 대부분의 사람들이 감동받아 울었다.

这件事让我觉得非常感动。
이 일은 나를 깊이 감동시켰다.

0263 ★★★★

感觉
gǎnjué

동 느끼다, 여기다, 생각하다 명 느낌, 감각

我一直感觉冷，可能是发烧了，得去医院打一针。
계속 춥게 느껴진다. 열이 나는 것 같으니 병원에 가서 주사 한 대 맞아야겠다.

我对他没有感觉，所以拒绝了他。
나는 그에 대한 감정이 없어서 그를 거절했다.

분석 感觉 vs. 觉得 (480) vs. 认为 (724), 觉得 (480) 참고

0264 ★★★

感冒
gǎnmào

동 감기에 걸리다 명 감기

其实，夏季更容易感冒。
사실 여름에 감기에 걸리기가 더 쉽다.

最近他得了重感冒，只好在家休息。
최근에 그는 심한 감기에 걸려서 집에서 쉴 수 밖에 없었다.

0265 ★★★★

感情
gǎnqíng

명 감정

任何语言都表达不了我对你的感情。
너에 대한 나의 감정은 어떠한 말로도 표현할 수 없다.

★ 新HSK 기출문제

请选出正确答案：

只有动作没有感情的表演是没有生命力的，一个好的演员，想要拉近和观众的距离，就要学会用感情和观众进行对话与交流。

表演要具有生命力，应该重视什么？ (H41002-71)

A 生命　　B 感情　　C 动作　　D 感觉

해설 주제문의 "只有动作没有感情的表演是没有生命力的"라는 글을 통해 "没有感情"은 바로 "没有生命力"라는 것을 알 수 있다. 따라서 "表演要具有生命力"하려면 "有感情"해야 한다. 따라서 정답은 B이다. 이외에, "想要拉近和观众的距离, 就要学会用感情..."이라는 문장을 통해서도 정답을 얻을 수 있다. 이 문제에서 새로 나온 어휘는 "生命(759)"이다.

0266 ★★★★

感谢
gǎnxiè

동 고맙다, 감사하다, 고맙게 여기다

她帮了我一个大忙，我请她吃了一顿饭表示感谢。
그녀가 나에게 큰 도움을 주어서 그녀에게 감사의 의미로 밥 한끼를 대접하였다.

분석 感谢 vs. 谢谢 (962)

"感谢"는 주로 서면어에 쓰이는데 그 앞에 "很, 非常"등이 붙을 수 있고 어감이 무거운 편이다. "谢谢"는 주로 대면하고 있을 때에 쓰며 그 앞에는 "很, 非常"등이 붙지 않는다. 어감은 "感谢"보다 가볍다.

0267 ★★★

感兴趣
gǎnxìngqù

동 관심이 있다, 흥미가 있다

她只对跳舞感兴趣。
그녀는 오로지 춤에만 관심이 있다.

★ 新HSK 기출문제

判断对错：
兴趣是最好的老师，如果孩子对一件事情感兴趣，那他一定会主动、努力地去学习，效果也会更好。
为了提高学习效果，应该让孩子：（　　）　　（样卷 -72）
A 积累经验　B 努力学习　C 产生兴趣　D 相信自己

해설 주제문은 주로 첫 문장이다. "兴趣是最好的老师"라는 말을 보아 얻을 수 있는 답은 C이다.

보충 상용어구 "对…感兴趣". 때로는 "感"을 "有"로 바꾸어 쓸 수 있다. "对…有兴趣"

0268 ★★★★

干
gàn

동 일을 하다, 담당하다, 맡다

您丈夫是干什么的？
남편은 무슨 일을 하시나요?

我刚干了一件坏事，不敢告诉老师。
나는 방금 나쁜 짓을 했는데, 감히 선생님께 말하지 못한다.

분석 干 vs. 弄 (641) vs. 做 (1200), 做 (1200) 참고

0269 ★★★★

刚
gāng

부 방금, 막, 바로, 마침, 꼭

这双鞋大小刚合适。
이 신발은 크기가 딱 맞다.

弟弟大学毕业刚半年，就结婚了。
남동생은 대학을 졸업한 지 이제 반 년이 지났는데 바로 결혼했다.

보충 "刚"의 중첩형식인 "刚刚"의 뜻과 용법은 "刚"과 기본적으로는 같으나 약간의 차이가 있다.

분석 刚 vs. 刚刚 vs. 刚才 (270)
"刚"과 "刚刚"은 모두 부사이고, 부사어의 역할만 할 수 있다. 이 둘은 약간의 차이가 있는데 "刚"은 주어 앞에 놓일 수 없다. 그러나 "刚刚"은 가능하다. 예를 들어, "刚他还在这儿"이라고 말할 수는 없지만 "刚刚他还在这儿"이라고는 말할 수 있다. "刚才"는 명사이고 주어와 관형어 역할을 할 수 있다.

0270 ★★★

刚才
gāngcái

명 지금 막, 방금 막, 이제 금방

你刚才去哪儿了？张东来找你，可你不在。
너 방금 전에 어디 갔었어? 장동이 찾아왔는데 네가 없었어.

刚才这里发生了一起交通事故，一辆黑色的轿车把一个小男孩儿撞倒了。
지금 막 여기에서 교통사고가 발생했는데, 검은색 승용차가 한 남자아이를 치었다.

분석 刚才 vs. 刚 (269), 刚 (269) 참고

0271 ★★

高
gāo

형 (높이가)높다, (수준,정도 등이 보통보다)높다

现在开着空调，房间里的温度比外边高十度。
지금 에어컨이 켜져 있는데, 방안의 온도가 바깥보다 10도가 높다.

以前哥哥个子比我高，现在我已经超过他了。
예전에는 형의 키가 나보다 컸는데 지금은 내가 이미 그를 넘어섰다.

보충 "高"가 수식하는 단어: 温度 (904), 水平 (810), 程度 (정도), 能力 (632), 价格 (403), 工资 (284), 奖金 (415), 收入 (786), 质量 (1147) 등

반의 矮 (3), 低 (171)

0272 ★★★★

高速公路
gāosùgōnglù

명 고속도로

听说这里的高速公路限速 120 公里 / 小时，是真的吗？
이 고속도로 제한속도가 120킬로미터라던데, 정말인가요?

0273 ★

高兴
gāoxìng

형 기쁘다, 즐겁다

朋友们都考上了理想的大学，我真高兴啊。
친구들이 모두 원하던 대학에 합격해서 정말 기쁘다.

很高兴见到你。
만나서 기쁘다.

분석 高兴 vs. 开心 (485) vs. 快乐 (517) vs. 愉快 (1076)

"高兴"과 "开心"은 모두 기분 좋음을 뜻한다. 구어에서 둘 다 자주 쓰이는 편이며 통상적으로 즉각적인 반응이다. 예를 들면, "听到自己获奖的消息时, 他太开心/高兴了."와 같다.

"快乐"는 주로 느낌을 가리키며 통상적으로 얼마간의 시간을 둔다. "祝你生日快乐, 祝你生日快乐"로 자주 말한다. "愉快" 역시 心情(963)을 가리키며 "心情愉快,生活愉快"로 자주 쓰인다. "快乐,愉快"는 서면어에 비교적 자주 쓰인다.

0274 ★★

告诉

gàosu

동 말하다, 알리다

你最好别把这件事告诉他。

너는 이 일을 그에게 알리지 않는 것이 가장 좋을 것이다.

同学们，告诉大家几个好消息。

학생 여러분, 모두에게 몇 가지 좋은 소식을 알려 줄게요.

분석 告诉 vs. 讲 (414) vs. 聊天儿 (561) vs. 说话 (816) vs. 谈 (840)

"告诉"는 "告诉+사람+일"의 형태로 주로 쓰이며, "讲"은 "讲故事", "讲课"라고 자주 쓰여 "解释(444)", "说明(817)"의 뜻을 가진다. "聊天"은 이합사로서 주로 "A跟B聊天"의 형태로 구어에서 자주 쓴다. "说话"도 이합사로서 "A跟B说话"라고 하며 구어에서는 "A对B说..."로 쓰인다. "谈"뒤에는 주로 구체적인 문제나 사정이 붙으며 "聊天"보다 정식(正式1129)적이다.

0275 ★★

哥哥

gēge

명 형, 오빠

我哥哥的专业是法律，他毕业后想当一名律师。

우리 형의 전공은 법률이다. 그는 졸업 후에 변호사가 되고 싶어한다.

보충 기타 가족 구성원을 나타내는 단어 爸爸 (14) 참고

0276 ★★★★

胳膊

gēbo

명 팔

我上周末打篮球时伤到了胳膊。

나는 지난 주말에 농구할 때 팔을 다쳤다.

보충 腿 (880), 手 (손), 脚 (426), 眼睛 (1001), 鼻子 (44), 耳朵 (216), 嘴 (1184)

0277 ★

个

gè

양 개, 사람, 명 (개개의 사람이나 물건을 세는 양사)

你们班到底有多少个美国学生?

너희 반에 대체 몇 명의 미국 학생이 있니?

关于这个问题，我们以后再讨论。

이 문제에 대해서는 우리 다음에 다시 이야기하자.

0278 ★★★

个子

gèzi

명 키

谁是你们班个子最高的同学?

누가 너희 반에서 키가 제일 큰 학생이지?

他个子高高的，眼睛大大的，谁见了都喜欢。

그는 키도 크고 눈도 커서 누구든지 그를 보면 좋아한다.

★ 新HSK 기출문제

选词填空：

别看王师傅（　　）没你高，力气却比你大多了，你信不信？

（H41004-49）

A 伤心　B 按时　C 距离　D 坚持　E 耐心　F 个子

해설 "…高", "力气(549)…大"를 보아, 여기서는 "王师傅"와 "你"의 두 가지 부분을 비교하고 있다는 것을 알 수 있다. 두 번째 부분은 "力气"이며 다시 "高"를 보아 첫 번째 비교 부분은 "个子"라는 것을 알 수 있다. 따라서 정답은 F이다.

0279 ★★★★

各

gè

대 각, 여러, 갖가지, 여러 가지

各位，请安静一下，我们的会议马上就要开始了。

여러분, 조용히 해주세요. 회의를 곧 시작하겠습니다.

各位乘客，飞机马上就要起飞了，请大家系好安全带。

승객 여러분, 비행기가 곧 이륙하겠으니 안전벨트를 착용해주시기 바랍니다.

분석 各 vs. 每 (597)

"各"는 서로 다름을 강조하고 "每"는 서로 같고 줄곧 그래왔음을 강조한다. 주로 "都"와 붙여 쓴다.

0280 ★★

给

gěi

동 주다 개 …에게, (…을) 향하여

他给了我一本中文书。

그는 나에게 중국어 책 한 권을 주었다.

我一到家就给你打电话。

집에 도착하면 바로 너에게 전화할게.

请帮我把这本杂志交给她。

이 잡지책을 그녀에게 좀 건네주세요.

보충 "给" 가 개사 역할을 할 때에는 주로 "전달" 의 뜻을 가진 동사 뒤에 놓인다 . 예를 들면 , "交给，送给，还给" 와 같다 . 동사 앞에 놓일 때에는 주로 "给 + 사람 + 동사" 의 형태로 쓰인다 . 이러한 구조에 자주 쓰이는 동사는 주로 "受益 (이익을 얻다)" 는 뜻을 가지고 있다 .

0281 ★★

根据

gēnjù

개 …에 따라서, …에 의거하여 명 근거

请根据下面的短文，回答问题。

아래의 단문에 따라서 문제에 답하세요.

他刚才说的话完全没有根据。
그가 방금 한 말은 전혀 근거가 없다.

★ 新HSK 기출문제

排列顺序：
A 在原有的基础上，增加了一部分文化交流的内容
B 王校长，根据您的要求
C 我把这篇报道稍微改了一下 (H41003-61)

해설 "根据…，…"를 통하여 B는 C 앞에 놓이게 된다. A는 "改"의 구체적인 내용으로 또한 "增加了…"이기도 하기 때문에 A는 당연히 C뒤에 오게 된다. 따라서 정답은 BCA이다.

분석 根据 vs. 按照 (11), 按照 (11) 참고

0282 ★★★
跟
gēn

동 따라가다, 뒤따르다 개 …와(과)

妹妹抱着一瓶牛奶跟在后面。
여동생은 우유 한 병을 안고 뒤에 따라온다.
大学毕业后，哥哥就跟一名律师结婚了。
대학 졸업 후에, 형은 바로 변호사와 결혼했다.

0283 ★★★
更
gèng

부 더욱, 더, 훨씬

我比以前更认真了。
나는 이전보다 훨씬 꼼꼼해졌다.
他汉语说得比以前更流利了。
그의 중국어 대화가 이전보다 훨씬 유창해졌다.

0284 ★★★★
工资
gōngzī

명 월급, 임금

今天是发工资的日子，工人们都很高兴。
오늘은 월급을 받는 날이다. 노동자들이 모두 신이 났다.
我对现在的工作非常满意，虽然工资不太高，但比较清闲。
나는 지금의 일에 아주 만족한다. 비록 월급을 그리 많지 않지만, 비교적 한가롭다.

0285 ★
工作
gōngzuò

명 직업, 일자리, 근무, 작업, 일

因为工作不好找，所以她想继续读博士。
일자리를 찾기가 쉽지 않아서 그녀는 계속해서 박사 공부를 하려고 한다.

0286 ★★

公共汽车

gōnggòngqì chē

명 버스

哥哥每天坐公共汽车上班。

형은 매일 버스를 타고 출근한다.

坐地铁没有坐公共汽车方便。

지하철은 버스만큼 편리하지 않다.

★ 新HSK 기출문제

判断对错：

姐，咱们弄错方向了，去西边的公共汽车应该在对面坐。正好前边有个天桥，我们从那儿过马路吧。

他们要坐地铁。　（　）　(H41005-4)

해설 "去西边的公共汽车"를 보아 그들은 "地铁"가 아닌 "公共汽车"를 타려고 하는 것을 알 수 있다. 따라서 얻을 수 있는 답은 X이다.

보충 기타 교통수단을 나타내는 단어 乘坐 (102) 참고

0287 ★★★

公斤

gōngjīn

양 킬로그램

我最近胖了，体重比原来增加了5公斤。

나는 요즘 살이 쪄서 몸무게가 원래보다 5킬로그램 늘었다.

0288 ★★★★

公里

gōnglǐ

양 킬로미터

中国的"万里长城"全长6700公里。

중국의 '만리장성'은 총 길이가 6700킬로미터이다.

0289 ★★

公司

gōngsī

명 회사, 직장

哥哥是一家食品公司的高级职员。

형은 한 식품회사의 고급사원이다.

公司离家比较近，我每天上下班大概20分钟。

회사가 집에서 비교적 가까워서 매일 출퇴근이 대략 20분 정도 걸린다.

0290 ★★★

公园

gōngyuán

명 공원

爷爷每天都会带着孙子去公园散步。

할아버지께서 매일 손자를 데리고 공원에서 산책을 하신다.

雨后公园里的空气很清新。

비가 내린 후 공원의 공기가 아주 상쾌하다.

0291 ★★★★
功夫
gōngfu

명 쿵푸, 무술, 재주, 솜씨

我对中国功夫很感兴趣。
나는 중국 쿵푸 무술에 매우 관심 있다.

보충 "工夫"는 어떠한 일에 들인 (花 357) 시간과 에너지, 혹은 쏟아낸 노력(努力 642)을 뜻한다. 예를 들면, "他花了很多工夫学习汉语"와 같다.

0292 ★★★★
共同
gòngtóng

형 공통의, 공동의 부 함께, 다같이

地球是我们共同的家园，我们一定要好好保护它。
지구는 우리들의 공동 터전이다. 우리는 그것을 반드시 잘 보호해야 한다.

这家公司由他们俩共同管理。
이 회사는 그들 둘이서 공동 관리한다.

0293 ★
狗
gǒu

명 개

狗是一种聪明的动物。
개는 똑똑한 동물이다.

보충 기타 동물을 나타내는 단어 动物 (194) 참고

0294 ★★★★
购物
gòuwù

동 물건을 사다, 쇼핑하다

女人比男人更喜欢购物。
여자는 남자보다 쇼핑을 더 좋아한다.

她常常去那家超市购物。
그녀는 주로 그 슈퍼마켓에 가서 물건을 산다.

보충 "购"는 "买"의 의미이고, "物"는 "东西"의 의미이다. "购物"는 "买东西"의 뜻으로 "去 + 地方 + 购物" 구조로 주로 쓰인다. "购物" 뒤에는 목적어가 더 붙지 않는다.

0295 ★★★★
够
gòu

동 닿다, 미치다, 충분하다, 만족시키다

我跳起来也够不着篮球架。
내가 뛰어올라봐도 농구대에 닿지 않는다.

别再点了，这些菜够了。
더 시키지 말아요. 이 정도 음식이면 충분해요.

보충 "够"가 형용사 역할로 쓰일 때에는 주로 동사 뒤에 놓이며 결과보어 역할을 한다. 예를 들면, "吃够，喝够，玩够，学够"와 같으며 "너무 많아서 지겹게 느껴진다"는 뜻을 가지고 있다.

A B C D E F G H I J K L M N O P Q R S T U V W X Y Z

0296 ★★★★

估计
gūjì

동 추측하다, 예측하다

我估计这间大教室能坐下60人。
내 추측으로는 이 정도 큰 교실에 60명 정도는 앉을 수 있을 것이다.

★ 新HSK 기출문제

选词填空：

明天就可以在网上查成绩了，我（　　）这次考得不坏。

（H41001-49）

A 禁止　B 海洋　C 推迟　D 坚持　E 顺便　F 估计

해설 "明天可以...查成绩"를 통해 지금 "나는" 아직 성적을 모른다는 것을 알 수 있다. 따라서 내가 말하는 "考得不坏"는 "估计"이다. 따라서 답은 F이다.

0297 ★★★★

鼓励
gǔlì

동 격려하다, (용기를)북돋우다

老师经常鼓励我们好好学习。
선생님께서는 항상 우리에게 열심히 공부하라고 격려해주신다.

他们的成功鼓励了我们。
그들의 성공은 우리에게 고무가 되었다.

★ 新HSK 기출문제

排列顺序：

A 因为这样不仅可以提高自己的信心

B 还能鼓励自己更积极地生活

C 大多数人都愿意把将来的生活想得很美好　（样卷-64）

해설 A,B,C 세 문장을 모두 읽어본 후, 우선 C가 주제 문장이라는 것을 확정하고 가장 앞에 놓아야 한다. 그런 다음 "不仅..., 还..."구조와 관련 단어에 근거하여 A는 B앞에 놓이는 것을 알 수 있다. 따라서 정답은 CAB이다.

보충 상용어구 "鼓励 + 사람 + 做什么事" 예를 들면, "老师鼓励他去参加这次比赛"

0298 ★★★

故事
gùshi

명 이야기, 옛날 이야기

妈妈给我讲过一个故事。
엄마는 나에게 옛날 이야기를 들려주셨다.

听了她的故事，张东很感动。
그녀의 이야기를 듣고, 장동은 아주 감동했다.

0299 ★★★★

故意
gùyì

부 고의로, 일부러

对不起，我不知道你在睡觉，我不是故意打扰你的。
미안해, 자고 있는 줄 몰랐어. 일부러 방해한 건 아니야.

王芳故意把这个消息告诉了张东。
왕방은 고의로 이 소식을 장동에게 알려 주었다.

0300 ★★★★

顾客
gùkè

명 고객, 손님

今天商店里只有三位顾客。
오늘 가게에 손님이 3명 뿐이다.

他们的服务让顾客很满意。
그들의 서비스에 손님들은 매우 만족했다.

보충 客人 (503)
X 客： 乘客（승객），游客（관광객），旅客（여행객）

自测
자기평가

1. 选词填空。

A 否则　　B 根据　　C 付款　　D 感动　　E 赶

1. 刚来中国时我觉得生活很不容易，老师对我的帮助让我很（　　）。
2. 这些工作必须在下班以前完成，（　　）就要加班了。
3. 很高兴我们（　　）上了最后一班地铁。
4. （　　）调查结果，是小王拿走了那份重要资料。
5. 对不起，我们这儿只能用现金（　　）。

A 故意　　B 附近　　C 感情　　D 共同　　E 改变

6. 地球是我们（　　）的家，我们都应该爱护它。
7. 学校（　　）有电影院、商场和书店。
8. 对不起，我不是（　　）的。
9. 不好的习惯应该（　　），这样才能进步。
10. 他们俩从小一起长大，（　　）非常好，像亲兄弟一样。

A 丰富	B 刚才	C 附近	D 个子	E 符合

11. 他做的蛋糕完全（　　）顾客的要求，顾客对他很满意。
12. 今天的晚饭真（　　），是为了庆祝什么节日吗？
13. 那个（　　）不高，穿黑西服的就是王老师。
14. （　　）老师说什么了？我回来晚了，没听见。
15. 我家（　　）没有超市，购物很不方便。

A 鼓励	B 估计	C 复杂	D 刚	E 负责

16. A：这个问题很简单，一点儿也不（　　），你怎么还想不明白呢？
    B：你觉得简单，可我还要再想想。
17. A：王经理，请您谈谈顾客反映的这个问题。
    B：我们公司会对这件事（　　），十天以后会把调查结果告诉大家，谢谢。
18. A：我女儿最近学习成绩不好，昨天我批评了她。
    B：对孩子要多（　　），让她有信心，不能总是批评。
19. A：他为什么要请你吃饭？
    B：他没说，我（　　）可能是因为上次我帮了他，他想向我表示感谢。
20. A：你们什么时候到啊？
    B：大概 20 分钟后吧，现在（　　）准备出发。

2. 完成句子。

21. 更　上海　的　多　高楼　　________________
22. 哥哥　高　比弟弟　个子　　________________
23. 会打篮球的人　喜欢　非常　我　　________________
24. 他现在的　超过了　五千　工资　　________________
25. 一定要　你　表示　向他　感谢　　________________

3. 看图，用词造句。

26. 高兴

27. 告诉

28. 干净

29. 干杯

30. 购物

三人行，必有我师

sānrénxíng，bìyǒuwǒshī

세 사람이 길을 가면 반드시 나의 스승이 있다

좋은 것은 본받고 나쁜 것은 경계하게 되므로 어떠한 상황이라도
그 중 스승이 될 만한 이가 있다는 뜻

학습 중점

| 어휘 |

1급 7개, 2급 7개, 3급 16개, 4급 30개

| 용법 및 구조 |

1 光、还、还是의 의미와 용법

2 过의 용법

3 好의 의미와 용법

4 后来/以后의 차이

5 画/画儿의 차이

0301 ★★★

刮风
guā fēng

동 바람이 불다

多穿点儿，外面刮大风呢。
옷을 더 입어. 밖에 바람이 많이 불어.

这几天天气真不好，不是刮风，就是下雨。
최근 며칠 동안 날씨가 정말 안 좋다. 바람이 불거나 아니면 비가 내린다.

보충 天气 (859) : 下雨 (929)， 下雪 (눈 내리다)

0302 ★★★★

挂
guà

동 걸다, 매달다

墙上挂着一张地图。
벽에 지도가 한 장 걸려있다.

请把衣服挂在门后。
옷은 문 뒤에 걸어주세요.

★ 新HSK 기출문제

看图，用词造句。

挂
(H41002-98)

해설 "挂"는 동사이다. "주어+동사+목적어" 구조에 따라 얻을 수 있는 참고 답안은 ①"他正在挂那幅画儿"이다. 또한, "주어+把+목적어+동사+기타"구조에 따라 ②"他想把画儿挂在墙上"이라는 답도 가능하다.

选词填空：
她要求在洗手间的墙上（　　）一面大镜子。（H41003-46）
A 食品　　B 粗心　　C 礼貌　　D 坚持　　E 挂　　F 完全

해설 "墙上"과 "一面大镜子"의 중간에 동사가 들어가야 한다. 뜻을 생각하면 "挂"가 맞다. 따라서 정답은 E이다.

0303 ★★★

关
guān

동 닫다, 덮다, 끄다

下雨了，快把窗户关上吧。
비가 온다, 빨리 창문을 닫아라.

出门时别忘了关空调。
밖에 나갈 때에 에어컨 끄는 것을 잊지 말아라.

보충 "关" 은 주로 "上" 과 함께 "关上" 이라고 쓰인다 .

반의 开 (482)

0304 ★★★★
关键
guānjiàn

명 관건, 열쇠, 키 포인트

问题的关键是谁说了那样的话。
문제의 관건은 누가 그런 말을 했는가이다.

学好汉语的关键是多听多说。
중국어를 잘 공부하는 키 포인트는 많이 듣고 많이 말하는 것이다.

0305 ★★★
关系
guānxì

명 관계, 연줄

我们是朋友，我们的关系很好。
우리는 친구이다. 우리의 관계는 아주 좋다.

★ 新HSK 기출문제

请选出正确答案：
男：小李，刚才跟你说话的那个女孩儿是谁啊？
女：我大学同学，你认识？
男：应该不认识，但是好像在哪儿见过。
女：那你可能是在我的大学毕业照上见过吧。
问：那个女孩儿和小李是什么关系？ （H41001-27）

A 亲戚　　B 同学　　C 师生　　D 同事

해설 여자가 말한 "我大学同学"를 보아 얻을 수 있는 정답은 B이다. "亲戚/同学/朋友/师生/夫妻/父子/母女/同事关系"라고 자주 쓰인다.

0306 ★★★
关心
guānxīn

동 관심을 갖다, 관심을 기울이다

老师很关心我们的学习。
선생님께서는 우리들의 학습에 많은 관심을 기울이신다.

谢谢你的关心。
관심에 감사합니다.

★ 新HSK 기출문제

请选出正确答案：
老人总是喜欢往回看，回忆总结自己过去的经历；而年轻人却相反，他们喜欢向前看，也容易接受新鲜事情。
和老年人相比，年轻人： （H41003-66）

A 更节约　　B 拒绝变化　　C 关心将来　　D 缺少竞争力

해설 "年轻人...喜欢向前看"이라는 글을 보아 얻을 수 있는 답은 C이다. 이 문장에서 "向前看"과 "关心将来"는 의미가 같다. 이 문제에서 새로 나온 어휘는 "节约(438)", "拒绝(476)", "缺少(712)"이다.

A B C D E F G H I J K L M N O P Q R S T U V W X Y Z

0307 ★★★

关于

guānyú

개 …에 관하여, …에 관한

关于这个问题，我们明天再讨论。

이 문제에 관해서 우리 내일 다시 이야기합시다.

0308 ★★★★

观众

guānzhòng

명 관중, 구경꾼, 시청자

这部电影吸引了很多观众。

이 영화는 아주 많은 관중을 끌었다.

보충 听众（청중）

0309 ★★★★

管理

guǎnlǐ

동 관리하다, 관할하다, 돌보다

他一个人管理那么大的公司，真不容易。

그가 혼자서 그렇게 큰 회사를 관리한다는 것은 정말 쉽지 않다.

他有丰富的管理经验。

그는 풍부한 관리 경험을 가지고 있다.

★ 新HSK 기출문제

请选出正确答案：

孩子从小就要养成管理自己的好习惯。管理自己不但指自己的事情自己做，更重要的是时间管理，让孩子会计划自己的时间，今天应该完成的事情就不能留到明天，不要总说“来不及了”。

为什么有的孩子总说“来不及了”？ (H41002-68)

A 太懒　B 很孤单　C 爱开玩笑　D 不会管理时间

해설 첫 문장이 주제문이다. 이를 통해 우리는 이 글이 "管理自己"해야 한다고 말하는 것임을 알 수 있다. "不但…,更重要的是时间管理"를 보아 "时间管理"가 이 이야기의 강조점이라는 것을 알 수 있다. 단문의 결합 중에 나온 "来不及了"에서, 아이들이 "来不及了"라고 말하는 것은 왜냐하면 "不会管理时间"때문이다. 따라서 얻을 수 있는 답은 D이다. 이 문제에서 새로 나온 어휘는 "懒(530)", "开玩笑(484)"가 있다.

0310 ★★★★

光

guāng

형 하나도 남아있지 않다 부 단지, 오로지, 다만

你怎么这么快就把钱花光了？

넌 어쩜 이렇게 빨리 돈을 다 써버릴 수가 있니?

社会的发展不能光看经济的增长，还要重视环境的保护。

사회의 발전은 단지 경제 성장만을 볼 것이 아니라 환경 보호도 함께 중시해야 한다.

보충 光이 형용사 역할을 할 때, "동사 + 光"의 구조로 쓸 수 있다. 예를 들면, 吃光, 喝光, 用光, 花光, 卖光 등이 있다. 부사 역할을 할 때에는 "只"과 그 뜻이 비슷하다.

0311 ★★★★

广播

guǎngbō

동 방송하다 명 방송 프로그램

你听，机场正在广播什么？
들어봐, 공항 방송에서 뭐라고 하는 거니?

我不但喜欢看电视，而且喜欢听广播。
나는 텔레비전 보는 것을 좋아할 뿐만 아니라 라디오 듣는 것도 좋아한다.

★ 新HSK 기출문제

选词填空：

A：快点儿，咱们的飞机就要起飞了。

B：没事，（　　）里说，国际航班都推迟起飞了，咱可以再逛逛。 (H41002-53)

A 填　B 正式　C 温度　D 酸　E 广播　F 肚子

해설 "飞机就要起飞了", "国际航班都推迟起飞了,咱可以再逛逛"을 통해서 "우리"는 지금 공항에 있다는 것을 알 수 있다. 공항에서 항공편이 "推迟起飞"라는 것을 알리는 것은 당연히 "广播"이다. 따라서 정답은 E.

0312 ★★★★

广告

guǎnggào

명 광고

这本杂志里的广告太多了，我不喜欢。
이 잡지에는 광고가 너무 많아서 싫다.

★ 新HSK 기출문제

请选出正确答案：

我喜欢读这份报纸，因为它的内容丰富，而且广告少，最重要的是，经济方面的新闻对我的工作很有帮助。

他喜欢这份报纸的原因之一是： (H41001-70)

A 免费　B 价格低　C 广告少　D 笑话多

해설 이 문장을 통해 '내가 이 신문을 보는 것을 좋아하는 3가지 이유가 있다'는 것을 알 수 있다. : "다양한 내용", "적은 광고"와 "업무에 도움이 된다"는 것이다. 따라서 정답은 C이다. 다른 것들은 모두 언급되지 않았다. 이 문제에 새로 나온 어휘는 "免费(606)"이다.

请选出正确答案：

一群性格各不相同的年轻人，几个酸甜苦辣的爱情故事，一段经历了半个世纪的美好回忆。由孙俪等著名演员主演，电视剧《血色浪漫》，星期日晚上 8 点，欢迎您继续收看。

★ 新HSK 기출문제

这段话最可能是： (H41005-69)

A 广告 B 京剧 C 小说 D 日记

해설 이 글은 한편의 드라마의 내용, 주인공과 방송시간을 소개하는 것이다. 따라서 "广告"만이 정확한 답이다. 따라서 정답은 A. 이 문제에 새로 나온 어휘는 "京剧(454)", "小说(954)", "日记(731)"이다.

0313 ★★★★

逛

guàng

동 거닐다, 배회하다, 돌아다니다, 구경하다

放假时我喜欢逛商店、买东西。

방학 동안 나는 가게를 구경하며 물건 사는 것을 좋아한다.

★ 新HSK 기출문제

判断对错：

很多妻子都希望自己的丈夫能记住他们结婚的日子，并且能在每年的这一天收到他送的礼物。

妻子希望丈夫陪她逛街。 ( ) (H41004-1)

해설 "很多妻子都希望...收到他送的礼物"를 보아 아내가 선물을 받고 싶어하는 것을 알 수 있다. "逛街"는 문장에 나오지 않았으므로 정답은 X이다.

보충 逛X ： 逛公园（290），逛商店（741），逛街（434）

0314 ★★★★

规定

guīdìng

동 규정하다, 정하다 명 규정, 규칙

学校规定每天8点上课。

아침 8시 수업이 학교 규정이다.

你这样做不符合我们公司的规定。

네가 이렇게 하는 것은 우리 회사 규정에 맞지 않다.

★ 新HSK 기출문제

完成句子：

完全 国家的 这么做 符合 法律规定 (H41005-95)

해설 "的+명사"구조에 따라 "国家的法律规定"을 완성할 수 있다. 동사 "符合"뒤에는 주로 "要求,实际,条件,规定,标准"등을 붙여 쓸 수 있다. 이에 따라 "符合国家的法律规定"이 완성된다. "这么做"는 문장에서 주어 역할을 하는데 "这种做法"라는 뜻이다. "完全"은 부사로서 동사 "符合"앞에 놓인다. 따라서 정답은 "这么做完全符合国家的法律规定"이다.

0315 ★★
贵
guì

형 높다, 비싸다, 귀중하다

您贵姓?
성씨가 어떻게 되세요?

这件衣服太贵了，能不能便宜一点儿?
이 옷은 너무 비싸요. 좀 더 싸게 안되나요?

보충 价格 (403) – 高 (높다), 东西 (191) – 贵
반의 便宜 (663)

0316 ★★★★
国籍
guójí

명 국적

请把您的姓名、性别、年龄、职业和国籍填入表格中。
당신의 성명, 성별, 연령, 직업과 국적을 양식에 기재하세요.

0317 ★★★★
国际
guójì

형 국제적인

我是乘坐国际航班来中国的。
나는 국제 항공편을 타고 중국에 왔다.

0318 ★★★
国家
guójiā

명 국가, 나라

我们国家离中国很远。
우리나라는 중국에서 아주 멀다.

0319 ★★★★
果汁
guǒzhī

명 과일주스, 과일즙

多喝果汁对我们的身体和皮肤都有好处。
과일주스를 많이 마시면 우리 몸과 피부에 모두 좋다.

보충 X汁: 橙汁 (오렌지주스), 苹果汁 (사과주스), 葡萄汁 (포도주스), 西瓜汁 (수박주스)

0320 ★★★
过
guò

동 가다, 건너다, 경과하다, 지나다, 초과하다

时间过得真快，来中国快一年了。
시간이 정말 빠르게 지나간다. 중국에 온지도 벌써 10년이 다 되어간다.

过马路时，要注意交通安全。
길을 건널 때에는 교통안전에 주의해야 한다.

A B C D E F G H I J K L M N O P Q R S T U V W X Y Z

★ 新HSK 기출문제

请选出正确答案：

猜猜我奶奶给了我什么生日礼物？一个照相机！正好明天去海洋馆，我来给你们照相吧。

奶奶给孙子买照相机，是因为：　　(H41002-75)

A 想鼓励他　B 他过生日　C 春节快到了　D 要去海洋馆

해설 "生日礼物"를 보아 할머니가 손자에게 카메라를 사준 것은 "他过生日"이기 때문이다. 따라서 정답은 B.

0321 ★★

过

guo

조 …한 적이 있다, …하곤 하였다

我去过北京，没去过上海。

나는 북경에 가본 적이 있고, 상해에는 가본 적이 없다.

我从来没吃过这么好吃的东西。

나는 여태껏 이렇게 맛있는 것을 먹어본 적이 없다.

보충 "동사+过"는 경험을 나타내며 동작이나 행위의 완료를 강조한다. 예를 들면, "我去过北京,没去过南京"과 같다. 만약에 어떤 동사가 예를 들어 "知道, 明白, 清楚, 熟悉"등과 같이 나타내는 동작의 완료점이 없다면, "过"와 함께 쓸 수 없다.

0322 ★★★★

过程

guòchéng

명 과정

做事情应该看过程，而不是结果。

일을 하는 데에는 결과보다는 과정을 중시해야 한다.

0323 ★★★

过去

guòqù

명 과거, 과거사

过去的事情就不要再想了。

지나간 일은 다시 생각할 필요 없다.

★ 新HSK 기출문제

请选出正确答案：

小时候，我们往往会有许多浪漫的理想。但是随着年龄的增长，我们天天忙于工作和生活，那些梦逐渐地离我们远去了。

根据这段话，当我们长大时：　　(H41004-72)

A 更幸福了　B 烦恼减少了　C 喜欢回忆童年　D 忘了过去的理想

해설 문제에서의 "长大时"는 바로 단문중의 "随着年龄的增长"이다. "那些梦"은 "小时候...浪漫的理想"이고, "那些梦逐渐地离我们远去了"은 바로 우리가 "忘了过去的理想"이라는 것이다. "过去"가 여기에서 가리키는 것은 "小时候"이다. 정답은 D이다.

0324 ★★

还
hái

부 여전히, 아직도, 또, 더, 게다가, 더욱

还要别的吗？
더 필요한 게 있으세요?

我现在还不习惯北方的气候，太干燥了。
난 아직도 북방의 기후에 익숙하지가 않다. 너무 건조하다.

社会的发展不能光看经济增长，还要重视环境保护。
사회의 발전은 단지 경제 성장만을 볼 것이 아니라 환경 보호도 함께 중시해야 한다.

분석 还 vs. 另外 (566), 另外 (566) 참고

분석 还 vs. 也 (1016), 也 (1016) 참고

분석 还 vs. 又 (1072), 又 (1072) 참고

0325 ★★★

还是
háishi

접 또는, 아니면 부 여전히, 아직도, …하는 편이 (더) 좋다

你想吃什么，米饭还是面条？
넌 뭐가 먹고 싶니, 밥 아니면 면?

这么多年过去了，王教授还是那么年轻。
이렇게 많은 시간이 지났는데 왕교수님은 여전히 젊다.

你还是早点睡吧，也没什么好电视。
볼만한 프로그램도 안 하는데 일찍 자는 편이 좋겠다.

★ 新HSK 기출문제

请选出正确答案：

喂，你声音再大点儿，我听不清。（　　）　　（样卷 -67）

A 我还是出了地铁再给你打电话吧。

B 才到中国没多长时间，你就学会用筷子了，真不错。

C 医生，除了每天按时吃药，还需要注意什么？

D 我大学同学王进，和我关系一直很不错的那个。

E 是啊，马上就要到春天了，还没下过雪呢。

해설 "喂, 你声音再大点儿, 我听不清"으로 보아 두 사람은 통화중인 것을 알 수 있으며, A에서도 마침 전화하는 것을 언급하였다. 이를 통해 알 수 있는 대략적인 대화의 내용은 지하철에서 신호가 좋지 않아 전화통화 중에 상대방이 잘 듣지 못했다는 것이다. 따라서 정답은 A이다.

분석 还是 vs. 或者 (376), 或者 (376) 참고

0326 ★★

孩子
háizi

명 어린이, 아동

我有两个孩子，一个是儿子，一个是女儿。
아이가 둘이 있는데 하나는 아들이고 하나는 딸이다.

0327 ★★★★

海洋
hǎiyáng

명 바다, 해양

海洋里有各种各样的生物。
바다에는 여러 가지의 생물이 있다.

★ 新HSK 기출문제

选词填空：
地球上约 71% 的地方是蓝色的（　　）。　(H41001-50)
A 禁止　B 海洋　C 推迟　D 坚持　E 顺便　F 估计

해설 "蓝色"를 통해 "海洋"의 빛(색)을 떠올릴 수 있다. 따라서 얻을 수 있는 답은 B이다.

0328 ★★★

害怕
hàipà

동 겁내다, 두려워하다, 무서워하다

我害怕爸爸，因为他总是批评我。
나는 아빠를 무서워한다. 왜냐하면 아빠는 항상 나를 꾸짖기 때문이다.
第一次离开家的时候，我感到很害怕。
처음으로 집을 떠났을 때 나는 두려웠다.

분석 害怕 vs. 怕 vs. 担心 (150) vs. 恐怕 (510), 恐怕 (510) 참고

0329 ★★★★

害羞
hàixiū

형 부끄러워하다, 수줍어하다

她很喜欢那个男孩儿，一看见他就害羞得低下头。
그녀는 저 남자아이를 아주 좋아하는데 그를 보기만하면 부끄러워 고개를 숙인다.

0330 ★★★★

寒假
hánjià

명 겨울방학

我打算寒假的时候去哈尔滨旅游。
나는 겨울방학에 하얼빈에 여행 갈 계획이다.

보충 放暑假 (237) 참고

0331 ★

汉语
Hànyǔ

명 중국어

现在学习汉语的人越来越多了。
요즘 중국어를 배우는 사람들이 점점 많아지고 있다.

보충 X语：英语（영어），日语（일본어），法语（독일어），西班牙语（스페인어），阿拉伯语（아랍어）

0332 ★★★★

汗
hàn

명 땀

今天真热，我都出汗了。
오늘 정말 덥다. 나도 땀을 흘렸다.

★ 新HSK 기출문제

看图，用词造句。

汗
（H41002-97）

해설 "汗"은 명사이다. 주로 동사 "出"와 이어서 쓴다. 참고 답안은 "她出汗了", "她出了许多汗"

判断对错：

出汗可以影响人的体温。大量运动后人会觉得很热，这时出汗可以使体温降低。相反，在寒冷的环境下，少出汗，可以留住体内的热量。

多出汗对身体好。（　　）　　（H41004-4）

해설 문장에서 말하는 것은 "出汗"과 "体温"의 관계이다. "大量运动后…出汗可以使体温降低.相反,在寒冷的环境下,少出汗,可以留住体内的热量"이라는 글을 통해 어떤 때는 "多出汗"이 좋고, 어떤 때는 "少出汗"이 좋다는 것을 알 수 있다. 따라서 "多出汗对身体好"이라고만 하는 것은 완벽하지 않으므로 얻을 수 있는 답은 X이다.

0333 ★★★★

航班
hángbān

명 운항편, 항공편

请问，212次航班什么时候到北京？
좀 물어볼게요, 212항공편은 언제 북경에 도착하나요?

★ 新HSK 기출문제

请选出正确答案：

先生，您乘坐的航班还有十分钟就要起飞了，现在已经停止换登机牌了。9:30 的航班还有票，要帮您换那一班吗？

那位先生：　　（样卷 -67）

A 错过了飞机　B 被禁止抽烟　C 行李超重了　D 丢了登机牌

해설 "还有十分钟就要起飞了","现在已经停止换登机牌了"를 보아 이 사람이 이번 항공편의 탑승 시간을 지나쳐 버려서 비행기에 탑승 할 수 없게 되었음을 알 수 있다. 따라서 정답은 A이다.

0334 ★

好

hǎo

형 좋다, 훌륭하다, 만족하다 부 잘 …하다, …하기 쉽다

你真是一个好人。
넌 정말 좋은 사람이야.

这辆车很好骑。
이 자전거는 정말 타기 쉽다.

★ 新HSK 기출문제

判断对错：
明天就要去使馆办签证了，邀请信竟然还没寄到，这可怎么办？
签证已经办好了。（ ） (H41002-1)

해설 "明天就要去...办签证了"를 통해 비자를 아직 처리하지 않았다는 것을 알 수 있다. 게다가, "邀请信竟然还没有寄到"를 보아 비자 발급에 문제가 생겼다는 것도 알 수 있다. 따라서 정답은 X이다.

请选出正确答案：
女：下星期首都体育馆有场羽毛球比赛，我们一起去看？
男：票恐怕很难买到吧？
问：男的主要是什么意思？ (H41002-14)
A 没兴趣 B 票很贵 C 票不好买 D 喜欢打网球

해설 "票恐怕很难买到吧"를 통해 "票不容易买"를 알 수 있다. 즉, "票不好买"인 것이다. 정답은 C이다.

보충 "…하기 좋다" 는 뜻의 "好 + 동사" 형태. 예를 들면 "好吃，好喝，好看，好听，好玩儿"
"…하기 쉽다"는 뜻의 "好 + 동사"형태. 예를 들면 "好做，好用，好洗，好骑，好办"
"동사 + 好" 예를 들면 "吃好，用好，做好，准备好"
"好" 가 부사 역할을 할 때 구어에서 자주 쓰이며 그 뜻은 "很" 과 비슷하다. 예를 들면 "好久不见了，你还好吗？"

0335 ★★

好吃

hǎochī

형 맛있다

饺子真好吃。
만두가 정말 맛있다.

0336 ★★★★

好处

hǎochù

명 이점, 장점, 도움

海边的空气对你有好处。
해변의 공기는 너에게 도움이 된다.

★ 新HSK 기출문제

请选出正确答案：

很多时候孩子发脾气是为了得到一些好处，父母不能因为孩子发脾气就给他好处。如果我们不重视这个问题，他就容易养成发脾气的坏习惯。

孩子发脾气主要是因为： (H41001-78)

A 缺少关心 B 父母批评他 C 想得到好处 D 想引起别人注意

해설 본문의 첫 문장이 주제문이다. 즉, "很多时候孩子发脾气是为了得到一些好处"이다. 따라서 정답은 C이다. 이 문제에서 새로 나온 어휘는 "批评(657)", "引起(1048)", "注意(1163)"이 있다.

반의 坏处 (나쁜 점 , 결점)

0337 ★★★★

好像
hǎoxiàng

동 닮다, 유사하다, 비슷하다 부 마치 …과 같다

那座山看起来好像一头牛。
저 산은 소와 비슷해 보인다.

屋子里好像没有人。
방에 사람이 없는 것 같다.

他们俩一见面就好像是多年的老朋友。
그 둘은 만나자마자 마치 몇 년 된 오랜 친구 같았다.

0338 ★

号
hào

양 명, 번, 차례 명 날짜, 번호, 호(수), 사이즈

今天几号？
오늘이 몇 일이지?

你的房间号是多少？
네 방은 몇 호야?

0339 ★★★★

号码
hàomǎ

명 번호

可以告诉我你的电话号码吗？
네 전화번호를 가르쳐 줄 수 있니?

보충 X 号码 (구어에서는 号로 자주 쓰임) : 房间 (방) / 护照 (여권) / 手机 (핸드폰) / 传真号(码) (팩스번호)

0340 ★

喝

hē

동 마시다

你喝什么，茶还是咖啡？

어떤 걸로 마실래요, 차 아니면 커피?

0341 ★★★★

合格

hégé

형 규격에 맞다, 합격이다

经过检查，这家公司的商品质量全部合格。

검사를 거치고, 이 회사의 상품 품질은 모두 합격했다.

他是一位合格的老师。

그는 자격을 갖춘 교사이다.

0342 ★★★★

合适

héshì

형 적당하다, 알맞다

这件衣服不大不小，正合适。

이 옷은 크지도 작지도 않고 딱 맞다.

做这件事，没有人比你更合适了。

이 일을 하는데 너보다 더 적합한 사람은 없다.

분석 合适 vs. 适合 (783)

"合适"는 형용사이며, 그 뒤에 일반적으로 목적어가 붙지 않는다. "适合"는 동사이며, 뒤에 목적어를 붙여야 한다.

0343 ★

和

hé

접 그리고, …과(와) 같이 개 …과(와)

我家有三口人，爸爸、妈妈和我。

우리 집은 아빠, 엄마 그리고 나 세 식구가 있다.

你去看电影吗？我想和你一起去。

영화 보러 가니? 나도 너와 같이 가고 싶어.

0344 ★★★★

盒子

hézi

명 작은 상자, 곽

请把你的东西放在这个盒子里。

당신의 물건들은 이 상자에 넣어 주세요.

0345 ★★

黑

hēi

형 검다, 까맣다

我的自行车是黑的，张东的是红的。

내 자전거는 검은색이고, 장동의 것은 빨간색이다.

天就要黑了，我们快点儿走吧。
날이 곧 어두워질 거다. 우리 좀 빨리 가자.

보충 각종 색깔 (颜色 1000) 을 나타내는 단어 : 黑，红 (348)，蓝 (529)，绿 (577)，白 (16)

0346 ★★★
黑板
hēibǎn

명 칠판

看黑板，不要看窗外。
칠판을 봐, 창밖을 보지 말고.
黑板上有一些汉字。
칠판에 한자가 써있다.

0347 ★
很
hěn

부 매우, 대단히, 아주, 꽤

今天天气很好。
오늘 날씨가 매우 좋다.
这次考试容易得很。
이번 시험은 아주 쉬웠다.

보충 기타 정도를 나타내는 부사 非常 (242) 참고

분석 很 vs. 非常 (241) vs. 挺 (867), 挺 (867) 참고

0348 ★★
红
hóng

형 붉다, 빨갛다

她的脸红红的，好像一个红苹果。
그녀의 얼굴이 붉어져서 마치 빨간 사과 같다.
那个戴红帽子的女孩儿是我妹妹。
저기 빨간 모자를 쓰고 있는 여자 아이가 내 동생이다.

보충 기타 색깔을 나타내는 단어 黑 (345) 참고

0349 ★★★★
后悔
hòuhuǐ

동 후회하다

我后悔没有努力学习。
나는 열심히 공부하지 않은 것을 후회한다.

★ 新HSK 기출문제

选词填空：
A：最近我总是咳嗽，吃点儿什么药好？
B：以后别抽烟了好不好？等身体出现问题了，
( ) 就来不及了。 (H41004-52)

A 严格　B 后悔　C 温度　D 直接　E 重点　F 提醒

해설 글을 보면 알 수 있듯이, B는 A가 "기침"하는 것은 "담배를 피우기"때문이라고 생각한다. B는 만약 A가 줄곧 담배를 피운다면 A의 몸에 "문제가 생길"수도 있다고 생각한다. 그때가 되어서는 무슨 일을 하더라도 "이미 늦는다." 보기 중에서 "后悔"가 가장 적합하다. 따라서 정답은 B이다.

请选出正确答案：

许多人都有过后悔的经历，其实，只要我们按照自己的想法去做了，就没什么后悔的，因为我们不可能把所有的事情全部做对。另外，让我们走向成功的，往往是我们从过去做错的事情中得到的经验。

许多人都有过怎样的经历？　(H41005-42)

A 后悔　B 得意　C 紧张　D 激动

해설 글의 첫 문장이 주제문이다. 즉 "许多人都有过后悔的经历"이라는 말을 통해서 얻을 수 있는 답은 A이다. 이 문제에서 새로 나온 어휘는 "紧张(449)", "激动(385)"이다.

0350 ★★★

后来
hòulái

명 그 후, 그 뒤, 그 다음

你是十一点以前离开的，后来你做什么了？

너는 11시 이전에 출발했는데 그 뒤로 뭘 했니?

小时候，我想当老师，后来我真的成为了一名老师。

어렸을 때 나는 선생님이 되고 싶었는데, 나중에 나는 정말로 선생님이 되었다.

분석 后来 vs. 以后

"后来"는 과거만 가리키며, 현재와 미래(将来 413)는 가리킬 수 없다. 시간사 뒤에 쓸 수 없으며 "十年后来"라고 말할 수 없다. ; "以后"는 과거,현재, 모두 가리킬 수 있으며 단독으로 쓸 수 있고 시간사와 이어 쓸 수도 있다. "时间以后"라는 표현도 가능하다.

0351 ★

后面
hòumiàn

명 뒤, 뒤쪽, 뒷면

学校后面有一条河。

학교 뒤쪽에 강이 있다.

보충 기타 방향을 나타내는 단어 对面 (207) 참고

0352 ★★★★

厚
hòu

형 두껍다, 두텁다

这本书太厚了，什么时候能看完啊！
이 책은 너무 두껍다. 언제 다 볼 수 있을까!

厚衣服不一定暖和。
두꺼운 옷이 꼭 따뜻한 것은 아니다.

보충 粗（굵다，거칠다），细（가늘다）

0353 ★★★★

互联网
hùliánwǎng

명 인터넷

互联网改变了我们的生活。
인터넷은 우리의 생활을 바꿔 놓았다.

★ 新HSK 기출문제

请选出正确答案：

现在在网上几乎什么都可以买到，你可以在网上买书、买鞋、买水果，你还可以在网上买沙发、买冰箱。网上商店可以保证东西的质量。

这段话主要介绍什么？ (H41113-78)

A 网上购物　B 电子邮件　C 市场的竞争　D 怎么做生意

해설 구어에서의 "买东西"를 서면어 표현으로는 "购物(294)"라고 한다. 정답은 A.

보충 구어에서 "网"을 자주 쓰면서 비교적 정식적인 "互联网"을 대체했다. 예를 들어, "上网（인터넷을 하다），网上（인터넷 온라인상）"

0354 ★★★★

互相
hùxiāng

부 서로, 상호

我们应该互相帮助。
우리는 당연히 서로 도와야 한다.

他们互相讨厌，关系一直不好。
그들은 서로 싫어한다. 관계가 계속해서 좋지 않다.

0355 ★★★★

护士
hùshi

명 간호사

我姐姐是一家医院的护士。
나의 언니는 병원 간호사이다.

我打算毕业以后当护士。
나는 졸업 후에 간호사가 될 생각이다.

보충 기타 직업을 나타내는 단어 大夫（147）참고

A B C D E F G H I J K L M N O P Q R S T U V W X Y Z

0356 ★★★

护照
hùzhào

명 여권

出国旅行要带护照。
외국여행을 갈 때에는 꼭 여권을 챙겨야 한다.

我把护照弄丢了。
나는 여권을 잃어버렸다.

0357 ★★★

花
huā

동 (돈 또는 시간을)쓰다

我花了一百美元买下了那辆自行车。
나는 백 달러를 써서 그 자전거를 샀다.

他花了一年时间写这本书。
그는 일 년의 시간을 들여서 이 책을 썼다.

0358 ★★★

花
huā

명 꽃

春天到了，花园里的花都开了。
봄이 오자, 화원에 꽃도 모두 피었다.

보충 구어에서 명사 "花" 는 주로 "花儿" 이라고 말한다. 중국어의 "儿" 은 품사를 구분하는 역할을 한다. 기타 예문을 들자면, "画" 는 동사로 "그림을 그리다" 이고, "画儿" 은 명사로 "그림" 이다.

0359 ★★★

画
huà

명 그림 동 그림을 그리다

他送给我一幅画儿，我非常喜欢。
그가 나에게 그림을 한 폭 주었는데 매우 마음에 든다.

我喜欢画画儿，也喜欢看书。
나는 그림 그리는 것을 좋아하고 책 보는 것도 좋아한다.

보충 명사 역할을 할 때, "画" 뒤에 주로 "儿" 이 붙어서 "画儿" 이라고 말한다. 중국어의 "儿" 은 동사 혹은 형용사 뒤에 놓여서 품사를 구분하는 역할을 하는데, 그들을 명사로 바꾼다. 예를 들면, "画画儿"; 명사 뒤에 놓여 "小(작고), 可爱 (495), 喜欢 (926)" 의 뜻을 가진다. 예를 들면, "小孩儿"

0360 ★★★★

怀疑
huáiyí

동 의심하다, 의심을 품다

我刚买的书找不到了，我怀疑是丢在图书馆了。
방금 전에 산 책을 찾을 수가 없다. 아무래도 도서관에서 잃어버린 것 같다.

반의 相信 (939)

自测

자기평가

1. 选词填空。

A 后来　　B 护照　　C 害怕　　D 合格　　E 管理

1. 王经理去美国出差两年，现在公司由张经理负责（　　）。
2. 以前我不了解中国，（　　）我看了一本介绍中国的书，我开始喜欢中国了。
3. 一位（　　）的老师最需要的是耐心。
4. 先生，我帮你查一下我们酒店的空房间，请让我看看您的（　　）。
5. 小孩子晚上在不开灯的房间常常会感到（　　），哭着叫爸爸妈妈。

A 光　　B 互相　　C 过去　　D 关键　　E 广播

6. 每个人都有自己的优点和缺点，我们应该（　　）学习对方的优点。
7. 你听，（　　）里在说什么？
8. 饭菜被他们吃（　　）了。
9. 学习外语的（　　）是多听、多说，因为语言是交流的工具。
10. （　　）我不了解中国，现在我不但了解了，而且还很喜欢。

A 关于　　B 广告　　C 过程　　D 关系　　E 海洋

11. 他们是从小一起长大的朋友，（　　）很好。
12. （　　）这个问题，我昨天已经问过老师了，老师说今天告诉我答案。
13. 我不喜欢看电视，因为（　　）太多了。
14. （　　）里有各种各样的鱼和水草。
15. 爬山时，不要只看到山顶，爬的（　　）也很美好，因为可以看到很多花草树木。

A 刮风　　B 怀疑　　C 合适　　D 后悔　　E 关心

16. A：你的身体怎么样了？病好了吗？
    B：谢谢你的（　　），我现在好多了。
17. A：你看看这本书怎么样？
    B：这本不太难，生词不多，价格也便宜，我觉得很（　　）。
18. A：他常常说起自己在美国时的生活，让人很羡慕。
    B：我（　　）他根本没去过，他在说假话。
19. A：考试不太难，但是昨天下午我去买东西了，没有认真复习。
    B：已经考完了，现在（　　）也来不及了，下次努力吧。

20. A：明天天气怎么样？

B：不太好，广播里说会（　　），比较冷。

2. 完成句子。

21. 弟弟　特别　感兴趣　对　汉语 ______________________
22. 好处　经常锻炼身体　对老人　有　很多 ______________________
23. 坐国际航班　我　是　来北京的 ______________________
24. 学校的　这么做　不符合　规定 ______________________
25. 挂着　墙上　妹妹画的　一幅　画儿 ______________________

3. 看图，用词造句。

26. 害羞

____

27. 逛

____

28. 果汁

____

29. 盒子

____

30. 关

____

학습 중점

| 어휘 |

1급 4개, 2급 4개, 3급 19개, 4급 33개

| 용법 및 구조 |

1. 几의 의미와 용법
2. 回、见面의 용법
3. 会의 의미와 용법
4. 即使…, 也…및 既然…, 就/也/还…구조
5. 积极/计划/继续/坚持+做什么事구조
6. 성격 관련 어휘

0361 ★★★

坏
huài

형 나쁘다, 불량하다, 고장 나다

不要总是怀疑别人是坏人。
다른 사람이 다 나쁘다고만 생각하지 말아라.

我的手机坏了，你知道哪里可以修吗？
내 핸드폰이 고장 났는데 어디에서 고칠 수 있는지 아니?

보충 "坏" 는 주로 동사 뒤에 놓이며, 좋지 않은 변화를 일으키는 것 (引起 1048) 을 나타낸다. 예를 들면, "弄 (641) 坏, 放怀, 摔坏"와 같다. ; "형용사 + 坏了" 는 정도가 심함 (深 754) 을 의미한다. 예를 들면, "饿坏了, 急坏了, 忙 (590) 坏了" 와 같다.

0362 ★★★

欢迎
huānyíng

동 환영하다

欢迎您到中国来。
중국에 오신 걸 환영합니다.

他受到了学生们的欢迎。
그는 학생들의 환영을 받았다.

0363 ★★★

还
huán

동 돌아가다, 돌아오다, 돌려주다, 갚다

买书的钱我先借给你，等你有钱了再还给我吧。
책 살 돈은 내가 우선 빌려줄게. 돈이 생기면 다시 갚으렴.

那本书你还给图书馆了吗？
너 그 책 도서관에 반납했니?

보충 "还"은 두 가지 발음이 있다. "还 (hai2) (324)"와 "还 (huan2)"이다. "hai2" 라고 읽을 때에는 부사이고, "huan2" 이라고 읽을 때에는 동사이다.

반의 借 (446)

0364 ★★★

环境
huánjìng

명 환경, 주위상황

孩子们需要愉快的家庭环境。
아이들은 즐거운 가정환경이 필요하다.

保护环境非常重要。
환경을 보호하는 것은 매우 중요하다.

★ 新HSK 기출문제

排列顺序：
A 而且环境保护得也很好
B 小城四季的风景都很美

C 因此每年都吸引着成千上万的游客去那儿旅游

(H41004-56)

해설 주어는 "小城"이다. 따라서 B가 첫 문장이다. "..., 而且..."구문에 따라서 B가 앞에 오고 A가 뒤에 와서 "小城风景美,而且环境保护得好"라는 것을 알 수 있다. 또한 "..., 因此..."에 근거하여 C가 가장 뒤에 놓이게 된다. 따라서 얻을 수 있는 답은 BAC이다.

결합 "명사 + 环境": 工作(일)/生活(생활)/自然(1176)/经济(457) + 环境

"동사 + 环境": 保护(보호하다)/污染(911)/适应(784) + 环境

0365 ★★★

换

huàn

동 바꾸다, 교환하다

这件衣服有点儿大，能帮我换一件小一点儿的吗？

이 옷은 좀 크네요, 더 작은 걸로 바꿔 주시겠어요?

今天下午我要去银行换钱。

오늘 오후에 나는 은행에 가서 환전 해야 한다.

0366 ★★★

黄河

HuángHé

명 황하

黄河是中国第二大长河。

황하는 중국에서 두 번째로 긴 강이다.

0367 ★

回

huí

동 되돌리다, 되돌아오다

我打算放寒假的时候回国。

나는 겨울방학 동안에 귀국할 생각이다.

我想回家看看爸爸妈妈。

집에 돌아가서 아빠, 엄마를 보고 싶다.

결합 ① "回" 뒤에는 주로 "来 / 去"가 붙어서 "回来 / 回去"가 된다. 만약에 뒤에 장소목적어가 붙으면 가운데에 놓아야 한다. 예를 들면: "回家来，回国去"와 같다. ② "回" 혹은 "回来 / 回去" 도 주로 동사 뒤에 놓여서 보어 역할을 한다. 예를 들면: "拿回来，还回去"와 같다.

분석 回 vs. 进 (450)

"回"는 나간 후에 다시 원래(原来 1084)의 장소로 돌아오는 것이다. "进"은 이런 뜻이 없다.

0368 ★★★

回答
huídá

동 대답하다, 응답하다

上课的时候他总是积极回答老师的问题。
수업을 할 때 그는 항상 선생님의 물음에 적극적으로 대답한다.

这道题你回答错了。
이 문제는 네 대답이 틀렸다.

분석 回答 vs. 答案 (131), 答案 (131) 참고

0369 ★★★★

回忆
huíyì

동 회상하다, 추억하다

他回忆起年轻时曾经到中国旅行过。
그는 젊었을 때 중국 여행을 했던 것을 회상했다.

在中国的一年给我留下了很多美好的回忆。
중국에 있었던 1년 동안 아주 많은 아름다운 추억을 남겼다.

0370 ★

会
huì

명 회의 동 …할 수 있다, 할 줄 알다, …을(를) 잘 하다

我们明天几点开会?
우리 내일 몇 시에 회의하나요?

我不会说法语。
나는 불어를 할 줄 모른다.

분석 会 vs. 能 (631)

① "会"는 학습을 통해 하나의 기능을 숙달한 것이다. 예를 들면, '会+开车/游泳/唱歌/说汉语' 와 같다. "能"은 주로 일종의 천부적인 능력, 혹은(或者 376) 작업의 능률을 나타낸다. 예를 들면, '他一分钟能写一百个汉子' 와 같다. "能"은 또한 회복 능력을 나타낸다. 예를 들면, '病好后, 他能走路了' 이다. ② "会"는 "可能(497)"의 뜻도 가지고 있다. 예를 들면, '明天会下雨.', 今天他不会来了.' ③ "不能"은 상황(情况 700)이 그렇게 되지 않음을 나타낸다. 예를 들면, '里面开着会,你不能进去.' 와 같다.

0371 ★★★

会议
huìyì

명 회의

快点儿，会议已经开始了。
서둘러, 회의가 벌써 시작됐다.

现在休息一会儿，十分钟以后会议继续进行。
잠시 쉬었다가 10분 후에 회의를 계속 진행하겠습니다.

★ 新HSK 기출문제

判断对错：

您是要去会议室吗？那不用上楼，会议室就在一层。您往前走，就在电梯左边。

会议室在二层。(　　)　(H41003-4)

해설 "会议室就在一层"을 통해 얻을 수 있는 답은 X이다.

0372 ★★★★

活动

huódòng

명 활동, 운동, 행사 동 (몸을) 움직이다, 활동하다

学校组织的各种活动他都积极参加。

학교 조직의 각종 활동들에 그는 모두 적극적으로 참여한다.

下课了，我要活动一下。

수업이 끝났으니 운동 좀 해야겠다.

0373 ★★★★

活泼

huópō

형 활발하다, 활기차다, 생동감 있다

她是一个性格活泼的女孩儿，大家都很喜欢她。

그녀는 성격이 활발한 소녀라서 모두가 그녀를 아주 좋아한다.

★ 新HSK 기출문제

看图，用词造句。

活泼

(H41001-100)

해설 "活泼"는 형용사이다. "주어+부사+형용사"구조에 따라서 그림을 참고하여 문장을 완성하면, 참고 답안은 "这个小女孩儿很活泼"

보충 기타 성격 (性格 979) 을 나타내는 단어: 安静 (7), 诚实 (100), 可爱 (495), 冷静 (539), 勇敢 (1056), 幽默 (1060)

0374 ★★★★

火

huǒ

명 불

一场森林大火使很多人没有了房子。

한차례 대형 산불로 많은 사람들이 집을 잃었다.

0375 ★★

火车站

huǒchēzhàn

명 기차역

从学校到火车站大概需要半个小时。

학교에서 기차역까지 대략 30분 정도 걸린다.

我的朋友今天来看我，我得去火车站接她。
친구가 오늘 나를 만나러 와서 나는 기차역으로 그녀를 데리러 가야 한다.

보충 X站：汽车（버스）站，地铁（176）站，加油站（399），网站（892）

0376 ★★★
或者
huòzhě

접 혹은, 또는

我决定学医学或者学法律。
나는 의학 또는 법률을 공부하기로 결심했다.
这个任务可以交给张东或者王芳。
이 임무는 장동이나 왕방에게 주면 된다.

분석 或者 vs. 还是 (325)
"或者"는 긍정(肯定506)문에 쓰이고, "还是"는 의문문에 쓰인다.

0377 ★★★★
获得
huòdé

동 얻다, 취득하다, 획득하다

他使自己获得了一个好名声。
그는 스스로 좋은 평판을 얻었다.
他没有获得奖学金。
그는 장학금을 받지 못했다.

분석 获得 vs. 取得 vs. 得到
"获得"는 노력(努力 642)을 통해(通过 868) 얻어낸 것으로, 목적어는 주로 추상적이고 적극적(积极 382)인 것이다. 예를 들면, '获得奖金(415)/ 经验(460)/ 机会(380)/ 表扬(58)/ 尊重(1189)' 과 같다. "取得"는 말투가 "获得"보다 가볍고 더 자유롭다. "得到"의 목적어는 일반적으로 비교적 구체적이며 말투는 "获得, 取得"보다 자유롭다.

0378 ★★★
几乎
jīhū

부 거의, 거의 모두, 하마터면

他几乎每天都迟到。
그는 거의 매일 지각한다.
这一年我几乎没感冒过。
최근 일 년 동안 나는 거의 감기에 걸리지 않았다.

분석 几乎 vs. 差不多 (87)

"几乎"는 어떠한 상황에 거의 근접했음을 나타내며 뒤에는 주로 부정사 "不/没"가 붙는다. "差不多"는 정도,시간,거리(距离 477)등이 가까워졌음을 나타낸다. 단독으로 쓸 수 있으며 "大概"의 뜻을 의미한다. "差不多"는 "大多数"의 뜻을 나타낼 수도 있다. 예를 들면, '这里的人差不多都认识小王' 과 같다.

0379 ★★

机场
jīchǎng

명 공항

我的朋友要回国了，晚上我得去机场送他。
내 친구가 귀국할 거라서, 저녁에 공항에 그를 배웅하러 가야 한다.

我家住在机场附近。
우리 집은 공항 근처에 있다.

보충 X 场：停车场（주차장），足球场（축구장），篮球场（농구장），运动（1096）场（운동장）

0380 ★★★

机会
jīhuì

명 기회, 찬스

如果有机会，我一定要到上海看看。
만일 기회가 있다면 나는 꼭 상해에 가보고 싶다.

你的答案错了，我再给你一次回答的机会。
네 답은 틀렸어. 다시 한번 대답할 기회를 줄게.

0381 ★★

鸡蛋
jīdàn

명 계란

西红柿鸡蛋汤的做法很简单。
토마토계란탕의 조리법은 아주 간단하다.

0382 ★★★★

积极
jījí

형 적극적이다, 열성적이다

她很努力，上课时总是积极回答老师的问题。
그녀는 아주 노력한다. 수업 할 때에는 늘 선생님의 물음에 적극적으로 대답한다.

明天我们开运动会，希望大家积极参加比赛。
내일 운동회가 열립니다. 모두들 적극적으로 참가해주길 바랍니다.

0383 ★★★★

积累
jīlěi

동 쌓이다, 축적하다 명 축적된 것, 축적, 누적, 적립금

她教了十几年汉语，积累了丰富的经验。
그녀는 십 년이 넘게 중국어를 가르쳐서 풍부한 경험이 쌓였다.

知识的积累需要一个过程。
지식을 축적하는 것은 과정이 필요하다.

0384 ★★★★

基础

jīchǔ

명 기초, 바탕, 밑바탕, 토대

这篇报道，我们在原来的基础上又增加了一些新内容。
이 보도는 우리가 원래의 기틀에 새로운 내용을 조금 더했다.

学语言，打好基础很重要。
언어를 배울 때에는 기초를 잘 다지는 것이 아주 중요하다.

0385 ★★★★

激动

jīdòng

형 (감정이) 충동적이다 동 감격하다, 감동하다, 흥분하다

我们终于通过了考试，大家都很激动。
우리는 드디어 시험에 통과해서 모두 감격했다.

他们带回来一个激动人心的消息。
그들은 아주 감동스러운 소식을 가지고 돌아왔다.

★ 新HSK 기출문제

看图，用词造句。

激动
（H41003-99）

해설 "激动"은 형용사이다. "주어+부사+형용사"의 구조로 사용할 수 있으므로 "他很激动"이라고 할 수 있다. 또 그림을 통해 그가 전화를 하다가 무슨 이야기를 듣고 '아주 놀랐다'는 것을 알 수 있다. 이를 통해 얻을 수 있는 답은 "那个电话让他很激动","这个消息让他非常激动"

분석 激动 vs. 兴奋 (972), 兴奋 (972) 참고

0386 ★★★★

及时

jíshí

부 즉시, 곧바로, 제 때에

他们及时赶上了公共汽车。
그들은 제 때에 맞춰 버스에 탔다.

有问题一定要及时问老师。
질문이 있으면 반드시 즉시 선생님에게 물어보아야 한다.

분석 及时 vs. 按时 (10) vs. 准时 (1172)

"及时"는 시간에 서둘러서 지체하지 않음을 강조한다. "按时"는 정해진 시간에 맞춰 일 하는 것을 뜻한다. "准时"는 늦지도 이르지도 않고 딱 정해진 시간이라는 것을 강조하며 문장에서 술어 역할을 할 수 있다.

0387 ★★★

极

jí

부 아주, 지극히, 몹시, 매우

他的汉语好极了。
그의 중국어는 아주 훌륭하다.

学好一门外语是极不容易的事情。
외국어를 하나 배운다는 것은 매우 쉽지 않은 일이다.

보충 "极"는 형용사 앞에 놓일 수 있다. 예를 들면, "极好，极大，极重要(이 때는 "极其重要" 라고도 할 수 있다.)" "极了" 는 주로 형용사 뒤에 놓여, 정도를 나타낸다. 예를 들면, "美极了，害怕极了，聪明极了，有意思极了" 와 같다.
"极" 와 기타 정도 부사의 차이 非常 (241) 참고

0388 ★★★★
即使
jíshǐ

접 설령 …하더라도

即使下雨，他还是会准时来的。
설령 비가 내리더라도 그는 시간 맞춰 올 것이다.

★ 新HSK 기출문제

排列顺序：
A 他们也会感到很幸福
B 即使只是陪他们吃吃饭、聊聊天
C 有空你应该多回家看看爸妈 (H41005-59)

해설 "即使...也"구문에 따라 B가 앞에 오고 A가 뒤에 온다는 것을 알 수 있다. C는 주제문장이기 때문에 제일 앞에 놓여야 한다. 따라서 정답은 CBA이다.

보충 "即使" 항상 "也"와 함께 쓰여서, "即使… 也…" 구조를 이룬다.

0389 ★
几
jǐ

대 몇, 얼마 수 몇

你把这几本书好好看看。
이 책들 몇 권 좀 잘 읽어보아라.
今天星期几?
오늘이 무슨 요일이지?

보충 "几" 가 대명사 역할을 할 때에는 주로 의문문에 쓰여서 10 이하의 숫자를 물을 때 쓰인다. (예문 1 참고); 수사 역할을 할 때에는 앞에 "好" 를 붙여 쓸 수 있는데, 시간이 길고 수량이 많음을 뜻한다. 예를 들면, "我来中国好几年了", "昨天她买了好几件衣服" 와 같다.

0390 ★★★★
计划
jìhuà

명 계획, 작정, 방안 동 계획하다, 꾸미다, …할 계획이다

暑假你有什么计划?
여름 방학에 넌 어떤 계획이 있니?
我计划去云南旅行。
나는 운남에 여행 갈 계획이다.

분석 计划 vs. 打算 (137)

"计划"는 비교적 상세하고 구체적이며 단기적이거나 혹은 가까운 장래의 계획이다. 큰 일 일수도 있고 작은 일 일수도 있다. 명사 역할을 할 때에는 관형어 피수식어가 될 수 있다. 예를 들면, 工作计划, 学习计划, 减肥(406), 计划 등이 있다. 동사 역할을 할 때에는 "计划"와 "打算" 모두 주로 동사 목적어가 붙는다. 어감상 "打算"이 "计划"보다 더 자유롭다.

0391 ★★★

记得
jìde

동 기억하고 있다

我记得你去过美国，对吗？
내가 기억하기에 넌 미국에 가봤잖아, 그렇지?

老师说了今天要考试吗，我怎么不记得？
선생님께서 오늘 시험이라고 말씀하셨어? 난 왜 기억이 안 나지?

분석 记得 vs. 记 vs. 记住

"记得"는 잊어버리지 않은 일종의 능력을 나타내고 "记"는 동작 "记住"는 "记"의 결과를 의미한다.

0392 ★★★★

记者
jìzhě

명 기자

记者在电视上报道了这起事故。
기자가 텔레비전에서 이 사고를 보도했다.

他成为了一名记者。
그는 기자가 되었다.

보충 기타 직업을 나타내는 단어 大夫 (147) 참고

0393 ★★★★

技术
jìshù

명 기술, 테크놀로지

他们想要学习现代管理技术。
그들은 현대 관리 기술을 배우고 싶어한다.

许多人把我们生活的时代叫做"技术时代"。
수많은 사람들이 우리가 생활하는 시대를 "기술시대"라고 부른다.

0394 ★★★

季节
jìjié

명 계절

这个季节经常下雨。
이 계절에는 자주 비가 온다.

보충 기타 계절을 나타내는 단어 冬 (192) 참고

0395 ★★★★

既然

jìrán

접 …된 바에, …(인)된 이상

既然天气这么热，我们去游泳吧。

날씨가 이렇게 더우니 우리 수영이나 하자.

분석 既然 vs. 即使 (388)

"既然"은 이미 일어났거나 혹은 확실한 일을 언급하며, 앞의 상황을 통해 얻을 수 있는 결론이 뒤에 따라온다. 뒤따르는 구절에는 "就, 也, 还"등이 함께 쓰인다. "即使"는 아직 발생하지 않은 상황 혹은 사실과는 상반된 상황을 가설하며, 뒤따르는 구절에는 이러한 상황이 결과에 영향을 주지 않는다는 것을 나타낸다. 여기서는 주로 "也"가 함께 쓰인다.

0396 ★★★★

继续

jìxù

동 계속하다, 끊임없이 하다

现在休息十分钟，然后我们继续上课。

지금 10분 동안 휴식하고, 그 다음 계속해서 수업하겠습니다.

别停，继续说下去。

멈추지 말고 계속 말하세요.

★ 新HSK 기출문제

选词填空：

A：所有的困难都是暂时的，要有信心，我相信你会成功的。

B：感谢您的支持和鼓励，我一定会（　　）努力。(H41003-54)

A 最好　B 继续　C 温度　D 热闹　E 作者　F 商量

해설 "会"뒤에는 주로 동사가 붙는다. "继续"는 동사이다. 뒤에 주로 다른 동사가 붙어 '계속해서 무엇을 한다.'라는 뜻을 나타낸다. 다시 보기 중의 기타 단어들과 비교해 보았을 때, "继续"가 가장 알맞다는 것을 알 수 있다. 따라서 정답은 B이다.

0397 ★★★★

寄

jì

동 (우편으로)부치다, 보내다

朋友寄给我一份生日礼物。

친구가 내게 생일 선물을 부쳤다.

请把这份文件寄给王教授。

이 문서를 왕교수님께 보내주세요.

0398 ★★★★

加班

jiābān

동 초과 근무하다

最近爸爸工作很忙，每天都要加班。

요즘 아빠가 일이 너무 바빠서 매일 초과 근무를 하신다.

昨天晚上，我加班加到十点。

어제 밤에 초과 근무를 10시까지 했다.

★ 新HSK 기출문제

判断对错：

小王，这份材料明天早上就要用，得请你翻译一下，晚上十点之前一定要完成，翻译好后打印一份给经理，辛苦你了。

小王今天要加班。（　　）　　(H41002-3)

해설 "晚上十点..."와 "翻译好后..."를 통해 小王이 오늘 밤 늦게까지 일을 해야 해서 정시에 퇴근 할 수 없다는 것을 알 수 있다. 이는 곧 오늘 초과 근무를 해야 한다는 것이므로 정답은 옳다.

0399 ★★★★

加油站

jiāyóuzhàn

명 주유소

请问，这附近有加油站吗？我的车没油了。

실례합니다. 여기 근처에 주유소가 있나요? 차에 기름이 없어서요.

보충 X 站 ： 火车站 (375) 참고

0400 ★

家

jiā

명 집, 가정, 인가 양 집, 점포, 공장 등을 세는 단위

中午他很少回家吃饭。

점심에 그는 아주 드물게 집으로 가서 밥을 먹는다.

那儿有一家商店，我们过去看看吧。

거기에 가게가 하나 있다. 구경하러 가자.

0401 ★★★★

家具

jiājù

명 가구

这套家具很漂亮，很适合放在我们家。

이 가구 세트 정말 예쁘다. 우리 집에 잘 어울리겠다.

我们搬家时丢了几件家具。

이사 할 때 가구를 몇 개 잃어버렸다.

★ 新HSK 기출문제

排列顺序：

A 但实际上都是由经验丰富的老师傅做的，质量非常好

B 这些家具看起来普普通通

C 即使用上二三十年也不会坏　　（样卷 -60）

해설 "看起来...,但实际上..."구조에 따라 B가 A 앞에 놓인다는 것을 알 수 있다. 왜냐하면 이 가구들은 "质量非常好"이기 때문에 "即使用上二三十年也不会坏"라는 것을 보아 A는 C앞에 놓이게 된다. 따라서 얻을 수 있는 정답은 BAC이다.

보충 X 具 ： 玩具 (장난감, 완구), 厨具 (주방용구), 茶具 (다구),

餐具 (식기). "具" 는 "工具 (공구)" 의 뜻이다 .

0402 ★★★★
假
jiǎ

형 거짓의, 가짜의, 위조의

我们应该诚实，不能说假话。
우리는 반드시 정직해야 하고 거짓말을 해서는 안 된다.

这酒是不是假的？我怎么喝了一杯就头疼？
이 술 가짜 아니야? 어떻게 한 잔 마시자마자 머리가 바로 아프지?

보충 "假" 는 (jia4) 라고도 발음 할 수 있는데 이는 "휴가 , 방학" 의 뜻이다 .

반의 真 (1123)

0403 ★★★★
价格
jiàgé

명 가격

这家商场的衣服价格很高。
이 가게의 옷은 가격이 세다.

这种苹果为什么比那种价格高这么多？
이 사과는 왜 저 종류에 비해서 가격이 이렇게나 많이 비싼가요?

보충 "价格" 는 "高 / 低" 를 쓴다 . 서면어로는 "物价" 라고 하며 구어로는 "价钱" 이라고 하는데 뜻은 같다 .

0404 ★★★★
坚持
jiānchí

동 견지하다, 유지하다, 고수하다, 고집하다

她每天都坚持锻炼身体。
그녀는 고집스럽게도 매일 신체 단련을 한다.

★ 新HSK 기출문제

选词填空：
她每天都（　　）走路上下班，所以身体一直很不错。
A 随着　B 尝　C 春节　D 坚持　E 收拾　F 提醒
（样卷 – 选词填空例题）

해설 "晚上十点..."와 "翻译好后..."를 통해 小王이 오늘 밤 늦게까지 일을 해야 해서 정시에 퇴근 할 수 없다는 것을 알 수 있다. 이는 곧 오늘 초과 근무를 해야 한다는 것이므로 정답은 옳다.

보충 "坚持做什么" 외에 "坚持" 뒤에는 명사 목적어가 붙을 수도 있다 . 예를 들어 , "想法 (생각 , 의견), 态度 (839), 习惯 (922)" 등이 있다 .

반의 放弃 (236)

A B C D E F G H I J K L M N O P Q R S T U V W X Y Z

0405 ★★★

检查
jiǎnchá

동 검사하다, 점검하다, 조사하다

我检查了你的答案，没有一个是对的。
내가 네 답안을 검사했는데 하나도 맞은 게 없다.

医生检查了那个男孩儿的身体，发现他是健康的。
의사가 그 남자아이를 검사했는데 건강한 것으로 드러났다.

0406 ★★★★

减肥
jiǎnféi

동 살을 빼다, 체중을 줄이다

运动是最好的减肥方法。
운동은 살을 빼는 가장 좋은 방법이다.

0407 ★★★★

减少
jiǎnshǎo

동 감소하다, 줄이다, 축소하다

为减少污染，我们应该养成节约的习惯，节约用水，节约用纸等等。
오염을 줄이기 위해서 우리는 물 쓰는 것을 아끼고 종이 사용을 줄이는 등 절약하는 습관을 길러야 한다.

분석 减少 vs. 降低 (416), 降低 (416) 참고

분석 减少 vs. 缺少 (712)
"减少"는 수량이 줄어듦을 나타내고 "缺少"는 물건, 돈, 사람 등이 부족함을 나타낸다.

반의 增加 (1108)

0408 ★★★

简单
jiǎndān

형 간단하다, 단순하다

我提出的问题很简单。
내가 낸 문제는 아주 간단하다.

请你简单地介绍一下自己。
간단하게 자기소개를 해 보세요.

반의 复杂 (255)

0409 ★★★

见面
jiànmiàn

동 만나다, 대면하다

我只跟他见过一次面，不是很熟。
나는 그와 딱 한번 만나봤을 뿐, 익숙하지는 않다.

我们说好了星期四晚上在人民广场见面。
우리는 목요일 저녁에 인민광장에서 만나기로 약속했다.

보충 "见面" 은 쌍방이 공동으로 완성하는 동작이다. 주로 "跟 / 和…见面" 형태로 쓰이며 "我见面你" 라고는 하지 않는다. "见面" 은 이합사이며 "见见面, 见个面" 등으로 자주 말한다.

0410 ★★

件

jiàn

양 건, 개(일, 사건, 의류 등 하나하나 셀 수 있는 수량 단위)

我对那件事情不感兴趣。
나는 그 일에 대해서 관심 없다.

你这次出差要十几天呢，得多带几件衣服。
너 이번 출장은 열흘도 넘잖아, 옷을 몇 벌 더 챙겨야 해.

0411 ★★★★

建议

jiànyì

동 건의하다, 제안하다 명 제안, 건의안, 제의

医生建议那位病人每天慢跑 5公里。
의사는 그 환자에게 매일 5킬로미터씩 조깅할 것을 제안했다.

王老师关于阅读的建议引起了大家的讨论。
왕선생의 독해에 관한 건의가 모두의 토론을 일으켰다.

0412 ★★★

健康

jiànkāng

형 건강하다

他的身体很健康，很少生病。
그는 아주 건강해서 거의 병에 걸리지 않는다.

为了你的健康，最好少喝酒。
건강을 위해 술은 적게 마시는 게 좋다.

0413 ★★★★

将来

jiānglái

명 장래, 미래

没有人知道将来会发生什么。
미래에 어떤 일이 생길지 아무도 알 수 없다.

★ 新HSK 기출문제

请选出正确答案：

老人总是喜欢往回看，回忆总结自己过去的经历；而年轻人却相反，他们喜欢向前看，也容易接受新鲜事情。

和老年人相比，年轻人： (H41003-66)

A 更节约　B 拒绝变化　C 关心将来　D 缺少竞争力

해설 노인들은 "回忆过去的经历"를 좋아하고 "年轻人却相反, 他们喜欢向前看"이라는 글을 근거로 젊은이들을 미래에 더 관심이 있다는 것을 알 수 있다. 따라서 정답은 C이다.

0414 ★★★
讲
jiǎng

동 말하다, 이야기하다, 설명하다

老师讲课的时候，学生们不要互相说话。
선생님께서 수업하실 때, 학생들은 서로 이야기 해서는 안 된다.
现在请王校长为我们讲几句话。
이제 왕교장선생님께서 한 말씀 하시겠습니다.

0415 ★★★★
奖金
jiǎngjīn

명 상금, 상여금, 보너스

我现在的工作很不错，不但工资很高，而且还有奖金。
나는 지금의 일이 좋다. 월급이 많을 뿐 아니라, 상여금도 있다.

보충 工资 (284)，收入 (786)，奖学金 (장학금)，现金 (현금)

0416 ★★★★
降低
jiàngdī

동 내리다, 낮추다, 인하하다, 줄이다

我们任何时候也不能降低对自己的要求。
우리는 어느 때라도 스스로에 대한 요구를 줄일 수 없다.
这种药的价格降低了。
이 종류의 약은 가격이 내렸다.

분석 降低 vs. 减少 (407)
"降低"는 '수준, 능력, 수입, 가격, 요구, 기준' 등에 주로 쓰이며 반의어는 "提高(853)"이다. "减少"는 구체적인 물건의 수량에 쓰인다. 예를 들면, 사람 수, 돈 액수 등이 있으며 반의어는 "增加(1108)"이다.

반의 提高 (853)

0417 ★★★★
降落
jiàngluò

동 착륙하다, 내려오다

乘客们，请注意，20分钟后飞机将在首都机场降落。
승객 여러분, 주의하십시오. 20분후 비행기는 수도공항에 착륙하겠습니다.

보충 "降落"는 통상적으로 비행기에만 사용하는데 구어에서 "降"과 "落"는 독립적으로 쓸 수 있다. 게다가 두 가지의 뜻과 용법은 서로 다르다. "降/下降"은 주로 "온도, 성적, 가격, 수준" 등과 짝을 이룬다. "落"가 더 구어체이다. 예를 들면, "秋天来了，树上的叶子都落了"와 같다. "降落"의 반대말은 "起飞"이다.

0418 ★★★★

交
jiāo

동 건네주다, 넘기다, (돈을)내다, (친구를)사귀다

考试时间到了，请大家立即停笔，按顺序交卷。
시험 시간이 다 됐습니다. 모두 필기를 멈추고 순서대로 답안지를 건네주세요.

您好，请去那边交钱。
실례지만, 저 쪽에서 계산해주세요.

来中国后，我交了很多中国朋友。
중국에 온 후로 나는 많은 중국인 친구를 사귀었다.

보충 "交" 뒤에 물건이 와서 목적어 역할을 할 수 있다. 예를 들면, "交材料 / 作业 / 报名表" 와 같다. "交" 뒤에서 사람이 목적어 역할을 할 때에는 항상 개사 "给" 가 쓰인다. 예를 들면, "交给老师 / 朋友 / 父亲" 과 같다. 물론, "交"뒤에는 두 개의 목적어가 오기도 한다. 예를 들어, "交给老师作业 / 交给朋友报名表" 와 같다. 이와 같은 동사로는 "借，还 (huan2)" 등이 있다.

0419 ★★★★

交流
jiāoliú

동 소통하다, 교류하다

我常跟朋友们交流学习方法。
나는 자주 친구들과 학습 방법을 교류한다.

老年人和年轻人之间的交流没有你想的那样困难。
노인과 젊은이간의 교류가 네 생각처럼 그렇게 어렵지 않다.

★ 新HSK 기출문제

请选出正确答案：

你有一个苹果，我有一个香蕉，把我的给你，把你的给我，每个人仍仅有一个水果；你有一个想法，我有一个想法，把我的告诉你，把你的告诉我，每个人就有了两个想法。

这段话的主要意思是： (H41005-73)

A 要关心别人 B 要多吃水果 C 交流很重要 D 做事情要耐心

해설 본문에서 "交换苹果"라고 했고 "多吃水果"라고 하지 않았기 때문에 B는 틀렸다. 본문에서 "如果交换想法 每个人就可以得到两个不同的想法"라고 했는데, 이는 소통의 중요한 작용이다. 따라서 정답은 C이다. A,D는 본문에 언급되지 않았다.

보충 "交流" 는 본인의 지식, 경험, 기술, 방법 등을 상대방에게 전해주는 것으로 "互相学习， 互相帮助" 의 뜻이다.

0420 ★★★★

交通

jiāotōng

명 교통

现在城市交通越来越差了。

요즘 도시의 교통은 갈수록 나빠진다.

★ 新HSK 기출문제

完成句子：

交通　重要影响　有　对经济发展　（样卷 -90）

해설 문제에 제공된 단어 가운데 "对..."의 구조가 있다. 따라서 우선 "A 对 B..."을 생각해 낼수 있다. 그 중 A와 B는 모두 일반적으로 명사 혹은 명사구인데, 이에 따라서 "交通对经济发展"을 완성시킬 수 있다. "有"는 동사이며 뒤에 주로 명사가 놓여 "有重要影响"이라고 할 수 있다. 따라서 얻을 수 있는 정답은 "交通对经济发展有重要影响"이다.

보충 교통 수단을 나타내는 단어 乘坐 (102) 참고

自测

자기평가

1. 选词填空。

A 回忆　B 交流　C 几乎　D 基础　E 活动

1. 他非常聪明，也很努力，所以学习很好，老师的问题他（　　）没有不会回答的。
2. 老年人常常（　　）过去，而年轻人更喜欢向前看。
3. 他会唱歌，也会跳舞，所以常常参加学校的（　　）。
4. 他很喜欢跟中国人（　　）。
5. 来中国以前他学过汉语，有一定的（　　）。

A 及时　B 计划　C 积极　D 即使　E 既然

6. 他是个很（　　）的人，每次活动几乎都能看见他。
7. 你来得真（　　），再晚一点儿火车就要开了。
8. （　　）读了很多书，也不一定能做好工作。
9. 我（　　）今年暑假去北京旅行，看看长城。
10. （　　）来了，就吃了晚饭再走吧。

A 继续　B 记得　C 机场　D 检查　E 环境

11. 我（　　）昨天提醒过你，你今天怎么又忘带书了。
12. 已经十二点了，我们先吃饭吧，吃完饭再（　　）工作。
13. 王经理乘坐的飞机八点钟到上海，你一定要去（　　）接他啊。
14. 我家周围的（　　）很好，有树、有花，还有很多鸟。
15. 我最近身体不太舒服，有时间的话需要去医院好好儿（　　）一下。

A 价格　B 机会　C 积累　D 激动　E 活泼

16. A：你觉得这件衣服怎么样？
B：我觉得（　　）有点儿贵。
17. A：经理，对不起，我没有做好这项工作。
B：别着急，工作经验需要一点一点地（　　），你慢慢会做得很好的。
18. A：你喜欢什么样的女孩儿？
B：我喜欢（　　）可爱的，太安静不爱说话的我不喜欢。
19. A：这件事真的不是我做的，你们要调查清楚！
B：别（　　），我们只是问问。
20. A：我家里有事儿，不能去北京学习了。
B：这么好的（　　），放弃太可惜了。

2. 完成句子。

21. 获得老师的　他的　表扬　常常　努力　________________
22. 受欢迎　歌星　在青年人中　非常　这位著名的　________________
23. 认为　都不重要　别人的看法　他坚持　________________
24. 这道题　得多　简单　比那道题　________________
25. 你的健康　减肥　别让　影响　________________

3. 看图，用词造句。

26. 加班

____

27. 寄

____

26. 记者

____

27. 建议

____

30. 家具

____

학습 중점

| 어휘 |

1급 3개, 2급 7개, 3급 18개, 4급 32개

| 용법 및 구조 |

1 教/借给+人+东西 및 教/叫/禁止+人+做什么事 구조

2 进行/决定/觉得+小句/其他动词 구조

3 跟/和+人+交流/结婚/竞争 및 给+人+解释/介绍 구조

0421 ★★★★

郊区

jiāoqū

명 (도시의)변두리, 교외

你住在市区还是郊区？

너는 시내에 사니 아니면 교외에 사니?

★ 新HSK 기출문제

请选出正确答案：

现在，城市里越来越多的人喜欢到郊区过周末。因为忙了一周后，他们想找一个空气新鲜、安静的地方好好放松一下。而且，方便的交通也为他们的出行提供了条件。

人们喜欢去郊区玩儿，是因为那儿：　　(H41328-69)

A 适合聚会　B 环境不错　C 很少堵车　D 购物方便

해설 "因为…"뒤에는 원인이 온다. "他们想找一个空气新鲜, 安静的地方" 그렇기 때문에 교외로 갔다는 글을 보아 정답은 B이다. "聚会"와 "堵车"는 언급되지 않았으므로 A와 C는 틀렸다. "方便的交通"은 교통이 편리하다는 것이지, 쇼핑이 편리하다고 한 것은 아니기 때문에 D도 틀렸다.

请选出正确答案：

A:听说公司明年要搬到（　　），到时候我又得重新租房子了。

B：这个消息准确吗？我怎么不知道？　　(H41332-52)

A 难受　B 郊区　C 温度　D 流行　E 香　F 恐怕

해설 "搬到"의 뒤에는 장소를 나타내는 명사가 놓여야 한다. 보기 중 "郊区"만 부합한다. 따라서 정답은 B이다.

0422 ★★★★

骄傲

jiāo'ào

형 자랑스럽다, 거만하다 명 자랑, 긍지

他这个人太骄傲了。

그는 너무 거만하다.

他一直是家人的骄傲。

그는 줄곧 가족의 자랑이었다.

분석 骄傲 vs. 得意 (162)

① "骄傲"는 주로 일종의 성격 혹은 태도를 가리킨다. "得意"는 주로 성공을 통해 자랑하는 모습을 나타낸다. 일종의 행동인 것이다. ② "骄傲"는 또한 "아주 뛰어나거나 혹은 좋은 성적을 얻어서 기쁘다"라는 뜻이 있다. "为…(感到)骄傲"구조로 자주 쓰인다. 예를 들면, "母亲总是为自己的儿子感到骄傲"와 같다. "得意"는 "만족하다"라는 뜻도 있다. 예를 들면, "这是那位艺术家最得意的作品"과 같다.

0423 ★★★

教
jiāo

동 가르치다

她是一位老师，在大学教汉语。
그녀는 선생님이다. 대학에서 중국어를 가르친다.

보충 "教"는 "教 + 사람 + 물건 / 일"의 구조로 주로 쓰인다. 예를 들면, "教留学生汉语，教孩子儿画画儿" 와 같다. "教" 는 "jiao4" 의 발음도 있는데 예를 들면, "教师， 教室 (28)， 教授 (429)， 教材 (교재), 教学 (수업 , 교육)" 등이 있다 .

0424 ★★★

角
jiǎo

양 지아오(중국의 화폐단위, 1/10元, 10分과 같음)

苹果两元五角一斤。
사과는 한 근에 2위안 5지아오이다.

보충 중국어에서 액수를 나타낼 때 , 구어로는 주로 "块 (10 毛)，毛 (10 分)，分" 을 쓰고 서면어로는 주로 "元 (10 角)，角 (10 分)，分" 을 쓴다 .

0425 ★★★★

饺子
jiǎozi

명 만두, 교자

过年的时候，中国人要吃饺子。
새해를 맞을 때 중국인들은 만두를 먹는다.

★ 新HSK 기출문제

请选出正确答案：
女：我现在去菜市场买菜，你中午想吃点儿什么？
男：随便，或者我们吃饺子好不好？
问：男的中午想吃什么？ (H41002-22)

A 饺子 B 米饭 C 面条 D 面包

해설 남자가 먼저 "随便"이라고 대답했다가 바로 다시 "吃饺子好不好"라고 했으므로 정답은 A이다.

0426 ★★★

脚
jiǎo

명 다리

今天走了很久，我的脚很疼。
오늘 많이 걸었더니 다리가 많이 아프다.

보충 기타 신체 부위를 나타내는 단어 脸 (556) 참고

A B C D E F G H I J K L M N O P Q R S T U V W X Y Z

0427 ★

叫
jiào

동 부르다, 소리지르다, 요구하다, …하게 하다

我叫张东，你叫什么名字？
저는 장동입니다. 성함이 어떻게 되세요?

听，外面好像有人叫你。
들어봐, 밖에서 누가 널 부르는 것 같아.

她害怕得大叫起来。
그녀는 무서워서 크게 소리질렀다.

我叫阿姨打扫一下房间。
내가 아줌마에게 방 청소를 하라고 했다.

보충 "叫"가 "시키다"의 뜻일 때에는, "叫 + 사람 + 일"의 구조로 주로 쓰인다. "叫"는 피동문에도 쓸 수 있다. 被 (40) 참고

0428 ★★

教室
jiàoshì

명 교실

我们教室在主楼 302。
우리 교실은 본관 302호이다.

보충 X室：办公室 (22)，会议 (371) 室 (회의실) 休息 (932) 室 (휴게실) 候车室 (대합실)

0429 ★★★★

教授
jiàoshòu

명 교수

我的理想是成为一名教授。
나의 이상은 교수가 되는 것이다.

보충 硕士 (818)，博士 (65)，大学生 (대학생)，教师 (교사)，校长 (956)

보충 기타 직업을 나타내는 단어 大夫 (147) 참고

0430 ★★★★

教育
jiàoyù

동 교육하다, 양성하다 명 교육

教育孩子要有耐心。
아이를 교육하는 것은 인내심이 필요하다.

他受过极好的教育。
그는 아주 좋은 교육을 받았다.

★ 新HSK 기출문제

请选出正确答案：

教育孩子要使用正确的方法。首先，不要用“懒”、“笨”、“粗心”这种词批评孩子，这样很容易让他们相信自己就是那样的，于是限制了他们正常的发展。其次，即使是出于教育的目的，也千万不能骗孩子，因为儿童缺少判断能力，看到父母骗人，他们也会学着说假话。

这段话主要讲怎样正确：　　(H41003-81)

A 批评孩子　　B 教育孩子　　C 照顾孩子　　D 帮助孩子

해설 첫 문장 “教育孩子要使用正确的方法”가 주제문이다. “首先, 不要…”와 “其次, 即使是出于教育的目的, 也千万不能…”에서 두 차례 “教育” 한 단어를 언급했다. 모두 어떻게 올바르게 아이들을 교육해야 하는가를 이야기하는 것이다. 따라서 정답은 B이다. 이 문제에서 새로 나온 어휘는 “批评(657)”, “照顾(1118)”이다.

0431 ★★★

接

jiē

동 잇다, (전화를)받다, 받아들이다, 마중하다

小王，帮我接一下电话。

소왕, 나 대신 전화 좀 받아줘.

我今晚去机场接女朋友。

나는 오늘 저녁 공항에 여자친구를 마중 간다.

보충 상용어구 “去 / 来 + 장소 + 接 + 사람”

반의 送 (822)

상용어구 “送 + 사람 + 去 / 来 + 장소”

0432 ★★★★

接受

jiēshòu

동 받아들이다, 받다, 접수하다

对不起，我不能接受你的礼物。

미안하지만, 선물은 받을 수 없습니다.

他接受过专门的教育。

그는 전문적인 교육을 받았다.

분석 接受 vs. 收 (785) 到 vs. 受到 (793)

“接受”는 동작을 나타낼 수 있고, 결과도 나타낼 수 있다. 뒤에는 구체적인 목적어와 추상적인 목적어도 올 수 있다. 예를 들면 物, 任务, 意见, 批评, 教育, 邀请, 调查(조사하다) 등이 있다. “收到”도 결과를 나타낼 수 있으며 뒤에 구체적인 목적어가 붙는다. 예를 들면, 件(우편), 物(선물) 등이 있다. “受到”는 결과만을 나타낼 수 있으며 뒤에는 추상적인 목적어가 온다. 예를 들면, 表扬(칭찬하다), 批评(비판하다) 등이다.

반의 拒绝 (476)

0433 ★★★★

接着

jiēzhe

동 (뒤)따르다, 따라가다, 받다 부 이어서, 연이어, 잇따라

嘿，接着！

여기! 받아!

她先唱了一首歌，接着又跳了一个舞。

그녀는 먼저 노래를 한 곡 부르고 이어서 춤도 췄다.

0434 ★★★

街道

jiēdào

명 거리, 길거리, 대로

这个城市的每条街道都很干净。

이 도시는 거리마다 아주 깨끗하다.

街道两旁种了很多树。

거리의 양 쪽에 많은 나무들이 심어져 있다.

0435 ★★★★

节

jié

양 여러 개로 나누어진 것을 세는 양사 명 기념일, 명절, 축제

第三节课是汉语口语课。

3교시는 중국어 말하기 수업이다.

过了节以后我们再来讨论这件事。

명절을 지낸 후에 우리 이 일에 대해 다시 토론해보자.

下周的艺术节你会参加吗？

다음주 예술제 때 너도 참가할거야?

★ 新HSK 기출문제

请选出正确答案：

马校长介绍说，学校举办这次文化节活动，一方面是想让各国学生更好地了解中国，另一方面是想为学生们提供互相交流和学习的机会。

学校举办这次活动，是想帮助学生们：　(H41327-76)

A 认识汉字　B 熟悉校园　C 提高信心　D 相互增加了解

해설 "学校举办这次文化节活动, 一方面是想让...了解中国, 另一方面是想...提供互相交流和学习的机会"라는 글을 보아 D이다. A,B,C는 모두 언급되지 않았다.

분석 节日 vs. 节, 节日 (437) 참고

보충 X节：美食节（먹거리축제），艺术节（예술절），啤酒节（맥주축제），葡萄节（포도축제）등

중국전통명절：春节（설），中秋节（추석），端午节（단오절），清明节（청명절），重阳节（중양절）

법정휴일：国庆节（국경절），劳动节（노동절）教师节（스승의 날）

기타 휴일：父亲节（아버지의 날），母亲节（어머니의 날），艺术节（예술절），情人节（발렌타인데이）

0436 ★★★

节目

jiémù

명 프로그램, 공연, 항목, 목록

请你给我们表演一个节目。

퍼포먼스를 하나 보여주세요.

★ 新HSK 기출문제

请选出正确答案：

这个节目我一直在看，它介绍了很多生活中的小知识，包括怎样选择牙膏，擦脸应该用什么毛巾，怎样远离皮肤病等等。很多以前我没有注意到的问题，现在通过它了解了不少。

说话人在介绍什么？ (H41001-40)

A 一本书　B 一个报道　C 一个广告　D 一个电视节目

해설 "这个节目...它介绍了..."에서 "它"는 앞문장의 "这个节目"를 가리키는 것이기 때문에 말하는 사람이 한 프로그램을 소개하고 있다는 것을 알 수 있다. 따라서 정답은 D이다.

0437 ★★★

节日

jiérì

명 기념일, 경축일

春节是中国的传统节日。

설날은 중국의 전통 명절이다.

★ 新HSK 기출문제

判断对错：

节日是文化的一部分，所以，如果想了解一个国家的文化，我们可以从了解这个国家的节日开始。

节日是文化的一部分。（　　） (H41002-4)

해설 첫 문장의 "节日是文化的一部分"을 통해 얻을 수 있는 답은 '옳다'이다.

분석 节日 vs. 节

"节日"는 명사이다. 단독으로 주어나 목적어 역할을 할 수 있다. "节"는 일반적으로 다른 형태소 혹은 단어와 같이 단어 또는 구를 이루어야 문장 중에 쓰일

A B C D E F G H I J K L M N O P Q R S T U V W X Y Z

수 있다. 예를 들면, "...节", "过节"등과 같다. "...节"는 보통 명절이나 휴일을 가리킨다.

0438 ★★★★

节约

jiéyuē

동 절약하다, 줄이다, 아끼다

坐飞机比坐火车节约时间。

비행기를 타는 것은 기차를 타는 것보다 시간이 절약된다.

他一直都很节约。

그는 언제나 아주 검소하다.

반의 浪费（531）

보충 节约는 때로는 节라고 줄여 쓸 수도 있다. 예를 들면 节水，节点，节食와 같다.

0439 ★★★★

结果

jiéguǒ

명 결과

你知道考试结果了吗？

시험 결과를 알고 있니?

★ 新HSK 기출문제

判断对错：

小张，你这份计划书写得不错，就按照这个计划去做市场调查吧。下个月我要看调查结果。

小张的调查结果写得很好。（　　）　　（H41001-9）

해설 "下个月要看调查结果"라는 것을 보아 지금은 아직 조사 결과가 나오지 않았다는 것을 알 수 있다. 당연히 어떻게 쓰여있는지는 더욱 알 수 없으므로 정답은 X.

0440 ★★★

结婚

jiéhūn

동 결혼하다

上个月张东跟王芳结婚了。

지난 달에 장동과 왕방은 결혼했다.

她结过两次婚。

그녀는 두 번 결혼했다.

★ 新HSK 기출문제

请选出正确答案：

男：你的头发怎么变短了？我都没认出来是你。

女：我以前一直都是长头发，这次想试试短发好不好看。

问：关于女的，可以知道什么？　　（样卷-26）

A 结婚了　　B 爱吃西瓜　　C 现在是短发

해설 "你的头发怎么变短了"와 "这次想试试短发好不好看"이라는 대화를 보아 여자가 지금 단발머리라는 것을 알 수 있다. 따라서 정답은 C이다.

반의 离婚 (이혼하다)

0441 ★★★

结束
jiéshù

동 끝나다, 마치다, 마무르다

暑假马上就要结束了，我的作业还没写呢。
여름방학이 곧 끝나가는데 숙제를 아직도 못 했네.

반의 开始 (483)， 进行 (451)

0442 ★★

姐姐
jiějie

명 누나, 언니

我有一个聪明漂亮的姐姐。
나는 똑똑하고 예쁜 언니가 한 명 있다.

보충 기타 가족구성원을 나타내는 단어 爸爸 (14) 참고

0443 ★★★

解决
jiějué

동 해결하다, 풀다

那位经理的工作经验很丰富，很快就把那件麻烦事解决了。
그 지배인은 업무 경험이 아주 풍부해서 그 골치 아픈 일을 바로 해결했다.

★ 新HSK 기출문제

请选出正确答案：
他这个人最大的优点是遇事冷静，无论遇到多大的问题都不会着急，而是会努力地去找解决的办法。他常挂在嘴边的一句话是：没有解决不了的问题，只有不会解决问题的人。
下列哪个是他的看法？ (样卷 -45)

A 不要骄傲　B 要学会拒绝　C 别羡慕别人　D 问题都能解决

해설 "没有解决不了问题"를 통해 문제는 모두 해결 할 수 있다는 그의 견해를 알 수 있다. 따라서 정답은 D이다.

0444 ★★★★

解释
jiěshì

동 해석하다, 분석하다, 설명하다

这个问题我不太明白，能麻烦你解释一下吗？
이 문제가 잘 이해되지 않는데, 실례지만 설명 좀 해주시겠어요?

0445 ★★

介绍
jièshào

동 소개하다, 안내하다

今天的电视节目介绍了老虎的生活习惯。
오늘 TV 프로그램에서 호랑이의 생활습관을 소개하였다.

★ 新HSK 기출문제

请选出正确答案：

您好，我们翻译，每 1000 字 150 元人民币。这些信息在公司网站上都有详细的介绍，您有什么特别要求或任何不清楚的地方欢迎和我们联系。

说话人正在做什么？(H41001-76)

A 总结　　B 招聘　　C 介绍　　D 道歉

해설 "我们翻译,每1000字..."와 "这些信息在...有详细的介绍"를 보아 말하는 사람이 지금 소개하고 있다는 것을 알 수 있다. 따라서 정답은 C이다. 이 문제에서 새로 나온 어휘는 "总结(1180), 招聘(1114)"이다.

보충 상용어구 给 + 사람 + 介绍 + 사람 / 물건 / 장소 / 상황 / 一下

0446 ★★★

借
jiè

동 빌리다, 빌려주다

中国人常说，好借好还，再借不难。
중국인들이 자주 하는 "잘 빌리고 잘 돌려주면 다시 빌리는 것도 어렵지 않다."말이 있다.

보충 "借" 가 "빌려주다 (借出)" 의 뜻으로 쓰일 때, "借" 뒤에는 주로 개사 "给" 가 붙는다. 자주 쓰이는 구조는 "借 (给) + 사람 + 물건" 혹은 "把 + 물건 + 借 (给) + 사람" 이다. "빌리다 (借进 450)" 의 뜻으로 쓰일 때에는, "向 / 跟 + 사람 + 借 + 물건" 구조로 쓰인다. "借" 뒤에는 또한 물건 또는 사람만 쓰여서 목적어 역할을 할 수도 있다.

반의 还 (324)

0447 ★

今天
jīntiān

명 오늘

今天天气晴。
오늘 날씨가 맑다.

보충 昨天 (1190)，明天 (613)，后天 (모레)，前天 (그저께)

0448 ★★★★

尽管
jǐnguǎn

접 비록 …라 하더라도, …에도 불구하고 부 얼마든지, 마음대로

尽管已经想了很多办法，但问题还是没解决。
아주 많은 방법을 생각해봤음에도 불구하고 문제는 여전히 해결되지 않았다.

你有什么困难尽管说，我们一定帮你解决。
어떤 어려움이 있거든 얼마든지 얘기해. 우리가 꼭 해결하는 걸 도와줄게.

분석 尽管 vs. 不管 (69)

① "尽管"은 사실을 뜻하며 그 뒤에 임의적인 뜻의 단어가 올 수 없다. "尽管"의 뒷문장에는 주로 "但是, 可是, 然而, 还是, 仍然(729), 却(713)"등이 온다. "不管"은 일종의 가설을 의미하며 그 뒤에 임의적인 뜻을 가지거나 선택하는 단어가 쓰인다. 자주 쓰이는 구조는 "不管A不A/A还是B/多么+형용사/의문대명사…,都…" 가 있다. 예를 들면, "尽管下这么大的雨, 我还是要去", "不管下多么大的雨,我都要去"와 같다.

② "尽管"은 조건이 없이, 안심하고 어떤 일을 해도 된다는 의미를 가지고 있기도 하다. 예를 들면, "你们尽管来住吧"이다.

0449 ★★★★

紧张

jǐnzhāng

형 긴장하다, 불안하다, 바쁘다, 급박하다

这次出差，时间安排得很紧张。
이번 출장은 시간이 빠듯하다.

别紧张，打针一点儿也不疼。
긴장하지 마, 주사 하나도 아프지 않아.

보충 "紧张"은 물건, 재료, 돈, 시간 등이 부족하다는 뜻으로 쓸 수도 있다.

반의 轻松 (698)

0450 ★★

进

jìn

동 (밖에서 안으로)들다, 나아가다, 전진하다

老师一走进教室，学生们就安静了下来。
선생님이 교실에 들어오자마자, 학생들이 바로 조용해졌다.

你好，欢迎你来我们家，快请进吧。
안녕, 우리 집에 온 걸 환영해. 어서 들어와.

0451 ★★★★

进行

jìnxíng

동 앞으로 나아가다, 전진하다, 진행하다

休息十分钟以后，比赛继续进行。
10분 휴식 후 경기를 계속해서 진행하겠습니다.

关于这个问题，大家进行了讨论。
이 문제에 대해 모두가 토론을 했다.

★ 新HSK 기출문제

完成句子：

进行了　　同学们　　调查　　在超市　　(H41004-95)

해설 "调查"는 동사이다. "进行"뒤에는 주로 동사목적어가 붙어서 "进行了调查"라고 쓸 수 있다. "在超市"는 동작이 일어난 장소이므로 당연히 동사 "进行"앞에 놓여야 한다. "同学们"은 주어이다. 따라서 정답은 "同学们在超市进行了调查"이다.

분석 进行 vs. 举办 (473) vs. 举行 (474)

"进行"은 일과 활동이 발전하는 과정을 강조한다. 주로 정식적이고 엄숙한 활동이며, 뒤에 동사목적어가 붙어 "进行+동사"구조를 이룬다. "举办"은 활동의 주최자, 관리자를 강조하며 "举行"은 동작을 강조한다. 뒤에 명사목적어가 주로 붙어서 "举行+명사"구조를 이룬다. 예를 들면, "举行会议/ 活动/ 比赛"와 같다.

0452 ★★

近
jìn

형 가깝다, 짧다, 밀접하다

公司离我家很近，每天可以走路上班。

회사가 집에서 가까워서 매일 걸어서 출근할 수 있다.

★ 新HSK 기출문제

请选出正确答案：

现在火车的速度非常快，有时乘坐火车甚至比乘坐飞机更节约时间，因为一般来说，去火车站比去机场的距离要近得多。

与飞机比，火车的优点有：(H41003-77)

A 更干净　B 座位更软　C 速度更快　D 火车站比机场近

해설 "去火车站比去机场的距离要近得多"를 통해 얻을 수 있는 답은 D이다. 비록 본문에서 "现在火车的速度非常快"라고 했지만, "比飞机快"라는 말은 없다. 상식적으로도 기차가 비행기만큼 빠르지 않다는 것을 알 수 있으므로 C는 틀렸다. 본문에서 A와 B는 언급되지 않았다. 이 문제에서 새로 나온 어휘는 "速度(823)"이다.

보충 상용어구 장소 A 离장소 B + 有点儿 / 很 / 非常 / 不（太）+ 近

반의 远 (1087)

0453 ★★★★

禁止
jìnzhǐ

동 금지하다, 불허하다

办公楼内禁止抽烟。

사무실 내 흡연 금지.

这条河里禁止游泳。

이 강에서는 수영을 금지한다.

★ 新HSK 기출문제

选词填空：

飞机上（ ）使用手机，飞行过程中手机也要关上。

（H41001-48）

A 禁止 B 海洋 C 推迟 D 坚持 E 顺便 F 估计

해설 "禁止"뒤에는 주로 동사가 붙어 "무엇 하는 것을 금지하다"라는 뜻이다. 정답은 A.

选词填空：

这儿写着"（ ）停车"，他们只好把车停在那边了。

（H41002-47）

A 冷静 B 地址 C 引起 D 坚持 E 禁止 F 消息

해설 "禁止"뒤에는 주로 동사가 붙어 "무엇 하는 것을 금지하다"라는 뜻이다. 정답은 E.

반의 允许 (1095)

0454 ★★★★

京剧

jīngjù

명 경극

我打算请一位老师教我唱京剧。

나는 선생님을 한 분 모셔서 경극을 배울 생각이다.

★ 新HSK 기출문제

完成句子：

爷爷 非常 感兴趣 对 京剧 （H41003-86）

해설 "사람+ …感兴趣"와 "非常"은 당연히 "感兴趣"앞에 놓이는 것을 근거로 얻을 수 있는 답은 "爷爷对京剧非常感兴趣"이다.

看图，用词造句。

京剧 （H41004-97）

해설 "京剧"는 명사이며, 주어 또는 목적어 역할을 할 수 있다. "주어+동사+목적어"혹은 "주어+부사+형용사"구조에 따라 얻을 수 있는 참고 답안은 ① "我很喜欢京剧", "京剧很有意思" 또한, "주어+受...欢迎"에 따라 얻을 수 있는 참고 답안은 ② "京剧受(人们)欢迎" 여기에 부사 "很", "一直"를 더해서 문장 내용을 더 다양하게 만들 수 있다. 또한 "他是很有名的京剧演员", "他唱京剧唱得非常好"라고 할 수도 있다.

0455 ★★★

经常
jīngcháng

부 언제나, 늘, 항상, 자주

上海的夏天经常下雨。
상해의 여름은 자주 비가 온다.

★ 新HSK 기출문제

判断对错：

我经常在电梯里遇到她，可能她也在这座大楼里上班。但是我们从来没有说过话，只是看着很熟悉。

他们俩经常聊天。(　　)　　(H41001-2)

해설 "但是我们从来没有说过话"을 통해 "他们俩经常聊天"이 틀렸다는 것을 알 수 있다. 따라서 정답은 X이다.

분석 经常 vs. 有时候 vs. 偶尔 (646) vs. 总是 (1181)

빈도를 봤을 때 偶尔(638)< 有时候< 经常 < 总是(1181) 순서이다.

0456 ★★★

经过
jīngguò

동 통과하다, 지나다, 거치다 명 과정, 경위

我想看看长江都经过了哪些省。
나는 장강이 모두 어느 성(省)을 거치는지 보고 싶다.

经过努力，他的成绩越来越好了。
노력을 통해 그의 성적은 갈수록 좋아졌다.

请你讲讲事情的经过。
일의 경위에 대해서 이야기 좀 해주세요.

★ 新HSK 기출문제

排列顺序：

A 它就长满了这面墙，叶子很厚，绿绿的

B 这种植物在这个季节长得很快

C 经过短短一个星期　　(H41001-56)

해설 B에서 우선 주어 "这种植物…长得很快"를 제시했고, C는 시간대를 제시했다. A의 "它"는 "这种植物"를 대신 지칭하는 것인데 이 시간대 내에 이 종류의 식물이 얼마나 빨리 자라는지를 설명하고 있기 때문에 A는 C뒤에 온다. 정답은 BCA이다.

0457 ★★★★

经济
jīngjì

명 경제

我喜欢看经济方面的新闻，它对我的工作很有帮助。
나는 경제방면의 뉴스를 보는 것을 좋아한다. 그것은 내 업무에 아주 도움이 된다.

中国的经济发展得很快。
중국의 경제 발전이 아주 빠르다.

보충 기타 전공을 나타내는 단어 法律 (223) 참고

0458 ★★★
经理
jīnglǐ

명 지배인, 사장, 매니저

经理对我的工作很满意。
지배인은 내 업무에 대에 아주 만족한다.
王经理上个月刚刚结婚，这个月就离婚了。
왕매니저는 지난 달에 막 결혼했는데, 이번 달에 바로 이혼을 했다.

0459 ★★★★
经历
jīnglì

동 체험하다, 경험하다 명 경험, 경력

人生会经历很多酸甜苦辣。
인생에서 수많은 세상 풍파를 경험하게 될 것이다.
我对他的经历很感兴趣。
나는 그의 경력에 아주 관심이 있다.

0460 ★★★★
经验
jīngyàn

명 경험, 체험

他当了十几年老师，有丰富的教学经验。
그는 10년 넘게 선생님을 해서 풍부한 수업 경험이 있다.
他给我们介绍了自己的成功经验。
그는 우리에게 본인의 성공 경험을 소개해주었다.

★ 新HSK 기출문제

判断对错：
回忆过去，有苦也有甜，有伤心、难过也有幸福、愉快，有很多故事让人难以忘记，有很多经验值得我们总结。
应该总结过去的经验。 (　　) (H41002-9)

해설 첫 문장과 마지막 문장의 "回忆过去...", "有很多经验值得我们总结"을 통해 "应该总结经验"이라는 것을 알 수 있다. 따라서 정답은 '옳다'이다. 이 문제에서 새로 나온 어휘는 "值得(1138)", "总结(1180)"이다.

0461 ★★★★
精彩
jīngcǎi

형 뛰어나다, 훌륭하다, 근사하다

校长的讲话太精彩了，大家一直不停地鼓掌。
교장선생님의 연설이 아주 훌륭해서 모두들 멈추지 않고 계속 박수를 쳤다.

0462 ★★★★

景色

jǐngsè

명 풍경, 경치

那个地方一年四季的景色都很美。

그 지역의 일 년 사계절의 경치는 모두 매우 아름답다.

★ 新HSK 기출문제

请选出正确答案：

上次爬长城已经是 5 年前的事了，当时我还在北京读硕士。记得那时候正好是春天，山上的草都刚刚变绿，景色非常美。

上次爬长城时，他： (H41330-70)

해설 "当时我还在北京读硕士"를 통해 정답은 C라는 것을 알 수 있다. A,B,D는 언급되지 않았다.

0463 ★★★★

警察

jǐngchá

명 경찰(관)

他是一名交通警察。

그는 교통경찰이다.

0464 ★★★★

竞争

jìngzhēng

동 경쟁하다

现在找工作的压力很大，常常是十个大学毕业生竞争一个工作。

요즘 일자리를 찾는 부담이 너무 커서 종종 10명의 대학졸업생이 하나의 일자리를 경쟁한다.

有竞争才有进步。

경쟁을 해야 발전이 있다.

0465 ★★★★

竟然

jìngrán

부 뜻밖에도, 의외로

你竟然不知道我们的老师姓什么？

너 우리 선생님 성이 뭔지도 몰랐단 말이야?

보충 X 然：当然 (153)

0466 ★★★★

镜子

jìngzi

명 거울

朋友应该像一面镜子，能帮你看清自己的优点和缺点。

친구는 거울과 같아서 자기의 장점과 단점을 분명히 파악할 수 있게 도와준다.

谁把我的镜子借走了？

누가 내 거울을 빌려갔지?

0467 ★★★★
究竟
jiūjìng

부 도대체, 어쨌든

这道题的答案究竟是什么？
이 문제의 답이 도대체 뭐지?

분석 究竟 vs. 到底 (159), 到底 (159) 참고

0468 ★
九
jiǔ

수 9, 아홉

中国人很喜欢数字"九"，因为它代表"长久"。
중국인은 숫자 9를 아주 좋아한다. 왜냐하면 그것은 "长久"를 대표하기 때문이다.

0469 ★★★
久
jiǔ

형 오래다, 시간이 길다

好久不见，最近怎么样？
오랜만이네요, 요즘 어떠세요?

我已经等了你半个多小时了，你究竟还有多久能到？
벌써 30분도 넘게 널 기다렸는데 대체 얼마나 더 있어야 오는 거야?

0470 ★★★
旧
jiù

형 오래되다, 헐다, 낡다

我的书旧了，你的还很新。
내 책은 낡았는데, 네 책은 아직 새 거다.

我还是穿那件旧衣服吧，我怕把新的弄脏了。
그냥 헌 옷을 입어야겠다. 새 옷 더럽힐까 걱정된다.

분석 旧 vs. 老 (533)

旧+물건： 衣服, 旧报纸, 旧杂志, 旧电脑

老+사람/물건：老同学, 老朋友, 老照片, 老房子

"旧"는 물건이 보기에 새 것이 아님을 강조한다. "老"는 시간이 오래되고 길었음을 강조한다. 두가지 모두 반의어는 "新(965)"이다.

0471 ★★
就
jiù

부 곧, 즉시, 바로, 이미, 벌써, 단지, 오로지 …하자마자 곧

我早上八点就出门了，可路上堵车，十点才到公司。
나는 오전 8시에 이미 출발했는데 차가 막혀서 10시에야 회사에 도착했다.

你就知道打游戏，马上就要开学了，作业写了吗？
넌 오로지 게임만 할 줄 알고, 곧 개학인데 숙제는 했어?

这个号码的鞋就这一双了？
이 사이즈 신발은 이것뿐 인가요?

보충 ① "시간사 + 就 / 才 / 동사" 구조에서 就와 才의 나타내는 뜻은 정 반대이다. 就는 시간이 이름을 나타내고, 才는 시간이 늦음을 나타낸다. 예를 들면, "我们八点上课，他七点半就来了", "我们八点上课，他九点才来" 와 같다.

② 就가 "…하자마자" 의 뜻을 나타낼 때, 두 가지 구조로 쓸 수 있다.

A. "一…，就…" 예) "他一到家就玩儿电脑"

B. "동사 1+ 了 + 就 + 동사 2" 예) "下了课就给妈妈打电话"

0472 ★★★★

举

jǔ

동 들다, 들어올리다, 일으키다, 일어나다

如果有问题，请先举手。

만일 질문이 있으면 먼저 손을 들어주세요.

★ 新HSK 기출문제

请选出正确答案：

地球上的气候真有趣：有的地方一年四季都可以见到雪，而有的地方却从来不下雪；同样是3月，有的地方树还没长出新叶子，有的地方却已到处开满鲜花。

这段话通过举例来说明地球的气候： (H41328-73)

A 没有区别　B 很有意思　C 污染严重　D 变化不大

해설 첫 문장 "地球上的气候真有趣"가 주제문장이다. 뒤따르는 예문을 통해 지구상의 기후가 어떻게 재미있는지 설명한다. "有趣"는 "有意思"의 뜻이다. 따라서 정답은 B이다. A,C,D는 언급되지 않았다.

排列顺序：

A 让我们一起举杯祝贺这对新人

B 一切顺利，永远幸福

C 希望他们在今后的生活中 (H41330-58)

해설 A는 우리가 "举杯祝贺这对新人"하는 것을 설명하고 있다. C에서의 "他们"은 "这对新人"을 대신 가리킨다. 따라서 A는 C 앞에 놓인다. B에서는 그들의 앞으로의 생활이 어떻게 되기를 바라는지 밝히고 있다. 따라서 정답은 ACB이다.

0473 ★★★★

举办

jǔbàn

동 개최하다, 열다

我们打算明天举办一个迎新晚会。

우리는 내일 신입생환영회를 열 계획이다.

0474 ★★★★

举行

jǔxíng

동 거행하다

上个月他们在美国举行了婚礼。
지난 달 그들은 미국에서 혼례를 올렸다.

比赛什么时候举行？
시합은 언제 열리나요?

0475 ★★★

句子

jùzi

명 문장

请你把这个句子读两遍。
이 문장을 두 번 읽어보세요.

★ 新HSK 기출문제

完成句子：

这个　没有　语法错误　句子　(H41003-92)

해설 "个"는 양사이다. "양사+명사"구조로 "这个句子"를 완성하고, "没有"는 동사이므로 "주어+동사+목적어"구조에 따라 얻을 수 있는 답안은 "这个句子没有语法错误"이다.

0476 ★★★★

拒绝

jùjué

동 거절하다, 거부하다

他拒绝了我的帮助。
그가 내 도움을 거절했다.

★ 新HSK 기출문제

请选出正确答案：

有的时候，我们要学会拒绝别人。拒绝别人，要找到合适、礼貌的方法，否则，如果表达不合适，就会引起误会。

这段话主要说怎样：　(样卷-73)

A 拒绝别人　B 获得尊重　C 减少误会　D 获得原谅

해설 일반적으로 첫 문장이 주제문이다. 혹은 "我们要学会拒绝别人", "拒绝别人,要..."을 근거로 얻을 수 있는 답은 A이다.

0477 ★★★★

距离

jùlí

명 거리

这两个城市之间的距离很远。
이 두 도시간의 거리는 아주 멀다.

★ 新HSK 기출문제

选词填空：

这儿离大使馆还有一段（　），你还是坐出租车去吧。

A 伤心　B 按时　C 距离　D 坚持　E 耐心　F 个子

(H41004-47)

해설 양사구 "一般"뒤에는 주로 시간 또는 거리 등의 명사가 온다. 정답은 C이다. "段"의 용법은 "段(202)"참고

0478 ★★★★

聚会

jùhuì

명 파티, 모임, 집회

他没有参加大学毕业十年的聚会。

그는 대학 졸업 10주년 파티에 참석하지 않았다.

这次聚会的地点是小王选的，时间也是他定的。

이번 모임의 장소는 소왕이 선택했고 시간도 역시 그가 정했다.

0479 ★★★

决定

juédìng

동 결정하다

她决定住在上海。

그녀는 상해에서 살기로 결정했다.

他做了一个让人吃惊的决定。

그는 사람들이 놀랄만한 결정을 했다.

★ 新HSK 기출문제

完成句子：

代表们　　结束　　会议　　决定　　(H41001-94)

해설 동사 "结束"뒤에는 명사 목적어가 붙고, "决定"뒤에는 동사목적어가 붙어 어떤 일을 할 것을 결정한다. "동사+명사"구조에 따라 "结束会议"를 완성하고, 모두 동사 역할을 하는 "决定"의 목적어가 된다. "주어+동사+목적어"구조에 근거하여 얻을 수 있는 정답은 "代表们决定结束会议"이다.

0480 ★★

觉得

juéde

동 …라고 느끼다, 생각하다

我觉得自己离不开这座城市了。

나는 스스로 이 도시를 떠나지 못할 것 같다.

自测

자기평가

1. 选词填空。

A 聚会　　B 郊区　　C 节　　D 景色　　E 骄傲

1. 你知道上海哪里有适合举办同学（　　）的地方吗？
2. 那儿的（　　）真是太美了，所以我们停下来拍了好多照片。
3. 听说（　　）的空气比这里好多了。
4. 我打算报名参加下个月的艺术（　　）。
5. 儿子考上了中国最有名的大学，这让爸爸妈妈感到很（　　）。

A 教育　　B 接受　　C 交流　　D 结束　　E 节约

6. 现在的年轻人常通过 MSN、QQ、微信等聊天工具跟朋友进行（　　）。
7. 对孩子来说家庭教育比学校（　　）重要得多。
8. 很多人都不太愿意（　　）别人的批评。
9. 今年我们的寒假在 2 月 6 号就（　　）了。
10. 为了（　　）两块钱，他每天都走路来上学。

A 经济　　B 竟然　　C 尽管　　D 解决　　E 究竟

11.（　　）他个子很矮，但是他跳得很高。
12. 他正在想怎么（　　）这个问题。
13. 我们听他说了半天也没听懂他（　　）想说什么。
14. 最近几十年世界（　　）发展得都很快。
15. 他那么聪明，（　　）提出这么傻的问题，真让人想不到。

A 拒绝　　B 竞争　　C 经验　　D 距离　　E 经历

16. A：你知道北京到上海的（　　）是多少吗？
　B：当然知道，是 1462 公里。
17. A：这是你第二次来中国了吧？
　B：是啊，那段在中国留学的（　　）一直让我很难忘啊。
18. A：怎么你的汉语进步那么大啊？
　B:因为我们的老师教学（　　）很丰富,即使很难的问题,她一讲我们很快就明白了。
19. A：听说现在中国的大学毕业生找工作很不容易呢，是吗？
　B：是啊，常常是几十个甚至是几百个学生（　　）一份工作呢。
20. A：上个星期你送她的礼物她接受了吗？
　B：唉，别提了，她（　　）了。

2. 完成句子。

21. 决定　他　照　镜子　一下　________________
22. 解释　警察　拒绝　这个问题　那个　________________
23. 叫　我的　自行车　朋友　借走了　________________
24. 是　这次活动　由　举办的　那家博物馆　________________
25. 摆着　很多　街道　两旁　鲜花　________________

3. 看图，用词造句。

26. 结婚

____

27. 进行

____

28. 精彩

____

29. 紧张

____

30. 禁止

____

학습 중점

| 어휘 |

1급 8개, 2급 10개, 3급 11개, 4급 31개

| 용법 및 구조 |

1 开始/考虑+做什么事 구조

2 可+动词, 值得 구조

3 중국어 정태 부사 肯定、恐怕

4 来得及、来不及의 용법

5 了의 용법

0481 ★★

咖啡
kāfēi

명 커피

她喜欢喝茶，不喜欢喝咖啡。
그녀는 차 마시는 것을 좋아하고, 커피는 좋아하지 않는다.

0482 ★

开
kāi

동 열다, 틀다, 켜다, (자동차 등을)운전하다, (약을)처방하다

现在开始上课，请同学们打开书。
지금 수업을 시작하겠습니다. 학생 여러분 책을 펴주세요.

医生给我开了很多药。
의사가 내게 아주 많은 약을 처방해주었다.

春天来了，花儿都开了。
봄이 와서 꽃이 다 피었다.

★ 新HSK 기출문제

请选出正确答案：
男：我已经出发了，有点儿堵车，到学校大概要四十分钟。
女：好的，你路上小心，慢慢开，别着急。
问：男的怎么去学校？ (H41001-17)
A 步行 B 开车 C 坐地铁 D 打出租车

해설 여자가 한 말 "慢慢开(车)"를 보아 남자는 운전을 해서 학교에 가는 것을 알 수 있다. 따라서 정답은 B이다.

보충 开의 기타 용법 : ① "동사 + 开" 예) 打开 (열다), 推 (878) 开, 张 (1111) 开
② "开 + 명사" 예) 开学 (개학하다), 开公司 (회사를 열다), 开会 (회의를 열다), 开电脑 (컴퓨터를 켜다), 开空调 (에어컨을 켜다), 开飞机 (비행기를 조종하다), 开药方 (처방전을 쓰다)

0483 ★★

开始
kāishǐ

동 시작하다, 개시하다 명 처음, 시작

你是什么时候开始学习汉语的？
넌 언제부터 중국어 공부를 시작했니?

好的开始是成功的一半。
좋은 시작은 절반의 성공이다.

0484 ★★★★

开玩笑
kāi wánxiào

동 농담하다, 웃기다

别生气，我只是跟你开个小玩笑。
화 내지마, 단지 너한테 농담한 거야.

他喜欢跟朋友们开玩笑。
그는 친구들과 농담하는 것을 좋아한다.

0485 ★★★★
开心
kāixīn

형 기쁘다, 즐겁다, 유쾌하다

假期过得开心吗?
방학은 즐겁게 보냈니?
这个消息让我很开心。
이 소식은 날 정말 기쁘게 한다.

★ 新HSK 기출문제

请选出正确答案:
这家网球馆的服务不错，给我的印象很好。比如说，他们会免费提供饼干和矿泉水，打球打累的时候，我们就可以吃点儿东西休息一下。他们还经常举办一些聚会，邀请的都是在这里打球的人。我参加过几次，每次都玩儿得很开心。
在聚会上，他：　(H41329-83)
A 很安静　B 特别激动　C 打扮得很帅　D 玩儿得很愉快

해설 "他们经常举办一些聚会...,我参加过几次, 每次都玩儿得很开心"이라는 글을 보아, 알 수 있는 정답은 D이다. 왜냐하면 "开心"과 "愉快"의 뜻이 서로 비슷하기 때문에 여기서 같은 뜻으로 표현할 수 있다. A,B,C는 모두 언급되지 않았다.

0486 ★
看
kàn

동 보다, (눈으로)읽다, 방문하다

那个人一直看着我。
저 사람이 계속 나를 쳐다본다.
你喜欢看小说还是看电影?
넌 소설책 보는 걸 좋아하니 아니면 영화 보는 걸 좋아하니?
朋友病了，我得去看看他。
친구가 아파서 보러 가야 한다.

보충 看은 구어에서 "看起来(보기에)", "看上去(보아하니)"의 용법이 있다. 모두 "…같다"는 뜻이다.

0487 ★★★★
看法
kànfǎ

명 견해, 의견

她试着把自己的看法写下来。
그녀는 자신의 의견을 적어 내려가 보았다.

A B C D E F G H I J K L M N O P Q R S T U V W X Y Z

对这件事的看法每个人都不一样。
이 일에 대한 견해는 모든 사람이 다 다르다.

★ 新HSK 기출문제

排列顺序：

A 这个任务没有那么困难

B 而关键是要清楚我们的主要目的，找到重点

C 我的看法是 (H41001-61)

해설 C의 "我的看法是"뒤에는 반드시 구체적인 설명이 와야 한다. "这个任务"는 "看法"의 전반부이고 '구'는 "看法"이 후반부라고 할 수 있다. "...,而..." 구조에 따라 B가 A 뒤에 놓여 "关键"이 무엇인지를 밝혀내는 것을 알 수 있다. 따라서 정답은 CAB이다.

분석 看法 vs. 意见 (1041)

"看法"는 사람과 일에 대한 각종 인식이다. "看法"는 진지한 생각을 통한 것이 아닐 수도 있으며 포괄적이지 않다. "意见"은 두 가지 뜻이 있다. ① 일에 대한 견해 또는 생각. ② 사람 또는 일이 틀렸다고 여겨, 불만족스러워하는 생각.

0488 ★

看见

kànjiàn

동 보다, 보이다, 눈에 띄다

我看了，但是没看见。
봤는데 아무것도 안 보여.

有人看见他从教室里走出来了。
어떤 사람이 그가 교실에서 나오는 것을 봤다.

분석 看见 vs. 看 (486)

"看见"은 결과를 강조하고 "看"은 동작을 강조한다.

0489 ★★★★

考虑

kǎolǜ

동 고려하다, 생각하다

请仔细考虑一下这个问题。
이 문제를 꼼꼼하게 생각해봐요.

这种盒子无论从质量方面还是价格方面，都值得考虑。
이런 상자는 품질 면에서나 가격 면에서나 모두 고려할만한 가치가 있다.

0490 ★★

考试

kǎoshì

동 시험을 보다

明天我要去参加HSK考试，有点儿紧张。
나는 내일 HSK시험을 보러가는데 조금 긴장된다.

★ 新HSK 기출문제

判断对错：

这次考试很简单，你不用害怕。一会儿你认真听题，回答的时候慢慢说就可以了。

考试已经结束了。（　　）　　　　（样卷 -17）

해설 "一会儿你认真听题"를 보아 시험이 아직 시작하지 않았다는 것을 알 수 있다. 따라서 정답은 X이다.

0491 ★★★★

烤鸭
kǎoyā

명 오리구이

北京烤鸭非常有名。
북경오리구이는 아주 유명하다.

每到周末，他们都会去那家烤鸭店好好儿吃一顿。
매 주말마다 그들은 그 오리구이 식당에 가서 한끼를 잘 먹는다.

0492 ★★★★

科学
kēxué

명 과학

他对自然科学特别感兴趣。
그는 자연과학에 특별히 관심 있다.

我们必须用科学的方法研究这个问题。
우리는 반드시 과학적인 방법으로 이 문제를 연구해야 한다.

★ 新HSK 기출문제

请选出正确答案：

科学技术的发展确实给生活带来了许多方便，但也给我们增加了不少烦恼。最普遍的是，每个现代人头脑中都要记住很多密码：信用卡需要密码，电脑需要密码，电子信箱需要密码，有时候甚至连开门都需要密码。如果谁不小心忘记了这些密码，那麻烦可就大了。

给人们带来烦恼的是：　　　　（H41001-85）

A 科学技术　　B 电子信箱　　C 工作压力　　D 环境污染

해설 첫 번째 문장이 주제문장이다. 정답은 A.

0493 ★★★★

棵
kē

양 그루, 포기(식물을 세는 단위)

那棵苹果树长得真好，树上的苹果就要成熟了。
저 사과나무는 정말 잘 자랐다. 나무에 사과도 곧 익겠다.

我家门前种着一棵大树。
우리 집 문 앞에는 큰 나무가 한 그루 심어져 있다.

0494 ★★★★
咳嗽
késou

동 기침을 하다

他感冒了，头疼、发烧，还一直咳嗽，真可怜。
그는 감기에 걸려서 머리 아프고 열 나고 계속 기침도 한다. 정말 가엾다.
她咳嗽得很厉害。
그녀는 기침이 아주 심하다.

0495 ★★★
可爱
kě'ài

형 귀엽다, 사랑스럽다

她是一个可爱的小姑娘，我们都非常喜欢她。
그녀는 사랑스러운 아가씨이다. 우리 모두 그녀를 정말 좋아한다.

보충 기타 성격을 나타내는 단어 **活泼** (373) 참고

0496 ★★★★
可怜
kělián

형 가련하다, 불쌍하다

她很小就失去了父母，真可怜。
그녀는 아주 어려서 부모를 잃었다. 정말 가엾다.

보충 ① "可 + 형용사" 예) **可爱**(귀엽다), **可惜**(안타깝다), **可气**(화나다), **可怜**(가련하다) ② "可 + 동사" 예) **可听**(들을만하다), **可看**(볼만하다), **可学**(배울만하다) 여기서 **可**는 **值得**의 뜻이다. ③ "可 + 명사" 예) **可口**(맛있다), **可心**(마음에 들다)

0497 ★★
可能
kěnéng

형 가능하다 명 가능성

如果可能的话，我现在就想走。
가능하다면 나는 지금 바로 가고 싶다.
你觉得今天就完成任务有没有可能？
네 생각에 오늘 임무를 완성하는 것이 가능할 것 같아?

0498 ★★★★
可是
kěshì

접 그러나, 하지만

我很想买一套房子，可是我现在没钱。
집을 정말 사고 싶은데 지금은 돈이 없다.

★ 新HSK 기출문제

选词填空：

我本来已经打算放弃了，（　　）他的话让我改变了主意。

A 举办　B 可是　C 味道　D 坚持　E 食品　F 流行

（H41005-47）

해설 앞 문장의 "本来"는 앞으로의 상황에 변화가 있다는 것을 나타낸다. "可是"는 "但是"의 뜻이 있으며 여기에 놓기에 적합하다. 정답은 B.

분석 可是 vs. 不过 (70) vs. 但是 vs. 只是 (오직)

어투를 볼 때, 但是 > 可是 > 不过 > 只是

0499 ★★★★

可惜

kěxī

형 섭섭하다, 아쉽다, 애석하다, 유감스럽다

这件衣服还很新，扔了太可惜了。

이 옷은 아직 새 건데 버리기 너무 아깝다.

0500 ★★

可以

kěyǐ

동 …할 수 있다, 가능하다 형 좋다, 괜찮다, 나쁘지 않다

你可以帮我一个忙吗？

너 나 좀 도와줄 수 있어?

老师说，上课时不可以睡觉、不可以聊天、不可以吃东西。

선생님께서 수업 중에 잠을 자거나 이야기하거나 음식을 먹으면 안 된다고 하셨다.

这次考试，我的成绩还可以。

이번 시험에서 내 성적은 나쁘지 않다.

분석 可以 vs. 能 (631)

① "可以"는 가능성을 강조한다. "能"은 능력을 강조하며 어떤 일을 잘 한다는 것을 표시한다. 예를 들면, "他很能(可以X)吃", "一顿能/可以吃四大碗" ② "能"은 추측을 나타낸다. 예를 들면, "今晚他能(可以X)来吗?" ③ "可以"는 "허가"의 뜻을 가지고 있지만 "能"은 그렇지 않다. 예를 들면, "你有什么问题，可以直接问我"와 같다. ④ "可以"는 단독으로 술어 역할을 할 수 있다. 예를 들면, "你这样做也可以", "今晚的饭菜还可以"와 같다.

0501 ★★★

渴

kě

형 목이 타다, 목마르다

吃咸的食品会让你口渴。

짠 음식을 먹으면 갈증이 난다.

我又渴又累，想喝点什么，休息一下。

나는 목도 마르고 피곤하기도 하다. 뭐라도 좀 마시고 쉬어야겠다.

0502 ★★★

刻
kè

양 15분 명 (어느 특정한) 때, 순간

现在差一刻九点。
지금은 8시 45분이다.

这一刻，我终于明白了。
이제야 나는 드디어 이해했다.

0503 ★★★

客人
kèrén

명 손님, 게스트

快把房间打扫一下，客人们马上就要到了。
손님들이 곧 도착할 테니 얼른 방 청소 좀 해라.

보충 客厅（거실, 응접실），客房（객실），请客（초대하다, 한턱내다），主人（주인），做客（손님이 되다）

0504 ★★★★

客厅
kètīng

명 거실, 응접실

爸爸每天吃完晚饭都会在客厅看一会儿报纸。
아빠는 매일 저녁식사 후에 거실에서 잠시 신문을 보신다.

★ 新HSK 기출문제

完成句子：
能帮我　把　抬到客厅　吗　沙发　(H41330-94)

해설 "주어+把+목적어+동사+기타"의 구조에 따라 "把沙发抬到客厅"을 완성할 수 있다. 능원동사 "能"은 "把"앞에 놓여야 한다. "吗"는 주로 문장의 가장 끝에 놓인다. 따라서 정답은 "能帮我把沙发抬到客厅吗?"이다.

完成句子：
我　客厅　把　收拾　好了　(H41332-88)

해설 "주어+把+목적어+동사+기타"의 구조에 따라 얻을 수 있는 답은 "我把客厅收拾好了"이다.

0505 ★★

课
kè

명 수업, 강의, 과목

我们每天上午有四节课。
우리는 매일 오전 네 개의 수업이 있다.

今天我们学习第三课。
오늘은 제 3과를 수업한다.

0506 ★★★★

肯定
kěndìng

부 확실히, 틀림없이 형 확실하다, 분명하다

别担心，这件事交给我，我肯定按时完成。
걱정하지 말고 이 일은 내게 맡겨. 내가 확실히 시간 맞춰서 끝낼게.

请给我一个肯定的答案。
제발 분명한 대답을 주세요.

★ 新HSK 기출문제

排列顺序：

A 这本书的作者是一位著名的儿童教育家
B 他在书中提出了很多新的教育看法
C 相信年轻父母肯定能从中学到不少东西 （样卷 -59）

해설 보기 B에서 "他"와 "书"가 가리키는 것은 보기 A의 "作者"와 "这本书"이다. 따라서 A가 앞에오고 B가 뒤에 온다. 또한 보기 A에서 작가는 "著名的儿童教育家"라고 언급했고 보기 B에서는 "很多新的教育看法"를 언급했으므로 "年轻父母肯定能从中学到不少东西"라는 것을 알 수 있다. 따라서 정답은 ABC이다.

분석 肯定 vs. 一定 (1024)

"肯定"은 객관적인 상황에 대한 추측을 강조한다. 가능성의 면에서 볼 때 : 肯定(506) > 大概(143) > 可能 > 也许(1017)순서이다. "一定"은 주관적 태도의 자신감 또는 일의 발전의 필연성을 강조하며 주로 명령, 요구, 희망, 결심 등의 어감을 나타낸다.

0507 ★★★★

空
kōng

형 텅 비다

请问，还有空房间吗？
실례지만, 빈 방이 있나요?

你有空箱子吗？
빈 박스 가지고 있니?

★ 新HSK 기출문제

完成句子：

把 扔进 空瓶子 请 垃圾桶 （H41329-90）

해설 "주어+把+목적어+동사+기타"구조에 따라 "把空瓶子扔进垃圾桶"을 완성시킬 수 있다. "进垃圾桶"은 "扔"의 결과이며 "请"은 주로 문장의 제일 앞에 놓이므로 정답은 "请把空瓶子扔进垃圾桶"이다.

0508 ★★★★

空气
kōngqì

명 공기

下雨后空气很新鲜。
비가 온 다음 공기가 아주 신선하다.

★新HSK 기출문제

请选出正确答案：

森林对环境有很好的保护作用。因为森林里的植物可以留住更多的水，使空气变得湿润，还可以影响地球的温度。

森林对保护环境有什么作用？ (H41003-72)

A 减少降雨 B 降低气温 C 使空气湿润 D 使降雪受到限制

해설 "森林里的植物可以...使空气变得湿润"을 근거로 얻을 수 있는 정답은 C이다. 문장 중에서 "可以影响地球的温度"라고 하였지만, "降低温度"할 수 있다고 말하지는 않았다. 따라서 B는 틀렸다. A와 D는 언급되지 않았다.

0509 ★★★

空调

kōngtiáo

명 에어컨

请帮我把空调搬到教室后面去。

에어컨을 교실 뒤쪽으로 옮겨주세요.

这房子条件不错，不但有冰箱、洗衣机，而且还有空调。

이 집의 조건이 괜찮다. 냉장고, 세탁기뿐만 아니라 에어컨도 있다.

보충 기타 가전용품을 나타내는 단어 电视 (183) 참고

0510 ★★★★

恐怕

kǒngpà

부 아마 …일 것이다

明天恐怕要下雨，我们不能去旅行了。

내일 아마 비가 올 것 같다. 그럼 우리 여행은 못 가게 된다.

这么做恐怕不符合学校的规定。

이렇게 하는 것은 학교 규정에 맞지 않을 것 같다.

분석 恐怕 vs. 害怕 (328) vs. 担心 (150) vs. 怕

"恐怕"는 "걱정하다"의 뜻 이외에 추측 또는 짐작을 나타내기도 한다. "可能"의 뜻이 가지면서 상의하는 어투를 지니고 있다. 예를 들면, "你穿这件衣服参加晚会 恐怕不太好吧"과 같다.

"害怕"는 사람, 환경, 혹은 일에 대해 "두려운"감정을 강조한다. "担心" 사람, 일에 대한 안전 혹은 상황이 마음 놓이지 않는 것을 뜻한다. 예를 들면, "妈妈一直担心他"이다. "怕"는 동시에 "害怕, 恐怕, 担心"의 세 가지 뜻이 있으며 구어에서 주로 쓰인다.

0511 ★★★

口

kǒu

명 입 양 사람(가족을 세는 단위)

我口渴了，这儿有什么喝的？

목이 마르다. 여기 뭐 마실 게 있니?

我家有四口人，爸爸、妈妈、弟弟和我。
우리 집에는 아빠, 엄마, 남동생과 나 네 식구가 있다.

0512 ★★★
哭
kū

동 울다

听到这个消息，她难过得哭了起来。
이 소식을 듣고, 그녀는 괴로워서 울기 시작했다.

★新HSK 기출문제

请选出正确答案：

哭不一定是坏事。遇到伤心事，哭一场就会感觉心里舒服多了；人们成功的时候，因为激动会哭；人们获得爱情和友谊的时候，因为感动也会哭。所以说，哭不一定是坏事。

这段话主要想告诉我们什么？ (H41001-45)

A 要懂礼貌　B 要有同情心　C 要互相理解　D 哭不一定不好

해설 글에서 첫 문장과 마지막 문장에 2차례 언급된 "哭不一定是坏事"을 통해 얻을 수 있는 답은 D이다. A, B, C는 언급되지 않았다.

반의 笑 (957)

0513 ★★★★
苦
kǔ

형 쓰다

这个药太苦了，我不想吃。
이 약은 너무 써. 먹고 싶지 않아.

보충 맛을 나타내는 단어 酸 (825), 甜 (860), 辣 (524), 咸 (933), 香 (940)

0514 ★★★
裤子
kùzi

명 바지

这条裤子有点儿长，我能试试短点儿的吗？
이 바지는 조금 기네요. 더 짧은 걸로 입어볼 수 있을까요?

★新HSK 기출문제

请选出正确答案：

男：明天我穿这件衬衫怎么样？

女：衬衫没问题，但是裤子要换一条黑色的，另外，你该理发了。

问：女的让男的做什么？ (H41002-15)

A 换裤子　B 戴帽子　C 洗个澡　D 散散步

해설 "裤子要换一条黑色的"라는 여자의 말을 통해 여자가 남자에게 바지를 바꾸게 한 것을 알 수 있다. 따라서 정답은 A이다. B,C,D는 언급되지 않았다.

보충 기타 옷을 나타내는 단어 衬衫 (96) 참고

0515 ★

块

kuài

양 덩이, 조각, 콰이(위안의 구어체)

小姐，这块蛋糕的味道很奇怪，是不是坏了？
아가씨, 이 조각 케이크의 맛이 이상한데 상한 거 아닌가요?

咖啡二十块钱一杯，牛奶十五块。
커피 한 잔에 20콰이이고, 우유는 15콰이이다.

보충 기타 화폐단위를 나타내는 단어 角 (424) 참고

0516 ★★

快

kuài

형 빠르다 부 빨리, 급히

他是我们班跑得最快的人。
그는 우리 반에서 달리기가 가장 빠르다.

已经七点五十了，再不快点儿就要迟到了。
벌써 7시 50분이다. 서두르지 않으면 늦는다.

你快去还书吧，图书馆马上就要关门了。
빨리 가서 책 반납해. 도서관 곧 문 닫을 거야.

보충 중국어에서 **"快要…了 / 要…了 / 快…了 / 就要…了"** 는 동작이 곧 발생하는 것을 나타낸다. 예를 들어, **"快要下雨了 / 要上课了 / 再有两个星期就要放寒假了"** 와 같다. 만일 문장 안에 구체적인 시간을 표시하는 단어가 부사어 역할을 하고 있다면 **"就要…了"** 만 쓸 수 있다. 예를 들면, **"下个月姐姐就要结婚了"** 와 같다.

0517 ★★

快乐

kuàilè

형 즐겁다, 행복하다

和他在一起让我感到很快乐。
그와 함께 있으면 나는 행복하다.

祝你生日快乐。
생일 축하합니다.

★ 新HSK 기출문제

请选出正确答案：

幽默是一种让人羡慕的能力，有这种能力的人能在任何事情中发现有趣的东西，再无聊的事经过他们的嘴都可能变成笑话，甚至让人笑得肚子疼。一个有幽默感的人不管走到哪里，都会给别人带去愉快的心情，所以总是受到大家的欢迎。

幽默的人为什么受欢迎？ (H41005-41)

A 使人快乐　B 十分礼貌　C 遇事冷静　D 能给人安全感

해설 "有幽默感的人...会给别人带去愉快的心情, 所以总是受...欢迎"을 통해 얻을 수 있는 답은 A이다. B, C, D는 언급되지 않았다.

0518 ★★★

筷子
kuàizi

명 젓가락

中国人习惯用筷子吃饭。
중국인은 젓가락으로 밥을 먹는 것이 습관이다.

刚来中国时我不会用筷子，而现在我用得很熟练。
중국에 막 왔을 때는 젓가락을 쓸 줄 몰랐는데 지금은 아주 익숙하게 쓴다.

0519 ★★★★

矿泉水
kuàngquánshuǐ

명 광천수, 생수

我不喜欢喝饮料，只爱喝矿泉水。
나는 음료수는 좋아하지 않고 그냥 생수 마시는 것을 좋아한다.

除了矿泉水以外，什么都不可以带进来。
생수 외에는 아무것도 가지고 들어갈 수 없다.

★ 新HSK 기출문제

请选出正确答案：

小姐，我们这种矿泉水取自雪山，不仅很好喝，用它来洗脸对皮肤也很有好处，所以价格要比其他矿泉水贵一些。

这种矿泉水的特点是： (H41330-72)

A 干净　B 有点儿咸　C 来自海洋　D 洗脸对皮肤好

해설 "用它来洗脸对皮肤也很有好处"를 통해 얻을 수 있는 답은 D이다. 보기 A, B,C는 모두 언급되지 않았다.

0520 ★★★★

困
kùn

형 지치다, 피곤하다

昨天晚上我加班到十点，现在非常困。
어제 밤 10시까지 야근을 했더니 지금 너무 졸린다.

我一上课就困。
나는 수업만 시작하면 바로 졸린다.

★ 新HSK 기출문제

看图，用词造句。困（H41005-100）

해설 "困"은 형용사이다. 앞에 부사 "很, 非常"등을 붙일 수 있다. "주어+부사+형용사"구조와 그림에 근거하여 "现在他很困"이라는 문장을 만들 수 있다. 또한, "困"의 원인을 더해서 문장 내용을 더 풍부하게 할 수도 있다. 당연히 시간사를 붙일 수도 있다. 참고 답안은 "他昨晚没有睡好，现在有点困了"

보충 기타 감각을 나타내는 단어 渴 (501) 참고

0521 ★★★★
困难
kùnnan

명 곤란, 어려움 형 곤란하다, 어렵다

不管遇到多么大的困难，我们都要坚持理想，不能放弃。
아무리 큰 어려움에 부딪히더라도 우리는 이상을 고수하고 포기해서는 안된다.

想一天复习完这本书，太困难了。
하루 만에 이 책을 복습하려니 너무 어렵다.

반의 容易 (732)

0522 ★★★★
垃圾桶
lājītǒng

명 휴지통

请把不要的东西扔到垃圾桶里，不要到处乱扔。
필요 없는 물건은 아무데나 버리지 말고 쓰레기통에 버려주세요.

보충 X桶： 木桶（목통），水桶（물통）；垃圾X：垃圾袋（쓰레기봉투），垃圾箱（쓰레기통），垃圾站（쓰레기장）

0523 ★★★★
拉
lā

동 끌다, 당기다, 견인하다

两匹马拉着那辆车。
두 필의 말이 그 차를 끈다.

★ 新HSK 기출문제

完成句子：
拉近　了　人与人之间的　手机　距离（H41005-87）

해설 "拉近"은 동사보어구이다. 목적어 "距离"와 함께 "拉近距离"를 이룬다. "的+명사"구조에 따라 "人与人之间的距离"가 된다. "手机"는 주어 역할을 하고 "주어+동사+목적어"구조에 따라 "手机拉近人与人之间的距离"를 완성할 수 있다. "了"는 동사 뒤에 놓여 완성을 나타내므로 얻을 수 있는 답은 "手机拉近了人与人之间的距离"이다.

반의 推 (878)

0524 ★★★★
辣
là

형 맵다

我不能吃太辣的食品。
나는 너무 매운 음식은 못 먹는다.

0525 ★

来
lái

동 오다

欢迎你来我家做客。
우리 집에 손님으로 온 걸 환영해.

谁来回答这个问题?
누가 이 문제에 대답해 볼까?

보충 ①"동사+来" 예) 带来,买来,取来,拿来 ②"추세 단어+来" 예) 过来, 回来, 上来, 下来, 出来, 进来, 起来 ③ "来+동사" 예) 我来介绍,你来回答这个问题 ④ "시간사+来" 예) 几天来, 两年来 "去"는 ③, ④번의 용법이 없다.

보충 去 (708)

0526 ★★★★

来不及
láibují

동 시간에 댈 수 없다, 미처…(하지) 못하다

快起床,还有十分钟上课,我们来不及了。
빨리 일어나, 10분 후에 수업하는데 우리 늦었어.

还有十分钟出发,来不及吃早饭了。
출발까지 10분 남았는데 아침 밥은 못 먹겠다.

0527 ★★★★

来得及
láidejí

동 늦지 않다, 제 시간에 대어가다

离上课还有半小时呢,来得及吃早饭。
수업시간까지 아직 30분 남았잖아. 아침 식사할 시간 있어.

别着急,还有一个星期才考试呢,现在复习还来得及。
서두르지 마, 시험까지 아직 일주일 남아있잖아. 지금 복습해도 늦지 않아.

★ 新HSK 기출문제

请选出正确答案:
男:只剩下十五分钟,今天恐怕要迟到了。
女:别担心,现在不堵车,十五分钟肯定够。
问:女的主要是什么意思? (H41003-23)
A 来得及 B 来不及了 C 速度太慢了 D 航班推迟了

해설 "别担心, ...十五分钟肯定够"라는 여자의 말을 통해 여자의 뜻은 "来得及"라는 것을 알 수 있다. 따라서 정답은 A이다.

0528 ★★★★

来自
láizì

동 …(로)부터 오다, …에서 나오다

我不知道她来自哪个国家。
나는 그녀가 어느 나라에서 왔는지 모른다.

A B C D E F G H I J K L M N O P Q R S T U V W X Y Z

0529 ★★★

蓝
lán

형 남색의, 남빛의

妈妈，你看见我那条蓝裙子了吗？
엄마, 내 남색 치마 봤어요?

보충 기타 색깔을 나타내는 단어 黑 (345) 참고

0530 ★★★★

懒
lǎn

형 게으르다, 나태하다

他很懒，常常躺在床上什么也不做。
그는 아주 게을러서 자주 침대에 누워 아무것도 하지 않는다.

0531 ★★★★

浪费
làngfèi

동 낭비하다

我们要从小养成节约的习惯，不能浪费。
우리는 어려서부터 절약하는 습관을 길러야 한다.

浪费时间就是浪费生命。
시간 낭비는 바로 인생 낭비이다.

반의 节约 (438)

0532 ★★★★

浪漫
làngmàn

형 낭만적이다, 로맨틱하다

浪漫的爱情故事总是很吸引人。
낭만적인 러브스토리는 언제나 인기를 끈다.

每个女孩子都想要浪漫的爱情。
모든 여자 아이들은 로맨틱한 사랑을 꿈꾼다.

★ 新HSK 기출문제

判断对错：

怎么样才能找到适合自己的人？两个人共同生活，不仅需要浪漫的爱情，更需要性格上互相吸引，最重要的是，两个人都要有对家的责任感。

真正的爱情不需要浪漫。 （　　） (H41002-6)

해설 "两个人共同生活, 不仅需要浪漫的爱情, 更需要..."을 통해 "爱情需要浪漫"이라는 것을 알 수 있다. 따라서 정답은 X

0533 ★★★

老
lǎo

형 늙다, 낡은, 오래된, 구식의

他看起来很老，其实他只有三十岁。
그는 아주 늙어 보이는데 사실 겨우 30살이다.

爸爸很喜欢看老电影、听老歌。
아빠는 오래된 영화를 보고 옛날 노래를 듣는 것을 아주 좋아한다.

보충 '늙다' 의 반의어는 "年轻 (637)" 이다. '오래된' 의 반의어는 "新 (958)" 이다.

0534 ★★★★
老虎
lǎohǔ

명 호랑이

老虎是森林之王。
호랑이는 숲의 왕이다.

★新HSK 기출문제

请选出正确答案：

各位观众，大家晚上好。欢迎大家在星期六晚上，准时收看我们的《人与自然》节目。在今天的节目里，我们主要向大家介绍亚洲虎。今天我们还请来了国内著名的动物学教授，王教授，来给我们介绍这方面的知识。

今天的节目主要介绍什么？ (H41003-39)

A 亚洲 B 地球 C 老虎 D 狮子

해설 "在今天的节目里 我们主要向大家介绍亚洲虎, ...还请来...动物学教授"를 보아 얻을 수 있는 정답은 C이다. 호랑이를 소개하는 것이지, 아시아를 소개하는 것은 아니다. 따라서 A는 틀렸다. B,D는 언급되지 않았다.

0535 ★
老师
lǎoshī

명 선생님

他是一位经验丰富的老师。
그는 경험이 풍부한 선생님이다.

0536 ★
了
le

조 문장의 말미에 쓰여 동작 또는 변화가 이미 완료 되었음을 나타냄, 문장의 말미 또는 문장 중의 끊어지는 곳에 쓰여 변화 또는 새로운 상황의 출현을 나타냄

我的作业写完了。
숙제를 끝냈다.

快放假了，我终于可以回国了。
곧 방학이다. 드디어 귀국 할 수 있다.

보충 "동사 + 了" 는 없었던 동작이 생기는 실현 과정을 나타내어, 실현과정의 시작점에 비중을 둔다. 예를 들면, "我买了一本书" 이다. 따라서 문장 끝의 "了" 는 행위의 발전, 상황의 변화 혹은 동작의 실현을 나타낼 수 있다. 예를 들면, "昨天晚上我没去图书馆，去商店了"," 以前我很忙，现在不忙了" 와 같다.

0537 ★★
累
lèi

형 피곤하다, 지치다

我又累又困，得好好休息休息。
나는 피곤하고 졸리다. 잘 쉬어야겠다.

A B C D E F G H I J K L M N O P Q R S T U V W X Y Z

★ 新HSK 기출문제

请选出正确答案：

女：我们去对面的商店看看吧。

男：我真的受不了你了，你到底还要逛多久？

女：我们才逛了一个小时。

男：时间过得真慢，和你逛街比上班还辛苦。

问：男的现在是什么感觉？ (H41003-28)

A 太累　　B 得意　　C 感动　　D 怀疑

해설 "我真的受不了你了, ...", "和你逛街比上班还辛苦"라는 남자의 말을 통해 남자가 지금 아주 피곤하다는 것을 알 수 있다. 정답은 A이다.

0538 ★

冷

lěng

형 춥다, 차다, 시리다

北方的冬天很冷。

북방의 겨울은 아주 춥다.

0539 ★★★★

冷静

lěngjìng

형 침착하다, 냉정하다

他现在太激动了，需要一段时间冷静冷静。

그는 지금 너무 흥분했다. 시간을 가지고 조금 침착해져야 한다.

★ 新HSK 기출문제

排列顺序：

A 他很年轻

B 比相同年龄的人更成熟

C 可是遇到问题很冷静 (H41001-57)

해설 B의 "比자문"은 주어가 아니다. C의 "可是"도 역시 첫 문장이 될 수 없다. 따라서 A가 첫 문장이 된다. A의 "他"는 주어이다. C의 "遇到问题很冷静"은 그가 "比相同年龄的人更成熟"한 원인이므로 C는 B앞에 놓이게 된다. 따라서 정답은 ACB이다.

0540 ★★

离

lí

동 분리하다, 분산하다 개 …에서, …로부터, …까지

我家离学校很近，走路十分钟就到了。

우리 집은 학교에서 아주 가깝다. 걸어서 10분이면 도착한다.

现在离考试结束还有十分钟。

지금부터 시험 종료까지 10분 남았습니다.

보충 상용어구 "A 离 B+ 很 / 非常…..+ 远 / 近", "A 离 B+ 有 + 一段时间 / 距离"

自测

자기평가

1. 选词填空。

A 开玩笑　　B 棵　　C 考虑　　D 科学　　E 可惜

1. 在现代社会，(　　) 和技术都是非常重要的。
2. 那 (　　) 树真高啊！
3. 不管什么时候，他总是喜欢跟别人 (　　)。
4. 请您再认真 (　　) 一下这个决定。
5. 天气这么好，我真想出去玩儿啊，(　　) 我还有很多作业没做完呢。

A 肯定　　B 空气　　C 可怜　　D 困难　　E 恐怕

6. 这么冷的天，那个孩子没有衣服穿，也没有饭吃，真 (　　)！
7. 最近天气一直都不好，(　　) 明天还会下雨呢。
8. 即使有 (　　)，我们也应该自己想办法解决。
9. 放心吧，他 (　　) 会同意的。
10. 有了 (　　) 人们才能顺利生活下来。

A 冷静　　B 拉　　C 懒　　D 浪费　　E 筷子

11. 飞机场、火车站里很多人都 (　　) 着大行李箱。
12. 他 (　　) 地离开了那个地方。
13. 他是一个很 (　　) 的人，常常很久也不打扫房间，不洗衣服。
14. 来中国以前我从来没有用 (　　) 吃过饭。
15. 昨天他 (　　) 了一个下午，什么也没做。

A 来得及　　B 来不及　　C 客厅　　D 看法　　E 咳嗽

16. A：请问，你对这件事有什么 (　　)？
    B：对不起，我不想谈这个问题。
17. A：这班车还有十分钟就出发了。
    B：啊？那我 (　　) 去买票了，看来只好坐下一班了。
18. A：对，那部电影是七点开演的。
    B:太好了！现在刚六点半,从这儿到那儿只要二十分钟,我马上就去一定还 (　　)。
19. A：已经感冒这么长时间了，你还是去医院看看吧。
    B：没事，现在我只是还有点儿 (　　)，别的都好了。

20. A：钥匙你放哪儿去啦？

B：就在（　　）的桌子上呀，你没看见吗？

2. 完成句子。

21. 觉得　我　中国菜　又辣又咸 ____________________

22. 什么　我　每天　开心　觉得　比　都重要 ____________________

23. 客人　他们夫妻俩　对　总是　非常热情 ____________________

24. 那条蓝色的　他　裤子　一直　穿着 ____________________

25. 浪漫的　一部　这是　爱情故事片 ____________________

3. 看图，用词造句。

26. 可爱

____

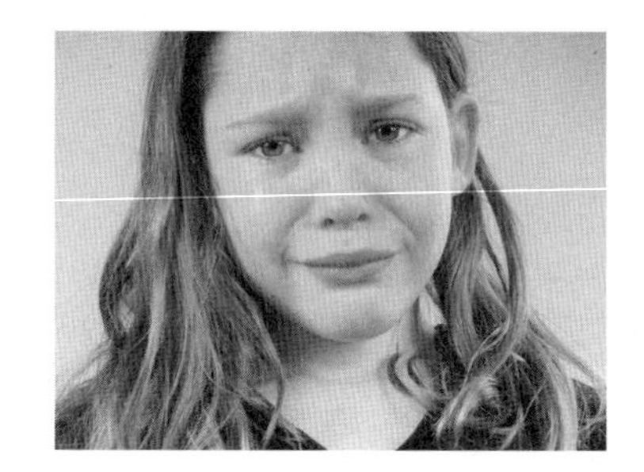

27. 哭

____

28. 垃圾桶

____

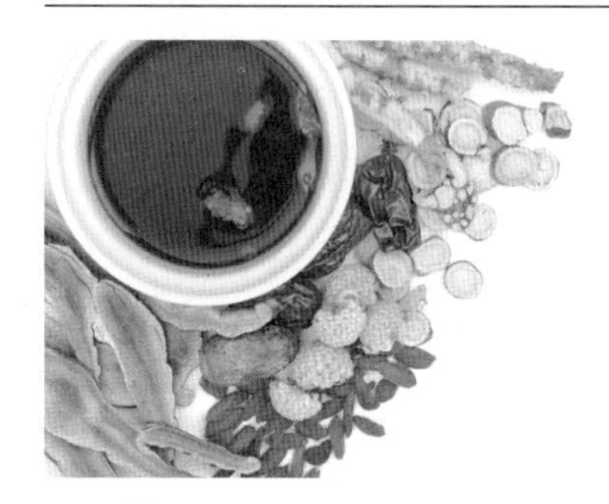

29. 苦

____

30. 矿泉水

____

학습 중점

| 어휘 |

1급 8개, 2급 10개, 3급 16개, 4급 26개

| 용법 및 구조 |

1. 俩/两、没/不의 구별
2. 连…也…구조
3. 跟+人+联系 및 对+人/事/地方+满意구조
4. 이합사跟朋友聊天，聊一会儿天、聊聊天、聊天聊得很开心의 용법
5. 신체 용어

0541 ★★★

离开

líkāi

동 떠나다, 벗어나다, 헤어지다

离开家已经快一年了，我很想爸爸妈妈。

집을 떠난 지 벌써 1년이 되었다. 아빠 엄마가 보고 싶다.

她的男朋友离开她的时候，她伤心得哭了。

그녀의 남자친구가 그녀를 떠났을 때 그녀는 슬퍼서 울었다.

0542 ★★★★

礼拜天

lǐbàitiān

명 일요일

那家银行礼拜天不开门。

그 은행은 일요일에 문을 열지 않는다.

每个礼拜天他都会带女儿去附近的公园。

매 일요일마다 그는 딸을 데리고 근처 공원에 간다.

분석

구어에서는 "星期天"을 많이 쓴다. "星期日"는 구어에서는 자주 쓰지 않는다. "礼拜天"이라는 표현은 종교와 유관하다. 왜냐하면 기독교에서는 이 날 교회에 가서 예배를 하기 때문에 "礼拜天"이라고 하는 것이다.

0543 ★★★★

礼貌

lǐmào

형 예의 바르다 명 예의, 예의범절

见到老师的时候，他很礼貌地问了个好。

선생님을 만났을 때, 그는 아주 예의 바르게 문안 인사를 했다.

你这样说话很没有礼貌。

네가 이렇게 한 말은 예의 없는 것이다.

这个孩子又聪明又懂礼貌，大家都很喜欢他。

이 아이는 똑똑하고 예의도 바르다. 모두들 그를 정말 좋아한다.

0544 ★★★

礼物

lǐwù

명 선물

你的礼物太贵重了，我不能接受。

선물이 너무 귀중한 것이라서 받을 수 없습니다.

★ 新HSK 기출문제

请选出正确答案：

男：小姐，您是今天第一个来我们超市的客人，我们准备了一个小礼物送给您。

女：真的吗？谢谢你！太高兴了。

男：这是我们超市送您的环保购物袋，祝您购物愉快。

女：谢谢。

问：女的为什么很高兴？ (H41002-31)

A 收到短信了 B 她今天结婚 C 衣服很漂亮 D 得到一个礼物

해설 "我们准备了一个小礼拜送给您"이라는 남자의 말에 여자가 "真的吗?...太高兴了"라고 한 것을 보아 얻을 수 있는 답은 D이다. A, B, C는 모두 언급되지 않았다.

0545 ★

里

lǐ

명 안, 속, 내부

教室里有 24 个学生和一位老师。
교실 안에 24명의 학생과 한 분의 선생님이 있다.

你的书包里有什么东西?
네 가방 속에 있는 게 뭐니?

★ 新HSK 기출문제

完成句子:

钥匙　里　在　塑料袋　(H41004-86)

해설 "在"가 술어동사역할을 할 때, 주로 쓰이는 구조는 "물건+在+장소"이다. 얻을 수 있는 답안은 "钥匙在塑料袋里"이다.

보충 국가 또는 도시 등 장소를 나타내는 단어는 里와 이어서 쓰일 수 없다. 예를 들면, "中国里, 上海里" 라고 할 수 없다는 것이다.

0546 ★★★★

理发

lǐfà

동 이발하다

今天下午我打算去理个发，你陪我一起去，好不好?
오늘 오후에 이발하러 갈 생각인데, 같이 갈래?

★ 新HSK 기출문제

选词填空:

A 快过年了，我想理个发。你平时都去哪里理?（样卷 -52）

B 我常去学校西边那家，里面有个理发师（　　）还不错。

A 材料　B 调查　C 温度　D 继续　E 技术　F 够

해설 A가 B에게 어디서 이발 하는지를 물었는데 이는 어느 이발소가 이발을 잘 하는지를 묻고 싶은 것이다. 이발을 잘하고 못하는 것은 이발사의 기술과 상관이 있다. 그래서 B는 주로 학교 서편의 이발소에 간다고 대답한 것이다. 왜냐하면 "理发师技术还不错"이기 때문이다. 따라서 E가 정확하다.

看图，用词造句。 理发（H41003-97）

해설 "理发"는 동사(이합사)이다. "주어+동사+목적어" 구조에 근거하여 "他在理发", "他喜欢理发"라고 할 수 있다. 또한 시간, 장소 등을 더해서 문장 내용을 더 풍부하게 할 수 있다. 참고 답안은 "他每个月都去那儿理发", "他喜欢去那儿理发"가 있다.

0547 ★★★★

理解
lǐjiě

동 알다, 이해하다

我对他的做法很不理解。
나는 그의 방법에 대해 잘 이해되지 않는다.

感谢朋友们对我的理解和支持。
친구들의 이해와 지지에 감사하다.

0548 ★★★★

理想
lǐxiǎng

명 이상 형 이상적이다, 만족스럽다

我的理想是当一名画家。
내 이상은 화가가 되는 것이다.

祝你早点儿找到理想的爱人。
빨리 이상적인 짝을 찾길 바래.

0549 ★★★★

力气
lìqi

명 힘, 역량

这几天我太累了，没力气继续工作了。
요 며칠간 너무 힘들고 계속 일할 힘이 없다.

他身体很好，力气很大。
그는 몸이 아주 좋고 힘도 세다.

0550 ★★★

历史
lìshǐ

명 역사

我对历史一点儿也不感兴趣。
나는 역사에 대해 조금도 관심이 없다.

0551 ★★★★

厉害
lìhai

형 대단하다, 극심하다, 심각하다

我肚子疼得厉害，不得不去医院看病。
배가 너무 아파서 어쩔 수 없이 병원에 진찰하러 갔다.

那位老师很厉害，学生们都很怕他。
그 선생님은 정말 엄격해서 학생들이 모두 무서워한다.

你真厉害，第一次参加比赛就得了第一名。
넌 정말 대단하다. 처음 참가한 대회에서 1등을 하다니.

보충 정도가 심함을 나타낼 때, 주로 쓰이는 구조는 "형용사 + 得 + 厉害"이다. 예를 들면, "冷得厉害，伤心得厉害" 와 같다.

0552 ★★★★

例如
lìrú

동 예를 들다, 예를 들면, 예컨대

我们要养成帮助别人的好习惯，例如在公共汽车上要为老人让座。
우리는 다른 사람을 돕는 좋은 습관을 길러야 한다. 예를 들면 버스에서 노인에게 자리를 양보하는 것과 같다.

想感谢一个人有很多方法，例如请他吃饭，送他礼物等等。
누군가에게 감사를 표시하는 데에는 많은 방법이 있다. 예를 들면 식사를 대접하거나 선물을 보내는 등등이 있다.

★ 新HSK 기출문제

排列顺序：

A 让被批评的人不觉得难受，而且能感觉到是在帮助他
B 例如批评人的时候要考虑用正确的方法
C 管理是一门艺术 (H41001-58)

해설 C는 주제문장이다. 이 글이 말하고자 하는 것은 "管理"이므로 C가 맨 앞에 놓여야 한다. B에는 "例如"가 있는데 이는 "批评"을 사용한 예를 들어서 "管理"를 설명하는 것이다. 그러므로 B가 C뒤에 온다. A는 B에서 말한 "正确的方法"의 작용을 설명하고 있기 때문에 당연히 B 뒤에 놓인다. 따라서 정답은 CBA이다.

0553 ★★★★

俩
liǎ

수 두 개, 두 사람

她们俩关系很好，像姐妹一样。
그녀 둘은 관계가 아주 좋아 마치 자매 같다.

★ 新HSK 기출문제

判断对错：

虽然她俩是姐妹，性格却很不一样。姐姐非常安静，极少说话，妹妹正好相反，最喜欢和人聊天。

姐妹俩性格差不多。(　　) (H41001-7)

해설 "虽然她俩是姐妹 性格却很不一样"이라는 것을 보아 얻을 수 있는 답은 X이다.

분석 俩 vs. 两 (559)

俩=两个, "我们俩 他们俩"라고 말할 수 있지만, "他们俩个"라고 말할 수는 없다.

0554 ★★★★

连
lián

개 …조차도, …마저도 (주로 也, 都 등과 같이 쓰임)

你连自己的妈妈也不相信吗？
넌 네 엄마조차도 믿지 못하니?

★新HSK 기출문제

排列顺序：

A 为人们交友提供了方便

B 网上各种免费的聊天工具

C 现在，人们连办公也离不开它了 (H41004-62)

해설 B의 "聊天工具"가 주어이다. 따라서 B가 첫 문장이다. A에 있는 "为"는 "…为…+동사"구조에 따라 A가 B뒤에 온다는 것을 알 수 있게 해준다. C의 "它"는 "聊天工具"를 가리키며 "连…也…"은 더 나아가 설명을 한다. 따라서 C는 가장 마지막에 놓이므로 정답은 BAC이다.

보충 상용어구 "连…也 / 都…" 는 강조를 나타낸다. "连" 뒤의 목적어는 주로 서열의 가장 아래이거나 가장 정상이다. 예를 들면, "连小学生都知道这个问题" (초등생 < 중고생 < 대학생, 만일 초등학생이 아는 것이라면 중고생과 대학생은 당연히 모두 알 것이다.) 다시 예를 들면, "他连自己的妈妈都不相信" (본인의 엄마 > 기타친척 친구 > 아는 사람 > 모르는 사람, 엄마는 가장 친밀한 관계이므로 만일 본인 엄마를 믿지 못한다면 다른 사람은 더욱 믿을 수 없을 것이다.)

0555 ★★★★

联系

liánxì

동 연락하다, 연결하다

毕业以后，我跟他失去了联系。

졸업 후에 나는 그와 연락이 끊겼다.

我已经很久没有跟他联系了，不知道他最近过得怎么样。

나는 이미 그와 연락을 안 한지 오래되어서 그가 요즘 어떻게 지내는지 모른다.

0556 ★★★

脸

liǎn

명 얼굴

我一喝酒就脸红。

나는 술을 마시기만 하면 바로 얼굴이 빨개진다.

보충 头 (머리) 胳膊 (팔) 手 (손) 腰 (허리)

0557 ★★★

练习

liànxí

동 연습하다 명 연습, 숙제

我在练习用电脑打汉字。

나는 컴퓨터로 한자 타이핑을 연습 중이다.

同学们，这节课我们做第一课的练习。

학생 여러분, 이번 수업에는 1과를 연습할 거예요.

0558 ★★★★

凉快
liángkuai

형 시원하다, 서늘하다

秋天快来了，天气越来越凉快了。
가을이 오고 있어서 날씨가 점점 시원해진다.

★ 新HSK 기출문제

看图，用词造句。
凉快（H41001-99）

해설 "凉快"는 형용사인데, 사람이 느끼는 일종의 감각이다. 따라서 "他们感觉很凉快"라고 할 수 있다. 그림을 통해 그들이 해변에 있다는 것을 볼 수 있으므로 그들이 있는 장소 "海边"을 넣어서 문장 내용을 더 풍부하게 할 수 있다. 참고 답안은 "走在海边 他们感觉很凉快"

请选出正确答案：
女：工作半天了，起来活动活动。
男：好，坐久了确实有些难受。
女：今天天气不错，外面很凉快，我们去楼下走走？
男：行，我顺便买本杂志。
问：今天天气怎么样？ （H41005-32）

A 很热　B 很凉快　C 刮大风了　D 要下雨了

해설 여자가 말한 "今天天气不错, 外面很凉快"를 통해 얻을 수 있는 답은 B이다. A는 틀렸고 C와 D는 언급되지 않았다.

0559 ★★

两
liǎng

양 둘, 량(전통적인 무게 단위의 하나, 0.1近(50그램)과 같은 단위)

请给我两杯咖啡，谢谢。
커피 두 잔 주세요. 고맙습니다.
今天早上我吃了三两饺子。
오늘 아침 나는 150그램의 만두를 먹었다.

0560 ★★★

辆
liàng

양 대(차량, 운송수단을 세는 단위)

我有一辆红色的自行车。
나는 빨간색 자전거가 있다.

0561 ★★★

聊天儿
liáotiānr

동 이야기하다

她很幽默，大家都喜欢跟她聊天。
그녀는 유머러스해서 모두가 그녀와 이야기하는 것을 좋아한다.

★ 新HSK 기출문제

判断对错：
我经常在电梯里遇到她，可能她也在这座大楼里上班。但是我们从来没有说过话，只是看着很熟悉。
他们俩经常聊天。（　　）　　(H41001-2)

해설 "我经常...遇到她", "但是我们从来没有说过话"라는 것을 보아 "他们俩经常聊天儿"은 틀렸다는 것을 알 수 있다. 따라서 정답은 X.

0562 ★★★

了解
liǎojiě

동 이해하다, 자세하게 알다

我对你说的情况不太了解。
나는 네가 말한 상황에 대해 잘 이해가 안 된다.

我跟他不熟，不太了解他。
나는 그와 친하지 않다. 그를 잘 모른다.

분석 了解 vs. 认识 (723) vs. 熟悉 (800) vs. 知道 (1135)
"了解"는 사람(예:성격, 취미, 기질, 습관, 가족 등), 일, 상황에 대해 아주 분명하거나 아는 것을 나타낸다. "认识"의 목적어는 주로 사람인데 때로는 장소와 물건이 될 수도 있다. "认识"한다고 해서 반드시 "了解"한다고 할 수는 없다. "熟悉"는 사람, 일, 환경, 장소에 대해서 상세하고 분명하게 알고 있음을 가리킨다. "知道"의 목적어는 주로 사람, 장소, 물건, 일 또는 일의 해결 방법, 문제의 답안 등이다.

0563 ★★★

邻居
línjū

명 이웃집, 이웃사람

我的邻居是一对老夫妻。
우리 이웃사람은 노부부이다.

邻居家的小妹妹病了。
이웃집의 여동생이 아프다.

0564 ★★

零
líng

수 제로, 영

八点上课，现在都八点零五分了，你迟到了。
8시에 수업인데 지금이 벌써 8시 5분이야, 너 지각이야.

0565 ★★★★

零钱
língqián

명 잔돈, 거스름 돈

如果没有交通卡，就要先准备好零钱。

만약에 교통카드가 없다면, 우선 잔돈을 준비해야 한다.

★ 新HSK 기출문제

看图，用词造句。

零钱（H41001-99）

해설 "零钱"은 명사이다. 주어 또는 목적어 역할을 할 수 있다. 주어진 그림과 "주어+동사+목적어"구조에 따라 "他手里有零钱", "我要换零钱"이라고 할 수 있다. 명사 "零钱"앞에는 "很多, 一些"등을 붙일 수 있다. 얻을 수 있는 참고 답안은 "他手里有很多零钱", "今天我要去银行换一些零钱" 등이 있다.

0566 ★★★★

另外
lìngwài

접 이외에, 이밖에 대 다른 (그 밖의)

张东的英语比我好得多，翻译的事情你最好找他帮忙，另外我最近也没有时间，对不起。

장동이 나보다 영어를 훨씬 잘 하니까, 번역 일은 그에게 부탁하는 게 좋을 거야. 내가 요즘 시간도 없어서.. 미안해.

等一下，我还要跟你谈另外一件事情。

잠깐만, 아직 너랑 다른 일로 이야기할게 남아있어.

분석 另外 vs. 还 (324)

"另外"는 접속사이며 문장 가장 앞에 놓이고, "还"는 부사이며 동사 앞에 놓인다.

0567 ★★★★

留
liú

동 보관하다, 머무르다, (메시지 등을) 남기다

离家之前，她给妈妈留了一封信。

집을 떠나기 전, 그녀는 엄마에게 편지 한 통을 남겼다.

在中国生活的一年给我留下了很多美好的回忆。

중국에서의 1년 동안의 생활은 내게 아주 아름다운 기억을 남겨주었다.

我病了，我的同屋留在房间里照顾我，我很感动。

내가 병이 나자, 룸메이트가 방에 머물러서 나를 보살펴 주었다. 정말 감동했다.

0568 ★★★

留学
liúxué

동 유학하다

我朋友在国外留学。

내 친구는 중국에서 유학한다.

0569 ★★★★

流利
liúlì

형 유창하다, 막힘이 없다

要想说一口流利的汉语，就得来中国留学。
유창한 중국어를 구사하고 싶다면 중국에 와서 유학해야 한다.

★ 新HSK 기출문제

判完成句子：
中文　很流利　说得　他的　(H41001-89)

해설 "中文"은 명사이다. "的+명사"구조대로 "他的中文"이 된다. "동사+得+怎么样"구조에 따라 "说得很流利"를 완성할 수 있다. 문장의 맨 앞에 주어 "他的中文"을 더하면, 얻을 수 있는 답은 "他的中文说得很流利"이다.

0570 ★★★★

流行
liúxíng

동 유행하다, 널리 퍼지다

现在年轻人里很流行穿这种衣服。
지금 젊은이들 사이에는 이런 옷이 유행이다.

★ 新HSK 기출문제

请选出正确答案：
您看这个沙发怎么样？我们年底有活动，正在打折，比平时便宜了 1000 块。不过您放心，质量肯定不"打折"，这种沙发是今年最流行的，有很多种颜色可以选择，您可以考虑一下。
这种沙发：(H41002-69)
A 不打折　B 特别软　C 样子很流行　D 质量不合格

해설 "这种沙发是今年最流行的"을 통해 얻을 수 있는 답은 C이다. "正在打折"와 "质量肯定不"打折""라는 것을 보아 A와 D는 모두 틀렸고 B는 언급되지 않았다.

보충 "流行"은 부사수식을 받으면서 동시에 목적어를 가질 수 있다.

0571 ★

六
liù

수 6

我每天早上六点起床。
나는 매일 아침 6시에 일어난다.

0572 ★★★

楼
lóu

명 빌딩, 다층건물 양 층

那座大楼很漂亮。
저 빌딩 정말 멋지다.

我住在 2楼。你住几楼？
나는 2층에 살아. 넌 몇 층에 사니?

분석 楼 vs. 层 (84)

"楼"는 두 가지 뜻이 있다. ① 你住几号楼?(너는 몇 호에 사니?) ② 你住几楼?(너는 몇 층에 사니?) "层"은 "楼"의 두 번째 뜻만 가지고 있다.

0573 ★★

路
lù

명 길, 도로

那条路太窄了，汽车开不进去。
그 길은 너무 좁아서 차가 들어갈 수 없다.

我们走错路了，这条路到不了学校。
우리가 길을 잘 못 왔어, 이 길로는 학교에 갈 수 없어.

0574 ★★★★

旅行
lǚxíng

동 여행하다

他大学毕业后就出去旅行了一年。
그는 대학 졸업 후 바로 1년 동안 여행을 갔다.

★ 新HSK 기출문제

请选出正确答案：

人一定要旅行，旅行能丰富你的经历，不仅会让你对很多事情有新的认识和看法，还能让你变得更自信。

这段话主要谈的是： (H41328-76)

A 旅游的好处 B 说话的艺术 C 阅读的作用 D 知识的重要性

해설 첫 문장에서 "人一定要旅行"이라고 밝히고 그 뒤에 여행의 좋은 점을 설명했다. 旅游와 旅行은 동의어이다. 따라서 정답은 A이다. B, C, D는 모두 언급되지 않았다.

분석 旅行 vs. 旅游（575），旅游（575）참고

보충 상용어구 "去 / 来 / 到 + 장소 + 旅行"

"旅行 + 장소" 로는 쓸 수 없다 . 예를 들면 "旅行上海" 라고 말하지 않는다 .

0575 ★★

旅游
lǚyóu

동 여행하다, 관광하다

我喜欢运动、看书、跳舞和旅游。
나는 운동하고 책 읽고 춤추고 여행하는 것을 좋아한다.

下个月我打算去北京旅游。
다음 달에 나는 북경에 여행 갈 생각이다.

분석 旅游 vs. 旅行 (574)

"旅游"는 휴식, 관광과 관계가 있다. 예를 들어, 旅游景点/区(관광명소/관광지), 旅游中心(관광중심지), 旅游城市(관광도시), 旅游观光(관광여행), 旅游淡季(관광비수기), 光行业(관광업) 观光专业(관광전공)

"旅行"은 업무상의 관광 혹은 기타 목적으로 비교적 먼 곳에 간 것을 강조한다. 예를 들어, 商务旅行(비즈니스여행) 结婚旅行(신혼여행) 旅行家(여행가)

관련용품과의 결합: 旅行箱(여행가방), 旅行杯(여행용 컵), 旅行鞋(여행화)

보충 상용어구 "去 / 来 / 到 + 장소 + 旅游"

"旅游 + 장소" 로는 쓸 수 없다 . 예를 들면 "旅游上海" 라고 말하지 않는다 .

0576 ★★★★

律师
lǜshī

명 변호사

小时候，我的理想是当一名律师。

어렸을 때, 나의 이상은 변호사가 되는 것이었다.

★ 新HSK 기출문제

请选出正确答案：

儿子小时候一说话就脸红，回答老师问题的时候声音也很小，我当时很替他担心。但随着年龄的增长，他逐渐成熟了，大学毕业后成了一名优秀的律师，真让人吃惊。

"让人吃惊"的是儿子： (H41001-73)

A 当了律师　B 变得很笨　C 越来越帅　D 赚了很多钱

해설 이 글의 마지막은 "真让人吃惊"인데, 그것의 주어는 앞부분의 "他成了律师"이고, 대명사 "他"가 대신 가리키는 것은 앞에 있는 "儿子"이다. 정답은 A이다.

0577 ★★★

绿
lǜ

형 푸르다

春天到了，树叶绿了。

봄이 와서 나뭇잎이 푸르다.

보충 기타 색깔을 나타내는 단어 黑 (345) 참고 . "绿"는 형용사이고 , "绿色" 는 명사이다 .

0578 ★★★★

乱
luàn

형 어지럽다. 혼란하다

你的房间太乱了，应该整理整理。

네 방은 너무 어지럽다. 정리를 좀 해라.

0579 ★

妈妈

māma

명 엄마

我妈妈是一位老师。

우리 엄마는 선생님이다.

★ 新HSK 기출문제

判断对错：

女儿出生以后，我才知道做妈妈有多么不容易。因此，我更加理解我的父母了，也感谢他们这么多年来给我的爱。

现在她也做妈妈了。（　　）　(H41002-2)

해설 "女儿出生以后 我才知道…"를 보아 그녀도 엄마가 되었다는 것을 알 수 있다. 따라서 정답은 '옳다'이다..

0580 ★★★★

麻烦

máfan

명 말썽, 골칫거리, 부담 동 귀찮게 하다, 부담을 주다 형 귀찮다, 성가시다, 번거롭다

昨天我遇到了一个很大的麻烦。

어제 나는 아주 큰 골칫거리에 부닥쳤다.

麻烦你帮我一个忙，可以吗？

귀찮겠지만, 나 좀 도와줄 수 있어?

他很懒，做什么事情都觉得麻烦。

그는 아주 게을러서 무슨 일을 하든 귀찮아 한다.

★ 新HSK 기출문제

判断对错：

现在朋友之间流行发各种幽默短信，这给我们的生活带来一些快乐。但是如果同样的短信你收到了三四遍，再幽默的短信你也笑不出来了。

发短信很麻烦。（　　）　(H41004-7)

해설 이 글에서는 요즘 유머 문자를 보내는 게 유행이라는 것을 이야기하고 있지, 문자를 보내는 것이 귀찮은가 귀찮지 않은가는 언급하지 않았다. 따라서 정답은 X이다.

분석 麻烦 vs. 复杂 (255) vs. 难 (624)

"麻烦"은 일을 하는데 불편한 것을 가리키며, 반의어는 "方便"이다. "复杂"는 작업, 기술, 생각, 상황, 방법, 감정, 성격 등이 많고 복잡한 것을 가리킨다. 반의어는 "简单(408)"이다. "难"은 문제를 대답하거나 해결하기 어려운 것이며, 구체적인 문제를 가리킬 수 있다. 반의어는 "容易(732)"이다.

0581 ★★★

马

mǎ

명 말

马是一种自由的动物。

말은 자유로운 동물이다.

0582 ★★★★

马虎
mǎhu

형 적당히 하다, 대강하다, 건성으로 하다

考试时要认真，不能马虎。
시험을 볼 때는 꼼꼼해야지, 건성으로 해서는 안 된다.

这么简单的题你都能做错？你太马虎了。
이렇게 간단한 문제도 틀렸어? 너 정말 세심하지 못하구나.

0583 ★★★

马上
mǎshàng

부 곧, 즉시, 바로

他没有马上回答老师的问题。
그는 선생님의 질문에 바로 대답하지 않았다.

★ 新HSK 기출문제

完成句子：

马上　　结束了　　就要　　这场足球赛　　(H41003-93)

해설 "(快/就)要+동사+(목적어)+了"는 일이 곧바로 발생할 것임을 표시하며, "了"는 문장 끝에 놓인다. "马上"은 주로 "就要+동사(+목적어)+了"앞에 놓인다. "这场足球赛"는 주어 역할을 한다. 정답은 "这场足球赛马上就要结束了"이다.

0584 ★

吗
ma

조 문장 끝에 쓰여 의문의 어기를 나타냄

难道你连这么简单的道理也不明白吗？
설마 이렇게 간단한 이치도 이해가 안 되니?

明天我们一起去公园，好吗？
내일 우리 같이 공원에 가는 게 어때?

0585 ★

买
mǎi

동 사다

我去超市买东西，却忘了带钱。
슈퍼마켓에 물건을 사러 가는데 돈을 가져가는 걸 잊어버렸다.

★ 新HSK 기출문제

请选出正确答案：

女：天都这么晚了，你还出去干什么？

男：我们明天去上海旅游，我要去买一个轻一点儿的行李箱。

问：男的现在要去做什么？　(H41001-12)

A 请假　　B 唱歌　　C 散步　　D 买东西

해설 "我要去买一个..."이라는 남자의 말을 통해 남자가 지금 물건을 사러 가려는 것을 알 수 있다. 따라서 정답은 D이다. A ,B ,C는 언급되지 않았다.

0586 ★★
卖
mài

동 팔다

你知道卖电脑的地方在哪儿吗？
컴퓨터 파는 곳이 어딘지 아세요?

★ 新HSK 기출문제

请选出正确答案：
女：你的电脑贵吗？
男：还可以，现在卖五千三百块，比上个月便宜了不少。
问：电脑现在多少钱？ （样卷 -29）
A 4500 块　B 5300 块　C 9000 块

해설 "现在卖五千三百快"라는 남자의 말을 근거로 정답은 B이다.

보충 "卖" 뒤에는 주로 "出 / 出去"가 오고 "买"는 "回 / 回来"가 온다.

0587 ★★★★
满
mǎn

형 가득 차다

别倒了，我的杯子已经满了。
그만 따라, 내 잔은 이미 가득 찼어.

今天太热了，我一出门就出了满头的汗。
오늘 너무 덥다. 밖에 나가자마자 온통 땀투성이다.

보충 "满" 은 동사 뒤에 올 수 있다. "동사 + 满" 예를 들면, 坐满 (자리가 가득 차다) 装满 (가득 채우다) 상용어구 "장소 + 동사 + 满 (了) + 물건 / 사람"

0588 ★★★
满意
mǎnyì

형 만족하다, 만족스럽다, 흡족하다

爸爸妈妈对我的学习成绩很满意。
아빠 엄마는 내 공부성적에 아주 만족하신다.

这样的结果真让人满意。
이런 결과는 정말 만족스럽다.

0589 ★★
慢
màn

형 느리다

慢点儿吃，还有半小时才上课，来得及。
천천히 먹어라, 수업까지 아직 30분 남았으니 여유가 있다.

0590 ★★
忙
máng

형 바쁘다 동 서두르다, 서둘러 …하다

爸爸最近工作很忙。
아빠는 요즘 일이 아주 바쁘다.

你在忙什么呢？
넌 뭐가 바쁘니?

0591 ★
猫
māo

명 고양이

我家里有两只非常可爱的小猫。
우리 집에는 아주 귀여운 고양이가 두 마리 있다.

0592 ★★★★
毛
máo

양 마오(중국의 화폐단위, 1/10元 , 10分과 같음)

这个东西很便宜，只要5毛钱。
이 물건은 아주 싸다. 겨우 5마오이다.

0593 ★★★★
毛巾
máojīn

명 수건

热了吧，用毛巾擦擦汗吧。
덥지, 수건으로 땀 좀 닦아.
这条黄色的毛巾是我的，那条蓝色的是我爸爸的。
이 노란색 수건은 내 것이고, 남색은 아빠 것이다.

보충 생활용품: 毛巾 (수건), 牙膏 (치약), 牙刷 (칫솔), 洗发膏 (샴푸), 香皂 (비누)

0594 ★★★
帽子
màozi

명 모자

今天很冷，戴上帽子再出门吧。
오늘은 아주 춥다. 모자를 쓰고 나가자.

0595 ★
没关系
méi guānxi

괜찮다, 상관없다, 문제없다

如果别人跟你说"对不起"，你不说"没关系"，别人会觉得你很不礼貌。
만일 다른 사람이 "미안하다"고 했을 때, "괜찮아"라고 말하지 않는다면 당신을 매우 무례하다고 생각할 수 있다.

0596 ★
没有
méiyǒu

동 없다, 가지고(갖추고) 있지 않다 부 아직 …않다

我没有哥哥。
나는 형이 없다.
你没(有)把这件事告诉任何人吧？
너 이 일을 아무에게도 말하지 않았지?

보충 "没"는 존재를 나타내는 "有"를 부정할 수 있고, "没有"는 함께 명사를 부정한다. "没有"는 "동사 + 了"도 부정할 수 있으며 "아직… 않다"라는 뜻이다. 구어에서는 "没"라고 쓸 수 있다.

0597 ★★

每
měi

대 매, 각, …마다, 모두

这些水果，我每种要一斤，谢谢。
이 과일들 각각 500그램씩 주세요. 고맙습니다.

★新HSK 기출문제

判断对错：
爸爸每天起床后做的第一件事就是看报纸，看完报他会出去跑跑步，运动运动。
爸爸很少看报纸。（　　）　　（样卷 -89）

해설 "爸爸每天起床后做的第一件事就是看报纸"라는 것을 보아, 아빠가 매일 신문을 본다는 것을 알 수 있다. 따라서 정답은 X이다.

0598 ★★★★

美丽
měilì

형 아름답다, 예쁘다

上海是一座美丽的城市。
상해는 아름다운 도시이다.
那个女孩儿不但美丽，而且聪明，我们都很喜欢她。
그 여자 아이는 예쁘고 똑똑해서 우리 모두 그녀를 매우 좋아한다.

분석 美丽 vs. 漂亮 (666)
"美丽"는 사람의 모양(주로 여성), 풍경 등이 아름다운 것을 가리키며 주로 서면어에 쓰인다. "漂亮"은 사람의 모양(주로 여성), 옷, 건물, 용품 등이 보기 좋은 것을 가리킨다. 말, 이야기, 글 등이 아주 훌륭한 것을 가리키기도 하며 주로 구어에서 쓰인다. "美丽"와 "漂亮"은 모두 사람을 수식하는데 쓰이는데 단, "漂亮"이 외모에 더 많이 쓰이고, "美丽"는 외모와 심성에 모두 쓰인다.

0599 ★★

妹妹
mèimei

명 여동생

我有两个妹妹，都非常漂亮。
나는 여동생이 둘 있는데 모두 아주 예쁘다.

0600 ★★

门
mén

명 출입구, 문 양 과목, 가지(과목, 기술 등의 양사)

学校门前禁止停车。
학교 출입구 앞 정차금지.
这学期我们一共有六门课。
우리는 이번 학기에 모두 6과목을 듣는다.

自测

자기평가

1. 选词填空。

A 理想　　B 礼貌　　C 凉快　　D 连　　E 联系

1. 见到老师的时候，他非常（　　）地向老师问了个好。
2. 他的（　　）是做一名成功的建筑师。
3. 大学毕业以后，你还常跟以前的同学（　　）吗？
4. 打开空调以后，我觉得（　　）多了。
5. 他从来不迟到，（　　）下雨天也非常准时。

A 礼拜天　　B 了解　　C 邻居　　D 理解　　E 力气

6. 女孩子的（　　）常常比男孩子小得多。
7. 虽然跟他一起生活了一年了，但是我一点儿也不（　　）他。
8. 我的（　　）十年前就出国了，到现在也没回来过。
9. 今天是（　　），所以他不用去上班。
10. 小时候，我们常常不能（　　）父母为什么对我们要求那么严格。

A 流行　　B 留　　C 另外　　D 马上　　E 满

11. 昨天他买了一件衬衫，（　　）还买了一条裤子。
12. 毕业后，他打算继续（　　）在中国。
13. 等一下，我（　　）就来。
14. 现在苹果手机非常（　　），尤其是年轻人非常喜欢。
15. 钱、钱、钱！你（　　）脑子都是钱！

A 美丽　　B 帽子　　C 乱　　D 联系　　E 麻烦

16. A：那个地方很远，而且没有地铁可以直接到那儿。
    B：看来去那儿确实有点儿（　　）。
17. A：你知道他现在在哪儿吗？
    B：我也不知道，毕业后我们就没有（　　）过了。
18. A：这真是一个（　　）的地方！
    B：是啊，所以每年这个季节都有很多人到这里来旅游。
19. A：你的房间怎么这么（　　）啊？
    B：不好意思，我已经好长时间没有收拾了。

20. A：你的新（　　）真漂亮啊！在哪儿买的？
B：谢谢，就在前面那个商店买的。

2. 完成句子。

21. 一点儿　中国历史　我　对　也不了解 ____________________
22. 说　请　您　可以吗　慢点儿 ____________________
23. 绿色的　一条　洗手间的墙上　挂着　旧毛巾 ____________________
24. 比我　他的汉语　说得　多了　流利 ____________________
25. 一辆　路上　开过去　刚　空出租车 ____________________

3. 看图，用词造句。

26. 毛巾

____

27. 旅行

____

28. 满意

____

29. 理想

____

30. 礼物

____

开卷有益

kāijuànyǒuyì

책을 펼치면 이로움이 있다

어떠한 책이든 배울 것이 있고 얻을 것이 있다는 뜻

학습 중점

| 어휘 |

1급 12개, 2급 7개, 3급 17개, 4급 24개

| 용법 및 구조 |

1 의문 대명사 哪、哪儿의 용법

2 어기부사 难道의 용법

3 어조사 啊、呢、吧、吗의 용법

4 양사와 명사 盘은 양사, 盘子는 명사

5 이합사 爬山、跑步의 용법

0601 ★★★★
梦
mèng

명 꿈, 환상 동 꿈꾸다

我刚一睡着就开始做梦。
나는 막 잠들자마자 꿈을 꾸었다.
我经常梦见她。
나는 항상 그녀 꿈을 꾼다.

0602 ★★★★
迷路
mílù

동 길을 잃다, 잘못된 길로 들어서다

我们迷路了，所以晚了两个小时才到。
우리는 길을 잃어서 2시간 늦게 겨우 도착했다.
刚到中国的时候，我常常迷路。
막 중국에 왔을 때, 나는 자주 길을 잃어버렸다.

0603 ★★★
米
mǐ

명 쌀 양 미터

我要去超市买点儿米，回来做饭。
마트에 가서 쌀을 좀 사와서 밥을 해야겠다.
我家离学校大约五百米。
우리 집에서 학교까지는 약500미터 정도 된다.

0604 ★
米饭
mǐfàn

명 쌀(밥)

我喜欢吃米饭，不喜欢吃面条。
나는 쌀밥 먹는 것을 좋아하고 면은 좋아하지 않는다.

보충 기타 음식을 나타내는 단어 : 饺子 (425), 面条儿 (608), 馒头 (만터우 , 찐빵), 面包 (607)

0605 ★★★★
密码
mìmǎ

명 비밀번호, 암호

最好不要用自己的生日当作银行卡的密码，不安全。
본인의 생일을 은행카드 비밀번호로 하지 않는 것이 가장 좋다. 안전하지 않다.

0606 ★★★★
免费
miǎnfèi

동 무료로 하다

世界上没有免费的午饭。
세상에 공짜 점심은 없다.

★ 新HSK 기출문제

判断对错：

因为塑料袋会给环境带来污染，所以现在超市不再免费提供塑料袋，有需要的顾客，可以向超市购买。

超市提供免费塑料袋。（　　）　　(H41003-6)

해설 "现在超市不再免费提供塑料袋"라는 것을 보아 얻을 수 있는 답은 X이다. "不再"는 더 이상 …(이) 아니다" 라는 뜻이다.

0607 ★★★

面包
miànbāo

명 빵

这家商店的面包很好吃，我们买点儿明天早上吃吧。
이 가게 빵이 아주 맛있어. 우리 조금 사가서 내일 아침에 먹자.

0608 ★★

面条儿
miàntiáor

명 면, 국수

我对这家饭馆儿的饭菜非常满意，尤其是面条儿，特别好吃。
나는 이 식당의 요리에 아주 만족하는데 특히 면 요리가 정말 맛있다.

0609 ★★★★

秒
miǎo

명 초 (시간 단위)

你有20秒钟写答案。
답안을 작성할 시간이 20초 있다.

★ 新HSK 기출문제

请选出正确答案：

很晚了，5岁的女儿还在看电视。我对她说："再看10分钟就去洗脸睡觉。"她不高兴地说："10分钟太短了。"于是我说："那就600秒，够长了吧？"女儿听后开心地说："够了够了，妈妈真好。"

女儿为什么后来又高兴了？　　(H41332-81)

A 鱼做好了　B 收到礼物了　C 受到表扬了　D 以为时间增加了

해설 "女儿不高兴地说: '10分钟太短了' 我说: '那就600秒, 够长了吧?' 女儿听后很开心 이라는 말을 통해 딸이 600초를 10분보다 길게 생각했다는 것을 알 수 있다. 따라서 정답은 D이다. A, B, C는 모두 언급되지 않았다.

0610 ★★★★

民族
mínzú

명 민족

我们学校有8位老师，分别来自不同的民族。
우리 학교에는 8명이 선생님이 계시는데 각각 다른 민족 출신이다.

A B C D E F G H I J K L M N O P Q R S T U V W X Y Z

★ 新HSK 기출문제

请选出正确答案：

中国有56个民族，同汉族相比，其他民族的人数比较少，习惯上被叫做“少数民族”，每个民族都有不同的习惯和文化，许多民族都有自己的语言和文字。

根据这段话，可以知道中国的少数民族： （H41004-68）

A 有56个　B 多在山区　C 爱唱歌跳舞　D 有不同的文化

해설 “每个民族都有不同的...文化”를 통해 소수민족도 그들의 문화가 있다는 것을 알 수 있다. 얻을 수 있는 정답은 D이다. “中国有56个民族”, “同汉族相比 其他民族...被叫做‘少数民族’”이라는 글을 통해 한족(汉族)은 소수민족이 아니라는 것을 알 수 있다. 그러므로 A의 “少数民族有56个”는 틀렸다. B와 C는 언급되지 않았다.

0611 ★

名字

míngzi

명 이름

请把您的名字写在这儿。

당신의 이름을 여기에 적어주세요.

0612 ★★★

明白

míngbai

동 알다, 이해하다 형 분명하다, 명확하다, 알기 쉽다

我明白你的意思，不需要再解释了。

네 뜻을 알겠어, 다시 설명할 필요 없어.

今天上课时老师说的话我都听明白了。

오늘 수업시간에 선생님께서 하신 말씀을 나는 모두 이해했다.

분석 明白 vs. 懂 (193) vs. 理解 (547) vs. 了解 (562)

“明白”는 학습 중에 문제를 이해하고, 생활 중에 부닥친 상황을 해결한 것이다. “懂”은 문제나 사람 등을 이해한 것이고, “理解”의 목적어는 주로 사람의 마음, 문장의 내용 등이다. “了解”는 어떤 사람, 일, 상황에 대해 아주 잘 알거나 혹은 알고 싶어하는 것을 나타낸다.

0613 ★

明天

míngtiān

명 내일

明天我要陪朋友去大使馆拿护照。

내일 나는 친구를 데리고 대사관에 가서 여권을 가지고 올 것이다.

0614 ★★★★

母亲

mǔqīn

명 모친, 어머니

他的母亲是一名医生。

그의 모친은 의사이다.

0615 ★★★★

目的
mùdì

명 목적

我来中国的目的不是旅游，而是留学。
내가 중국에 온 목적은 여행이 아니라, 유학이다.

0616 ★★★

拿
ná

동 (손으로) 쥐다, 잡다, 가지다

她回房间拿照相机去了，我们等她一会儿吧。
그녀는 방에 카메라를 가지러 갔어. 우리 잠깐 기다리자.
他手里拿着一本书走进了教室。
그는 손에 책 한 권을 들고 교실에 들어갔다.

0617 ★

哪
nǎ

대 무엇, 어느, 것

A：你是哪一年大学毕业的？ B：去年。
A : 몇 년도에 대학을 졸업했나요? B: 작년이요.
天冷了，我打算哪天去买一件厚衣服。
날씨가 춥다. 언제 두꺼운 옷 한 벌 사러 가야겠다.
这些书哪本也不好看。
이 책들은 어느 것도 볼만한 게 없다.

보충 "哪" 뒤에는 주로 양사가 붙어서 의문을 나타낸다. 예를 들면, "哪天，哪年，哪本，哪件，哪个，哪条" 등이 있다.

0618 ★

哪儿
nǎr

대 어디, 어느 곳, 어디(도), 어느 곳(도)

天太冷了，我哪儿也不想去。
날씨가 너무 추워서 나는 어디에도 가고 싶지 않다.
你知道在哪儿买机票比较便宜吗？
어디서 비행기 티켓을 좀 싸게 살 수 있는지 아니?

★ 新HSK 기출문제

请选出正确答案：
女：喂，我还在路上，你得等我一会儿。
男：没事，时间还早，我在学校东门等你好了。
问：他们打算在哪儿见面？ （样卷 -58）

A 教室　　B 公园西门　　C 学校东门　　D 图书馆门口

해설 "我在学校东门等你好了"를 통해 정답이 C라는 것을 알 수 있다. HSK 듣기 시험에서 종종 "哪儿"을 이용해 관련 사건의 발생 장소를 묻는 문제를 주의해야 한다.

0619 ★

那
nà

대 그, 저 명 그러면, 그렇다면

那是谁的杂志?
그건 누구 잡지야?
如果你想来，那就给我打电话吧。
만약 네가 오고 싶다면 바로 내게 전화해.

보충 **那** : 그 **那儿** : 거기 **这** : 이 **这儿** : 여기 **哪** : 어느 **哪儿** : 어디 .
접속사 **那**는 때로 **那么**라고도 쓸 수 있다 .

0620 ★★★

奶奶
nǎinai

명 할머니

爸爸陪奶奶坐出租车去医院了。
아빠는 할머니를 모셔 택시를 타고 병원에 가셨다.
明天张东要陪奶奶去长城参观。
내일 장동은 할머니를 모시고 만리장성을 구경하러 갈 것이다.

0621 ★★★★

耐心
nàixīn

명 참을성, 인내심 형 참을성이 있다, 인내심이 강하다

做一名合格的老师最重要的就是有耐心和责任心。
정식 교사가 되는 데 가장 중요한 점은 바로 인내심과 책임감이 있는 것이다.
经理很耐心地跟大家解释了这个问题。
지배인은 아주 참을성 있게 모두에게 이 문제를 설명했다.

★ 新HSK 기출문제

请选出正确答案：
年轻人刚刚进入社会的时候，不要太急着赚钱。不要眼睛里只有工资和奖金。实际上，正确的做法应该是，在工作的前几年，重点要丰富自己的工作经验，学习与同事们交流的方法，积累专业的知识和技术，还有，要懂得什么是职业的态度等。这些比收入重要多了。
这段话主要提醒刚进入社会的年轻人：　　(H41002-81)
A 要有耐心　B 要信任别人　C 人都有缺点　D 不要怀疑自己

해설 "年轻人刚刚进入社会的时候, 不要太着急..." 마땅히 "在工作的前几年, 重点要丰富..."해야 한다는 것을 보아, 이 글이 가진 의미는 젊은이들이 인내심을

가져야 한다라는 것을 알 수 있다. 따라서 정답은 A이다. B, C, D는 모두 언급되지 않았다.

选词填空：

这个问题有点儿复杂，你（　　）听我给你解释一下好吗？

（H41004-48）

A 伤心　B 按时　C 距离　D 坚持　E 耐心　F 个子

해설 복잡한 문제를 해결할 때에는 시간이 필요하다. 따라서 "인내심"이 필요하다. 정답은 E.

0622 ★★

男

nán

명 남자

大多数男人都不喜欢陪女人逛街。

대부분의 남자들은 여자와 함께 쇼핑하는 것을 좋아하지 않는다.

★ 新HSK 기출문제

请选出正确答案：

男：喂？你声音能大点儿吗？你那里太吵了。

女：我刚才问你，我们下午几点去参观海洋馆？

问：男的为什么让女的大声点儿？　（H41008-13）

A 没睡醒　B 听不清楚　C 在玩游戏　D 没认真听

해설 "你那里太吵了"라는 남자의 말을 통해 남자가 잘 듣지 못했다는 것을 알 수 있다. 따라서 정답은 B이다. A, C, D는 모두 언급되지 않았다. HSK 듣기 시험에서 종종 남자 혹은 여자가 어찌했는지 등을 묻는 문제에 주의해야 한다.

0623 ★★★

南

nán

명 남, 남쪽

我一直生活在南方，所以对北方不太了解。

나는 줄곧 남방지역에서 생활했다. 그래서 북방에 대해서는 잘 알지 못한다.

一直往南走就可以了。

남쪽으로 쭉 걸어가면 된다.

0624 ★★★

难

nán

형 어렵다, …하기 어렵다, 힘들다

大家都说汉语很难，其实汉语一点儿也不难。

모두들 중국어가 어렵다고 하는데 사실 중국어는 하나도 어렵지 않다.

这种水果真难吃。

이런 과일은 정말 맛이 없다.

0625 ★★★★

难道
nándào

부 설마 …란 말인가?, 설마 …겠어요?

这次会议他难道没通知你吗？
이번 회의를 그가 설마 너에게 알리지 않았단 말이야?

这么简单的题难道你不会吗？
이렇게 간단한 문제를 설마 못하는 거야?

★ 新HSK 기출문제

完成句子：

不知道　　难道你　　连这个规定　　都（H41003-94）

해설 강조구문 "连...也/都+동사"와 "知道"가 동사라는 것을 근거로 "连这个规定都不知道"를 완성할 수 있다. 어기 부사 "难道"는 문장의 처음에 놓여 반문을 나타낸다. 정답은 "难道你连这个规定都不知道?"이다.

0626 ★★★

难过
nánguò

형 슬프다, 괴롭다, 고통스럽다

她难过得说不下去了。
그녀는 괴로워서 말을 잇지 못했다.

这件事一直让她很难过。
이 일은 줄곧 그녀를 괴롭혔다.

분석 难过 vs. 伤心 (740)

"难过"는 기분이 좋지 않거나 불편한 것을 가리킨다. 또한 다른 사람의 일이나 처지에 슬퍼하거나 생활이 어려운 것을 가리킬 수도 있다. "伤心"은 불행한 일을 맞거나 여의치 못한 일로 마음이 언짢은 것이며 구어에서 주로 쓰인다.

0627 ★★★★

难受
nánshòu

형 견딜 수 없다, 괴롭다, 슬프다, 상심하다

今天我发高烧了，觉得哪儿都很难受。
오늘 나는 고열이 났다. 어디든 다 아픈 것 같다.

他知道是自己做错了，心里很难受。
그는 자신의 잘못을 알고 있어서 마음이 매우 괴롭다.

분석 难受 vs. 难过 (626)

"难受"는 몸과 마음을 모두 가리킬 수 있다. "难过"는 주로 마음을 가리킨다.

0628 ★

呢
ne

조 서술문 뒤에 쓰여 동작이나 상황이 지속됨을 나타냄. 선택 의문문 끝에 쓰여 강조를 나타냄

她正给妈妈打电话呢。
그녀는 지금 엄마에게 전화 중이야.

我们学校下周五放暑假，你们学校呢？

우리 학교는 다음주 금요일에 여름방학을 해. 너희 학교는?

분석 呢 vs. 啊 (2) vs. 吧 (15) vs. 吗 (584)

"呢"는 강조를 나타낼 수 있다. 예를 들면, "正…呢", "没…呢"와 같다. 또한 생략 의문문에도 쓰인다. 예를 들면, "我的书呢?"라는 말은 "我的书在哪儿?"이라는 뜻이다. 다시 예를 들면, "我现在回家, 你呢?"의 뜻은 "我现在回家, 你现在去哪儿?"이다. "啊"는 감탄을 표시하며 문장 끝에도 올 수 있고, 문장 앞에도 올 수 있다. "啊"뒤에는 주로 "!"가 온다. "吧"는 명령을 나타낼 수 있다. 예를 들면, "走吧", "开始吧"와 같다. 또한 확인하기를 원하는 의미도 가지고 있다. 예를 들면, "你是中国人吧"와 같다. "吗"는 단지 의문만 나타낸다.

0629 ★★★★

内

nèi

명 안, 안쪽, 내부

我们学校有一个很大的室内游泳馆。

우리 학교에는 아주 큰 실내 수영장이 있다.

他们一年内就要通过 HSK四级考试。

그들은 일 년 안에 HSK 4급 시험에 통과해야 한다.

분석 内 vs. 里 (545)

"시간/장소+内" 예) 一天内, 十年内, 国内, 体内. "장소+里" 예) 学校里, 心里 (여기서의 "장소"는 국가 또는 도시의 장소명사를 가리킬 수 없다. 예를 들어, "中国里, 上来里"등과 같이 말할 수는 없는 것이다.

0630 ★★★★

内容

nèiróng

명 내용

这本书的内容我一点儿也看不懂。

이 책의 내용을 나는 하나도 모르겠다.

0631 ★

能

néng

동 …할 수 있다, …할 줄 안다

对不起，您能不能再说一遍？我没听懂您刚才说的话。

미안하지만 다시 한번 얘기해줄 수 있나요? 좀 전에 한 말을 못 알아 들었어요.

0632 ★★★★

能力

nénglì

명 능력

老板相信他的工作能力。

사장은 그의 업무 능력을 믿는다.

★ 新HSK 기출문제

请选出正确答案：

女：你看电视上的报道了吗？今年十个大学毕业生竞争一个工作。

男：关键还是看能力，有能力的人不怕找不到好工作。

问：男的认为什么是关键？ (H41002-12)

A 能力 B 数量 C 知识 D 专业

해설 "关键还是看能力·有能力的人不怕..."라는 남자의 말에 따라 남자는 "能力"가 관건이라고 생각한다는 것을 알 수 있다. 따라서 정답은 A이다.

0633 ★

你

nǐ

대 너, 당신, 자네(경어로는 您)

你现在过来吧，我有时间。

너 지금 넘어와라, 나 시간이 있어.

0634 ★

年

nián

명 년, 해

我才来中国不到一年。

나는 겨우 중국에 온지 1년이 안됐다.

去年这个时候我还在美国呢。

작년 이맘때 나는 아직 미국에 있었어.

0635 ★★★

年级

niánjí

명 학년

你儿子今年上几年级了？

네 아들이 올해 몇 학년이지?

0636 ★★★★

年龄

niánlíng

명 나이, 연령

一般来说，女孩子都不喜欢别人问她们的年龄。

일반적으로 여자 아이들은 다른 사람이 나이를 묻는 것을 싫어한다.

★ 新HSK 기출문제

排列顺序：

A：所以对我来说，年龄只是一个数字

B：我的理解是，重要的是要有永远年轻的心

C：我从来不关心它 (H41003-60)

해설 A에 "所以"가 있고, C에는 "它"가 있으므로 이 둘은 모두 첫 문장이 될 수 없고 B가 첫 문장이다. C의 "它"는 A의 "年龄"을 가리킨다. 따라서 C는 A 뒤에 놓이고 정답은 BAC이다.

분석 年龄 vs. 岁 (829)

"年龄"은 명사이고 "岁"는 양사이다.

0637 ★★★
年轻
niánqīng

형 젊다, 어리다

现在的年轻人打扮得越来越漂亮了。
요즘 젊은이들의 차림새는 갈수록 예뻐진다.

她虽然已经四十多岁了，但看上去很年轻。
그녀는 비록 벌써 마흔이 넘었지만 보기에는 아주 젊다.

★ 新HSK 기출문제

判断对错：
年轻就是健康，年轻就是美丽。不要太担心胖瘦，也不要太关心自己长得是不是漂亮，是不是帅，年轻人最重要的是要对自己有信心。
年轻人应该相信自己。（ ） (H41005-3)

해설 "年轻人最重要的是要对自己有信心"이라는 것을 보아 젊은이들은 응당 자신을 믿어야 한다는 것을 알 수 있다. 따라서 정답은 옳음이다.

0638 ★★★
鸟
niǎo

명 새

天上飞过去一群鸟。
하늘에 한 무리 새가 날아간다.

0639 ★★
您
nín

대 당신, 선생님, 귀하(2인칭 대명사 你의 존칭)

麻烦您帮我拿一下那个杯子，可以吗？
귀찮겠지만 그 컵 좀 주실 수 있나요?

0640 ★★
牛奶
niúnǎi

명 우유

每天早上我都要喝一杯牛奶。
매일 아침 나는 우유를 한 컵 마신다.

0641 ★★★★
弄
nòng

동 하다, 장만하다, 마련하다, 만지다, 다루다, 장난하다

儿子把我的手机弄坏了，我得想办法把它弄好。
아들이 내 핸드폰을 고장 냈다. 나는 그것을 고칠 방법을 생각해야 한다.

0642 ★★★
努力
nǔlì

형 노력하다, 힘쓰다

他学习一直很努力。
그는 항상 공부에 노력한다.

他每天都努力工作。
그는 매일 열심히 일한다.

A B C D E F G H I J K L M N O P Q R S T U V W X Y Z

0643 ★★

女

nǚ

명 여자, 여성

她是一个聪明又美丽的女人。
그녀는 똑똑하고 아름다운 여성이다.

★ 新HSK 기출문제

请选出正确答案：

女：这些报纸是按照时间顺序排列的，你别弄乱了。

男：好的，看完后我会放好的，肯定弄不乱。

问：女的希望怎么样？ (H41008-18)

A 理短发　B 学中文　C 请人帮忙　D 别弄乱报纸

해설 "这些报纸..."와 "你别弄乱了"를 통해 알 수 있는 답은 D이다. A, B, C는 모두 언급되지 않았다. HSK 듣기 시험에서 종종 남자 혹은 여자가 어찌했는지 등을 묻는 문제에 주의해야 한다.

보충 女X: 女教授（여교수），女经理（여사장），女校长（여교장）

0644 ★

女儿

nǚ'ér

명 딸

我有一个非常可爱的女儿。
나는 아주 귀여운 딸이 하나 있다.

보충 孩子 (326)，男孩（남자아이），女孩（여자아이）

0645 ★★★★

暖和

nuǎnhuo

형 따뜻하다, 따사롭다

上海的冬天是不是比北京暖和一点儿？
상해의 겨울은 북경보다 조금 더 따뜻한가요?

0646 ★★★★

偶尔

ǒu'ěr

부 때때로, 이따금, 간혹

他喜欢听笑话，偶尔也给我们讲个笑话。
그는 농담을 듣는 것을 좋아한다. 이따금 우리에게 재미있는 이야기를 해주기도 한다.

他只偶尔用一下信用卡。
그는 단지 간혹 신용카드를 사용한다.

0647 ★★★

爬山

páshān

동 산을 오르다, 등산하다

明天我们去爬山，你跟我们一起去吗？

내일 우리는 등산 가는데 너도 우리랑 같이 갈래?

我看见他爬上山去了。

나는 그가 산에 오르는 것을 보았다.

★ 新HSK 기출문제

请选出正确答案：

A：上星期日爬山你怎么没去？

B：我在家（　　）我女儿了，她发烧了。　　（样卷 -58）

A 饮料　B 照顾　C 聪明　D 爱好　E 经常　F 还

해설 "주어+동사+목적어" 구조에 따라 "我在家(　)我女儿了"에서 술어가 없다는 것을 알 수 있다. 따라서 "(　)"는 당연히 동사가 와야 한다. 그런 다음 문장의 뜻에 따라 딸이 열이 났기 때문에 "나"는 등산을 가지 않고 집에서 딸을 돌보았다는 것을 알 수 있다. 따라서 정답은 B이다.

0648 ★★★★

排队

páiduì

동 줄을 서다, 순서대로 정렬하다

这里人太多了，干什么都要排队。

여기 사람이 너무 많다. 무엇을 하든 줄을 서야 한다.

排队的时候你最讨厌别人做什么？

줄을 설 때 다른 사람이 어떻게 하는 게 제일 싫은가요?

★ 新HSK 기출문제

请选出正确答案：

排好队　按照　顺序　请同学们　（H41332-95）

해설 "排队"는 이합동사이다. "排好队 排一个小时队"처럼 쓸 수 있다. "按照"는 개사이다. 일반적인 구조는 "[按照+목적어]+동사+목적어"이다. "请..."은 보통 문장의 앞에 놓인다. 정답은 "请同学们按照顺序排好队"이다.

0649 ★★★★

排列

páiliè

동 배열하다, 정렬하다

汉语词典中的生词常按英文字母顺序排列。

중국어 사전 속 단어는 주로 영어 자모의 순서에 따라 배열되었다.

★ 新HSK 기출문제

完成句子：

请　从小到大的顺序　按　排列　这些数字（H41001-91）

해설 여기서 "按"은 "按照"의 뜻이다. "按照"는 개사이며 일반적인 구조는 "[按照+목적어]+동사+목적어"이다. 얻을 수 있는 답안은 ① "请按从小到大的顺序排列这些数字" 혹은 "这些数字"를 문장 앞에 놓고 주제 역할을 하게 하여 얻을 수 있는 답안은 ② "这些数字请按从小到大的顺序排列"이다.

0650 ★★★
盘子
pánzi

명 쟁반

昨天我买了几个新盘子。
어제 나는 새 쟁반을 몇 개 샀다.

보충 "盘子"는 명사이고, 盘은 양사이다. 예를 들면, "一盘菜" 비슷한 용법의 단어로는 "筷子一箱, 杯子一杯" 등이 있다. 그러나 "碗"은 명사가 될 수도 있고 양사가 될 수도 있다.

0651 ★★★★
判断
pànduàn

동 판단하다, 판정하다

你怎么判断一个人是好人还是坏人呢？
누군가가 좋은 사람인지 나쁜 사람인지 넌 어떻게 판단하니?
请判断这个句子是对还是错。
이 문장이 옳은지 그른지 판단해주세요.

0652 ★★
旁边
pángbiān

명 옆, 곁, 근처, 부근

学校旁边有一家银行。
학교 근처에 은행이 하나 있다.
玛丽旁边的那个人是谁？
마리 옆의 그 사람은 누구야?

보충 어떤 때는 "边"을 "面"으로 쓸 수 있는데 "面"은 주로 서면어로 쓰인다. "边"은 일반적으로 구어에서 쓰이며 구체적인 방위를 나타낸다.

0653 ★★★
胖
pàng

형 뚱뚱하다

在中国，女孩子都怕自己胖。
중국에서 여자아이들은 다 자기가 뚱뚱해질까봐 걱정한다.

0654 ★★
跑步
pǎobù

동 달리다, 구보하다

我喜欢跑步，每天都要跑两个小时左右。
나는 달리기를 좋아해서 매일 두 시간 정도 달린다.
为了下个星期的比赛，昨天他跑了一下午的步。
다음 주 경기를 위해서 어제 그는 오후 내내 달렸다.

0655 ★★★★
陪
péi

동 동반하다, 안내하다, 모시다

爸爸让我陪奶奶去医院。
아빠는 내게 할머니를 모시고 병원에 가도록 했다.

★ 新HSK 기출문제

判断对错：

那家店我常陪女朋友去逛，她说里面的衣服虽然样子看着比较简单，但穿上后效果却不错，而且价格也便宜，每次去逛她都能买到满意的衣服。

那家店的衣服不贵。（　　）　　（样卷 -9）

해설 "价格也便宜"를 통해 그 가게의 옷이 비싸지 않다는 것을 알 수 있다. 따라서 정답은 옳음이다.

0656 ★

朋友
péngyou

명 친구

每个人都需要朋友。
모든 사람은 친구가 필요하다.

她是跟朋友一起去的美国。
그녀가 친구와 함께 간 곳은 미국이다.

0657 ★★★★

批评
pīpíng

동 비판하다, 지적하다

没有人喜欢被批评，但有时候接受批评才能提高自己。
지적 받는 것을 좋아하는 사람은 없다. 하지만 가끔은 질책을 받아들여야 스스로를 향상시킬 수 있다.

校长批评她没把自己的工作做好。
교장은 그녀가 본인의 업무를 다하지 못했다고 지적했다.

0658 ★★★★

皮肤
pífū

명 피부

她的皮肤很好。
그녀의 피부는 정말 좋다.

0659 ★★★

皮鞋
píxié

명 가죽 구두

明天是妈妈的生日，我打算给她买一双皮鞋。
내일은 엄마의 생일이다. 나는 가죽 구두를 사드릴 생각이다.

0660 ★★★

啤酒
píjiǔ

명 맥주

你知道哪国的啤酒最好喝吗？
넌 어느 나라 맥주가 제일 맛있는지 아니?

보충 X酒：白酒（백주, 고량주），红酒（홍주, 레드 와인），葡萄酒（포도주）

A B C D E F G H I J K L M N O P Q R S T U V W X Y Z

自测

자기평가

1. 选词填空。

A 民族　B 目的　C 梦　D 母亲　E 难受

1. 中国一共有 56 个（　）。
2. 我来中国的（　）是留学，可不是来玩儿的。
3. 很多人都认为世界上最爱孩子的人就是他的（　）。
4. 他知道那件事是自己做错了，心里一直觉得很（　）。
5. 昨天晚上我做了一个很美的（　）。

A 秒　B 年龄　C 鸟　D 排队　E 偶尔

6. 早上我们常常可以听到（　）的叫声。
7. 对女孩子来说，找工作的时候（　）也会是一个问题。
8. 虽然他一般都很准时，但（　）也会迟到。
9. 博尔特只需 9.58（　）就可以跑完 100 米，实在是太厉害了！
10. 中午在食堂吃饭的时候我们每次都需要（　）。

A 难道　B 年轻　C 内　D 皮肤　E 耐心

11. （　）人跟老年人的看法常常是不一样的。
12. 男人能做到的事情，（　）我们女人就做不到吗？
13. 现在人们的大部分时间都是在室（　）环境中度过的。
14. 孩子的（　）常常比大人好得多。
15. 在教育孩子的过程中，（　）是非常重要的。

A 暖和　B 判断　C 批评　D 排列　E 陪

16. A：你怎么（　）一个人是好人还是坏人呢？
    B：这个确实不太容易。
17. A：为什么今天他看起来不太高兴？
    B：因为他昨天被老师（　）了。
18. A：今天天气怎么样？
    B：快出来吧，比昨天（　）多了。
19. A：下午我要去超市，你跟我一起去吗？
    B：不行，今天我朋友病了，我得（　）她去一趟医院。

20. A：老师，我们怎么（　　）这些数字呢？

B：按照从小到大的顺序就可以了。

2. 完成句子。

21. 被儿子　手机　又　刚修好的　弄坏了 ______________________

22. 儿子　我相信　自己解决　有能力　这个问题 ______________________

23. 内容　这本书的　看得懂　你　吗 ______________________

24. 优秀的教师　一名　就是　最需要的　耐心 ______________________

25. 都要　我每天　一个小时的　跑　步 ______________________

3. 看图，用词造句。

26. 面条儿

____

27. 爬山

____

28. 迷路

____

29. 盘子

____

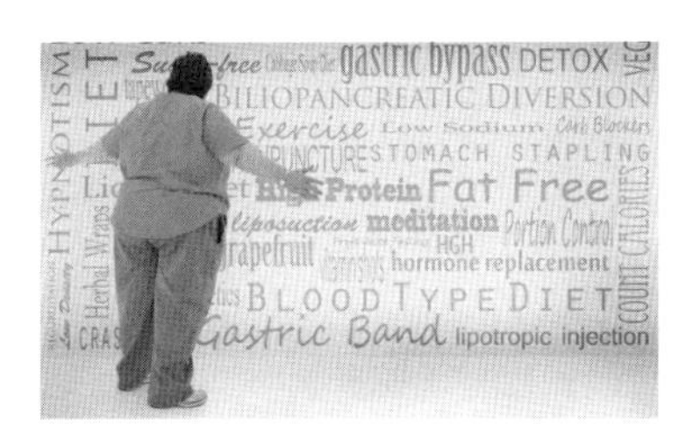

30. 胖

____

A B C D E F G H I J K L M N O P Q R S T U V W X Y Z

不耻下问

bùchǐxiàwèn

나보다 못한 이에게 물어 보는 것을 부끄럽게 생각하지 않는다

자신보다 지위가 낮더라도 모르는 것을 알고 있을 수 있으니 이에 대해 묻는 것을 부끄러워할 필요가 없다는 뜻

학습 중점

| 어휘 |

1급 8개, 2급 9개, 3급 12개, 4급 31개

| 용법 및 구조 |

1 부사其实、千万、确实

2 대명사其次、其他

3 접속사然而、然后

4 동사请、请假

5 动+起来의 용법

6 각종 과일 어휘

0661 ★★★★

脾气
píqi

명 성격, 성깔, 기질

每个人都有脾气，但不是每个人都常发脾气。
사람은 다 성깔이 있다. 그러나 모든 사람이 항상 성질을 부리지는 않는다.

★ 新HSK 기출문제

判断对错：
三十七岁的王教授，在我们学校很有名，不但会三种语言，而且会写小说，各方面都很优秀。
王教授脾气很大。(　　)　　(H41002-5)

해설 이 문제에서 언급한 것들은 모두 왕교수의 우수한 면이다. 그의 "脾气"가 어떤지에 대해서는 말하지 않았다. 따라서 정답은 X이다.

0662 ★★★★

篇
piān

양 편, 장(문장, 종이 등을 세는 단위)

这篇文章我一点儿也没看懂。
이 문장이 나는 하나도 이해되지 않는다.

0663 ★★

便宜
piányi

형 (값이)싸다

这件衣服比那件便宜得多。
이 옷은 저 옷보다 훨씬 싸다.

★ 新HSK 기출문제

请选出正确答案：
大家都说：便宜没好货，好货不便宜。其实不一定都是这样的。有的时候，质量很好的东西也会很便宜。例如，春天来了，冬天的衣服就会打折，质量很好，也很便宜，花很少的钱就可以买到。
根据这段话，质量很好的东西：　　(H41005-68)
A 当然很贵　B 不会打折　C 不受顾客欢迎　D 有时候也便宜

해설 이 글에서는 "好货"와 "便宜"의 관계를 이야기하고 있다. 따라서 C는 틀린 것으로 드러난다. A와 B는 뜻이 서로 비슷해서 생략법을 응용하여 동시에 배제 가능하다. "有的时候 质量很好的东西也会很便宜"라는 글과 뒤의 예문들을 통하여 볼 때 얻을 수 있는 답은 D이다.

0664 ★★★★

骗
piàn

동 속이다, 기만하다

昨天他被那个骗子骗了一百块钱。
어제 그는 그 사기꾼에게 100위안을 사기 당했다.

骗人不是好习惯。
사람을 속이는 것은 좋은 습관이 아니다.

0665 ★★

票
piào

명 티켓, 표

火车票你买到了没有?
기차표는 샀니 못 샀니?

我这儿有两张票，今天晚上一起看电影吧。
나한테 표가 2장 있는데 오늘 저녁에 같이 영화 보러 가자.

보충 X 票：门票（입장권），车票（승차권），机票（항공권），邮票（우표），电影票（영화표）

0666 ★

漂亮
piàoliang

형 예쁘다, 아름답다, 곱다

这几年，上海变得比过去更漂亮了。
최근 몇 년 간 상해는 옛날보다 더 아름다워졌다.

분석 漂亮 vs. 美丽 (598), 美丽 (598) 참고

0667 ★★★★

乒乓球
pīngpāngqiú

명 탁구

乒乓球运动在中国很普遍。
탁구는 중국에서 아주 보편적인 운동이다.

★ 新HSK 기출문제

看图，用词造句。

乒乓球（样卷－例题）

해설 "乒乓球"는 명사이다. 주어 또는 목적어 역할을 할 수 있다. 주어진 그림과 "주어+동사+목적어"구조에 따라 "她打乒乓球"를 완성할 수 있다. 동사 "打"앞에 부사 "正在" 또는 동사 "喜欢"을 붙여서 얻을 수 있는 참고 답안은 "她正在打乒乓球.", "她喜欢打乒乓球"이다.

보충 X 球：篮球（농구），网球（테니스），排球（배구），羽毛球（배드민턴），足球（축구）；
打篮球（농구하다）/ 网球 / 排球 / 羽毛球 ； 踢足球（축구하다）

0668 ★★★★

平时
píngshí

명 평소, 평상시, 보통 때

平时他六点就起床了，今天十二点才起来。
평소에 그는 6시면 일어나는데 오늘은 12시에 겨우 일어났다.

★新HSK 기출문제

排列顺序：

A 可是今天起晚了

B 平时我骑自行车上下班

C 所以就打车来公司 (H41001-排列顺序例题)

해설 A에는 "可是"가 있고, C에는 "所以"가 있기 때문에 둘은 첫 문장이 될 수 없다. 따라서 B가 첫 문장이 된다. B는 평소에 내가 어떻게 출퇴근하는지, A는 오늘 어떤 사정이 생겼는지, C는 이러한 상황에서 내가 어떻게 회사에 가는지를 밝히고 있다. A가 C의 원인인 것이다. 따라서 정답은 BAC이다.

0669 ★

苹果

píngguǒ

명 사과

苹果没有西瓜大。

사과는 수박만큼 크지 않다.

보충 水果 (809), 香蕉 (941), 葡萄 (672), 西瓜 (918)

0670 ★★★

瓶子

píngzi

명 병

我不喜欢用塑料瓶子。

나는 플라스틱 병을 사용하는 것을 좋아하지 않는다.

보충 X 瓶： 酒瓶（술병）, 水瓶（물병）, 花瓶（꽃병）
瓶은 양사이다. 예）"一瓶花" 瓶子는 명사이다.

0671 ★★★★

破

pò

동 파손되다, 망가지다, 깨지다 형 파손된, 낡은

孩子们踢球时把窗户打破了。

아이들이 축구 할 때 창문을 깨뜨렸다.

找了半天，我只找到了一双破袜子。

한참을 찾았지만, 나는 겨우 너덜너덜한 양말만 한 켤레 찾았다.

보충 동사 "破"는 주로 다른 동사의 뒤에 놓여 결과를 나타낸다. 예를 들어 "打破，摔破"와 같다.

0672 ★★★★

葡萄

pútao

명 포도

我喜欢吃葡萄。

나는 포도를 좋아한다.

보충 기타 과일에 관련된 단어 苹果 (669) 참고

0673 ★★★★

普遍
pǔbiàn

형 보편적인, 일반적인, 널리 퍼져있는

现在汽车在中国已经很普遍了。
요즘 자동차는 중국에서 이미 아주 일반적이다.

★ 新HSK 기출문제

请选出正确答案：
网上购物原来只能在电脑上进行，但随着手机互联网的发展，用手机上网购物正变得越来越普遍。与电脑相比，手机更小更轻，想上网购物时，只要从口袋里拿出手机，就能轻松完成，比用电脑方便多了。
用手机购物比用电脑更：（样卷 -82）
A 方便　　B 复杂　　C 安全　　D 易管理

해설 마지막 문장의 "想上网购物时, ...比用电脑方便多了"를 보아, 모바일쇼핑이 온라인쇼핑보다 훨씬 편리하다는 것을 할 수 있다. 정답은 A이다.

请选出正确答案：
这段话主要谈的是：（样卷 -83）
A 手机游戏　B 电脑的缺点　C 购物的好处　D 手机网上购物

해설 첫 문장의 "..用手机上网购物正变得越来越普遍"과 두 번째 문장의 "与电脑相比, ...手机上网购物更方便"을 근거로 이 글은 모바일 인터넷쇼핑을 주로 이야기하고 있다는 것을 알 수 있다. 따라서 정답은 D이다.

분석 普遍 vs. 普通
"普遍"은 "두루 퍼지다"를 강조하는 것이다. 상황, 법률, 의견 등이 폭 넓게 존재하며 공통성을 가지며 예외가 없음을 가리킨다. "普通"은 "특별하지 않음"을 말한다.

0674 ★★★★

普通话
pǔtōnghuà

명 만다린어(현대 중국 표준어)

在城市里生活，人们大多使用普通话进行交流。
도시에서는 대부분의 사람들이 보통화로 소통한다.

0675 ★

七

qī

수 칠, 7

每天我都要睡七八个小时才行。
나는 매일 7,8시간은 자야 한다.

七面镜子	七位教授	七间教室	七双筷子
거울 7개	교수 7명	교실 7개	젓가락 7쌍

0676 ★★

妻子

qīzi

명 아내

在大多数国家，一个男人只能有一位妻子。
대다수 국가에서 한 남자가 한 명의 아내만 가질 수 있다.

★ 新HSK 기출문제

判断对错：

很多妻子都希望自己的丈夫能记住他们结婚的日子，并且能在每年的这一天收到他送的礼物。

妻子希望丈夫陪她逛街。(　　)　　(H41004-1)

해설 글에서 "妻子希望丈夫能记住...结婚的日子", "并且能在这一天收到礼物"라고만 하였지, "希望丈夫陪自己逛街"는 언급되지 않았다. 따라서 정답은 X이다.

보충 丈夫 (1113), 夫妻 (부부)

0677 ★★★★

其次

qícì

대 다음, 그 다음

他最喜欢旅游，其次就是游泳。
그는 여행을 가장 좋아하고 그 다음으로 수영을 좋아한다.

重庆是中国人口最多的城市，其次是上海。
충칭이 중국에서 인구가 가장 많은 도시이고, 그 다음은 상해이다.

보충 작문할 때, 순서 표시: 首先 (791) → 其次 → 再次 (재차, 거듭) → 最后 (1187). 또는 第一 → 第二 → 第三 → 第四…

0678 ★★★

其实

qíshí

부 사실

他看起来很年轻，其实他的孩子都已经十七岁了。
그는 보기에 아주 젊은데 사실 그의 아이가 벌써 17살이다.

★ 新HSK 기출문제

排列顺序：

A 于是大家都以为他是一个骄傲的人

B 他从来不主动和别人说话

C 其实他只是有点儿害羞　　(H41002-57)

해설 A의 "于是"는 "所以"의 뜻이 있다. C에는 "其实"가 있어서 이 둘은 모두 첫 번째 문장이 될 수 없다. 따라서 B가 첫 문장이다. "他从来不主动和别人说话"이기 때문에 모두들 그가 아주 거만하다고 생각했다. 따라서 A는 B뒤에 놓인다. C에서 "其实"를 이용해 실제 상황을 설명하므로 당연히 가장 뒤에 놓여야 한다. 얻을 수 있는 정답은 BAC이다.

0679 ★★★

其他
qítā

대 기타, 다른 사람(사물)

我们班除了老师以外，其他人都是外国人。
우리 반은 선생님 외에 다른 사람은 모두 외국인이다.

你们先把这件事解决了，其他问题以后再说。
우선 이 일을 해결하고 기타 문제는 이후에 다시 얘기하자.

0680 ★★★★

其中
qízhōng

대 그 중에, 그 안에

我们公司一共有五十个外国人，其中三十个是韩国人。
우리 회사에는 모두 50명의 외국인이 있는데 그 중 30명은 한국인이다.

★ 新HSK 기출문제

排列顺序：
A 然而更多时候，留下的还是甜甜的回忆
B 生活的味道是酸、甜、苦、辣、咸的
C 其中的酸、苦、辣、咸是偶尔的不愉快 (H41001-64)

해설 "然而"은 "但是"라는 뜻이므로 A는 첫 문장이 아니다. B에서는 살아가는 데 다섯 종류의 느낌이 있음을 밝히고 있다. C는 그 중 4가지가 즐겁지 않은 것임을 지적한다. 따라서 B가 앞에 오고 C가 뒤에 온다는 것을 알 수 있다. 또한 A의 "然而…甜甜的回忆"를 근거로 A가 가장 뒤에 온다는 것을 알 수 있으므로 정답은 BCA이다.

0681 ★★★

奇怪
qíguài

형 기이하다, 이상하다

那儿有很多我们没见过的、奇怪的东西。
거기에는 우리가 보지 못했던 기이한 물건들이 아주 많다.

我很奇怪他怎么到现在还没来。
그가 어째서 지금까지 오지 않는지 이해가 안 된다.

0682 ★★★

骑
qí

동 타다

我们骑车去书店怎么样？
우리 자전거 타고 서점에 가는 건 어때?

我的自行车叫朋友骑走了。

내 자전거는 친구가 타고 갔다.

결합 骑 + 马 (581) / 自行车 (1178) / 摩托车 (오토바이)

0683 ★★

起床

qǐchuáng

동 일어나다

我每天早上六点半就起床了。

나는 매일 아침 6시 30분이면 일어난다.

0684 ★★★

起飞

qǐfēi

동 이륙하다

飞机马上就要起飞了，请大家把手机关上。

비행기가 곧 이륙하겠으니 모두 핸드폰을 꺼주시기 바랍니다.

★ 新HSK 기출문제

请选出正确答案：

我们的飞机是明天上午 10 点一刻的，大家必须在 8 点前到机场。还有最重要的一点就是别忘记带护照。

根据这段话，可以知道什么？ (样卷 -68)

A 问题还没解决　　B 他们要去南方　　C 飞机 10:15 起飞

해설 "飞机是明天上午10点一刻分的"에 근거하여 비행기가 매일 오전 10시 15분에 이륙한다는 것을 알 수 있다. "10点一刻"가 바로 10시 15분이다. 따라서 정답은 C이다.

0685 ★★★

起来

qǐlái

동 일어나다, 어떤 동작이 시작되어 계속됨을 나타냄

老板一进来，同事们都站起来了。

사장님이 들어서기만 하면 동료들이 모두 일어선다.

她说得大家都笑起来了。

그녀가 하는 말에 모두가 웃기 시작했다.

我想起来了，这个地方我们来过。

나는 우리가 여기에 와 보았던 것이 생각났다.

보충 "起来"는 단독으로 사용될 수 있으며 동사 혹은 형용사 뒤에 놓일 수도 있다. "동사+형용사+起来"는 세가지 뜻이 있다.

① 동작의 방향을 나타낸다. 예) "站起来，拿起来"

② 동작의 시작 또는 상태의 출현을 나타낸다. 예) "笑起来，唱起来" 이 용법에서는 형용사도 가능하다. 예) "高兴起来"

③ 동작 진행시의 주관적인 느낌을 나타낸다. 예) "这个菜看起来好看，吃起来难吃"，"很多事说起来容易，做起来难"

0686 ★★★★

气候
qìhòu

명 기후

我对这儿的气候还不太习惯，总觉得太干燥了。
나는 이곳의 기후에 아직 익숙해지지 않아서 늘 너무 건조하게 느껴진다.

★ 新HSK 기출문제

请选出正确答案：
男：来北方好几年了吧？你觉得北方和南方在气候上有什么区别？
女：夏天都差不多，只是冬天北方比较干燥，而南方更湿润。
问：他们在谈什么？ (H41001-21)

A 气候 B 文化 C 风景 D 职业

해설 "你觉得…在气候上有什么区别"라는 남자의 말과 "冬天北方…干燥, 南方…湿润"이라는 여자의 말에 따라 그들은 지금 기후에 대해 대화중임을 알 수 있다. 정답은 A이다.

보충 天气 (859)

0687 ★★

千
qiān

수 천, 1000

很多家小饭馆儿的月收入都超过了八千元。
수많은 작은 식당들의 월수입이 모두 8천 위안을 넘는다.

보충 기타 숫자 (804) 와 관련된 단어 百 (18)

0688 ★★★★

千万
qiānwàn

부 부디, 제발, 절대로, 반드시

那儿很危险，你千万要小心啊。
거기는 아주 위험하니 제발 조심해라.

보충 부사 "千万"은 듣는 사람에 대한 위로 혹은 경계를 나타낸다. 주어는 주로 "您, 你, 你们"이고 부정문에 자주 쓰인다.

0689 ★★

铅笔
qiānbǐ

명 연필

HSK考试的听力和阅读部分只能使用铅笔。
HSK 시험의 듣기와 독해 부분에서는 연필만 사용할 수 있다.

보충 X 笔 : 钢笔(만년필), 圆珠笔(볼펜), 毛笔(붓)

0690 ★★★★

签证
qiānzhèng

명 비자

老板的签证你办好了没有？
사장님의 비자는 발급받았니?

★ 新HSK 기출문제

判断对错：
明天就要去使馆办签证了，邀请信竟然还没寄到，这可怎么办？
签证已经办好了。（　　）　(H41002-1)

해설 "明天就要去...办签证了, ...还没寄到"라는 것을 보아 비자를 아직 발급받지 않았다는 것을 알 수 있다. 따라서 정답은 X이다.

请选出正确答案：
女：小王，我要去办签证，需要准备哪些材料？
男：我也不是很清楚，我有大使馆的号码，您给他们打个电话问问？
问：关于女的，可以知道什么？　(H41003-18)
A 要办签证　B 是位翻译　C 要办护照　D 在使馆工作

해설 "我要去办签证"이라는 여자의 말에 따라 얻을 수 있는 답은 A이다. C는 틀렸다. 대화 중에 남자는 그에게 대사관 번호가 있다고 말했지, 여자가 대사관에서 일을 한다고 말하지 않았다. 따라서 D도 틀렸고, B는 언급되지 않았다.

0691 ★

前面
qiánmiàn

명 앞, 앞부분

前面开过来一辆出租车。
앞에 택시 한 대가 온다.

보충 旁边 (652)

0692 ★

钱
qián

명 돈

我的钱快用完了。
내 돈은 거의 다 썼다.

0693 ★★★★

敲
qiāo

동 두드리다, 치다, 때리다

进别人房间之前应该先敲门。
다른 사람의 방에 들어가기 전에는 먼저 문을 두드려야 한다.

0694 ★★★★

桥
qiáo

명 다리

那个公园里有一座非常漂亮的桥。
그 공원에는 아주 예쁜 다리가 하나 있다.

我看见他走过桥去了。
나는 그가 다리를 건너 가는 것을 보았다.

0695 ★★★★

巧克力
qiǎokèlì

명 초콜릿

你知道哪个国家的巧克力最有名吗？
어느 나라의 초콜릿이 가장 유명한지 아니?

보충 饼干（63），糖（843），冰激凌（아이스크림）

0696 ★★★★

亲戚
qīnqi

명 친척

今天我家来了很多亲戚。
오늘 우리 집에 많은 친척들이 왔다.

보충 阿姨（1），叔叔（797），朋友（656）

0697 ★★★★

轻
qīng

형 가볍다

什么东西比水轻？
무엇이 물보다 가볍지?

轻轻推一下这儿就行了。
여기로 가볍게 밀면 돼요.

반의 重（1154）

0698 ★★★★

轻松
qīngsōng

형 수월하다, 가볍다, 부담이 없다

考完试以后，我觉得自己考得不错，所以我的心情也很轻松。
시험이 끝난 후, 나는 스스로 괜찮게 치렀다고 생각해서 마음이 홀가분했다.

★ 新HSK 기출문제

请选出正确答案：

哭不一定是坏事。遇到伤心事，哭一场就会感觉心里舒服多了；人们成功的时候，因为激动会哭；人们获得爱情和友谊的时候，因为感动也会哭。所以说，哭不一定是坏事。

伤心时哭一哭会怎么样？ (H41001-44)

A 更难过　B 更紧张　C 轻松许多　D 觉得无聊

A B C D E F G H I J K L M N O P Q R S T U V W X Y Z

해설 글의 첫 문장과 끝 문장에서 두 차례 언급된 "哭不一定是坏事"을 통해 얻을 수 있는 답은 C이다. A,B,D는 모두 언급되지 않았다. 이 문제에서 새로 나온 어휘는 "无聊(913)"이다.

반의 紧张 (449)

0699 ★★★
清楚
qīngchu

형 분명하다, 알기 쉽다, 명백하다

黑板上的字你看得清楚吗？
칠판의 글씨가 너는 깨끗하게 보이니?

你听清楚他说什么了吗？
너는 그가 뭐라고 말하는지 잘 들리니?

분석 清楚 vs. 明白 (612)
"清楚"는 사람이 쉽게 보고 듣고 식별해낼 수 있거나 혹은 어떤 일에 대해 잘 알고 있는 것을 가리킨다. "明白"는 봐서 알고 들어서 알거나 이해하는 것을 가리킨다.

0700 ★★★★
情况
qíngkuàng

명 상황, 정황, 형편, 사정

大夫，我妈妈的情况怎么样？
의사선생님, 우리 엄마의 상태가 어떤가요?

결합 工作（업무）/ 生活（생활）/ 学习（학습）/ 国内（국내）/ 国际（국제）+ 情况

0701 ★★
晴
qíng

형 (하늘이) 맑다

明天是晴天还是阴天？
내일은 맑을까 아니면 흐릴까?

보충 阴 (1045)， 多云 (1094)， 下雨 (929)， 下雪 (991)， 刮风 (301)

0702 ★
请
qǐng

동 청하다, 부탁하다, 초청하다

啊，王老师，请进。
아! 왕선생님, 들어오세요.

上个周末，老师请我们去她家玩儿。
지난 주말 선생님께서는 우리를 집에 초대하셨다.

0703 ★★★

请假
qǐngjià

동 휴가를 신청하다

他向老板请三天假，可是老板不同意。
그는 사장님에게 3일의 휴가를 신청했지만 사장님이 반대했다.

0704 ★★★★

穷
qióng

형 가난하다, 빈곤하다

他小时候家里很穷，连学也上不起。
그가 어렸을 때 집이 아주 가난해서 학교도 다니지 못했다.

穷人的孩子常常更理解父母。
가난한 집 아이들은 흔히 부모를 더 잘 이해한다.

반의 富 (256)

0705 ★★★

秋
qiū

명 가을

一年有春、夏、秋、冬四个季节。
일 년은 봄, 여름, 가을, 겨울 4계절이 있다.

秋天到了，人们都换上了秋装。
가을이 와서 사람들이 모두 가을 옷으로 바꾸었다.

보충 春 (120), 夏 (930), 冬 (192)

0706 ★★★★

区别
qūbié

명 구별, 차이

这两幅画儿有什么区别？
이 두 폭의 그림은 어떤 차이가 있나요?

0707 ★★★★

取
qǔ

동 가지다, 취하다, 얻다

他从邮局取回来一封信。
그는 우체국에서 편지 한 통을 가지고 돌아왔다.

下午我要去银行取点儿钱回来。
오후에 나는 은행에 가서 돈을 좀 찾아와야겠다.

보충 取 vs. 拿 (616) vs. 带 (148), 带 (148) 참고

0708 ★

去
qù

동 가다

昨天你去银行了没有？
어제 너 은행에 갔어 안 갔어?

外边太冷了，我们进教室去吧。
밖이 너무 춥다. 우리 교실에 들어가자.

보충 "동사+来+동사+去"는 동작의 반복을 나타낸다. 예) "走来走去，想来想去，看来看去，吃来吃去"

반의 来 (525)

0709 ★★
去年
qùnián

명 작년

我是去年八月才来的中国。
나는 작년 8월에 중국에 왔다.

보충 "年，月，日，星期" 표기법 : 前年（재작년），去年（작년），今年（금년），明年（내년），后年（내후년）；前天（그저께），昨天（어제），今天（오늘），明天（내일），后天（모레）；上个月（지난달），这个月（이번 달），下个月（다음 달）；上个星期（지난주），这个星期（이번 주），下个星期（다음 주）

0710 ★★★★
全部
quánbù

명 전부, 전체, 모두

这不是全部，只是一部分。
이것이 전부가 아니라 일부분에 불과하다.
今天的作业他全部都做完了。
오늘 숙제를 그는 모두 다 마쳤다.

분석 全部 vs. 都 (196)
"全部"는 명사이며 주어, 목적어, 관형어의 역할을 할 수 있다. "都"는 부사이며 부사어 역할만 할 수 있다.

분석 全部 vs. 所有 (831)vs. 一切 (1028), 所有 (831) 참고

0711 ★★★★
缺点
quēdiǎn

명 결점, 단점

难道你什么缺点都没有吗？
설마 네가 아무런 단점도 없을까?

★ 新HSK 기출문제

排列顺序：
A 就可以变得越来越优秀
B 但只要能发现自己的缺点并及时去改
C 每个人都有缺点 （H41003-57）

해설 A의 "就...", B의 "但..."을 보아 모두 첫 문장이 될 수 없다. 그러나 "每个人都..."는 자주 문장 처음에 오기 때문에 C가 첫 문장임을 확정할 수 있다. "只要..., 就..."을 통해 B가 A앞에 놓이는 것이 확실하다. 따라서 정답은 CBA이다.

반의 优点 (1058)

0712 ★★★★
缺少
quēshǎo

동 부족하다, 모자라다

他们缺少交流，所以互相都不太了解。
그들은 소통이 부족해서 서로에 대해 잘 알지 못한다.

분석 缺少 vs. 减少 (407), 减少 (407) 참고

0713 ★★★★
却
què

부 …하지만, …지만

别人都很高兴，她却有点儿生气。
다른 사람들은 모두 좋아하지만 그녀는 조금 화가 났다.

분석 却 vs. 不过 (70) vs. 但是 vs. 可是 (498)

"却"는 부사이다. 주로 뒤에 오는 절의 주어 뒤, 동사 혹은 형용사 앞에 놓인다. 만일 뒤에 오는 절의 주어가 앞 절의 주어와 같거나 생략됐을 경우, "却"는 뒤 절의 문장 맨 앞에 놓인다. "不过, 但是, 可是"는 모두 접속사이며 뒤 절의 맨 앞에 놓인다.

0714 ★★★★
确实
quèshí

부 정말로, 확실히, 틀림없이

他确实是一个好人。
그는 확실히 좋은 사람이다.

0715 ★★★
裙子
qúnzi

명 치마

夏天的时候很多女孩子都喜欢穿裙子，因为又漂亮又凉快。
여름에는 많은 여자 아이들이 치마 입는 것을 좋아한다. 예쁘고 시원하기 때문이다.

보충 衬衫 (96)

0716 ★★★★

然而
rán'ér

접 그러나, 하지만, 그렇지만

他虽然已经试过很多次，然而却一次也没成功过。
그는 비록 벌써 여러 차례 시도해봤지만 한번도 성공하지 못했다.

城市的发展越来越快，然而污染也越来越严重。
도시의 발전이 갈수록 빨라진다. 하지만 오염도 역시 갈수록 심각해진다.

분석 然而 vs. 但是, "然而"의 어감과 뜻은 "但是"과 큰 차이 없다. 그러나 "然而"은 주로 서면어로 쓰인다.

0717 ★★★

然后
ránhòu

접 그런 후에, 그 다음에

我先去银行取钱，然后再去超市买东西。
나는 먼저 은행에 가서 돈을 찾고 그 다음에 슈퍼마켓에 가서 물건을 살 것이다.

我们先商量一下，然后再做决定。
우리 우선 상의를 좀 해보고 다시 결정하자.

분석 然后 vs. 以后
"然后"는 "这样/那样以后"라는 뜻으로 뒤 절의 문장 맨 앞에 놓이며 "先..., 然后..."구조로 자주 쓰인다. "以后"는 명사이 며 "时间/做什么事+以后"의 구조로 자주 쓰인다. 예) "一年以后, 从那以后" 대비 구조에서는 "以前..., 以后..."의 구조로 쓸 수 있다. 예) "以前我不努力学习, 以后我想努力学习."

0718 ★★

让
ràng

동 사양하다, 양보하다 개 …에게 …되다, …에 의해서 …되다

玛丽让我帮她请个假。
마리는 나에게 그녀를 도와 휴가를 신청해 달라고 했다.

我的照相机让弟弟弄坏了。
내 카메라를 남동생이 고장 냈다.

보충 상용어구 : "주어 + 让 + 사람 + 做什么事", "주어 + 让 + 목적어 + 동사 + 其他" 이 구조에서 "让"뒤에는 반드시 목적어가 있어야 한다. "让"은 "被, 叫"로 바꾸어 쓸 수 있다.

0719 ★

热
rè

형 덥다, 뜨겁다

快打开窗户吧，房间里太热了。
빨리 창문 열어봐. 방이 너무 덥다.

반의 冷 (538)

0720 ★★★★

热闹
rènao

형 떠들썩하다, 번화하다, 시끌벅적하다

南京东路比这儿热闹多了。
난징동루(南京东路)가 여기보다 훨씬 번화했다.

★ 新HSK 기출문제

选词填空：
A：外面有好多人，停了好多辆车，特别（　　）。
B：今天老王的女儿结婚，我们也去祝贺一下吧。(H41003-52)

A 最好　　B 继续　　C 温度　　D 热闹　　E 作者　　F 商量

해설 "热闹"는 형용사이다. 부사 "特别"뒤에는 형용사가 붙는다. 또한 밖에 "好多人, 好多车"라는 것과 "结婚"이라는 단어에 근거하여 그곳이 아주 떠들썩하다는 것을 알 수 있다. 얻을 수 있는 정답은 D이다.

自测
자기평가

1. 选词填空。

A 破　　B 普遍　　C 普通话　　D 其次　　E 其实

1. 他的汉语说得太好了，大家都以为他是中国人，（　　）他是外国人。
2. 上海人跟外地人聊天时必须说（　　），否则别人都听不懂。
3. 乒乓球运动在中国十分（　　）。
4. 他第一个回答问题，（　　）就该是你了。
5. 孩子把杯子打（　　）了。

A 其他　　B 奇怪　　C 起飞　　D 气候　　E 千万

6. 我们公司除了总经理以外，（　　）人都是中国人。
7. 那家博物馆里面有很多我们没见过的、（　　）的东西。
8. 他是个骗子，你可（　　）不能相信他的话啊。
9. 中国北方的（　　）比南方干燥得多。
10. 已经过去半个小时了，飞机怎么还没（　　）啊？

A 然而　　B 轻松　　C 其中　　D 缺少　　E 全部

11. 因为（　　）锻炼，他的身体一直都不太好。
12. 我们医院一共有 168 位医生，（　　）有 12 位是全国名医。
13. 虽然已经失败了很多次，（　　）他却一点儿也不担心。
14. 考完试后，我的心情（　　）多了。
15. 请把事情的（　　）经过详细说一遍。

A 签证　　B 亲戚　　C 热闹　　D 确实　　E 清楚

16. A：你的（　　）办好了没有？
 B：还没有呢，明天我还得再去一趟大使馆。
17. A：去上海旅游的话我们住哪儿呢？听说上海的旅馆可贵了。
 B：放心吧，我们家有很多（　　）都在上海，我们可以住在他们家。
18. A：快说，到底是谁弄坏的？
 B：我（　　）不知道啊。
19. A：医院门口的那个人是谁呀？
 B：离得太远了，我也看不（　　）。
20. A：那个地方怎么那么（　　）啊？
 B：你不知道吗？今天老王的儿子结婚，所以才会来了那么多人和车啊。

2. 完成句子。

21. 你　区别　发现　他们俩的　在哪儿了吗　______________________
22. 有自己的　我们　每个人　都　优点和缺点　______________________
23. 被骗了　他　又　500 块　钱　______________________
24. 脾气　他　比　他妻子的　好得多　______________________
25. 什么　无论　困难　遇到　他都不怕　______________________

3. 看图，用词造句。

26. 篇

____

27. 裙子

____

28. 巧克力

____

29. 敲

____

30. 骑

____

丝绸之路

sīchóuzhīlù

실크로드

고대 중국과 서역 각국 간의 정치, 경제, 문화를
이어준 교통로를 말한다.

학습 중점

| 어휘 |

1급 11개, 2급 7개, 3급 11개, 4급 31개

| 용법 및 구조 |

1 심리 동사 伤心、生气、失望의 용법

2 동사 散步、商量、生病의 용법

3 上의 의미와 구조 上 + …와 … + 上

4 의문 대명사 谁、什么의 용법

0721 ★★★

热情
rèqíng

형 열정적이다, 친절하다

她热情地请我们吃糖。
그녀는 친절하게 우리에게 사탕을 권했다.

她对人很热情。
그녀는 사람을 대할 때 아주 친절하다.

0722 ★

人
rén

명 사람

来中国以前，我连一个中国人也不认识。
중국에 오기 전에, 나는 중국사람을 한 명도 알지 못했다.

0723 ★

认识
rènshi

동 알다, 인식하다

你认识那个穿着红裙子的女孩子吗？
너 저기 빨간 치마 입은 여자 아이 알아?

我对你要重新认识才行呢。
너를 다시 봐야 되겠다.

0724 ★★★

认为
rènwéi

동 여기다, 생각하다

我认为要成功就必须坚持。
나는 성공하려면 반드시 꾸준히 지속해야 된다고 생각한다.

你认为他能完成这项任务吗？
너는 그가 이 임무를 완성할 수 있을 거라고 생각하니?

분석 认为 vs. 觉得 (480) vs. 以为 (1038)

"认为"는 공식적인 용어이다. 주로 비교적 객관적으로 본인의 관점을 드러낼 때에 사용한다. 이 관점은 주로 사실을 근거로 한다. "觉得"의 뜻은 "感觉到了"이다. 결과를 강조하고 역시 본인의 생각을 드러낼 때 사용하며 구어에서 쓰인다. "以为"는 자기의 생각과 판단이 사실과 부합되지 않음을 나타낸다. 예를 들면, "你怎么现在才来, 我以为你早来了呢"와 같다.

0725 ★★★

认真
rènzhēn

형 진지하다, 착실하다, 진솔하다

工作和学习一样，都要认真去做才行。
일과 학습은 똑같다. 모두 진지하게 임해야 한다.

분석 认真 vs. 小心 (955) vs. 仔细 (1174)

"认真"은 엄격하고 진지하게 대하고 건성으로나 함부로 하지 않는 태도를 가리킨다. 서면어이다. "小心"은 다른 사람에게 주의할 것을 경계시켜서 나쁜 일이 생기지 않도록 하는 것이다. "小心"의 주어는 주로 "你, 你们, 您"이며 때로는 생략할 수 있다. "仔细"는 동작을 세심하게 주의해야 하고 치밀하게 고려해야 함을 가리킨다.

0726 ★★★★
任何
rènhé

명 어떠한, 무슨

谁都不能进来，任何人不能例外。
누구라도 들어올 수 없다. 어떤 사람도 예외일 수 없다.
他对任何事情都不感兴趣。
그는 무슨 일에도 관심이 없다.

0727 ★★★★
任务
rènwu

명 임무, 책무

我保证按时完成任务。
나는 시간에 맞춰 임무를 완성할 것을 보장한다.
儿子结婚了，父母就算是完成任务了。
아들이 결혼을 해야 부모는 비로소 임무를 완성했다고 할 수 있다.

0728 ★★★★
扔
rēng

동 던지다, 내버리다

我把那本旧杂志扔到垃圾桶里了。
나는 그 낡은 잡지를 쓰레기통에 던져버렸다.

0729 ★★★★
仍然
réngrán

부 여전히, 아직도

都四月了，天气却仍然很冷。
벌써 4월인데 날씨는 아직도 춥다.
我已经听了十分钟了，但仍然没听懂他说的是什么。
나는 벌써 10분 동안을 들었는데 아직도 그가 하는 말이 뭔지 못 알아듣겠다.

보충 X 然 : "仍然"은 구어에서 "仍"이라고 쓰기도 한다 . 어떤 때는 강조하기 위해 "仍然"을 "还"와 함께 이어서 쓴다 .

0730 ★★
日
rì

명 해, 하루, 일, 낮

日出日落都是我最爱的风景。
일출과 일몰은 모두 내가 가장 좋아하는 풍경이다.
今天几月几日？
오늘이 몇 월 며칠이지?

A B C D E F G H I J K L M N O P Q R S T U V W X Y Z

0731 ★★★★

日记

rìjì

명 일기

你有每天写日记的习惯吗?

너는 매일 일기를 쓰는 습관이 있니?

★ 新HSK 기출문제

看图，用词造句。

日记

(H41001-96)

해설 "日记"는 명사이다. "주어+동사+목적어" 구조에 따라 "她写日记"라고 쓸 수 있다. 문장 내용을 더 풍부하게 하기 위해서 시간사 "每天"을 넣어서 얻을 수 있는 참고 답안은 "她每天都坚持写日记"이다.

排列顺序：

A 我从小就养成了写日记的习惯

B 把每天发生的事情记在笔记本上

C 也算是对一天生活的总结 (H41004-58)

해설 B에 "把...", C에는 "也..."이 있으므로 이 둘 모두 첫 문장이 아니다. 이 글은 주로 "写日记"를 이야기하고 있다. A는 주제문장이므로 당연히 첫 문장이다. C에서의 "也算是...总结"의 주어는 "把每天发生的事情记在笔记本上"이다. 그러므로 B가 앞에 오고 C가 뒤에 온다. 따라서 정답은 ABC이다.

0732 ★★★

容易

róngyì

형 쉽다, 용이하다

哪本容易我们就选哪本吧。

쉬운 책이 있으면 그걸로 하자.

很多事都是说起来容易做起来难。

많은 일들이 말하기에는 쉽지만 하기에는 어렵다.

0733 ★★★

如果

rúguǒ

접 만일, 만약

你如果真喜欢她，就应该告诉她。

네가 만일 그녀를 정말 좋아한다면 그녀에게 말해야 한다.

如果他去，(那)我就不去了。

만약에 그가 간다면 나는 안 갈래.

분석 如果 vs. 即使 (388)

두 단어는 모두 가설을 나타낸다. "如果"는 앞 절의 처음에 놓인다. 뒤에 오는 절에는 주로 접속사 "那么" 혹은 부사 "就"가 따라와서 "如果... , (那么)就..."

의 구조를 이룬다. "即使"는 아직 발생하지 않은 일 또는 사실과 상반되는 상황을 가설한다.

0734 ★★★★
入口
rùkǒu

명 입구

这个公园有四个入口。
이 공원에는 4개의 입구가 있다.
请问地铁站的入口在哪儿?
실례지만 지하철역 입구가 어디인가요?

반의 出口 (출구)

0735 ★
三
sān

명 3, 삼, 셋

三瓶果汁	三座花园	三个机会	三种技术
주스 3병	꽃밭 3곳	세 번의 기회	세 가지 기술

0736 ★★★
伞
sǎn

명 우산

中国人一般不送别人伞。
중국인들은 일반적으로 다른 사람에게 우산을 선물하지 않는다.
夏天出门时，女孩子喜欢打一把太阳伞。
여름에 외출 할 때에, 여자들은 양산 쓰는 것을 좋아한다.

0737 ★★★★
散步
sànbù

동 산책하다, 산보하다

晚饭后我常出去散一会儿步。
저녁 식사 후에 종종 나는 잠시 산책을 한다.

0738 ★★★★
森林
sēnlín

명 산림, 숲

山上有一大片森林。
산에 커다란 숲이 있다.

보충 地球(175)， 海洋(327)， 天空(하늘, 공중)

0739 ★★★★
沙发
shāfā

명 소파

这套沙发坐上去很软。
이 소파는 앉기에 정말 부드럽다.

★ 新HSK 기출문제

请选出正确答案：
男：小姐，您好，您想买什么家具？需要我为您介绍一下吗？
女：谢谢，我想买沙发，有蓝色的吗？
问：女的要买什么？ （H41004-15）

A 沙发 B 空调 C 眼镜 D 袜子

해설 남자가 "您想买什么家具?"라고 물었는데 A만 가구인 "沙发"이다. 여자가 말한 "我想买沙发"를 통해서도 얻을 수 있는 답은 A이다. B, C, D는 언급되지 않았다.

看图，用词造句。

沙发（H41001-99）

해설 "沙发"는 명사이다. 주어와 목적어 역할을 할 수 있다. 주어 역할을 한다면 "주어+부사+형용사"구조에 근거하여 얻을 수 있는 참고 답안은① "这种沙发很好/很舒服/非常漂亮" 또한 "주어+동사+목적어 구조에 따라 얻을 수 있는 참고 답안은 ② "我喜欢这种沙发; 她坐/躺在沙发上"이다.

0740 ★★★★
伤心
shāngxīn

형 상심하다, 슬퍼하다

孩子的做法让妈妈很伤心。
아이의 행동이 엄마를 매우 슬프게 했다.

★ 新HSK 기출문제

选词填空：
人在（　　）难过的时候，哭一哭也许会好受些。（H41004-50）

A 伤心 B 按时 C 距离 D 坚持 E 耐心 F 个子

해설 사람은 괴로울 때 운다. 또 슬플 때에도 운다. "伤心"과 "难过"의 뜻은 큰 차이가 없고 같이 쓸 수 있다. 정답은 A이다.

0741 ★
商店
shāngdiàn

명 가게

这家商店是他自己开的。
이 가게는 그가 스스로 운영하는 것이다.

★ 新HSK 기출문제

请选出正确答案：
女：不好意思，我来晚了。
男：没关系，电影还没开始，我们进去吧。
问：他们最可能在哪儿？ （样卷 -25）

A 机场　　B 商店　　C 电影院

해설 "电影还没开始"라는 남자의 말을 통해 남자와 여자가 극장에 가서 영화를 볼 것을 알 수 있다. 정답은 C이다.

请选出正确答案：
下午我去商店，我想买一些水果
问：他下午去哪里？ （样卷 – 例题）

A 商店　　B 医院　　C 学校

해설 "下午我去商店"이라는 말을 보아 정답은 A이다.

보충 X 店：饭店(식당)，酒店(호텔, 식당) 书店(서점) ；超市(95)

0742 ★★★★

商量
shāngliang

동 상의하다, 의논하다, 협의하다

做出决定以前我需要跟爸妈商量一下。
결정 전에 나는 부모님과 상의를 좀 해봐야 한다.

★ 新HSK 기출문제

选词填空：
A：这事你跟她（　　）了吗？
B：还没，她最近在忙公司的事情，我怕打扰她。(H41003-55)

A 最好　　B 继续　　C 温度　　D 热闹　　E 作者　　F 商量

해설 "没"는 주로 동사 앞에 놓이기 때문에 앞 문장에 분명히 동사가 빠졌다는 것을 알 수 있다. 또한 "A跟B..."구조를 보아 두 사람이 한 일이라는 것도 알 수 있다. 게다가 "商量"은 마침 두 사람 이상이 있어야 할 수 있는 일이다. 따라서 정답은 F이다.

0743 ★

上
shàng

명 위 동 오르다, 타다, 가다, 등장하다

那本书在桌子上。
그 책은 책상 위에 있다.

上个星期，我们一起去爬山了。
지난 주에 우리는 같이 등산을 했다.

外面很冷，你们快点儿上车吧。
밖이 아주 춥다. 빨리 차에 타라.

亲戚朋友们都来祝贺他考上大学。
친척, 친구들이 모두 모여 그의 대학 합격을 축하했다.

보충 위의 뜻 외에도 "上" 은 종종 동사 뒤에도 쓰인다. ① 낮은 곳으로부터 위로 향하는 것을 나타냄. 예) "走上楼，爬上山，飞上天" ② 접촉을 나타냄. 예) "关上门，挂上画，穿上衣服" ③ 어느 정도의 수준이나 목적에 도달했음을 나타냄. 예) "考上大学，当上代表" ④ "在…上" 는 어떤 방면을 나타냄. 예) "在工作上，在生活上，在学习上"

0744 ★★

上班
shàngbān

동 출근하다, 일을 하기 시작하다

我刚毕业，还没开始上班呢。
나는 이제 막 졸업해서 아직 일을 하지 않고 있다.

今天上了一天的班，有点儿累。
오늘 하루 종일 일해서 조금 피곤하다.

보충 上课 (수업하다, 수업을 듣다), 上学 (등교하다, 입학하다)

반의 下班 (퇴근하다)

0745 ★★★

上网
shàngwǎng

동 인터넷을 하다, 인터넷을 연결하다

有时候我去图书馆上网。
나는 가끔 도서관에 가서 인터넷을 한다.

你每天大概上多长时间的网?
넌 매일 몇 시간 정도 인터넷을 하니?

0746 ★

上午
shàngwǔ

명 오전

我花了一个上午才把房间收拾好。
나는 방 청소하는데 오전 시간을 다 썼다.

보충 早上 (아침 6시-8시), 上午 (오전 8시-11시), 中午 (정오 11시-13시), 下午 (오후 13시-17시), 晚上 (저녁 17시- 21시), 夜里 (밤 21시-다음날 아침) 각 지방 또는 나라 마다 시간대는 다를 수 있다. 이는 단지 대략적인 구분일 뿐이다.

0747 ★★★★
稍微
shāowēi

부 조금, 약간, 다소

因为要去参加朋友的婚礼，她稍微打扮了一下。
친구 결혼식에 참가하기 위해 그녀는 조금 꾸몄다.

보충 구어에서는 "稍稍", "稍" 라고도 한다.

0748 ★★★★
勺子
sháozi

명 국자, 주걱, 숟가락

中国人常常在喝汤的时候用勺子。
중국인들은 주로 국을 마실 때 숟가락을 쓴다.

服务员，请帮我们拿一把勺子。
여기, 숟가락 하나만 갖다 주세요.

0749 ★
少
shǎo

형 적다 동 모자라다, 결핍되다

今天买的东西很少，花的钱却不少。
오늘 산 물건은 적은데 쓴 돈은 적지 않다.

刚买的书怎么少了一本？
방금 산 책이 어째 한 권 모자라지?

0750 ★★★★
社会
shèhuì

명 사회

我们生活的现代社会，工作和生活的压力越来越大。
우리가 생활하는 현대사회는 일과 생활의 부담이 갈수록 심하다.

如果我们没有办法改变社会，那么我们就要学会适应它。
우리가 사회를 바꿀 방법이 없다면, 그것에 적응해야 한다.

0751 ★
谁
shéi

대 누구, 누가, 아무

这件礼物是谁送给你的？
이 선물은 누가 너에게 준거야?

我好像听谁说过这事。
누군가 이 이야기 하는 것을 들어본 것 같다.

我们班的同学谁都喜欢他。
우리 반 학생은 누구든 그를 좋아한다.

谁唱得好我就跟谁学。
나는 누가됐든 노래를 잘 하는 사람에게 배우겠다.

보충 중국어에서 "谁，什么，什么时候，怎么，哪，哪儿" 등은 의문을 나타내는 것 외에 3 가지 용법이 더 있다 . ① 임의대로 지칭 (예문 3) ② 구체적인 지칭 (예문 4) ③ 모호한 지칭 (예문 2)

0752 ★★★★

申请

shēnqǐng

동 신청하다

出国以前必须先申请才行。

출국 전에 반드시 먼저 신청해야 한다.

我的那份申请还没交上去呢。

나의 그 신청서는 아직 전해지지 않았다.

0753 ★★

身体

shēntǐ

명 몸, 신체

他每天都坚持锻炼一个小时，所以身体很好。

그는 매일 한 시간씩 꾸준히 단련한다. 그래서 몸이 정말 좋다.

0754 ★★★★

深

shēn

형 깊다, 진하다, 어둡다

你知道长江最深的地方是多少米吗？

너는 장강의 가장 깊은 곳이 몇 미터인지 아니?

我喜欢穿深颜色的衣服。

나는 짙은 색의 옷을 입는 걸 좋아한다.

那位著名的演员深受观众的喜爱。

그 유명한 연기자는 관중들의 깊은 사랑을 받는다.

0755 ★

什么

shénme

대 무엇, 어떤, 어느

你爸爸做什么工作？

네 아버지는 무슨 일을 하니?

你是什么时候回上海的？

너는 언제 상해에 돌아왔니?

什么好吃我们就吃什么。

뭐든 맛있는 걸로 먹자.

0756 ★★★★

甚至

shènzhì

접 심지어

那个男孩儿非常健康，甚至连一次感冒也没得过。

그 남자아이는 아주 건강하다. 심지어 감기 조차도 한 번 걸린 적이 없다.

★ 新HSK 기출문제

排列顺序：

A 可惜到现在仍然没有一个科学的说法

B 有些人甚至专门写过这方面的书

C 很多人都曾经试着对梦进行解释 (H41002-65)

해설 "…,可惜…"와 "…, 甚至…"를 통해 A와 B는 모두 첫 문장이 될 수 없음을 알 수 있다. C가 당연히 첫 문장이다. B의 "有些人甚至…"는 C에서 더 추가된 설명이다. A의 "可惜"는 "但是"라는 뜻이 있는데, C와 B의 꿈에 대한 해석이 부족하다는 것을 지적하므로 가장 뒤에 놓여야 한다. 따라서 정답은 CBA이다.

0757 ★★

生病

shēngbìng

동 병이 나다, 병에 걸리다

你的脸色怎么这么差？生病了吗？

네 얼굴이 어쩜 이렇게 안 좋아? 아프니?

他已经生了一个月的病了。

그는 이미 한달 동안 병에 걸려있다.

0758 ★★★★

生活

shēnghuó

명 생활 동 살다, 생존하다

我差不多已经习惯了这儿的生活了。

나는 이미 이곳 생활에 거의 적응했다.

我已经在上海生活五个月了。

상해에서 생활한 지 벌써 5개월이 되었다.

★ 新HSK 기출문제

请选出正确答案：

生活是什么？不同的人有不同的看法。有人说，生活是一杯酒，辣中带香；有人说，生活是一块巧克力，甜中带些苦；也有人说，生活是一个圆面包，最中间那部分是最好吃的，然而不是每个人都能吃到。生活究竟是什么？可能我们每个人都有自己的答案。

这段话谈的是什么？ (H41004-42)

A 职业　　B 生活　　C 食品　　D 味道

해설 먼저 첫 문장에서 "生活是什么"라고 물었다. 두 번째로 "有人说, 生活是…"라고 했으며 3번째는 마지막으로 "生活究竟是什么"라고 물었다. 이 글에서 주로 이야기하는 것은 "生活"라는 것을 알 수 있다. "生活是酒, 是巧克力, 是圆面包, …辣, 香, 甜, 苦"는 단지 어떤 사람들이 음식과 맛을 이용해 생활에 대한 느낌, 관점을 표현한 것뿐이지, 이 글에서 말하고자 하는 내용이 아니다. 따라서 정답은 B이다.

0759 ★★★★

生命

shēngmìng

명 생명, 목숨

不管是动物还是植物都有生命。
동물이든 식물이든 모두 생명이 있다.

0760 ★★★

生气

shēngqì

동 화내다, 성내다

这件事让她很生气。
이 일은 그녀를 아주 화나게 했다.

别生他的气了，他只是个孩子。
그에게 화내지마. 겨우 아이잖아.

0761 ★★

生日

shēngrì

명 생일

我把这个送给她当生日礼物。
나는 이것을 그녀에게 생일선물로 줄 것이다.

★ 新HSK 기출문제

请选出正确答案：

男：小李，你的手表真漂亮，新买的？
女：不是，是生日那天朋友送的。
问：小李的手表是谁送的？ （样卷 -26）

A 丈夫　　B 朋友　　C 学生

해설 "是生日那天朋友送的"라는 여자의 말을 통해 小李의 시계는 친구가 줬다는 것을 알 수 있다. 따라서 정답은 B이다.

0762 ★★★★

生意

shēngyi

명 장사, 영업, 사업, 비즈니스

他是做珠宝生意的。
그는 보석 사업을 한다.

他做生意很实在。
그는 아주 정직하게 장사한다.

0763 ★★★

声音

shēngyīn

명 소리, 목소리

你听得见我的声音吗？
내 목소리가 들리니?

0764 ★★★★
省
shěng

명 성(중국의 최상급 지방 행정 단위) 동 아끼다, 절약하다, 덜다, 생략하다

中国一共有23个省。
중국에는 모두 23개의 성이 있다.

他很少出去买东西、旅游等等，因为他要省钱买房子。
그는 물건을 사거나 여행가는 경우가 거의 없는데, 왜냐하면 돈을 아껴서 집을 사고 싶기 때문이다.

★ 新HSK 기출문제

请选出正确答案：
男：姐，您这儿有中国地图吗？
女：没有，你要地图做什么？
男：我想看看长江都经过了哪些省市，你知道吗？
女：真笨！上网一查不就知道了吗？
男：那不一样。
问：男的想了解长江的什么？ (H41003-27)
A 历史　B 长度　C 风景　D 经过的省市

해설 "我想看看长江都经过了哪些省市"라는 남자의 말을 근거로 정답은 D이다. A, B, C는 모두 언급되지 않았다.

0765 ★★★★
剩
shèng

동 남다, 남기다

大家都走了，只剩下他一个人。
모두들 가고 그 혼자 남았다.

别吃剩饭、剩菜，对身体不好。
남은 밥, 남은 반찬은 먹지 마라. 몸에 안 좋아.

0766 ★★★★
失败
shībài

동 실패하다, 패배하다 명 실패

中国人常说："失败是成功之母。"
중국인들은 자주 "실패는 성공의 어머니이다"라고 말한다.

这次活动组织得太失败了。
이번 행사 조직은 정말 실패했다.

★ 新HSK 기출문제

请选出正确答案：
我们对失败应该有正确的认识。偶尔的失败其实可以让我们清楚自己还有什么地方需要提高，这可以帮助我们走向最后的成功。
"这"指的是： (H41002-79)
A 仔细　B 认真　C 失败　D 准确的判断

해설 우선 "这"가 어디 있는지 찾아보면 문제가 "什么可以帮助我们走向最后的成功"이라는 것을 알 수 있다. 앞 문장을 통해 알 수 있는 이 글의 뜻은 "偶尔的失败"가 우리에게 좋은 점도 있다는 것이다. 바로 "可以让我们清楚自己还有什么地方需要提高"함으로써 "走向成功"인 것이다. 따라서 정답은 C이다.

0767 ★★★★
失望
shīwàng

형 낙담하다 동 실망하다

这件事让我对自己很失望。
이 일로 나는 스스로에게 아주 실망했다.

多次考试，成绩不理想，我对他完全失望了。
여러 차례 시험에서 성적이 만족스럽지 못해서 나는 그에게 완전히 실망했다.

★ 新HSK 기출문제

看图，用词造句。

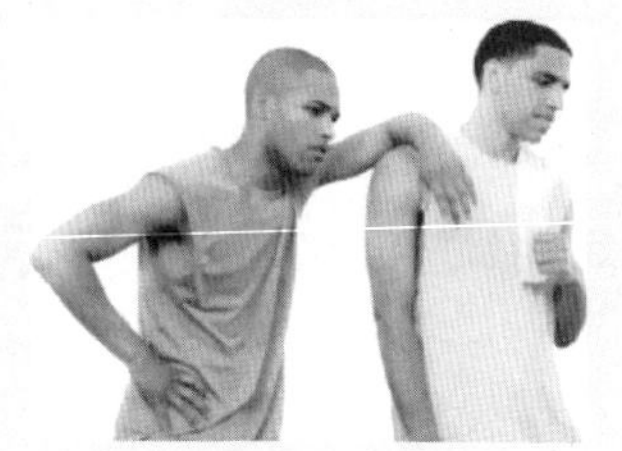

失望（H41004-100）

해설 "失望"은 형용사이다. "주어+부사+형용사"의 구조와 그림에서 그들의 표정을 통해 "他们很失望"이라고 쓸 수 있다. 그리고 실망한 원인으로 "比赛输了", "不能参加比赛了"등을 붙여서 문장 내용을 더 풍부하게 할 수 있다. 참고 답안은 "比赛输了, 他们很失望"이다.

보충 상용어구 "일 / 사람 + 让 / 叫 + 사람 + 失望", "사람 + 对 + 사람 / 일 + 失望"

0768 ★★★★
师傅
shīfu

명 기사님, 선생님, (기예,기능을 전수하는)사부, 스승, 선생

师傅，请在这儿停车。
기사님, 여기에 차 세워주세요.

刚参加工作的时候，公司给我安排了一位很有经验的师傅。
이제 막 일을 시작했을 때, 회사에서 내게 아주 경험 많은 멘토를 붙여줬다.

0769 ★
十
shí

수 10, 십, 열

他十点三刻才到机场。
그는 10시 45분이 되어서야 공항에 도착했다.

보충 기타 숫자를 나타내는 단어 百 (17) 참고

0770 ★★★★

十分
shífēn

부 매우, 아주, 대단히

这件事让他十分兴奋。
이 일은 그를 아주 자극했다.

보충 기타 정도를 나타내는 부사 非常 (241) 참고

0771 ★

时候
shíhou

명 때, 시각, 무렵

你想什么时候来就什么时候来吧。
언제든 네가 오고 싶을 때 와.

那时候我还没出生呢。
그 때 나는 아직 태어나지도 않았어.

분석 时候 vs. 时间 (772)

"时候"는 시간의 한 때를 가리킨다. 때로는 정확하지 않은 시간을 나타낼 수도 있다. 예를 들면, "有时候"는 "长, 短"등의 단어와 함께 쓰지 않는다. 상용어구는 ① "什么时候"의문을 나타낸다. 예) 你什么时候回来? ② "...的时候,..." 예) "我在洗澡的时候, 有人给我打电话" "时间"은 시작점과 종착점의 일정한 시간간격이 있다. "长, 短"등의 단어와 함께 쓸 수 있다. 예) "他用了三天时间才看完这本书", "电影开始的时间是九点一刻"와 같다.

0772 ★★

时间
shíjiān

명 시간, (시각과 시각 사이의)동안

我每天都起得很晚，所以常常没有时间吃早饭。
나는 매일 늦게 일어나서 항상 아침밥을 먹을 시간이 없다.

在英国上学的那段时间，是我最难忘的回忆。
영국에서 공부를 하던 그 시간들이 내가 가장 잊을 수 없는 기억이다.

0773 ★★★★

实际
shíjì

명 실제 형 실제적이다, 구체적이다

一边学习一边工作的情况下时间怎么安排？这是一个很实际的问题。
공부하면서 일해야 하는 상황에서 시간을 어떻게 안배해야 할까? 이것이 가장 현실적인 문제이다.

这种不努力也会成功的想法不太符合实际。
이렇게 노력하지도 않으면서 성공을 바라는 생각은 그다지 현실에 맞지 않다.

보충 구어에서의 "实际上" 은 "其实 (678)" 와 그 뜻이 비슷하다 .

0774 ★★★★

实在

shízài

부 확실히, 정말, 참으로 형 착실하다, 성실하다, 진실하다

这件事我实在不知道。
나는 이 일을 정말 모른다.

他这个人很实在。
그는 아주 정직한 사람이다.

0775 ★★★★

使

shǐ

동 (…에게) …시키다, …하게하다

他说的话使我很不高兴。
그의 말은 나를 언짢게 했다.

你觉得怎样才能使大家都满意呢？
네 생각에는 어떻게 해야 모두를 만족시킬 수 있겠니?

보충 상용어구 "일 + 使 + 사람 / 물건 + 동사 / 형용사" (주로 변화의 뜻을 나타냄)

0776 ★★★★

使用

shǐyòng

동 사용하다, 쓰다

现在使用电子邮件的人越来越多。
요즘 이메일을 쓰는 사람이 갈수록 많다.

人能制造并使用工具，动物不能。
사람은 도구를 만들고 사용할 줄 알지만, 동물은 그렇지 않다.

0777 ★★★★

世纪

shìjì

명 세기

一个世纪就是100年。
한 세기는 100년이다.

★ 新HSK 기출문제

请选出正确答案：

这是一家在当地非常有名的面馆儿，历史已经超过50年了。它一直只卖一种东西：牛肉面。由于面的味道很特别，在众多食客中名气很大。

这家面馆儿：　　(H41002-72)

A 顾客不多　B 只卖羊肉汤　C 在全国很有名　D 有半个世纪了

해설 한 세기는 100년이다. "这是一家...面馆儿, 历史已经超过了50年了"를 통해 얻을 수 있는 답은 D이다. "它一直只卖一种东西:牛肉面"을 보아 B는 틀렸다는 것을 알 수 있으며 "在众多食客中..."을 통해 손님이 아주 많다는 것을 알 수 있으므로 A도 틀렸다. 글의서두에 "在当地非常有名"이라고 했지 "在全国很有名"이라고는 하지 않았으므로 C도 틀렸다.

0778 ★★★ **世界** shìjiè	명 세계, 세상 中国是世界上人口最多的国家。 중국은 세계에서 인구가 가장 많은 나라이다.
0779 ★★ **事情** shìqing	명 일, 사건, 직업 我不想把这件事情告诉她。 나는 이 일을 그에게 알리고 싶지 않다. 跟他聊天是一件十分有趣的事情。 그와 잡담하는 것은 정말 재미있는 일이다.
0780 ★★★ **试** shì	동 시험삼아 해보다, 시행하다 我可以试试那条颜色深一点儿的裙子吗? 그 어두운 색깔 치마를 입어볼 수 있을까요? 这件衣服很漂亮，我想试一下。 이 옷 정말 예쁘다. 좀 입어봐야겠다.

自测
자기평가

1. 选词填空。

A 认真　B 森林　C 仍然　D 日记　E 社会

1. 虽然已经是4月了，但天气（　）很冷。
2. 你有每天写（　）的习惯吗?
3. 不管做什么事情都应该（　）才对。
4. 老虎等动物常常生活在（　）里。
5. 这个（　）上有各种各样的人。

A 商量　B 剩　C 生命　D 甚至　E 申请

6. 如果一个人死了，这个世界上就又少了一条（　）。
7. 考试时间已经快结束了，他还（　）三道题没有做。
8. 到底去哪个国家留学，我需要跟家里人（　）一下。

9. 来中国留学以前，我们都需要先（　　）。

10. 这次参加晚会的人很多，（　　）连老人也来了。

A 世纪　　B 适应　　C 适合　　D 实在　　E 失望

11. 在中国生活了半年以后，我已经完全（　　）这儿的生活了。

12. 一个（　　）就是一百年。

13. 过去的经验不一定（　　）现在的情况。

14. 孩子一直不努力，这让妈妈很（　　）。

15. 他这个人很（　　），如果他说帮你，他就一定会帮你的。

A 实际　　B 稍微　　C 入口　　D 失败　　E 省

16. A：你好，请问这个公园的（　　）在哪里？

B：往前走 50 米，左手边就是。

17. A：别伤心了，你忘了吗？中国人常说："（　　）是成功之母"啊。

B：谢谢你能这么鼓励我。

18. A：老师，今天的考试难不难？

B：不太难，只要你（　　）认真一点儿，就一定会考得很好的。

19. A：放心吧，我这么聪明，一定没问题的。

B：你这种不努力也会成功的想法不太符合（　　）。

20. A：你怎么很少出去买东西或者旅游啊？

B：因为我要（　　）出钱来买房子。

2. 完成句子。

21. 把会议　可以　大家　都认为　推迟到下个星期　＿＿＿＿＿＿＿＿

22. 中国人　非常热情的　对客人　总是　＿＿＿＿＿＿＿＿

23. 汉语　任务　我们今年的　是把　学好　＿＿＿＿＿＿＿＿

24. 什么声音　你　这是　了　没有　听出来　＿＿＿＿＿＿＿＿

25. 给病人看病　一种很细的针　中医　会使用　有时候　＿＿＿＿＿＿＿＿

3. 看图，用词造句。

26. 勺子

____

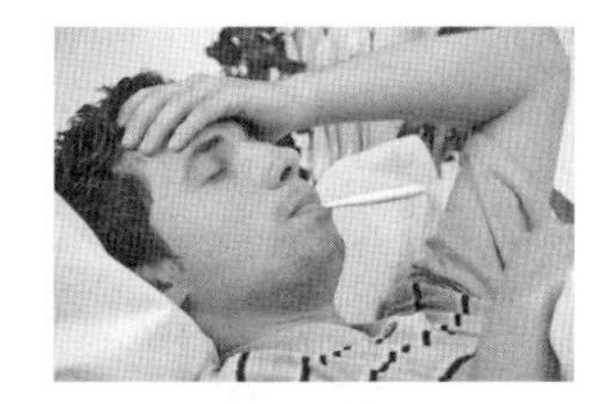

27. 生病

____

28. 扔

____

29. 上班

____

30. 生气

____

京剧

Jīngjù

경극

19세기에 등장한 '경극'은 노래, 대사, 동작, 무술의 4가지가 종합된 공연 예술이다. 경극의 발상지 베이징은 지금까지도 그 명맥을 유지하는 경극의 중심지로 손꼽힌다. 주로 역사, 정치, 사회와 일상생활에 관련된 내용으로 구성되며 유네스코 인류무형문화유산으로 지정되었다.

학습 중점

| 어휘 |

1급 11개, 2급 6개, 3급 10개, 4급 33개

| 용법 및 구조 |

1. 구조 是…的
2. 熟悉、顺便、随便、随着의 용법
3. 이합사刷牙、睡觉、说话의 용법
4. 접속사 虽然…但是…의 용법
5. 조어법 X员

0781 ★

是

shì

동 …이다

你是不是在听音乐呢？

너 지금 음악 듣고 있는 거야?

我是跟朋友们一起来的北京。

나는 친구들과 함께 북경에 왔다.

★ 新HSK 기출문제

完成句子：

2009年7月8号　我孙子　是　出生的　(H41003-89)

해설 "주어+(是)...的"의 뜻은 이미 발생한 일에 대해 "在哪儿, 什么时候, 怎么"발생했는지를 알고 싶은 것이다. 여기서 강조하는 것은 시간 "2009年 7月 8号"이므로 얻을 수 있는 답은 "我孙子是2009年7月8号出生的" 이다.

보충 "是…的" 구조는 이미 발생한 일의 시간, 장소, 사람, 방식, 원인, 목적 등을 강조한다.

0782 ★★★★

是否

shìfǒu

부 …인지 아닌지

她是否愿意帮忙，我还不清楚。

그녀가 도와주길 원하는지 아닌지 난 아직 잘 모르겠다.

我不知道是否应该告诉你。

너에게 알려야 하는 건지 아닌지 모르겠다.

★ 新HSK 기출문제

请选出正确答案：

经理，这次来应聘的一共有15人，经过笔试和面试，有两个人比较优秀，符合我们的要求，您看，是否今天就通知他们下周一来上班？

那两个人：　(H41330-76)

A 能力一般　B 不符合条件　C 通过了面试　D 普通话很标准

해설 "经过笔试和面试, 有两个人比较优秀...是否今天就通知他们下周一来上班"을 통해 정답은 C라는 것을 알 수 있다. "有两个人...符合我们的要求"를 통해 B는 틀렸다는 것을 알 수 있다. A, D는 모두 언급되지 않았다.

0783 ★★★★

适合

shìhé

동 적합하다, 부합하다, 적절하다

这些衣服很适合你。

이 옷들은 너한테 정말 잘 어울린다.

★ 新HSK 기출문제

请选出正确答案：

有不少人都喜欢按照流行的标准来穿衣服、打扮自己。其实，是不是流行不重要，真正适合自己的才是最好的。

年轻人应该穿什么样的衣服？ (H41003-71)

A 正式的　B 高级的　C 适合自己的　D 人们普遍接受的

해설 "真正适合自己的才是最好的"에 근거하여 사람들은 "본인에게 어울리는" 옷을 입어야 한다는 것을 알 수 있다. "年轻人"도 마찬가지이다. 정답은 C이다.

0784 ★★★★

适应

shìyìng

동 적응하다

我已经完全适应这儿的生活了。

나는 이미 이곳 생활에 완전히 적응했다.

0785 ★★★★

收

shōu

동 받다, 접수하다, 받아들이다, 수용하다

她收下了他送的礼物。

그녀는 그의 선물을 받아들였다.

★ 新HSK 기출문제

选词填空：

A：我刚从会议室过来，怎么一个人也没有？

B：对不起，今天的会议改到明天上午了，您没（　　）到通知吗？ (H41001-53)

A 工具　B 收　C 温度　D 到底　E 辛苦　F 抱歉

해설 이 문장에서의 "到"는 결과보어이다. 앞에는 당연이 동사가 있어야 한다. 뒤의 목적어가 "通知"인 것과 다른 동사들을 비교해보았을 때 정답은 B이다.

결합 동사 "收" 뒤에는 주로 보어 "到, 下" 등이 온다.

0786 ★★★★

收入

shōurù

명 수입, 소득

很多中国农村家庭一年的收入只有几万元。

아주 많은 중국 농촌 가정의 일년 소득은 겨우 몇 만 위안에 불과하다.

★ 新HSK 기출문제

排列顺序：

A 这个公司的工资虽然不算很高

B 但是奖金很多

C 所以总的来说收入还不错 (H41005-60)

해설 "虽然..., 但是..."을 통해 A가 B앞에 온다는 것을 알 수 있다. "所以..."은 주로 뒤에 있는 절에 온다. "工资"와 "奖金"은 모두 총 수입의 일부분이다. 월급과 보너스를 합쳐야 수입이 어떤지 알 수 있다. 따라서 C는 A와 B 뒤에 와야 한다. 정답은 ABC이다.

0787 ★★★★
收拾
shōushi

동 거두다, 정리하다, 수습하다, 치우다

去旅行以前，要先收拾好行李。
여행가기 전에 먼저 짐을 꾸려야 한다.

★ 新HSK 기출문제

看图，用词造句。

收拾
(H41003-96)

해설 동사 "收拾"뒤에는 주로 "房间, 行李"등이 오거나 "一下"를 붙여서 시간이 짧고 동작이 아주 빠르다는 것을 나타낸다. 그림을 통해 "她正在收拾房间"이라고 할 수 있다. 또한 시간사 등을 더해서 내용을 더 풍부하게 할 수 있다. 참고 답안은 ① "她每天都要收拾房间". "把자문"을 이용할 수도 있다. 참고 답안은 ② "她想把这儿收拾干净"이다.

보충 "收拾" 는 주로 구어에서 쓴다 . 서면어로는 주로 "整理 (1125)" 를 쓴다 . 打扫 (136) 참고

0788 ★★
手表
shǒubiǎo

명 시계

这块手表是丈夫送给她的结婚礼物。
이 시계는 남편이 그녀에게 준 결혼선물이다.

0789 ★★
手机
shǒujī

명 핸드폰

请把你的手机号码写在这儿。
핸드폰 번호를 여기에 적어주세요.

0790 ★★★★
首都
shǒudū

명 수도

北京是中国的首都。
북경은 중국의 수도이다.

0791 ★★★★
首先
shǒuxiān

대 첫째(로), 먼저 부 가장먼저, 우선, 무엇보다 먼저

首先，请让我自我介绍一下，我叫玛丽，来自美国。

먼저, 자기소개를 할게요. 나는 마리이고 미국에서 왔어요.

要想顺利通过 HSK考试，首先要学好生词。

HSK시험을 순조롭게 통과하고 싶다면, 우선 단어를 잘 알아야 한다.

0792 ★★★★

受不了

shòubuliǎo

동 견딜 수 없다, 참을 수 없다

这种味道真让人受不了。

이런 맛은 정말 참을 수 없다.

我实在受不了你了！

난 정말 널 더 이상 견딜 수 없어!

0793 ★★★★

受到

shòudào

동 얻다, 받다, 부딪치다, 견디다

因为上课不认真听讲，他又受到了老师的批评。

수업을 열심히 듣지 않아서 그는 또 선생님의 지적을 받았다.

0794 ★★★★

售货员

shòuhuòyuán

명 판매원, 점원

那家商店的售货员对顾客非常热情。

그 가게의 판매원은 손님에게 매우 친절하다.

보충 X员：服务员 (247)，演员 (1004)，运动 (1096) 员，职员 (직원)

0795 ★★★

瘦

shòu

형 마르다, 여위다, (옷, 신발, 양말 등이) 꼭 끼다, 작다

这条裙子太肥了，有没有瘦一点儿的？

이 치마는 너무 커요. 좀 더 작은 걸로 있나요?

胖的人想瘦一点儿，瘦的人想胖一点儿。

뚱뚱한 사람은 조금 마르길 원하고 마른 사람은 조금 살찌길 원한다.

보충 "瘦"는 사람, 동물, 의복, 고기 등에 쓰인다. "사람, 동물"에 쓰일 때 반의어는 "胖"이고, "의복, 고기"에 쓰일때 반의어는 "肥"이다.

0796 ★

书

shū

명 책

那本书你买到了没有？

너 그 책을 샀니 못 샀니?

보충 X书：图画书 (그림책)，英语书 (영어책)，法律书 (법률책)

0797 ★★★
叔叔
shūshu

명 숙부, 작은아버지, 삼촌

他的叔叔在大使馆工作。
그의 삼촌은 대사관에서 일한다.

0798 ★★★
舒服
shūfu

형 편안하다, 쾌적하다, 홀가분하다, 유쾌하다

我今天哪儿都不舒服，头疼，发烧，还咳嗽，可能是感冒了。
나는 오늘 온 몸이 불편하다. 머리 아프고, 열나고 기침도 하는 게 감기에 걸린 것 같다.
这种沙发坐起来非常舒服。
이런 소파는 앉기에 아주 편안하다.

0799 ★★★★
输
shū

동 지다, 잃다, 패하다

昨天的比赛，你们队输了还是赢了？
어제 경기는 너희 팀이 졌어 아니면 이겼어?

★ 新HSK 기출문제

判断对错：
他说，因为压力太大，他想过放弃这次比赛，是母亲一直鼓励他，让他重获信心，并最终赢得了比赛。
那场比赛他输了。（　　）　(样卷 -1)

해설 "并最终赢得了比赛"를 보아 그 경기에서 그는 지지 않았다는 것을 알 수 있다. 정답은 X이다.

0800 ★★★★
熟悉
shúxi

동 분명하게 알다, 충분히 알다

现在他很熟悉上海，更熟悉人民广场附近的情况。
그는 이제 상해를 아주 잘 아는데, 특히 인민광장 부근의 사정을 잘 안다.

★ 新HSK 기출문제

完成句子：
对　很熟悉　我　这个城市　(H41001-95)

해설 "对"의 일반용법은 "[对+목적어]+동사/형용사"형태이다. 그 중에서 "동사/형용사"는 주로 태도 또는 관계 등을 나타낸다. 얻을 수 있는 답은 "我对这个城市很熟悉"이다. 기타 문장으로는 또한 "他对我很友好", "老师对我们非常关心", "爷爷对京剧很感兴趣"등이 있다.

0801 ★★★
树
shù

명 나무

一看见那棵苹果树就到我家了。
저 사과나무가 보이면 우리 집에 다 온 것이다.

0802 ★★★★
数量
shùliàng

명 수량, 양

质量比数量更重要。
양보다 질이 중요하다.

0803 ★★★
数学
shùxué

명 수학

现在你还学数学吗?
너 지금도 여전히 수학을 배우니?

0804 ★★★★
数字
shùzì

명 숫자

他喜欢玩数字游戏。
그는 숫자 놀이를 좋아한다.

0805 ★★★
刷牙
shuāyá

동 이를 닦다. 양치질하다

你知道正确的刷牙方法吗?
정확한 양치질 방법을 알고 있어요?
牙疼最好别使用这种牙膏刷牙。
치통에는 이런 치약으로 양치질하지 않는 것이 좋다.

0806 ★★★★
帅
shuài

형 잘생기다, 멋지다

你今天打扮得真帅啊!
너 오늘 정말 멋지게 차려 입었네!

0807 ★★★
双
shuāng

양 짝, 켤레, 쌍, 매

三双鞋子	四双筷子	一双袜子	一双手
신발 세 켤레	젓가락 네 짝	양말 한 쌍	양 손

0808 ★
水
shuǐ

명 물

你每天要喝多少水?
넌 매일 얼마만큼의 물을 마시니?

0809 ★

水果

shuǐguǒ

명 과일

你最喜欢哪种水果？
너는 어떤 과일을 가장 좋아하니?

0810 ★★★

水平

shuǐpíng

명 수준

"HSK"是指汉语水平考试。
"HSK"는 중국어능력시험을 가리킨다.

现在你的汉语水平怎么样？
지금의 당신의 중국어 수준은 어느 정도입니까?

0811 ★

睡觉

shuìjiào

동 (잠을)자다

我每天晚上十点睡觉。
나는 매일 밤 10시에 잠을 잔다.

昨天他只睡了四个小时觉。
어제 그는 겨우 4시간을 잤다.

★ 新HSK 기출문제

请选出正确答案：

女：真对不起，把您吵醒了。

男：别客气，我正好也要起来活动活动了。

问：男的刚才最可能在做什么？ (H41004-16)

A 睡觉　B 看电视　C 弹钢琴　D 阅读杂志

해설 "对不起，把您吵醒了"라는 여자의 말에 따라, 남자가 좀 전에 잠을 자고 있었다는 것을 알 수 있다. 얻을 수 있는 정답은 A이다.

0812 ★★★★

顺便

shùnbiàn

부 …하는 김에, 겸사겸사

你去超市的时候顺便帮我买点儿牛奶行吗？
마트에 갈 때, 겸사겸사 나 대신 우유 좀 사다 줄 수 있어?

★ 新HSK 기출문제

选词填空：

你去买啤酒吗？（　　）帮我买一盒牛奶吧。(H41001-46)

A 禁止　B 海洋　C 推迟　D 坚持　E 顺便　F 估计

해설 "去买啤酒"는 주요 목적이다. "帮我买牛奶"는 단지 "顺便"일 뿐이다. "帮"은 동사이고 "顺便"은 부사이므로 "부사+동사"구조에 따라 얻을 수 있는 정답은 E이다.

0813 ★★★★
顺利
shùnlì

형 순조롭다

这件事进行得很顺利，没有遇到任何困难。
이 일은 어떠한 어려움도 겪지 않고 진행이 아주 순조롭다.

0814 ★★★★
顺序
shùnxù

명 순서, 차례, 순번, 순차

请把这些数字按从大到小的顺序排列起来。
이 숫자들을 큰 것부터 작은 순서대로 배열해주세요.

★ 新HSK 기출문제

请选出正确答案：

当我们与别人见面握手时，注意要按顺序一个一个来。如果你与一个人握手的时候，用另外一只手去和其他人握手，那是极其不礼貌的。

握手时要注意：　(H41005-75)

A 力气要大　B 动作要慢　C 按顺序来　D 不要戴帽子

해설 "注意要按顺序一个一个来的"에 근거하여 얻을 수 있는 정답은 C이다.

0815 ★
说
shuō

동 말하다, 이야기하다, 설명하다, 해석하다

不管你说什么，她都不会相信的。
네가 무슨 말을 하든 관계없이 그녀는 믿지 않을 거야.

★ 新HSK 기출문제

请选出正确答案：

男人和女人在很多方面是不相同的。例如，在工作中遇到了不愉快的事，男人回到家，不喜欢跟妻子说，而女人正好相反。

女人在工作中遇到不高兴的事，会：　(H41111-66)

A 流泪　B 跟丈夫说　C 请父母帮忙　D 去商场购物

해설 "在工作中遇到了不愉快的事, 男人...不喜欢跟妻子说, 而女人正好相反"을 보아 얻을 수 있는 답은 B이다. A, C, D는 언급되지 않았다.

请选出正确答案：

我认为，广告会介绍一样东西的优点，却不会说它的缺点。人们把东西买回家，才发现原来并不像广告上说的那么好，所以不能完全相信广告。

"我"觉得广告：　(H41111-72)

A 只说优点　B 数量太多　C 内容是假的　D 应该受到重视

해설 "我认为, 广告会介绍...优点, 却不会说它的却点"을 근거로 알 수 있는 답은 A이다. B, C, D는 모두 언급되지 않았다.

0816 ★★

说话

shuōhuà

동 말하다, 이야기하다

老师讲课的时候，大家不要说话。
선생님께서 수업하실 때에는 모두 조용히 하세요.

他说的话我一句也听不懂。
그가 하는 말을 나는 한마디도 못 알아듣겠다.

분석 说话 vs. 告诉 (274), vs. 讲 (414) vs. 聊天 (561) vs. 谈 (840), 告诉 (274) 참고

0817 ★★★★

说明

shuōmíng

동 설명하다 명 설명

请说明一下你的情况。
당신의 상황이 어떤지 설명해 주세요.

我看不懂这台冰箱的使用说明书。
이 냉장고의 사용 설명서를 이해하지 못하겠어요.

분석 说明 vs. 解释 (444)

"说明"은 道理(이유), 情况(700), 原因(1086), 问题(908), 使用办法(사용 방법) 등을 명백하게 밝혀 말하는 것으로, 설명하는 말 혹은 문장이다; "解释"은 莫(어떤) 전문분야의 문제에 대한 설명으로, 틀린 것에 대한 원인이나 실제적인 상황을 명백하게 밝히는 것이다.

0818 ★★★★

硕士

shuòshì

명 석사, 석사학위

硕士毕业后他就参加了工作。
석사 졸업 후 그는 바로 일을 시작했다.

보충 博士 (65)

0819 ★★★

司机

sījī

명 운전기사

每辆公共汽车都有两名司机。
버스 한 대당 두 명의 운전기사가 있다.

보충 乘客 (승객); 기타 직업과 관련된 단어 大夫 (147) 참고

0820 ★★★★

死

sǐ

동 죽다 형 …해 죽겠다

他已经死了六年了。
그는 이미 6년 전에 죽었다.

快给我弄点儿吃的，我饿死了。
빨리 먹을 것 좀 줘. 배고파 죽겠어.

0821 ★

四

sì

수 넷, 4

八是二的四倍。
8은 2의 4배이다.

0822 ★★

送

sòng

동 주다, 보내다, 배웅하다

我想把这张照片送给她。
이 사진을 그녀에게 보내고 싶어.

你把这本书送到他的房间，好吗？
이 책을 그의 방으로 보내줄 수 있어?

朋友明天要回国，我得去送他。
친구가 내일 고향으로 돌아가서 제가 배웅해 줘야 해요.

보충 给 (280)

반의 接 (431)

0823 ★★★★

速度

sùdù

명 속도

火车的速度一定比汽车的速度快得多吗？
기차의 속도가 자동차의 속도보다 확실히 많이 빠릅니까?

0824 ★★★★

塑料袋

sùliàodài

명 비닐봉투

你把那个蓝色的塑料袋扔到哪儿去了？
그 파란색 비닐봉투를 어디에 뒀어?

★ 新HSK 기출문제

判断对错：

因为塑料袋会给环境带来污染，所以现在超市不再免费提供塑料袋，有需要的顾客，可以向超市购买。

超市提供免费塑料袋。(　　)　　(H41003-6)

해설 "不再= 더는 …아니다", "不再面免费提供塑料袋"를 통해서 "超市提供费提供塑料袋"는 틀린 것을 알 수 있다. 따라서 정답은 X이다.

0825 ★★★★

酸

suān

형 (맛·냄새 따위가) 시다, 시큼하다

有人特别喜欢吃酸的东西。
신 음식을 먹는 것을 유달리 좋아하는 사람들이 있다.

보충 기타 맛에 관련된 단어 苦 (513) 참고

★ 新HSK 기출문제

选词填空：

A：这两瓶饮料有什么区别吗？

B：左边这瓶有点儿（　　），右边这瓶是甜的。(H41002-52)

A 填　　B 正式　　C 温度　　D 酸　　E 广播　　F 肚子

해설 A의 "饮料(음료)", B의 "右边(오른쪽)"은 "甜的(단 것)"으로 미루어 보아 "左边(왼쪽)"과 "右边(오른쪽)" 모두 음료의 맛을 가리키는 것을 알 수 있다. 음료의 맛을 뜻하면서 "有点儿(약간)+형용사"의 구문에 적합한 것은 "酸"이므로 옳은 답은 D이다.

0826 ★★

虽然… 但是…

suīrán… dànshì…

접 비록…, 하지만…

虽然他学汉语的时间不长，但是说得很不错。

그는 비록 중국어를 공부한 기간이 길지 않지만 말을 꽤 잘한다.

★ 新HSK 기출문제

请选出正确答案：

广告越来越多，几乎无处不在。不只是广播、电视、网站有广告，公共汽车、地铁上也有很多广告，连我家的电梯里都挂着三个广告。广告虽然给我们带来很多方便，但数量太多也会让人觉得讨厌。

作者认为广告：(H41009-68)

A 太多了　B 内容无聊　C 很受欢迎　D 范围要扩大

해설 "广告越来越多, 几乎无处不在"와 동시에 그 뒤에 광고를 어째서"无处不在"라고 하는지를 설명한 것과, 더욱 직접적으로 광고는"数量太多, 让人觉得讨厌"이라고 지적한 것을 근거로 하여 알수 있는 정답은 A이다. B,C,D는 모두 언급되지 않았다.

排列顺序：

A 但世界上还有很多东西是钱买不到、也换不来的

B 钱虽然能买到很多东西

C 例如生命、爱情、友谊和时间 (H41327-57)

해설 "例如..."는 당연히 첫 문장이 아니다. A에는 "但"이 있고, B에는"虽然"이 있기 때문에 B는 앞에, A는 그 뒤에 온다는 것을 알 수 있다. 따라서 B가 첫 문장이 된다. A는"世界上有很多东西是钱买不到的"라고 지적하였고, C에서 예를 들어서 A가 정확하다는 것을 증명했다. 따라서 C는 당연히 A 뒤에 놓이게 된다. 정답은 BAC이다.

분석 虽然 vs. 即使 (388) vs. 尽管 (448)

"虽然"과"尽管"은 모두 일종의 사실을 나타낸다. 이러한 사실은 뒤의 결과에 영향을 주지않고 뒷 문장에는 주로 "但是, 可是, 然而, 还是, 仍然, 却"등이 온다. "虽然"의 어감이 "尽管"보다 강하다. "即使"는 아직 발생하지 않은 상황 또는 사실과 상반되는 상황을 가정한다. 뒤에는 이러한 상황이 결과에는 영향이 없음을 나타내며 주로 "也"와 함께 쓰인다.

보충 "虽然…，但是…"는 보통 함께 쓸 수도 있고 "但是"만 쓸 수도 있다. "但是"는 "但，可是，可，却，然而" 등과 바꿔 쓸 수 있다. 예를 들면 "妈妈想让我学医，可是我却不想当医生"과 같다.

0827 ★★★★
随便
suíbiàn

형 마음대로 하다, 제멋대로이다, 함부로 하다

今天我请客，想吃什么菜随便点。
오늘은 내가 살게, 먹고 싶은 음식 있으면 마음대로 시켜.

上班的时候不要穿得太随便。
출근할 때에는 너무 편하게 입지 말아라.

0828 ★★★★
随着
suízhe

개 …따라서, …뒤이어, …에 따라

随着年龄的增长，我们的知识也越来越丰富了。
연령이 높아짐에 따라 지식도 갈수록 풍부해진다.

0829 ★
岁
suì

양 살, 세(나이를 세는 단위), 해, 세월

他十八岁就到中国来了。
그는 18살에 중국에 왔다.

0830 ★★★★
孙子
sūnzi

명 손자

他孙子刚出生，非常可爱。
그의 손자가 막 태어났는데 정말 귀엽다.

보충 孙女（손녀）

0831 ★★★★
所有
suǒyǒu

형 모든, 전부의, 전체의

我把身上所有的钱都给了那个可怜的老人。
나는 가지고 있는 돈 전부를 그 불쌍한 노인에게 주었다.

분석 所有 vs. 全部 (710) vs. 一切 (1028)

"所有"는 형용사이다. 소유하고 있는 물건을 나타낸다. 일정한 범위 내의 어떤 사물의 전부이다.

A B C D E F G H I J K L M N O P Q R S T U V W X Y Z

"一切"는 대명사이고 전부를 뜻한다. 그러나 일정한 범위에 한정되지 않고 어떤 사물의 모든 유형을 나타낸다.

"全部"는 명사이고 범위를 나타낸다. 예외 없음을 강조한다.

0832 ★
他
tā

대 그, 그 사람

他是一个对工作非常负责的人。
그는 일에 대해 아주 책임감 있는 사람이다.

0833 ★★
它
tā

대 그, 저, 그것

这杯牛奶你喝了它。
이 우유 마셔.

0834 ★
她
tā

대 그녀, 그 여자

她很喜欢帮助别人。
그녀는 다른 사람을 돕기를 아주 좋아한다.

0835 ★★★★
台
tái

양 (기계, 차량, 설비 등을 세는)대 명 무대, 단, 높고 평평한 건축물

三台冰箱	四台电脑	讲台	舞台
냉장고 세 대	컴퓨터 네 대	교단	무대

0836 ★★★★
抬
tái

동 들어올리다, 들다

抬起头回答问题。
고개를 들고 대답해라.

这张桌子很轻，不需要两个人抬。
이 테이블은 아주 가벼워서 두 사람이 들 필요도 없다.

0837 ★
太
tài

부 대단히, 매우, 지나치게, 너무

外面太冷了。
밖이 너무 춥다.

这杯水太热了。
이 물은 너무 뜨겁다.

보충 "太 + 형용사"는 관형어 역할을 할 수 없으며 술어 역할만 할 수 있다. 예를 들면, "他是一个太好的老师"(X) "这个老师太好了"(O) 이와 같은 용법으로는 真이 있다.

0838 ★★★
太阳
tàiyáng

명 태양

太阳像一个圆球。
태양이 마치 둥근 구슬 같다.

보충 星星(별)

0839 ★★★★
态度
tàidù

명 태도, 행동거지

这家商店的服务员态度一直很好。
이 가게 종업원의 태도는 항상 아주 좋다.

0840 ★★★★
谈
tán

동 말하다, 이야기하다, 토론하다

老师让同学们谈谈自己的爱好。
선생님은 학생들에게 자기 취미를 이야기하도록 했다.

自测
자기평가

1. 选词填空。

A 收入　　B 受到　　C 首都　　D 首先　　E 受不了

1. 最近的天气实在是太热了，真让人（　　）。
2. 很多中国家庭一年的（　　）也只有几万块。
3. 在中国留学期间，我（　　）过很多人的帮助，也曾经帮助过很多人。
4. （　　）请让我自我介绍一下。
5. 中国的（　　）是北京。

A 说明　　B 数量　　C 数学　　D 顺利　　E 速度

6. 飞机的（　　）比火车快得多。
7. 上中学的时候我的（　　）就一直不太好。
8. 我在这儿的工作一直进行得很（　　）。
9. 我们不仅要保证（　　），更要保证质量。
10. 这种药瓶子上有（　　），告诉你应该怎么吃。

A 硕士　　B 态度　　C 孙子　　D 随着　　E 所有

11.（　　）人都要先办好护照才能出国，没有人例外。
12. 大学毕业以后，他又读了三年的（　　）。
13. 虽然他问了很多问题，但是那个服务员的（　　）仍然很好。
14. 他（　　）很可爱，大家都很喜欢他。
15.（　　）社会的发展，人们生活越来越方便了。

A 太阳　　B 收拾　　C 是否　　D 抬　　E 瘦

16. A：这张桌子实在是太重了，怎么办呢？
　　B：别担心，我们再找两个人一起（　　）吧。
17. A：他的房间怎么这么乱啊？
　　B：他已经三个星期没有（　　）过了。
18. A：你今天怎么这么高兴啊？
　　B：哈哈，告诉你吧，这个星期我又（　　）了两公斤。
19. A：考虑到安全的问题，我想买辆贵点的车。
　　B：那你有没有想过：（　　）越贵的车就一定越安全呢？
20. A：今天外边有（　　）吗？
　　B：没有，天气预报说今天还要下雨呢。

2. 完成句子。

21. 请　排列　这些数字的顺序　重新　一下　________________
22. 他们家附近的　情况　我　对　不太熟悉　________________
23. 陪爷爷　叔叔　我　让　去医院看病　________________
24. 女儿　一辆自行车　爸爸　送了　做生日礼物　________________
25. 三场比赛　都　上个月的　他　输了　________________

3. 看图，用词造句。

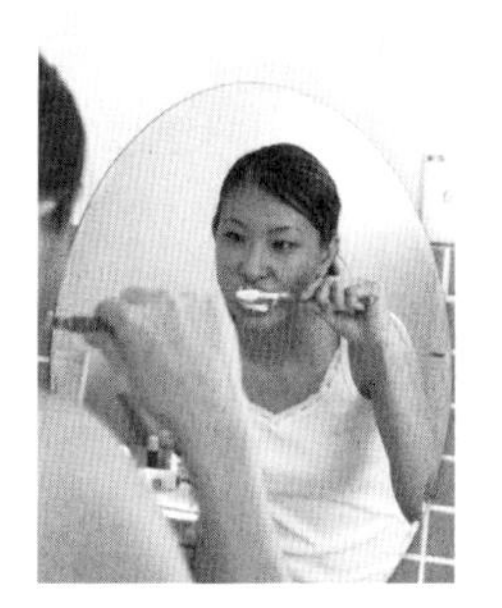

26. 刷牙

____

27. 酸

____

28. 帅

____

29. 说

____

30. 舒服

____

万里长城

Wànlǐ Chángchéng

만리장성

북방 유목민족의 침공을 막기 위해 기원전 220년 진시황 때부터 15세기 명나라 시대까지 걸쳐 축조하였으며 2,700㎞ 길이의 세계 최장(最長) 군사 시설물이다. 유네스코 세계문화유산으로 지정되었다.

학습 중점

| 어휘 |

1급 3개, 2급 9개, 3급 18개, 4급 30개

| 용법 및 구조 |

1. **이합사** 跳舞의 **용법**
2. **구조** 提醒/同意 + 人 + 做什么事
3. **구조** 讨厌/推迟/忘记 + 做什么事
4. **개사** 通过、往、为、为了의 **용법**
5. **미각 어휘**
6. **반의어** 提高—降低、同意—反对、推—拉、推迟—提前、脱—穿、外—里、危险—安全

0841 ★★★★
弹钢琴
tán gāngqín

동 피아노를 치다

昨天她弹了一下午钢琴。
어제 그녀는 오후 내내 피아노를 쳤다.

보충 拉 + 小提琴 (바이올린 켜다), 吹 + 口琴 (하모니카 불다), 打 + 鼓 (북 치다)

0842 ★★★★
汤
tāng

명 탕, 국물

你喜欢喝什么汤？
너는 무슨 국을 좋아하니?

0843 ★★★★
糖
táng

명 설탕, 사탕

糖是甜的，而盐是咸的。
설탕은 달고, 소금은 짜다.
这种糖挺甜的，十分受孩子们的欢迎。
이런 사탕은 정말 단데, 아이들이 정말 좋아한다.

0844 ★★★★
躺
tǎng

동 눕다, 드러눕다

他进来时，我正躺着看书呢。
그가 들어올 때, 나는 누워서 책을 보고 있었어.

보충 상용어구 "躺 + 着 + 做什么事", "躺 + 在 + 장소 + (做什么事)", "在 + 장소 + 躺 + 着 +(做什么事)"
이와 같은 용법의 단어로는 站 (1110) 과 坐 (1197) 등이 있다 .

0845 ★★★★
趟
tàng

양 차례, 번(왕래한 횟수를 세는 데 쓰임)

今天我得去一趟大使馆。
오늘 나는 대사관에 한번 가야 한다.

결합 "동사 + (一) + 趟" 구조에 자주 쓰이는 동사는 来，去，走，跑 등이 있다 .

0846 ★★★★
讨论
tǎolùn

동 토론하다

教授们正在认真地讨论这个问题。
교수들이 진지하게 이 문제에 대해 토론 중이다.

★ 新HSK 기출문제

看图，用词造句。

讨论（H41003-100）

해설 "讨论"은 동사이다. 그림에는 두 명의 남자와 한 장의 도면이 있다. "주어+正在/正/在+동사+목적어" 구조에 따라 얻을 수 있는 참고 답안은 "他们正在讨论那个计划", "他们在讨论那个计划", "他们正在讨论一个问题"등이 있다.

분석 讨论 vs. 商量 (742)

"商量"은 두 사람 또는 몇 사람이 의견을 교환하는 것을 가리키며 주로 구어에서 쓰인다. "讨论"은 어감이 "商量"보다 무거우며 "辩论"의 뜻을 가지고 있다. 구어와 서면어에서 모두 쓰인다.

0847 ★★★★

讨厌

tǎoyàn

동 싫어하다, 미워하다

我讨厌下雨天出门。

나는 비 오는 날 외출하는 것을 싫어한다.

0848 ★★★

特别

tèbié

형 특별하다, 특이하다 부 유달리, 특별히, 특히, 더군다나

你身上穿的这件衣服很特别啊。

네가 입은 이 옷은 정말 특별하다.

爷爷对京剧特别感兴趣。

할아버지는 경극에 특별히 관심이 있다.

0849 ★★★★

特点

tèdiǎn

명 특징, 특색, 특성

你觉得中国菜有什么特点？

넌 중국 요리에 어떤 특징이 있다고 생각해?

★ 新HSK 기출문제

请选出正确答案：

有些人对自己的性格总是不很满意，想要改变它。其实性格没有完全好或者坏的区别，关键是要根据自己的性格特点来选择适合自己做的事。

关于性格，下列哪个正确？ (H41004-76)

A 决定成败　B 各有特点　C 和友谊无关　D 一直在变化

해설 "其实性格没有完全好或者坏的区别"를 근거로 성격은 "决定成功失败"할 수 없다는 것을 알 수 있다. A는 틀린 답이다. C와 D는 글에서 언급되지 않았으므로 정답은 B이다.

0850 ★★★
疼
téng

형 아프다

昨天我头疼得很厉害，不得不去医院。
어제 나는 머리가 너무 아파서 어쩔 수 없이 병원에 갔다.

보충 X疼： 牙疼（치통），腿疼（다리 아픔），头疼（두통），肚子疼（복통）

0851 ★★
踢足球
tī zúqiú

동 축구를 하다

昨天他踢了一个下午的足球。
어제 그는 오후 내내 축구를 했다.

他的爱好就是踢足球、打网球。
그의 취미는 바로 축구와 테니스이다.

0852 ★★★★
提
tí

동 (아래에서 위로) 끌어올리다, 높이다, 제시하다, 언급하다

他在会议上提了一下这个计划。
그는 회의에서 이 계획을 제시했다.

别再提那件事了。
그 일은 다시 언급하지 마라.

0853 ★★★
提高
tígāo

동 제고하다, 향상시키다, 높이다

他的汉语水平提高得很快。
그의 중국어 수준은 아주 빨리 향상되었다.

★ 新HSK 기출문제

完成句子：
语言表达能力　经常阅读报纸　提高　能　(H41002-90)

해설 "提高"는 동사이다. "동사+목적어"구조에 따라 "提高语言表达能力"라고 구성한다. "能"은 능원동사로 "능원동사+동사"구조에 따라 "能提高语言表达能力"라고 완성할 수 있다. 문장의 맨 앞에 주어 "经常阅读报纸"를 더해서 얻을 수 있는 답안은 "经常阅读报纸能提高语言表达能力"이다.

0854 ★★★★
提供
tígōng

동 제공하다, 공급하다, 내놓다

我们宾馆的服务质量很好，全天都免费提供热水。
우리 호텔의 서비스 질은 아주 좋아서 하루 종일 무료로 따뜻한 물을 제공한다.

★ 新HSK 기출문제

完成句子：
专为老年人　提供的　这椅子　是　(H41001-88)

해설 "专"은 "专门"이라는 뜻이다. "为"는 개사이며 일반적인 용법은 "[为+목적어]+동사"이다. "提供"이 동사이므로 "专为老年人提供的"라고 완성할 수 있다. 또한 "是...的"용법에 따라 "是专为老年人提供的"라고 완성할 수 있다. 문장 맨 앞에 주어 "这椅子"를 붙여서 얻을 수 있는 답은 "这椅子是专为老年人提供的"이다. "是...的"는 강조의 목적이다.

完成句子：
公司　机会　提供了　一些　学习的（样卷-90）

해설 동사 "提供了"의 일반적인 용법은 "주어+提供了+목적어"이다. "一些"는 명확하지 않은 것을 뜻하며 중국어 특징에 따라 목적어 앞에 놓이게 된다. 얻을 수 있는 정답은 "公司提供了一些学习的机会"이다.

0855 ★★★★
提前
tíqián

동 (예정된 시간을) 앞당기다

我们提前完成了任务。
우리는 임무를 앞당겨서 완성했다.

★ 新HSK 기출문제

请选出正确答案：
同学们正在教室里学习，准备下星期的考试。班长忽然跑进来，大声说："告诉大家一个好消息和一个坏消息。好消息是下星期不考试了！"同学们高兴得跳了起来，班长又说："坏消息是下星期的考试，改到今天了。"
坏消息是什么？ (H41002-39)
A 要考数学　B 作业很多　C 考试提前了　D 考试成绩不好

해설 "坏消息是..., 改到今天了"를 통해 "考试提前了"라는 것을 알 수 있다. 따라서 정답은 C이다.

0856 ★★★★
提醒
tíxǐng

동 일깨우다, 깨우치다, 조심시키다, 경고하다

明天提醒我给儿子买生日礼物。
내일 나에게 아들에게 줄 생일 선물을 사라고 알려줘.

★ 新HSK 기출문제

选词填空：

A：周末的演出改到晚上7点了，你通知小王了没？

B:还没呢,一上午都在忙。你不（　　）的话,我可能真忘了。

（H41004-53）

A 严格　B 后悔　C 温度　D 直接　E 重点　F 提醒

해설 B의 "...的话"와 "我可能真忘了"를 통해 앞 문장의 뜻이 "如果你不说的话"라는 것을 알 수 있다. "不"는 부사이므로 반드시 동사 "提醒"을 붙여야 한다. 따라서 정답은 F이다.

选词填空：

明天可能下雨，你记得（　　）儿子带雨伞。　（样卷-48）

A 随着　B 尝　C 春节　D 坚持　E 收拾　F 提醒

해설 "儿子"는 명사이다. 앞에 동사가 붙어야 한다. 왜냐하면 "明天可能下雨"이기 때문에 아들에게 우산을 가져가라고 "提醒"해야 한다. 따라서 정답은 F이다.

0857 ★★

题
tí

명 문제, 연습문제, 시험문제

我不知道这道题的答案是什么。

나는 이 문제의 답이 무엇인지 모르겠다.

0858 ★★★

体育
tǐyù

명 체육, 스포츠, 운동

我最喜欢看CCTV-5的体育节目，尤其是足球比赛。

나는 CCTV-5의 스포츠 프로그램, 특히 축구 경기를 보는 것을 가장 좋아한다.

0859 ★

天气
tiānqì

명 날씨

最近天气不好，总下雨。

요즘 날씨가 안 좋다. 계속 비가 온다.

0860 ★★★

甜
tián

형 달다, 달콤하다

这些葡萄真甜啊，一点儿也不酸。

이 포도들은 하나도 시지 않고 정말 달다.

0861 ★★★★

填空
tiánkòng

동 빈자리를 메우다, 괄호를 채우다

HSK四级考试中有十道题是选词填空。
HSK 4급시험에는 10개의 괄호 넣기 문제가 있다.

请把这些空填好。
이 빈 칸을 채워주세요.

0862 ★★★

条
tiáo

양 (강, 길, 바지 등 길고 가는 것을 세는 단위)

我去超市买了一条白色的毛巾，很漂亮。
나는 수퍼마켓에 가서 하얀 수건을 샀는데 정말 예쁘다.

山的前边有一条路。
산 앞쪽에 길이 하나 있다.

결합 "条"를 양사로 쓰는 명사로는 "毛巾（593），裙子（715），裤子（514），鱼（1075），路（573），腿（880）" 등이 있다.

0863 ★★★★

条件
tiáojiàn

명 조건

他的身体条件很适合当飞行员。
그의 신체조건은 비행사가 되기에 아주 적합하다.

对不起，你不符合我们要求的条件。
미안하지만, 당신은 우리가 원하는 조건에 부합하지 않습니다.

0864 ★★

跳舞
tiàowǔ

동 춤을 추다

我给她打电话的时候，她正在跳舞。
내가 그녀에게 전화 했을 때, 그녀는 춤을 추고 있었다.

她给我们跳了一支舞。
그녀는 우리에게 춤을 춰 주었다.

보충 일부 자주 쓰이는 이합사는 다음과 같다. 예) 帮忙（24），唱歌（93），吃惊（104），出差（109），道歉（161），发烧（219），结婚（440），理发（546），聊天儿（561），跑步（654），请假（703），睡觉（811），洗澡（925）등. 이합사의 상용어구는 "AAB, ABA+得+怎么样，A+其他+B"이다.

0865 ★

听
tīng

동 듣다

我的同屋正在听音乐呢。
내 룸메이트는 지금 음악을 듣고 있어.

보충 说（말하다），读（읽다），写 (961)

0868 ★★★★

停
tíng

동 정지하다, 멎다, 서다, 멈추다

她停了一会儿，又接着讲下去。
그녀는 잠시 멈췄다가 다시 이어서 이야기하였다.

我的车停在外面。
내 차는 밖에 세워졌다.

★ 新HSK 기출문제

请选出正确答案：
女：先生，这里禁止停车。
男：这里不是停车场吗？
女：不是，停车场在那边，离这儿不远。
男：好，我马上开走。谢谢你。
女：不客气。
问：男的要去哪儿？ (H41005-34)

A 长城　B 洗手间　C 停车场　D 足球场

해설 "这里不是停车场吗?"와 "不是 停车场在那边 离这儿不远"을 통해 얻을 수 있는 답은 C이다.

0867 ★★★★

挺
tǐng

부 꽤, 제법, 매우, 상당히, 아주

你穿这条裙子真的挺漂亮的。
네가 입은 이 치마 정말 예쁘다.

这种糖挺甜的，十分受孩子们的欢迎。
이런 사탕은 정말 단데, 아이들이 정말 좋아한다.

보충 상용어구 "挺 + 형용사 + 的"

분석 挺 vs. 很 (347) vs. 非常 (241)
정도 : 很 < 挺 < 非常 기타 "非常" 참고

0868 ★★★★

通过
tōngguò

동 건너가다, 통과하다, 지나가다 개 …을 거쳐, …에 의해, …을 통해

这座桥太窄了，一次只能通过一辆汽车。
이 다리는 너무 좁아서 한 번에 차 한 대씩만 지나갈 수 있다.

通过大家的共同努力，我们终于取得了成功。
모두의 노력을 통해 우리는 마침내 성공해 냈다.

분석 通过 vs. 经过 (456)

동사 "通过"는 여기에서부터 저기까지를 말하며 시간은 나타낼 수 없다. "通过"는 "同意, 符合要求"의 뜻을 가지고 있다. 예)通过考试. "经过"는 목적지에 가는 도중에 한 장소를 지나는 것이다. 개사 "通过"는 일을 하는 방식, 방법을 강조한다. 명사 "经过"는 과정을 강조하며 어떤 일의 시작부터 마침까지 모든 내용을 나타낸다.

0869 ★★★★

通知
tōngzhī

동 통지하다, 알리다 명 통지, 통지서

老师通知大家下星期四考试。
선생님께서 다음주 목요일에 시험을 치겠다고 통지하셨다.

他在门上贴了一张通知。
그가 문에 통지서 한 장을 붙였다.

0870 ★★★★

同情
tóngqíng

동 동정하다, 공감하다

我很同情那些没钱上学的孩子。
나는 돈이 없어서 학교에 다니지 못하는 아이들을 매우 동정한다.

★ 新HSK 기출문제

请选出正确答案：

同情是最美好的情感之一，然而同情并不是高高在上的关心，它应该是对别人经历的情感的理解、尊重和支持。

这段话认为，同情：　(H41002-74)

A 很无聊　B 让人难受　C 不是可怜　D 是暂时的

해설 "同情是最美好的情感之一"와 "理解, 尊重和支持"를 보아 A와 B는 틀렸다는 것을 알 수 있으며, D는 글에서 언급되지 않았다. 재차, "高高在上的关心"은 "可怜"이지 "同情"이 아니다고 한 것을 근거로 얻을 수 있는 답은 C이다.

0871 ★★★★

同时
tóngshí

부 동시에 접 그리고, 또한, 게다가, 더욱이

你可以做任何你想做的事，但不能同时做所有事。
네가 하고 싶은 어떤 일이든 할 수 있지만 동시에 모든 일을 할 수는 없다.

他很吃惊，同时也觉得害怕。
그는 아주 놀람과 동시에 무서워했다.

0872 ★★★

同事
tóngshì

명 동료

我和同事们之间的关系很好。
나는 동료들과의 관계가 아주 좋다.

A B C D E F G H I J K L M N O P Q R S T U V W X Y Z

★ 新HSK 기출문제

请选出正确答案：

女：你一个人对着手机笑什么？

男：我妹刚发来一个笑话，你看看，笑死我了。

女：这么好笑？那你也给我发一个。

男：好的，我给咱办公室的同事都发一遍。

问：他们是什么关系？ (H41003-26)

A 同事 B 邻居 C 夫妻 D 亲戚

해설 "你也给我发一个"와 "我给咱办公室的同事都发一遍"을 보아 얻을 수 있는 정답은 A이다.

0873 ★

同学

tóngxué

명 학우, 학교 친구

我们是大学同班同学。

우리는 대학 동창이다.

보충 同X: 同事(동료), 同学(학우), 同屋(룸메이트), 同班(동급생), 同胞(동포)

0874 ★★★

同意

tóngyì

동 동의하다, 찬성하다, 허락하다

我不同意你的说法。

나는 네 의견에 동의하지 않는다.

★ 新HSK 기출문제

请选出正确答案：

男：这些塑料盒子还有用吗？

女：没用了。

男：没用的东西就放垃圾桶里，别到处乱扔。

女：好吧，那我现在把房间整理一下。

问：女的是什么态度？ (H41003-35)

A 同意 B 原谅 C 太麻烦 D 十分满意

해설 "没用的东西就放垃圾桶里"와 "别扔乱"이라는 남자의 말에 여자가 "好 我现在把房子整理一下"라고 한 것을 보아, 여자가 남자의 말대로 하려고 하는 것을 알 수 있다. 따라서 정답은 A이다.

0875 ★★★

头发

tóufa

명 머리카락, 두발

你的头发太长了，应该理发了。

네 머리카락이 너무 길다. 이발할 때가 됐다.

0876 ★★★

突然
tūrán

부 갑자기, 문득, 불쑥 형 갑작스럽다, 의외이다

刚才还是晴天，现在却突然下起雨来了。
좀 전까지 맑았는데 지금 갑자기 비가 내리기 시작한다.

这件事发生得太突然了，我完全没有准备。
너무 갑자기 이 일이 생겨서 나는 전혀 준비를 못했다.

0877 ★★★

图书馆
túshūguǎn

명 도서관

我看见他走进图书馆去了。
나는 그가 도서관에 들어가는 것을 보았다.

我从图书馆借了一本中文书。
나는 도서관에서 중국어 책 한 권을 빌렸다.

보충 X 馆： 宾馆 (61)，大使馆 (145)， 照相馆 (사진관)

0878 ★★★★

推
tuī

동 밀다, 뒤로 밀다

妹妹轻轻地推开窗户。
여동생이 가볍게 밀어서 창문을 열었다.

0879 ★★★★

推迟
tuīchí

동 뒤로 미루다, 늦추다, 연기하다

因为天气不好，运动会推迟到下个星期。
날씨가 좋지 않아서 운동회를 다음주로 연기했다.

★ 新HSK 기출문제

选词填空：
刚才听广播说明天可能会下大雨，足球比赛恐怕要（　　）了。
(H41001-47)

A 禁止　B 海洋　C 推迟　D 坚持　E 顺便　F 估计

해설 "明天可能下大雨"이기 때문에 축구 경기는 "미뤄질 수 있다" 따라서 정답은 C이다.

0880 ★★★

腿
tuǐ

명 다리

他的腿被自行车撞伤了。
그의 다리가 자전거에 부딪혀 다쳤다.

0881 ★★★★
脱
tuō

동 벗다, 벗겨지다, 빠지다, 벗어나다

一进门他就脱掉鞋子躺在床上。
들어오기만 하면 그는 바로 신발을 벗고 침대에 눕는다.

快把裤子脱下来洗洗，真是太脏了。
얼른 바지 벗고 씻어, 정말 너무 더럽잖아.

0882 ★★★★
袜子
wàzi

명 양말

她今天穿了一双白袜子。
그녀는 오늘 흰 양말을 신었다.

0883 ★★
外
wài

명 바깥, 밖, 겉

室内十分暖和，室外却特别冷。
실내는 아주 따뜻한데, 밖은 유달리 춥다.

보충 外国（외국），国外（국외，외국），室外（실외）

0884 ★★
完
wán

동 완성하다, 끝내다, 마치다

洗完这些衣服我就陪你看电影。
이 옷을 다 빨고 나면 내가 너를 데리고 영화 보러 갈게.

보충 "동사＋完"은 동작의 결과를 나타낸다. 예) 吃完，用完，做完，说完，卖完 등

0885 ★★★
完成
wánchéng

동 완성하다, 끝내다, 완수하다

我们必须按时完成任务。
우리는 반드시 시간 맞춰서 임무를 완수해야 한다.

0886 ★★★★
完全
wánquán

부 완전히, 전적으로, 전혀

他的病已经完全好了。
그의 병은 이미 완전히 좋아졌다.

他说的话我完全听不懂。
그가 한 말을 나는 전혀 못 알아듣겠다.

★ 新HSK 기출문제

选词填空：
市场调查结果和他们想的几乎（　　）相反，他们不得不改变原来的计划。 (H41003-50)

A 食品　B 粗心　C 礼貌　D 坚持　E 挂　F 完全

해설 "相反"은 형용사이다. 앞에 반드시 부사가 붙는다. "完全"은 부사이며, "不得不改变原来的计划"를 근거로 알 수 있는 원인은 "调查结果和想的几乎完全相反"이다. 따라서 정답은 F.

0887 ★★
玩
wán

동 놀다, 장난하다

弟弟喜欢玩儿电脑。
남동생은 컴퓨터 게임을 좋아한다.

他在上海玩儿了一个星期。
그는 상해에서 일주일 동안 놀았다.

0888 ★★
晚上
wǎnshang

명 저녁

昨天晚上我一直工作到十二点。
어제 밤에 나는 12시까지 줄곧 일을 했다.

0889 ★★★
碗
wǎn

명 양 사발, 공기, 그릇

不好意思，那只碗已经卖掉了。
유감스럽지만, 그 그릇은 이미 팔렸어요.

我要一碗鸡蛋汤。
계란탕으로 한 그릇 주세요.

0890 ★★★
万
wàn

수 만, 10000

根据调查，一万个人里只有二十个人更习惯用左手。
조사에 따르면 만 명 중에 단지 20명만 왼손잡이이다.

0891 ★★★★
网球
wǎngqiú

명 테니스

我不喜欢打篮球，也不喜欢打乒乓球，我只喜欢打网球。
나는 농구하거나 탁구 치는 것은 좋아하지 않고 테니스 치는 것만 좋아한다.

0892 ★★★★

网站

wǎngzhàn

명 (인터넷)웹사이트

我常去那个网站查资料。

나는 그 인터넷 사이트에서 자주 자료를 찾는다.

非常感谢您对我们网站的支持。

저희 사이트에 대한 지지에 감사드립니다.

★ 新HSK 기출문제

请选出正确答案：

现在，做一个网站变得越来越容易了。不仅许多公司有网站，而且很多人都有自己的网站。访问各种各样的网站已经成为人们生活的一部分，网站，极大地丰富了现代人的精神生活。

说话人对网站是什么态度？ （H41004-45）

A 支持　B 批评　C 怀疑　D 讨厌

해설 "...网站已经成为人们生活的一部分" 그리고 "极大地丰富了现代人的精神生活"을 보아 글쓴이는 지금 인터넷 사이트의 장점을 설명하고 있으며 당연히 사이트에 대해 아주 만족하고 있다는 것을 알 수 있다. 얻을 수 있는 정답은 A이다. 이 문제에서 새로 나온 어휘는 "支持(1133)"이다.

0893 ★★

往

wǎng

개 …쪽으로, …(을,를) 향해

如果你想去超市，出门往右拐，大概走五分钟就到了。

만일 슈퍼마켓에 가려면 문밖으로 나가서 오른쪽으로 돌아. 걸어서 5분쯤이면 도착할 거야.

0894 ★★★★

往往

wǎngwǎng

부 왕왕, 자주, 흔히, 때때로

事情往往不像人们想的那么简单。

일이라는 게 때로는 사람이 생각하는 대로 그렇게 간단하지 않다.

분석 往往 vs. 经常 (455)

"往往"은 지금까지 일어난 상황에 대한 총결이다. 일정한 법칙이 있으며 주관적인 것이 아니다. "经常"은 동작의 반복을 가리키며 법칙이 없다. 주관적인 일에 쓸 수 있으며 앞으로의 일에도 쓸 수 있다. 때로는 "常常"이라고 쓴다.

0895 ★★★

忘记

wàngjì

동 잊다

学外语要是不坚持下去的话，学过的也会忘记的。

외국어를 배우는데 꾸준하게 하지 않는다면 배웠던 것도 잊어버리게 된다.

我忘记告诉他明天要考试了。

나는 그에게 내일 시험이라고 알려주는 것을 잊어버렸다.

보충 구어에서는 주로 忘이라고 쓰며 자주 쓰이는 구조는 "忘了 / 记得 + 做什么事" 이다.

0896 ★★★★
危险
wēixiǎn

형 위험하다

别在窗户边互相推来推去，很危险。
창문 근처에서 이리밀고 저리밀고 하지 마라. 정말 위험해.

0897 ★★★★
卫生间
wèishēngjiān

명 화장실

请问，卫生间在哪儿？
실례지만 화장실이 어딘가요?

0898 ★★★
为
wèi

개 …에게, …을 위하여

爸爸妈妈都为她感到骄傲。
부모님 모두 그녀를 자랑스럽게 여긴다.

演员们的表演非常精彩，大家都一起为他们鼓掌。
배우들의 연기가 정말 멋져서 모두가 함께 박수를 쳤다.

0899 ★★★
为了
wèile

개 …을(를) 하기 위하여

为了给朋友帮忙，他饭都没吃就走了。
친구를 돕기 위해 그는 밥도 먹지 않고 바로 갔다.

为了不让爸爸妈妈失望，他一直都很努力。
부모님을 실망시키지 않기 위해서 그는 줄곧 열심히 했다.

분석 为了 vs. 为
"为了"는 동작의 목적을 강조한다. 예) "为了陪父母, 他放弃了去国外留学的机会" "为"뒤에는 동작의 대상이 올 수 있다. 예) "为孩子担心, 为学生服务" 또한 동작의 원인을 나타낼 수도 있다. 예) "为方便市民, 政府打算每一百米就开一家超市"

0900 ★★
为什么
wèi shénme

부 왜, 무엇 때문에, 어째서

你为什么每天都迟到？
넌 어째서 매일 지각하니?

他放弃了去美国留学的机会，许多人都不理解他为什么这样做。
그는 미국유학의 기회를 포기했다. 많은 사람들은 그가 왜 그렇게 했는지 이해하지 못했다.

自测

자기평가

1. 选词填空。

A 特点　　B 条件　　C 停　　D 同情　　E 突然

1. 听说你的小猫丢了？请你说说它有什么（　　），我们帮你找。
2. 这是谁的车？已经在这儿（　　）了三天了。
3. 他两岁的时候妈妈就死了，真让人（　　）。
4. 玛丽上课的时候（　　）唱起歌来，真让人不明白。
5. 妈妈答应给我买一台电脑，但是有一个（　　），就是我必须努力学习。

A 推迟　　B 完成　　C 往　　D 往往　　E 危险

6. 过马路的时候不看红绿灯，是一件很（　　）的事。
7. 请问怎么去超市？出门（　　）北走，大概走五分钟就到了。
8. 聪明的人会主动学习，所以他们的成绩（　　）都比较好。
9. 老师把周末去旅游的计划（　　）了，因为周末我们有一场重要的考试。
10. 马克在晚上 12 点多才（　　）作业，所以他睡得很晚。

A 讨论　　B 提醒　　C 提供　　D 提前　　E 为了

11. 明天是妈妈的生日，但是她要出差，所以爸爸（　　）为她庆祝生日。
12. 大家正在加班（　　）一个很难解决的问题。
13.（　　）能早点儿实现理想，他每天都很努力地工作。
14. 我很喜欢去那家饭馆，因为他们给顾客（　　）了很多优质的服务。
15. 妈妈总是（　　）我们，在国外读书一定要注意安全。

A 忘记　　B 糖　　C 讨厌　　D 网球　　E 图书馆

16. A：小王，你怎么今天一点儿精神也没有啊？
    B：唉，昨晚我的邻居弹钢琴的声音很吵，所以没睡好，真让人（　　）。
17. A：小李，你怎么还没有回家啊？
    B：我出门的时候（　　）带钥匙了，只好等老公回来了。
18. A：这碗汤怎么这么甜啊？

B：不好意思（　　）放得太多了。

19. A：马克，你平时喜欢做什么运动呢？

B：我喜欢周末跟朋友们一起去打（　　）。

20. A：你怎么还不来呀？

B：你再等我一会儿，我现在在（　　）呢。

2. 完成句子。

21. 请　排列　这些数字的顺序　重新　一下　______________

21. 关键　通过　生词和语法　HSK 考试的　就是　记住　______________

22. 放暑假　学校　突然　提前　昨天下午　通知师生们　______________

23. 完全　我对这个问题的　老板　看法　同意　______________

24. 建房子　两个　怎么　建筑师　正在讨论　______________

25. 好得多　天气　比　今年夏天的　去年　______________

3. 看图，用词造句。

26. 疼

____

27. 跳舞

____

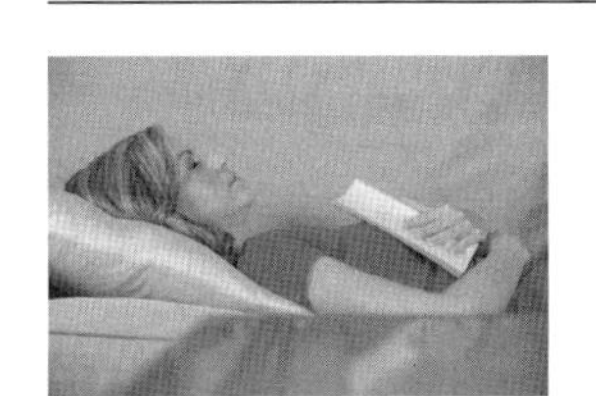

28. 躺

____

29. 甜

____

30. 弹钢琴

____

胡同
Hútòng

후통

후통은 중국의 옛 골목길을 일컫는 말로 중국 베이징의 중심에 산재해 있다. 중국 전통 가옥 '사합원(四合院 Sìhéyuàn)'이 있어 고즈넉한 정취를 느낄 수 있는 곳으로 유명하다.

학습 중점

| 어휘 |

1급 14개, 2급 7개, 3급 14개, 4급 25개

| 용법 및 구조 |

1 无论의 용법

2 希望 + 人 + 做什么事 구조

3 习惯/喜欢 + 做什么事 구조

4 跟/和/与…相同/相反 구조

5 吸引、羡慕、笑话의 의미

6 下、想、象의 의미와 용법

7 小时/点의 구별

0901 ★★★

位
wèi

양 분, 명(사람을 세는 단위, 공경의 뜻을 내포)

听一位同事说，下个月会在我们学校举办一个国际会议。
동료의 말을 듣기로는 다음달에 우리 학교에서 국제회의를 주최한다고 한다.

两位校长	三位亲戚	四位师傅	六位医生
교장 두 분	친척 세 명	네 분의 사부	여섯 명의 의사

0902 ★★★★

味道
wèidào

명 맛, 기분, 느낌, 냄새

你喜欢什么味道的食品？甜的，辣的，还是酸的？
너는 어떤 맛의 음식을 좋아하니? 단 것, 매운 것, 아니면 신 것?

★ 新HSK 기출문제

选词填空：
有人说，友谊就像酒一样，时间越长，（　　）越好。
（H41005-49）

A 举办　B 可是　C 味道　D 坚持　E 食品　F 流行

해설 "像酒一样"을 통해 "酒"는 보관 시간이 길수록 맛이 더 좋아진다는 것을 알 수 있다. 정답은 C이다.

보충 기타 맛에 관련된 단어 苦（513）참고

0903 ★

喂
wèi

감 여보세요, (편하게 부르는 소리)어이, 야, 이봐

喂，您好！您找哪位？
여보세요. 안녕하세요. 누굴 찾으시죠?

0904 ★★★★

温度
wēndù

명 온도

天气越来越冷，室外的温度也越来越低。
날씨가 추워질수록 실내 온도도 낮아진다.

★ 新HSK 기출문제

选词填空：
A：今天真冷啊，好像白天最高（　　）才2℃。
B：刚才电视里说明天更冷。　（H41001- 选词填空例题）

A 工具　B 收　C 温度　D 到底　E 辛苦　F 抱歉

해설 "冷"과 "2℃"를 통해 말하는 것이 온도라는 것을 알 수 있다. 정답은 C이다.

보충 体温（체온），气温（기온）

0905 ★★★

文化
wénhuà

명 문화

她对中国的历史和文化非常感兴趣。
그녀는 중국 역사와 문화에 매우 관심이 있다.

★ 新HSK 기출문제

判断对错：
节日是文化的一部分，所以，如果想了解一个国家的文化，我们可以从了解这个国家的节日开始。
节日是文化的一部分。（　　）　　(H41002-4)

해설 첫 문장의 "节日是文化的一部分"와 주어진 문장이 완전히 같다. 따라서 정답은 옳음이다.

보충 기타 전공에 관련된 단어 法律（223）참고

0906 ★★★★

文章
wénzhāng

명 독립된 한편의 글, 문장

这篇文章写得十分精彩。
이 글은 아주 훌륭하다.

0907 ★★

问
wèn

동 묻다, 질문하다

教授，我能问您个问题吗？
교수님, 질문하나 해도 될까요?
我们常常问自己爱情是什么。
우리는 종종 사랑은 무엇인가 스스로 묻는다.

0908 ★★

问题
wèntí

명 질문, 문제

我希望你来回答这个问题。
나는 네가 이 문제에 대답해주길 바란다.
我们成功地解决了那个问题。
우리는 그 문제를 해결하는데 성공했다.

0909 ★

我
wǒ

대 나, 저

我希望你们能按时完成任务。
나는 여러분이 제때에 임무를 완성하길 바랍니다.

0910 ★

我们
wǒmen

대 우리(들)

那个记者问了我们三个问题。

그 기자는 우리에게 세 가지 질문을 했다.

분석 我们 vs. 咱们 (1101), 咱们 (1101) 참고

0911 ★★★★
污染
wūrǎn

동 오염시키다

乱扔塑料袋会污染环境。
비닐을 함부로 버리면 환경이 오염된다.
他们在讨论环境污染的问题。
그들은 지금 환경오염 문제를 토론 중이다.

0912 ★★★★
无
wú

동 없다(=没有)

这个问题无法(没有办法)解决。
이 문제는 해결 방법이 없다.
教室里空无一人。
교실에 아무도 없다.

보충 "无" 뒤에는 주로 단음절 단어가 붙는다. 예) "无声, 无趣, 无人, 无力, 无用" 과 같다.

0913 ★★★★
无聊
wúliáo

형 무료하다, 따분하다, 심심하다

那是一部非常无聊的电影。
그건 정말 따분한 영화다.
我最近常常感到无聊。
나는 요즘 자주 따분함을 느낀다.

0914 ★★★★
无论
wúlùn

접 …을(를) 막론하고, …에 관계없이

无论你有多少钱，都买不到爱情。
네가 얼마를 가지고 있든지 상관없이 사랑을 살 수는 없다.
无论刮风还是下雨，他都准时来上课。
비가 오든 바람이 불든 그는 항상 제 시간에 수업한다.

★ 新HSK 기출문제

请选出正确答案：
他这个人最大的优点是遇事冷静，无论遇到多大的问题都不会着急，而是会努力地去找解决的方法，他常挂在嘴边的一句话是：没有解决不了的问题，只有不会解决问题的人。
关于他，下列哪个正确？ (样卷-44)
A 很冷静 B 脾气好 C 易紧张 D 对人热情

해설 "他这个人最大的优点是遇事冷静，无论遇到多大的问题都不会着急"을 통해 그가 난관에 부딪쳤을 때 아주 침착하고 서두르지 않는다는 것을 알 수 있다. 따라서 정답은 A이다. B, C, D는 모두 언급되지 않았다.

排列顺序：

A 因为无论成功还是失败，努力过的人都应获得掌声

B 当然，也不要忘了鼓励那些失败的人

C 我们要为那些通过自己努力获得成功的人鼓掌（H41003-59）

해설 B의 "也不要"와 C의 "要..."을 보아 먼저 C가 오고 뒤에 B가 놓인다. 다시 A의 "因为无论成功还是失败"를 근거로 B와 C의 두 가지 상황을 포함하고 있음을 알 수 있다. 여기서는 먼저 결과를 이야기하고 뒤에 원인을 이야기하고 있다. 따라서 A가 맨 뒤에 놓여, 정답은 CBA이다.

분석 无论 vs. 不管 (69)

"无论"과 "不管"의 용법은 서로 비슷하다. "无论"은 서면어로 자주 쓰이고 "不管"은 구어로 자주 쓰인다. "不管(69)"참고.

0915 ★

五

wǔ

수 5, 다섯, 다섯째

我们每个星期上五天课。

우리는 매 주마다 5일을 수업한다.

★ 新HSK 기출문제

排列顺序：

A 音乐是他们 5 个人的共同爱好

B 中国很多年轻人都喜欢“五月天”

C 它是由 5 个热情的大男生组成的 （H41005-64）

해설 A의 "他们5个人"과 C의 "它"를 통해 A와 C가 모두 첫 문장이 아니라는 것을 알 수 있다. 따라서 B가 첫 문장이 된다. "它"가 대신 가리키는 것이 "五月天"이므로 B가 앞에 C가 뒤에 놓인다. "他们5个人"은 "5个热情的大男生"을 가리키므로 C가 앞에 A가 뒤에 온다. 따라서 얻을 수 있는 답은 BCA이다.

0916 ★★★★

误会

wùhuì

동 오해하다 명 오해

我误会了他的意思。

나는 그의 뜻을 오해했다.

误会破坏了他们的友谊。

오해로 그들의 우정이 깨졌다.

★ 新HSK 기출문제

请选出正确答案：

世界上第一部无声电影出现的时候，吸引了成千上万的观众。有的观众看到电影里下雨的画面，把自己的雨伞也打了起来。现在我们都觉得挺好笑的，但是看电影在当时确实是个新鲜事儿。

那个观众为什么要打伞？ (H41001-81)

A 误会了　B 下雨了　C 风太大　D 害怕马车

해설 "电影里下雨"를 통해 알 수 있듯이 현실 생활 중에 진짜 비가 내리지는 않았다. 따라서 B는 틀렸다. C와 D는 글에서 언급되지 않았다. 정답은 A이다.

0917 ★★★

西
xī

명 서쪽

他父亲工作的公司在城市的西边。

그의 아버지가 일하는 회사는 도시의 서쪽에 있다.

★ 新HSK 기출문제

请选出正确答案：

黄河是中国第二大河，从中国西部流向东部，全长 5464 公里，被人们叫做"母亲河"。从地图上看，它就像一个大大的"几"字。

关于黄河，可以知道： (H41003-79)

A 很窄　B 有很多座桥　C 从西流向东　D 大约 10000 多公里

해설 "5464公里"를 보아 알 수 있듯 D는 틀렸다. A와 B는 언급되지 않았으며 정답은 C이다.

보충 기타 방향과 관련된 단어 东（190）참고

0918 ★★

西瓜
xīguā

명 수박

西瓜是夏季最受欢迎的水果之一。

수박은 여름에 가장 인기 있는 과일 중에 하나이다.

보충 기타 과일에 관련된 단어 苹果（669）참고

0919 ★★★★

西红柿

xīhóngshì

명 토마토

我需要鸡蛋、西红柿和盐。

나는 계란, 토마토, 소금이 필요해.

★ 新HSK 기출문제

排列顺序：

A 对皮肤很有好处

B 例如，每天早晨吃一到两个新鲜西红柿

C 常吃西红柿对解决一些健康问题有很大的帮助（H41004-61）

해설 B에서의 "例如"는 예를 들 때 쓰는 것으로 B앞에 반드시 주제어가 온다. A의 "주어 …有好处"근거로 A앞에 반드시 주어가 있다는 것을 알 수 있다. 따라서 C만 첫 문장이 될 수 있다. B의 "吃一到两个新鲜西红柿"문장이 아직 끝나지 않았기 때문에 B가 앞에 오고 A가 뒤에 오게 된다. 따라서 얻을 수 있는 정답은 CBA이다.

0920 ★★★★

吸引

xīyǐn

동 끌어당기다, 유인하다, 빨아당기다, 매료시키다

你怎样吸引观众的注意力？

당신은 어떻게 관중들의 주의를 끄나요?

她的美丽吸引了所有人的目光。

그녀의 아름다움이 모든 사람들의 눈길을 끈다.

★ 新HSK 기출문제

请选出正确答案：

世界上第一部无声电影出现的时候，吸引了成千上万的观众。有的观众看到电影里下雨的画面，把自己的雨伞也打了起来。现在我们都觉得挺好笑的，但是看电影在当时确实是个新鲜事儿。

世界上第一部无声电影：（H41001-80）

A 很幽默　　B 不成功　　C 观众很多　　D 内容复杂

해설 "吸引了成千上万的观众"을 통해 영화의 관중이 아주 많다는 것을 알 수 있다. 정답은 C이다.

0921 ★★

希望

xīwàng

동 희망하다, 바라다 명 희망, 소망, 바람

妈妈希望我能在中国上大学。

엄마는 내가 중국에서 대학을 다닐 수 있길 바란다.

任何时候，我们都不能放弃希望。

어떤 때에도 우리는 희망을 포기해서는 안 된다.

0922 ★★★

习惯

xíguàn

동 습관(버릇)이 되다, 적응하다 명 버릇, 습관, 습성

我还不太习惯上海的生活。

나는 상해 생활이 아직 적응되지 않았다.

好习惯是成功的关键。

좋은 습관이 성공의 관건이다.

★ 新HSK 기출문제

请选出正确答案：

有一个人去公司面试时，顺手把地上的香蕉皮扔进了垃圾桶，正好被路过的经理看见了，因此他得到了工作。

经理觉得那个人怎么样？ (H41003-76)

A 很奇怪　B 很冷静　C 极其可怜　D 有好的习惯

해설 "顺手把地上的香蕉皮扔进了垃圾桶"을 통해 이 사람의 습관이 아주 좋다는 것을 알 수 있다. "被经理看见了"을 근거로 얻을 수 있는 답은 D이다. A, B, C는 글에서 모두 언급되지 않았다.

분석 习惯 vs. 适应 (784)

"习惯"이 명사 역할을 할 때, 사람 혹은 생물이 긴 시간 동안 익힌 쉽게 바꿀 수 없는 행동의 특징이다. 동사 역할을 할 때, "逐渐适应(점차 적응하다)"의 뜻이다. "适应"은 동사이며 객관적인 조건에 부합하기 위해서 혹은 필요에 의해 달라지는 것이다. 예) "适应环境 适应社会"

0923 ★★

洗

xǐ

동 씻다, 빨다

吃饭以前先洗手。

밥 먹기 전에 손을 씻어라.

你先打扫屋子，再把这些衣服洗了吧。

넌 먼저 방 청소를 하고 그 다음에 이 옷들을 빨아.

0924 ★★★

洗手间

xǐshǒujiān

명 화장실

她要求在洗手间的墙上挂一面大镜子。

그녀는 화장실 벽에 큰 거울을 걸어줄 것을 요구했다.

0925 ★★★

洗澡

xǐzǎo

동 목욕하다, 몸을 씻다

他来电话的时候，我正在洗澡。

그에게 전화가 왔을 때 나는 씻고 있었다.

我需要先洗个澡，然后睡一觉。

난 우선 목욕을 한 다음에 자야겠다.

보충 기타 이합사 跳舞 (864) 참고

0926 ★
喜欢
xǐhuan

동 좋아하다

你最喜欢的足球运动员是谁啊？
네가 가장 좋아하는 축구 선수는 누구야?

★ 新HSK 기출문제

请选出正确答案：
如果你问我最大的爱好是什么，我的回答一定是读书。我特别喜欢看书，常常会拿着一本书，一看就是一下午。
他最喜欢： (样卷 -70)
A 看书 B 聊天儿 C 画画儿

해설 첫 문장을 근거로 "我最大的爱好是读书"라는 것을 알 수 있다. 두 번째 문장에서 재차 "我特别喜欢看书"라고 강조하였으므로 얻을 수 있는 정답은 A이다. B, C는 모두 언급되지 않았다.

0927 ★
下
xià

동 내려가다 명 밑, 아래, 나중, 다음

等一下，我马上下楼。
잠시만 기다려. 나 곧 내려갈게.

书包在桌子下面。
책가방은 테이블 밑에 있다.

下个月，我们一起去北京玩儿吧。
다음달에 우리 함께 북경에 가서 놀자.

보충 위에서의 뜻 이외에 "下" 는 또한 동사 뒤에도 자주 온다. ①높은 곳에서 낮은 곳으로 내려가는 것을 나타냄. 예) 走下楼，跑下山 ② 분리. 이탈을 나타냄. 예) 放下书包，脱下鞋子 ③ 동작의 완성 혹은 결과를 나타냄. 예) 停下，写下，留下 ④ 수용을 나타냄. 예) 这间教室坐不下一百人 ⑤ "在…下" 는 어떠한 조건을 나타냄. 예) 在老师的帮助下，我通过了考试

0928 ★
下午
xiàwǔ

명 오후

今天下午我有事，你明天再来吧。
오늘 오후에 일이 있으니, 내일 다시 오렴.

보충 기타 시간에 관련된 단어 上午 (746) 참고

0929 ★
下雨
xiàyǔ

동 비가 오다

天气预报说，明天会下雨。
일기 예보에서 내일 비가 올 것이라고 했다.
即使明天下大雨，我们也要去野餐。
설령 내일 큰 비가 온다 해도 우리는 소풍을 갈 것이다.

보충 기타 날씨에 관련된 단어 晴（201）참고

0930 ★★★
夏
xià

명 여름

夏天是我最爱的季节，因为每天都可以穿裙子。
여름은 내가 가장 좋아하는 계절이다. 왜냐하면 매일 치마를 입을 수 있기 때문이다.

보충 기타 계절에 관련된 단어 冬（192）참고

0931 ★★★
先
xiān

부 먼저, 우선

你先洗手，再吃饭。
넌 우선 손을 씻고 밥을 먹어라.

결합 상용어구 “先…，然后…”，“先…，再…”

0932 ★
先生
xiānsheng

명 선생님, 씨, 남편

格林先生是一位教授。
그린 씨는 교수님이다.
我先生是一家公司的经理，他工作很忙。
우리 남편은 한 회사의 대표인데 일이 아주 바쁘다.

보충 小姐（952）

0933 ★★★★
咸
xián

형 짜다

海水里有盐，所以是咸的。
바닷물에는 소금이 들어있어서 짜다.
吃咸的食品会让人口渴。
짠 음식을 먹으면 목이 마르게 된다.

보충 기타 맛에 관련된 단어 苦（964）참고

0934 ★★★★

现金

xiànjīn

명 현금

我用现金从商店里买了一辆汽车。

나는 가게에서 현금으로 차를 한 대 샀다.

我没带现金。

현금을 안 가져 왔다.

★ 新HSK 기출문제

请选出正确答案：

女：你手机是不是坏了，怎么总是打不通？

男：抱歉，我换了个新号，还没来得及告诉你。

问：男的怎么了？ (H41330-14)

A 输了比赛　B 换号码了　C 没带现金　D 没发工资

해설 "我换了个新号"를 통해 얻을 수 있는 답은 B이다.

0935 ★

现在

xiànzài

명 지금, 현재, 이제

现在开始学还来得及。

지금부터 배워도 아직 늦지 않았다.

现在我能用汉语和中国人交流。

이제 나는 중국어로 중국인과 교류할 수 있다.

보충 以前 (1037)，以后 (이후)，将来 (413)

0936 ★★★★

羡慕

xiànmù

동 흠모하다, 부러워하다

我很羡慕那些能说一口流利汉语的人。

나는 중국어를 유창하게 말할 수 있는 사람들이 정말 부럽다.

★ 新HSK 기출문제

完成句子：

会弹钢琴的人　羡慕　很　她 (H41001-86)

해설 "羡慕"는 동사이다. "주어+동사+목적어"구조에 따라 "她羡慕会弹钢琴的人"을 완성할 수 있다. "很"은 부사이다. 다시 "부사+동사"구조에 따라 "很羡慕"를 만들어서 얻을 수 있는 정답은 "她很羡慕会弹钢琴的人"이다.

0937 ★★★★

相反

xiāngfǎn

형 상반되다, 반대되다 접 반대로 거꾸로, 오히려

北和南是相反的方向。

북쪽과 남쪽은 반대방향이다.

他不但不喜欢她，相反，他很讨厌她。

그는 그녀를 좋아하지 않을 뿐 아니라 오히려 그녀를 정말 싫어한다.

★ 新HSK 기출문제

排列顺序：

A 有的父母对孩子的要求很严格

B 认为应该给孩子更多自己选择的机会

C 有的父母正好相反 (H41001-65)

해설 "有的父母..., 有的父母... 正好相反"을 보아 A가 앞에 오고 C가 뒤에 오는 것을 알 수 있다. A에서는 "有的父母很严格" 말했는데 B는 A와 정 반대이기 때문에 엄격하지 않을 것이다. 바로 "给孩子更多自己选择的机会"인 것이다. 따라서 C가 먼저 오고 뒤에 B가 온다. 따라서 정답은 ACB이다.

0938 ★★★★

相同

xiāngtóng

형 서로 같다, 똑같다

世界上没有完全相同的两片树叶。

이 세상에 두 나뭇잎이 서로 완전히 똑같은 것은 없다.

보충 相은 互相이라는 뜻이다. 상용어구는 "跟/和/与…相同/相反"

0939 ★★★

相信

xiāngxìn

동 믿다, 신임하다

我不相信他的话，他总是骗人。

나는 그의 말을 믿지 않는다. 그는 늘 사람을 속인다.

很多美国孩子都相信有圣诞老人。

많은 미국의 아이들은 산타클로스의 존재를 믿는다.

반의 怀疑（360）

0940 ★★★★

香

xiāng

형 향기롭다, 맛있다

这道菜闻起来很香，应该很好吃。

이 음식은 냄새가 정말 좋다. 진짜 맛있을 거 같아.

★ 新HSK 기출문제

请选出正确答案：

森林里有一种植物，它开的花比普通的花大很多，并且特别香。这种植物会用它的香味吸引来一些小动物，然后把它们吃掉。

这种植物： (H41005-72)

A 花很香　B 花很漂亮　C 夏天才开　D 没有叶子

해설 "...并且特别香"을 통해 얻을 수 있는 정답은 A이다.

看图，用词造句。

香（H41002-99）

해설 "香"은 형용사이다. "주어+부사+형용사"구조에 따라 "花很香"을 완성할 수 있다. 그림의 동작은 "闻"이다. "동사+起来"구조에 따라 "闻起来"를 완성하고 다시 "주어+闻起来+怎么样"을 근거로 얻을 수 있는 참고 답안은 "这些花闻起来很香"이다.

보충 기타 맛에 관련된 단어 苦（513）참고

0941 ★★★

香蕉
xiāngjiāo

명 바나나

他拿了一根香蕉给那猴子吃。
그는 바나나 한 개를 원숭이에게 먹으라고 주었다.

보충 기타 과일과 관련된 단어 苹果（669）참고

0942 ★★★★

详细
xiángxì

형 상세하다, 자세하다

他的笔记总是整理得非常详细。
그는 노트는 늘 아주 자세하게 정리되어 있다.

我认为应该详细讨论一下这个计划。
내 생각에는 이 계획에 대해서 자세히 토론을 해봐야 할 것 같다.

★ 新HSK 기출문제

完成句子：

很详细　这个传真机的　写　得　说明书　（H41003-88）

해설 "동사+得+怎么样"구조에 따라 "写得很详细"라고 완성할 수 있다. 다시 "的+명사"를 근거로 "这个传真机的说明书"를 완성하고 이는, 주어 역할을 한다. 얻을 수 있는 정답은 "这个传真机的说明书写得很详细"이다.

0943 ★★★★

响
xiǎng

동 소리를 내다, 울리다

我正要离开，电话铃响了。
내가 막 떠나려고 할 때, 전화벨이 울렸다.

0944 ★

想

xiǎng

동 생각하다, 바라다, 희망하다, …하고 싶다

我想我应该尝试一些冬季运动。

나는 겨울 스포츠를 좀 경험해보고 싶다.

你想要米饭还是面包？

밥 먹을래, 빵 먹을래?

爸爸，我很想您。

아빠, 보고 싶어요.

보충 구어에서는 "想起来", "想出来" 라고도 한다. "想起来" 는 이전에 알고 있던 일을 잊어버렸다가 지금 "想起来" 한 것을 나타낸다. "想出来" 는 원래는 없었는데 "想" 을 통해 이후에 생긴 것을 나타낸다. 예) 想出一个办法 / 注意 (1161)

분석 想 vs. 要（1012），要（1012）참고

0945 ★★★

向

xiàng

개 …(으)로, …에게, …(을)를 향하여

火车向南开走了。

기차는 남쪽으로 달려갔다.

不来上课，要向老师请假。

수업에 오지 않을 때는 선생님께 결석 신청을 해야 한다.

분석 向 vs. 往 (893)

"向"의 상용어구 ① "向+방향+동사" 예) "向+동/서/남/북+走/跑/开" ② "向+사람+동사" 예) "向他学习/保证/请假" ③ "동사+向+사람/추상적인 장소" 예) "面向大家 走向幸福"

"往"의 상용어구 ① "往+방향+동사" 예) "往+동/서/남/북+走/跑/开" ② "동사+往+구체적인 장소" 예) "飞机飞往北京. 火车开往上海"

0946 ★★★

像

xiàng

동 같다, 비슷하다, 마치 …인 것 같다

这个孩子长得很像他的妈妈。

이 아이는 엄마를 많이 닮았다.

老师像妈妈一样照顾我们。

선생님은 마치 엄마처럼 우리를 돌봐준다.

★ 新HSK 기출문제

完成句子：

一头牛　　看起来　　那座山　　像　(H41004-88)

해설 "像"은 동사이다. "주어+동사+목적어"구조에 따라 "那座山像一头牛"라고 완성할 수 있다. "看起来"는 주로 동사 앞에 놓여 우리가 보았을 때의 느낌을 나타낸다. 얻을 수 있는 답은 "那座山看起来像一头牛"이다. 이와 같은 표현법으로는 "听起来, 闻起来, 吃起来"등이 있다.

0947 ★★★★

橡皮

xiàngpí

명 지우개

参加考试时别忘了带铅笔和橡皮。

시험 칠 때에는 연필과 지우개 챙기는 것을 잊지 말아라.

보충 铅笔（689）

0948 ★★★★

消息

xiāoxi

명 소식, 뉴스, 정보

我要告诉你一些好消息。

내가 좋은 소식 알려줄게.

我经常用手机给朋友们发短消息。

나는 핸드폰으로 친구들에게 자주 문자를 보낸다.

★ 新HSK 기출문제

选词填空：

他从网站上看到了这个激动人心的（　　）。（H41002-46）

A 冷静　B 地址　C 引起　D 坚持　E 禁止　F 消息

해설 그가 인터넷에서 무엇을 보았을까? 당연히 뉴스일 것이다. 게다가 "的" 뒤에는 주로 명사가 온다. "消息"는 명사이다. 정답은 F이다.

看图，用词造句。

消息（H41005-96）

해설 "消息"는 명사이다. "他看到了一个好消息"라고 말할 수 있다. 그림에서 볼 수 있듯이 그는 아주 기뻐하고 있다. "일/상황+ +사람+怎么样"의 구조대로 얻을 수 있는 참고 답안은 "这个消息让他非常高兴"이다.

0949 ★

小

xiǎo

형 작다, 적다, 어리다, 약하다

我要一杯小可乐，不加冰。

콜라 한 잔 작은 사이즈, 얼음은 빼고 주세요.

这个小女孩儿很可爱，大家都很喜欢她。

이 여자아이는 정말 귀여워서 모두들 그녀를 아주 좋아한다.

小时候，我们家住在国外。
어렸을 때 우리가족은 외국에 살았다.

0950 ★★★★
小吃
xiǎochī

명 간단한 음식, 스낵, 간식

这儿有各种各样的小吃。
여기에 여러 가지 간식이 있다.

0951 ★★★★
小伙子
xiǎohuǒzi

명 젊은이, 청년, 총각

这个小伙子是我最好的朋友。
이 녀석이 내 가장 친한 친구이다.

0952 ★
小姐
xiǎojiě

명 아가씨, 젊은 여자

小姐，晚上好！请这边坐。
아가씨, 안녕하세요(저녁인사). 이쪽으로 앉으세요.
白先生，这是我的朋友，王小姐。
백선생, 여기는 내 친구 미스 왕이에요.

0953 ★★
小时
xiǎoshí

명 시간

这班飞机将晚点两个小时。
이 비행기는 두 시간 늦어질 것이다.
每天我们要花三个小时写作业。
매일 우리는 숙제 하느라 세 시간이 걸린다.

분석 小时 vs. 点 (181)
"小时"는 시간대를 나타낸다. 주로 "分钟"과 이어서 쓴다. 예) "一小时四十分钟" 구어에서는 "小时"를 "钟头"라고도 한다. "点"은 시간을 나타낸다. 주로 "分"과 이어서 쓴다. 예) "一点四十分" 구어에서 "点"은 "点钟"이라고도 한다.

0954 ★★★★
小说
xiǎoshuō

명 소설

我觉得小说比电影有意思多了。
나는 소설이 영화보다 훨씬 재미있다.

0955 ★★★
小心
xiǎoxīn

형 조심스럽다, 신중하다, 주의 깊다

听说那儿的山路很危险，你开车要小心。

듣기로는 그 곳의 산길이 아주 위험하다는데, 운전 조심해라.

분석 小心 vs. 认真 (725)vs. 仔细（1174），认真（725）참고

0956 ★★★

校长
xiàozhǎng

명 학교장, 학장, 총장

你认识这所大学的校长吗？
이 대학교의 총장님을 아니?

★ 新HSK 기출문제

请选出正确答案：

今天，你们终于完成了大学四年的学习任务，马上就要开始新的生活了。我代表学校向同学们表示祝贺！祝你们在今后取得更大的成绩，也希望你们以后有时间多回学校来看看。

说话人最可能是谁？ (H41005-44)

A 导游　B 校长　C 记者　D 服务员

해설 "我代表学校向同学们表示祝贺"와 "希望你们以后有时间多回学校来看看"을 통해 "말하는 이"는 학교에서 일한다는 것을 알 수 있다. 따라서 정답은 B이다.

보충 X 长： 班长（반장），院长（원장），市长（시장），省长（성장）

0957 ★★

笑
xiào

동 웃다, 웃음을 짓다

听到这个消息，我们都笑了起来。
이 소식을 듣고 우리는 모두 웃었다.

很多人笑他，因为他跑得最慢。
그가 제일 꼴찌로 달려서 많은 사람들이 그를 비웃었다.

반의 哭（512）

0958 ★★★★

笑话
xiàohua

명 우스운 이야기, 우스갯소리, 농담 동 비웃다, 조소하다

这位老师很幽默，经常给我们讲笑话。
이 선생님은 아주 유머러스해서 우리에게 자주 재미있는 이야기를 해주신다.

别担心，没有人会笑话你的。
걱정하지마, 아무도 널 비웃지 않을 거야.

★ 新HSK 기출문제

排列顺序：

A 带来一天的好心情

B 一个笑话

C 也许就能带走我们的烦恼 (H41003-56)

해설 B의 "一个笑话"는 명사이다. 주어 역할을 하며 당연히 첫 문장이 된다. 시간순서에 따라 보통은 우선 C의 "带走烦恼" 이후에 비로소 A의 "带来好心情"이 가능하기 때문에 A가 C 뒤에 놓이게 된다. 정답은 BCA이다.

看图，用词造句。

笑话 (H41004-99)

해설 그림에서 여자아이는 아주 기분이 좋다. 주어진 단어 "笑话"는 명사이지 동사가 아니다. 얻을 수 있는 참고 답안은 "她觉得这个笑话很有意思"이다.

0959 ★★★★

效果

xiàoguǒ

명 효과

这种药的效果还不太明显。

이런 약의 효과는 아직 그다지 확실하지 않다.

분석 效果 vs. 影响 (1053) vs. 作用 (1195), 作用 (1195) 참고

0960 ★

些

xiē

양 조금, 약간, 몇

这些是我的，那些是我朋友的。

이것들은 내 것이고, 저것들은 내 친구의 것이다.

自测

자기평가

1. 选词填空。

A 无聊　B 吸引　C 习惯　D 咸　E 羡慕

1. 今天的菜很不好吃，因为太（　　）了。
2. 他的表演很精彩，（　　）了很多人过来观看。
3. 今天我感觉一个人很（　　），所以打算去超市逛逛。
4. 玛丽的学习成绩一直很好，同学们都很（　　）她。
5. 很多中国人认为早睡早起是一个好（　　）。

A 小吃　B 相反　C 温度　D 文化　E 无论

6. 她对中国的（　　）很感兴趣。
7. 我喜欢安静，而姐姐跟我正好（　　），她喜欢唱歌、跳舞、交朋友。
8. 我喜欢春天，因为春天的（　　）让人比较舒服。
9. 那家饭馆里有很多当地有名的（　　）。
10. 爸爸对我的要求很高，（　　）什么事都要让我做到最好。

A 污染　B 希望　C 相信　D 喜欢　E 小心

11. 你要对自己有信心，要（　　）自己不会比别人差。
12. 我们应该保护我们的地球，因为环境（　　）越来越严重了。
13. 每到周末我都（　　）去超市买些好吃的。
14. 今天天气不好，路上开车要（　　）。
15. 我（　　）能通过 HSK 考试，这样就能在中国继续上大学了。

A 洗手间　B 小说　C 误会　D 效果　E 相同

16. A：小王，你的女朋友真漂亮！
    B：你别（　　），我们只是普通朋友，不是男女朋友。
17. A：马克为什么会成为你的好朋友呢？
    B：因为我和马克有很多（　　）的兴趣爱好。
18. A：你吃这种药（　　）怎么样？
    B：不太好，都吃一个星期了，感冒还没好。

19. A：请问（　　）怎么走？

B：出门一直往左走就到了。

20. A：你觉得这本（　　）怎么样？

B：它的内容非常感人，看的时候我哭了很多次。

2. 完成句子。

21. 为我们　国际旅行社　旅游计划　一个详细的　做了　________________
22. 鼻子　看起来　一头大象的　像　那座山　________________
23. 对减肥　每天坚持喝　有效果　这种茶　特别　________________
24. 想　问题　一个　他正在　非常头疼的　让人　________________
25. 很容易的事　把洗衣服　一件　洗衣机　变成了　________________

3. 看图，用词造句。

26. 味道

____

27. 香

____

26. 洗澡

____

27. 笑话

____

30. 消息

____

학습 중점

| 어휘 |

1급 7개, 2급 10개, 3급 9개, 4급 34개

| 용법 및 구조 |

1 **동사이면서 명사인 어휘** 需求、要求

2 要의 의미와 용법

3 也、也许、一定의 의미

4 要是…，就… 와 一…，就…

0961 ★

写

xiě

동 쓰다

他拿了一张纸，开始写起信来。
그는 종이를 한 장 가져와서 편지를 쓰기 시작했다.

보충 听（865），说（815），读（197）

0962 ★

谢谢

xièxie

동 감사합니다, 고맙습니다

约翰，谢谢你的帮忙。
존, 도와줘서 고마워.

분석 谢谢 vs. 感谢（266），感谢（266）참고

0963 ★★★★

心情

xīnqíng

명 심정, 감정, 기분, 마음

女人的心情就像天气，变得很快。
여자의 마음은 날씨와 같아서 아주 빨리 변한다.

★ 新HSK 기출문제

请选出正确答案：

科学研究证明，颜色会影响人的心情，不同的颜色会给人带来不同的感情变化。红色会让人变得热情，使人兴奋；黄色和白色让人觉得心情愉快，给人带来快乐；黑色却容易让人感到伤心难过。

这段话主要谈颜色：（H41003-85）

A 的区别　B 的故事　C 对眼睛的好处　D 与心情的关系

해설 "主要谈..."이 가리키는 것은 이 글의 주제문장이며, 주제문은 주로 첫 문장이다. 글에서 "证明" 뒤에는 주로 결론이 온다. "证明"뒤의 내용에 주의해야 한다. 얻을 수 있는 정답은 D이다.

0964 ★★★★

辛苦

xīnkǔ

형 고생스럽다, 수고롭다

父母辛苦工作，是为了孩子能过上更好的生活。
부모가 고생스럽게 일하는 것은 아이가 더 좋은 생활을 할 수 있게 하기 위함이다.

★ 新HSK 기출문제

选词填空：

A：那个房间又脏又乱，星期六我去打扫、整理了一下。
B：原来是你啊，（　　）了，谢谢你。（H41001-52）

A 工具　B 收　C 温度　D 到底　E 辛苦　F 抱歉

해설 "了"의 앞에는 주로 동사 또는 형용사가 온다. "辛苦"는 형용사이다. A가 말한 "又脏又乱", "打扫 整理了一下"와 B말한 "谢谢你"를 근거로 얻을 수 있는 정답은 E이다.

0965 ★★

新

xīn

형 새롭다, 사용하지 않은, 새 것의

爸爸妈妈，这是我的新朋友，亨利。

아빠 엄마, 여기는 내 새로운 친구 헨리에요.

先生送给我一件新衣服作为生日礼物。

남편은 내게 생일선물로 새 옷을 사주었다.

반의 旧（470），老（533）

0966 ★★★

新闻

xīnwén

명 뉴스, 새 소식

我的专业是新闻，我希望将来能成为一名记者。

내 전공은 뉴스인데 앞으로 기자가 되고 싶다.

不管有多忙，他每晚都看体育新闻。

얼마나 바쁘건 상관없이 그는 매일 저녁 스포츠 뉴스를 본다.

0967 ★★★

新鲜

xīnxiān

형 신선하다, 싱싱하다

新鲜空气对健康有好处。

신선한 공기는 건강에 좋다.

刚来中国时，我觉得一切都是那么新鲜。

막 중국에 왔을 때 나는 모든 것이 그렇게 신선하게 느껴졌다.

★ 新HSK 기출문제

请选出正确答案：

"熟悉的地方没有风景"是说对自己越熟悉的东西，往往越没有新鲜感，也就很难发现它的美丽之处。所以生活中不缺少美，缺少发现美的眼睛。

对熟悉的东西，我们往往：（H41005-79）

A 很有感情　B 无法判断　C 会有些怀疑　D 缺少新鲜感

해설 "对自己越熟悉的东西 往往越没有新鲜感"을 근거로 얻을 수 있는 답은 D이다.

0968 ★★★★

信封
xìnfēng

명 편지봉투, 봉투

他打开信封，看见里面有一封信。
그는 봉투를 열어 안에 편지 한 통이 있는 것을 보았다.

보충 信（편지），一封信（편지 한 통）

0969 ★★★★

信息
xìnxī

명 정보, 소식, 기별

我得到更多的信息以后给你打电话。
더 많은 소식을 알게 되면 너에게 전화할게.

如果你需要帮助，可以给我发信息。
만약에 도움이 필요하면 나한테 연락해도 돼.

0970 ★★★★

信心
xìnxīn

명 자신(감), 확신, 믿음

不管遇到任何困难，你都要对自己有信心。
어떤 어려움에 부딪치더라도 스스로에 대한 자신감이 있어야 한다.

★ 新HSK 기출문제

请选出正确答案：

小组讨论教学，不仅让学生学到了知识，更重要的是提供了一种愉快的学习环境。学生只有在这样的环境下，才敢想、敢说、敢做、敢怀疑。

小组讨论教学使学生：　　（H41004-70）

A 更诚实　B 更有信心　C 不重视知识　D 学会主动放弃

해설 "学到了知识"와 "愉快的学习环境"을 통해 C와 D는 틀렸다는 것을 알 수 있다. A는 문장중에 언급되지 않았다. 다시 "敢想, 敢说, 敢做, 敢怀疑"를 근거로 해서 얻을 수 있는 정답은 B이다.

0971 ★★★

信用卡
xìnyòngkǎ

명 신용카드

您用信用卡还是现金？
신용카드나 현금 중에 어느 걸로 하시겠어요?

보충 X 卡：学生卡（학생카드），公交卡（버스카드），洗衣卡（세탁카드），电话卡（전화카드），银行卡（은행카드），饭卡（밥카드），房卡（방카드）

★ 新HSK 기출문제

看图，用词造句。

해설 "信用卡"는 명사이다. 주어 또는 목적어 역할을 할 수 있다. "能"은 조동사이며 "用"은 동사이다. "조동사+동사"구조에 따라 "能用"을 완성하고 다시 "주어+동사+목적어"에 근거하여 얻을 수 있는 답안은 "那家商场能用信用卡吗?", "她用信用卡买了很多衣服"가 있다.

信用卡（H41005-98）

0972 ★★★★

兴奋

xīngfèn

형 격동하다, 격분하다, 흥분하다

孩子出生是一件让人兴奋的事情。

아이의 출생은 아주 흥분되는 하나의 사건이다.

★ 新HSK 기출문제

完成句子：

哥哥　　睡不着觉　　得　　兴奋　　（H41005-93）

해설 "兴奋"은 형용사이다. "형용사+得+怎么样"을 근거로 "兴奋得睡不着觉"를 만들 수 있다. 문장의 제일 앞에 주어 "哥哥"를 붙여서 얻을 수 있는 답안은 "哥哥兴奋得睡不着觉"이다.

분석 兴奋 vs. 激动 (385)

"兴奋"은 어떤 원인으로 인해 사람이 기쁘거나 흥분해서 차분하지 못한 것이다. "兴奋"은 기뻐하는 것을 중점적으로 가리킨다. "激动"은 마음이나 감정이 어떤 원인 때문에 차분하지 못한 것이다. "激动"은 기쁜 것일 수도 있고 슬퍼하거나 혹은 여러 감정이 있을 수도 있다.

0973 ★

星期

xīngqī

명 주(주일)

我来中国两个星期了，已经很适应了。

나는 중국에 온지 2주 되었는데 벌써 적응했다.

★ 新HSK 기출문제

请选出正确答案：

各位观众，大家晚上好。欢迎大家在星期六晚上，准时收看我们的《人与自然》节目。

今天星期几？　　（H41003-38）

A 星期三　　B 星期四　　C 星期五　　D 星期六

해설 "欢迎大家在星期六晚上..."을 통해 얻을 수 있는 정답은 D이다.

0974 ★★★★
行
xíng

형 좋다, …해도 좋다

我们明天上午 9 点见行吗?
行，没问题。
우리 내일 오전 9시에 봐도 될까?
좋아. 문제없어.

0975 ★★★
行李箱
xínglixiāng

명 트렁크, 여행용 가방

那个蓝色的行李箱有些旧了。
그 남색 여행가방은 좀 낡았다.

보충 箱子（상자. 트렁크. 박스），盒子（344），桶（통）

0976 ★★★★
醒
xǐng

동 잠에서 깨다, 깨어나다

妹妹弹钢琴的声音把爷爷吵醒了。
여동생이 피아노치는 소리에 할아버지가 깨셨다.

★ 新HSK 기출문제

看图，用词造句。

醒（样卷 -99）

해설 "醒"은 동사이다. "주어+동사+(목적어)"구조에 따라 "她没醒"이라는 답을 얻을 수 있다. "醒"은 또한 동사 "睡"의 결과를 나타낼 수 있으므로 "她没睡醒"을 완성할 수도 있다. 참고 답안은 "她还没睡醒了吗?", "七点她还没睡醒呢"이다.

보충 X 醒：吵醒（시끄러워서 깨(우)다），叫醒（불러서 깨우다），推醒（흔들어 깨우다）；醒过来（깨어나다），睡过去（잠이들다）

0977 ★★★★
幸福
xìngfú

명 행복 형 행복하다

钱能买到很多东西，却买不到真正的幸福。
돈으로 많은 물건을 살 수 있지만 진정한 행복은 살 수 없다.
王子和公主结婚了，从此过着幸福的生活。
왕자와 공주가 결혼을 하고 그로부터 행복하게 살았다.

0978 ★★★★
性别
xìngbié

명 성별

请在这张表格里填上你的姓名、年龄和性别。
여기 양식에 당신의 이름, 나이, 성별을 적어 주세요.

보충 양식에 기입할 때에 주로 채워야 하는 것 : 姓名(성명), 性别(성별), 年龄 (636), 职业 (1139), 专业 (1167), 地址 (178), 电子邮箱(이메일), 兴趣(취미), 爱好 (5) 등

0979 ★★★★

性格

xìnggé

명 성격, 개성

她的性格很好，从不发脾气。

성격이 정말 좋아서 한번도 화를 내지 않았다.

★ 新HSK 기출문제

请选出正确答案：

研究证明，女孩子们对衣服颜色的选择往往与她们的性格有关。喜欢穿白色衣服的女孩子们性格比较阳光，生活态度积极向上是她们的共同特点；而喜欢红色衣服的女孩子们性格比较浪漫，在爱情上也比较主动。

这段话主要讲了颜色和什么的关系？ (H41001-83)

A 理想　　B 能力　　C 性格　　D 性别

해설 주제문장은 주로 첫 번째 문장이다. "证明"뒤의 내용은 비교적 중요하고 주로 키 포인트가 온다. 정답은 C이다.

보충 기타 성격에 관련된 단어 活泼 (373) 참고

0980 ★★

姓

xìng

명 성씨 동 성이 …이다

中国人先说姓再说名。

중국인은 먼저 성을 말하고 다음에 이름을 말한다.

我姓王。

나는 왕씨 이다.

0981 ★★★

熊猫

xióngmāo

명 판다

我们政府正在努力地保护熊猫。

우리 정부는 현재 열심히 판다를 보호하고 있다.

보충 기타 동물에 관련된 단어 动物 (194) 참고

0982 ★★

休息

xiūxi

동 휴식(휴양)하다, 쉬다

我们先休息五分钟，再继续上课。

우선 5분간 쉬었다가 계속해서 수업합시다.

0983 ★★★★

修理

xiūlǐ

동 수리하다, 수선하다, 고치다

我的电脑坏了，你能帮我修理一下吗？
내 컴퓨터가 고장 났는데 네가 좀 고쳐줄 수 있니?

0984 ★★★

需要

xūyào

동 필요하다, 요구되다

我们需要五天时间来完成这个任务。
우리는 이 임무를 완성하는데 5일의 시간이 필요하다.

多送些牛奶，要满足大家的需要。
모두의 요구를 만족시키려면 우유를 더 많이 보내주세요.

★ 新HSK 기출문제

完成句子：

合格的警察　最需要的　一个　是责任感（H41001-93）

해설 "수량사+명사"구조에 따라 "一个合格的警察"를 완성하고 거기에 "的"자구 "最需要的"를 더해서 하나의 더 큰 "的"자구를 만들어 문장의 주어 역할을 한다. 동사 "是"의 일반적인 용법은 "주어+是+목적어"이므로 얻을 수 있는 정답은 "一个合格的警察最需要的是责任感"이다.

0985 ★★★★

许多

xǔduō

형 매우 많다, 허다하다

许多人都不理解他为什么这样做。
많은 사람들은 그가 왜 그렇게 했는지 이해하지 못했다.

보충 서면어에서 자주 쓰며 "许许多多", "许多许多"라고 할 수도 있다.

0986 ★★★

选择

xuǎnzé

동 고르다, 선택하다

既然选择了，就要坚持下去。
기왕에 선택했으니 계속 버텨내야 한다.

★ 新HSK 기출문제

请选出正确答案：

昨天的放弃决定了今天的选择，今天的选择决定了明天的生活。只有懂得放弃和学会选择的人，才能赢得精彩的生活。

这段话告诉我们，学会放弃：（H41005-70）

A 值得原谅　B 是个缺点　C 能减少竞争　D 会有更多选择

해설 "只有..., 才..."구조를 근거로 얻을 수 있는 답은 D이다.

0987 ★★★★

学期
xuéqī

명 학기

这学期结束时你就要毕业了吗？
이번 학기가 끝나면 너는 졸업하는 거니?

0988 ★

学生
xuéshēng

명 학생

一个学生的主要任务是学习。
학생의 주요 임무는 공부이다.

보충 小学生（초등학생），中学生（중고생），大学生（대학생）；学习 (989)，学校 (990)，老师（선생님），教授 (429)，校长 (956)

0989 ★

学习
xuéxí

동 학습하다, 공부하다, 배우다

我们在这所大学学习。
우리는 이 대학교에서 공부한다.

★ 新HSK 기출문제

请选出正确答案：

当地少数民族朋友不仅主动邀请我们去他们家做客，还教我们骑马、唱民歌，那儿的人可爱极了。

我们在当地： (H41003-75)

A 学习骑马 B 偶尔去散步 C 邀请朋友做客 D 参加跳舞比赛

해설 "不仅..., 还..."구조에서 "还"뒤에 오는 내용이 주로 키 포인트이다. "还教我们骑马, 唱民歌"를 통해 알 수 있는 정답은 A이다.

0990 ★

学校
xuéxiào

명 학교

学校的游泳池将对校外开放。
학교 수영장은 곧 외부인에게 개방될 것이다.

보충 教室（교실），教学楼（강의동），图书馆（도서관），食堂（식당），宿舍（기숙사），操场（운동장），办公室（사무실）

0991 ★★

雪
xuě

명 눈

尽管已经到了春天，但还是下了一场很大的雪。
봄이 왔는데도 불구하고 아직도 큰 눈이 내린다.

보충 기타 날씨에 관련된 단어 晴（701）참고

A B C D E F G H I J K L M N O P Q R S T U V W X Y Z

0992 ★★★★

压力
yālì

명 압력, 스트레스

上一份工作让我学会了怎样在压力下把工作做好。
지난 업무를 통해 나는 스트레스 받는 상황에서 어떻게 업무를 잘 처리하는지를 배우게 되었다.

★ 新HSK 기출문제

判断对错：

他说，因为压力太大，他想过放弃这次比赛，是母亲一直鼓励他，让他重获信心，并最终赢得了比赛。

那场比赛他输了。（　　）　（样卷 -1）

해설 문제에서 비록 "压力太大"라고 언급했지만, "母亲一直鼓励他"했기 때문에 그는 "最终赢得了比赛"했다. 이를 통해 그 경기에서 그는 지지 않았다는 알 수 있다. 따라서 정답은 X이다.

0993 ★★★★

牙膏
yágāo

명 치약

这是你的牙刷和牙膏，刷牙的时候要注意水温。
이건 네 칫솔과 치약이다. 이 닦을 때는 수온을 주의해야 한다.

0994 ★★★★

亚洲
Yàzhōu

명 아시아

你去过亚洲的其他国家吗？
너는 아시아의 다른 나라를 가봤니?

보충 이 세상에는 바다 외에 7 대주 (7 大洲) 가 있다 . 亚洲 (아시아), 欧洲 (유럽), 非洲 (아프리카) 北美洲 (북미주), 南美洲 (남미주), 大洋洲 (오세아니아), 南极洲 (남극)

0995 ★★★★

呀
ya

조 아! 야!(감탄사)

呀，多么可爱的小猫！
아! 정말 귀여운 고양이다!

0996 ★★★★

严格
yángé

형 엄격하다, 엄하다

在学习上老师对我们要求很严格。
공부에 관해 선생님은 우리에게 아주 엄격하다.

★ 新HSK 기출문제

选词填空：

A：真让人受不了！一个简单的动作让我们练二三十遍。

B：老师对你们（　　）些好，可以让你们打好基础。

（H41004-54）

A 严格　B 后悔　C 温度　D 直接　E 重点　F 提醒

해설 A의 "一个简单的动作让我们练二三十遍"과 B의 "老师"를 근거로 선생님이 우리에게 아주 여러 차례 연습시킨다는 것을 알 수 있다. 당연히 아주 "严格"한 것이므로 정답은 A이다.

분석 严格 vs. 严重 (997), 严重 (997) 참고

0997 ★★★★

严重
yánzhòng

형 위급하다, 심각하다, 막대하다, 중대하다

中国西部一些地区严重缺水。
중국 서부의 일부 지역은 물 부족이 심각하다.

★ 新HSK 기출문제

选词填空：
A：我的感冒更（　　）了，我想明天请一天假。
B：没问题。你最好去医院看一下，吃点儿药也许就好了。
(H41005-55)

A 主动　B 重新　C 温度　D 来不及　E 严重　F 大概

해설 "更"은 부사이며 뒤에는 주로 형용사가 붙는다. "严重"은 형용사이다. 다시 "我想明天请一天假"를 근거로 감기가 아직 좋아지지 않고 오히려 더 심해졌다는 것을 알 수 있다. 얻을 수 있는 정답은 E이다.

분석 严重 vs. 严格 (996)
"严重"은 좋지 않은 일의 정도가 심하고 영향이 크거나 상황이 급한 것을 가리킨다. "严格"는 본인 또는 다른 사람이 제도 또는 표준을 따를 때 꼼꼼하고 건성으로 하지 않는 것이다.

0998 ★★★★

研究
yánjiū

동 연구하다, 탐구하다 명 연구

他打算研究中国历史。
그는 중국 역사를 연구할 계획이다.

我做英国文化方面的研究。
나는 영국 문화를 연구한다.

0999 ★★★★

盐
yán

명 소금

吃太多盐对你身体不好。
너무 많은 소금을 먹는 것은 몸에 좋지 않다.

보충 糖 (843), 甜 (860), 盐 (소금), 咸 (933)

★ 新HSK 기출문제

请选出正确答案：

女：我今天做的酸菜鱼怎么样？你尝了吗？

男：还可以，鱼肉很鲜，如果汤里再加一点儿盐就更好了。

问：男的觉得鱼怎么样？ (H41004-20)

A 比较咸　　B 太辣了　　C 不太新鲜　　D 盐放少了

해설 "再加一点儿盐就更好了"라는 남자의 말을 통해 "盐少了点儿"이라는 것을 알 수 있다. 정답은 D이다.

1000 ★★

颜色

yánsè

명 색, 색깔

今年夏天最流行的颜色是粉红色。

올 여름 가장 유행한 색깔은 분홍색이다.

보충 기타 색에 관련된 단어 黑 (345) 참고

1001 ★★

眼睛

yǎnjing

명 눈

她有一双蓝色的大眼睛和一头金色长发。

그녀는 푸른색의 큰 눈과 금발의 긴 머리카락을 가지고 있다.

보충 기타 머리 부위에 관련된 단어 鼻子 (44) 참고

1002 ★★★★

眼镜

yǎnjìng

명 안경

那个戴眼镜的是王老师。

그 안경을 쓴 사람이 왕선생이다.

1003 ★★★★

演出

yǎnchū

동 공연하다

演出真是太精彩了！

공연 정말 멋졌어!

★ 新HSK 기출문제

判断对错：

老王，我今晚要加班，这张票浪费了就可惜了。你去看吧，听说这次演出邀请了许多著名的演员，很精彩的。

他想给老王一张演出票。(　　) (H41001-8)

해설 "我今晚要加班, 这张票浪费了就可惜了. 你去看吧…"을 통해 얻을 수 있는 정답은 옳음이다.

1004 ★★★★

演员
yǎnyuán

명 연기자, 배우

观众鼓掌感谢演员们的表演。
관중들은 배우들의 연기에 감사의 박수를 보냈다.

보충 x 员：服务员（247）참고；观众（308）

1005 ★★

羊肉
yángròu

명 양고기

羊肉在许多国家都是很受欢迎的。
양고기는 많은 나라에서 아주 인기 있다.

보충 X 肉： 牛肉（소고기），猪肉（돼지고기），鸡肉（닭고기），鱼肉（어육，생선살）

1006 ★★★★

阳光
yángguāng

명 햇빛

没有阳光，一些植物不能生长。
햇빛이 없으면 어떤 식물은 자랄 수 없다.

★ 新HSK 기출문제

请选出正确答案：
阳光能给我们带来好的心情。当你心情不好的时候，如果天也在下雨，你的脾气很容易变得更坏。相反，如果天气很好，有阳光，你就容易看到事情好的方面，心情也就会变得好起来。
这段话主要谈什么？ （H41003-41）
A 环境污染 B 天气情况 C 身体健康 D 阳光影响心情

해설 주제문장은 주로 첫 문장이다. "阳光能给我们带来好的心情"을 근거로 얻을 수 있는 정답은 D이다.

보충 X 光： 月光（달빛），灯光（불빛，조명）

1007 ★★★★

养成
yǎngchéng

동 습관이 되다, 길러지다

她养成了读书时做笔记的好习惯。
그녀는 책을 읽을 때 메모하는 좋은 습관을 길렀다.
他养成了周日喝茶的习惯。
그는 일요일에 차를 마시는 습관을 길렀다.

★ 新HSK 기출문제

排列顺序：

A 因此养成一个好习惯需要坚持

B 习惯不是一天之内养成的

C 而改掉一个坏习惯也需要坚持 (H41005-56)

해설 접속사 "因此"와 "而"을 통해 A와 C는 모두 첫 문장이 아니라는 것을 알 수 있다. B가 첫 문장이다. 다시 A의 "需要"와 C의 "也需要"를 근거로 하여 A가 앞에 오고 C가 뒤에 온다는 것을 알 수 있으므로 정답은 BAC이다.

1008 ★★★★

样子

yàngzi

명 모양, 모습, 꼴

她戴上新眼镜，样子都变了。

그녀는 새 안경을 썼는데 완전히 달라 보인다.

王教授打网球的样子很帅。

왕교수님의 테니스 치는 모습이 정말 멋있다.

★ 新HSK 기출문제

请选出正确答案：

您看这个沙发怎么样？我们年底有活动，正在打折，比平时便宜了 1000 块。不过您放心，质量肯定不“打折”，这种沙发是今年最流行的，有很多种颜色可以选择，您可以考虑一下。

这种沙发： (H41002-69)

A 不打折 B 特别软 C 样子很流行 D 质量不合格

해설 "正在打折"를 통해 A는 틀렸다는 것을 알 수 있다. "质量肯定不'打折'"를 통해 D 또한 틀렸다는 것을 알 수 있다. 다시 "这种沙发是今年最流行的"를 근거로 얻을 수 있는 정답은 C이다.

보충 구어로는 주로 "看样子" 라고 하며 "看起来", "看上去" 의 뜻을 가지고 있다.

1009 ★★★

要求

yāoqiú

동 요구하다 명 요구

他向老板要求增加工资，老板拒绝了他的要求。

그는 사장에게 월급을 올려달라고 요구했지만, 사장은 그의 요구를 거절했다.

★ 新HSK 기출문제

请选出正确答案：

男：这件事让小刘负责怎么样？

女：我觉得挺合适的，他就是学这个专业的，做事情也很仔细。

问：女的觉得小刘怎么样？ (H41004-13)

A 长得很帅　　B 需要鼓励　　C 不太成熟　　D 符合要求

해설 "我觉得挺合适的", "做事情也很仔细"라는 여자의 말을 근거로 얻을 수 있는 정답은 D이다.

1010 ★★★★

邀请
yāoqǐng

동 초청하다, 초대하다

他邀请我去参加他的生日晚会。
그는 나를 그의 생일 파티에 오라고 초대했다.

非常感谢你的邀请。
초대해주셔서 정말 감사합니다.

★ 新HSK 기출문제

判断对错：

舞会上最好不要直接拒绝别人的邀请，如果不得不拒绝，可以告诉他："我有些累了，想休息一下。"之后也不要很快又接受其他人的邀请。

不要直接拒绝邀请。（　　）　　(H41004-8)

해설 글에서 "最好不要直接拒绝别人的邀请"라고 한 것을 보아 얻을 수 있는 정답은 옳음이다.

1011 ★★

药
yào

명 약, 약물

吃了这药，感冒很快就会好的。
이 약을 먹으면 감기가 아주 빨리 좋아질 것이다.

보충 X 药：中药（한방약），西药（양약），中成药（한방 조제약），汤药（탕약）

1012 ★★

要
yào

동 얻기를 희망하다, 가지다, 요구하다, 바라다

如果想要这份工作，你就去申请吧。
만약에 이 일을 하고 싶다면 바로 가서 신청해봐.

明天肯定要下雨，是吗？
내일은 분명 비가 올 거야, 그렇지?

분석 要 vs. 想 (944)

"要"가 동사 역할을 할 때, ① 무척 어떤 일을 하고 싶음을 뜻함. 예) 我要学游泳 ② 당연하게 또는 반드시 해야 함을 뜻함. 예) 水果要洗干净再吃;不要浪费水电("不要"는 "禁止(금지)"의 뜻이 있다.) ③ 가능성을 나타냄. 예) 看样子要下雨了 ④ 곧…하려고 하는 것을 나타냄 예) 他快要毕业了

"想"이 동사 역할을 할 때, ① 고려하는 것을 나타냄. 예) 他想了一会儿才回答

② 추측을 나타냄. 예) 我想他一定会来的 ③ 희망 또는 계획을 나타냄. 예) 他很想去旅游 ④ 그리움을 나타냄. 예) 我很想家 "要"는 또한 "要/就要/快要…了"구조로도 쓸 수 있다. 용법은 "快(516)"을 참고한다.

1013 ★★★★

要是
yàoshi

접 만약, 만약…이라면

你要是真喜欢她，就应该告诉她。

네가 만약 정말로 그녀를 좋아한다면 그녀에게 말해야 한다.

要是他去，(那么) 我就不去了。

만약 그가 간다면, (그럼) 나는 가지 않겠다.

보충 상용어구 要是 / 如果…, 就…는 "만일…", "만약…, 그렇다면…"의 뜻이다.

★ 新HSK 기출문제

排列顺序：

A 要是去了西安而没有去那儿尝尝小吃

B 那条小吃街在西安很有名，很多人都说

C 就不能说自己到过西安 (H41328-63)

해설 "要是…, 就…"에 근거하여 A가 앞에 오고 C가 뒤에 온다는 것을 알 수 있다. A문장의 "去那儿"이 말하는 것은 B문장의 "那条小吃街"이다. 따라서 B가 A앞에 놓인다. 게다가 B는 주제문장이므로 당연히 첫 문장이 된다. 따라서 얻을 수 있는 답은 BAC이다.

1014 ★★★★

钥匙
yàoshi

명 열쇠

我今天又忘带钥匙了。

나는 오늘 또 열쇠 가져오는 것을 잊어버렸다.

★ 新HSK 기출문제

请选出正确答案：

晚上，我刚刚躺下，就响起了敲门声。一猜就知道是和我一起租房的那个人又没带钥匙。他好像特别马虎，虽然每次都红着脸向我说抱

歉、打扰了，可过不了几天，就又能听到他的敲门声了。

敲门的那个人怎么了？ (H41002-73)

A 生病了　　B 走错门了　　C 工作太忙　　D 忘拿钥匙了

해설 "和我一起租房的那个人又没带钥匙"를 근거로 하여 얻을 수 있는 답은 D이다.

1015 ★★★

爷爷

yéye

명 할아버지

爷爷虽然已经去世很久了，但我还是很想他。

비록 할아버지가 돌아 가신지 이미 오래되었지만 나는 아직도 그가 그립다.

보충 기타 가족 구성원에 관련된 단어 爸爸（14）참고

1016 ★★

也

yě

부 …도, 역시

他喜欢踢足球，我也喜欢。

그는 축구를 좋아한다. 나도 역시 (축구를) 좋아한다.

분석 也 vs. 还（324）

"也"는 서로 같음을 나타냄. 예) "你去, 我也去". "即使…, 也…"의 구조로 쓸 수 있다. "还"는 보충을 나타냄. 예) "我去过北京, 还去过杭州" . "不仅/不但…, 还…"의 구조로 쓸 수 있다.

1017 ★★★★

也许

yěxǔ

부 어쩌면, 아마도

您要去哪里？也许我可以帮您。

어디로 갈 거예요? 어쩌면 내가 당신을 도와줄 수 있을 거 같아요.

★ 新HSK 기출문제

完成句子：

举行　这次电影艺术节　在北京　也许　会（H41002-91）

해설 "举行"은 동사이고 "在"는 개사이다. "[在+목적어]+동사"구조에 근거하여 "在北京举行"을 완성하고, 문장 가장 앞에 주어를 더해서 "这次电影艺术节在北京举行"을 완성할 수 있다. "也许"는 어기부사인데 주어 앞이나 뒤에 올 수 있다. 따라서 얻을 수 있는 정답은 "这次电影艺术节也许会在北京举行", "也许这次电影艺术节会在北京举行"이다.

분석 也许 vs. 大概（143）vs. 可能（497）vs. 肯定（506），大概（143）참고

1018 ★★★★

叶子

yèzi

명 나뭇잎

冬天来了，最后一片叶子也掉下来了。

겨울이 와서, 마지막 나뭇잎까지 떨어졌다.

보충 树叶（나뭇잎），茶叶（찻잎），花（꽃），草（풀），树（나무）

A B C D E F G H I J K L M N O P Q R S T U V W X Y Z

1019 ★★★★

页

yè

양 면, 쪽, 페이지

请把书翻到第168页。

책 168쪽을 펴세요.

1020 ★

一

yī

수 하나, 일, 첫째, 첫 번째

为您丈夫买一件吧，夫人。

남편 분 위해서 하나 사세요, 부인.

妈妈做了一桌子菜。

엄마는 음식을 한 상 차렸다.

一上课我就想睡觉。

수업만 시작하면 나는 바로 졸린다.

보충 "一…，就…"는 "…하자마자"라는 뜻이다.

自测

자기평가

1. 选词填空。

A 辛苦	B 要是	C 性别	D 幸福	E 压力

1. 为了给我提供一个好的学习环境，妈妈每天都很（　　）地工作。
2. 你最近怎么不太高兴呢，是不是工作（　　）太大了？
3. 在有些地方，很多人认为小孩儿的（　　）很重要，他们更喜欢男孩儿。
4. 他们结婚后生活很（　　），很多人都羡慕他们。
5. （　　）明天下雨，我们就不去爬山了。

A 牙膏	B 严格	C 颜色	D 邀请	E 要求

6. 这家店的服务实在是太好了，所以我也不好意思再提别的（　　）了。
7. 明天是我的生日，所以我打算（　　）朋友到我家来庆祝一下。
8. 我今天早上刷牙的时候，才发现（　　）没有了。
9. 老师对我们要求很（　　），每天都留很多作业。
10. 这件衣服的（　　）挺好看的，请问你在哪儿买的？

A 新闻　B 研究　C 休息　D 也　E 也许

11. 他们两个，男的长得很帅，女的（　　）很漂亮，在一起很合适。
12. 她的知识很丰富，因为有空的时候她经常上网看（　　）。
13. 有大学做过一个（　　），选择太多不一定好？
14. 这周的工作实在太忙了，我真的需要好好（　　）一下了。
15. 谁都不知道他什么时候回来，（　　）明天就回来了，也可能再也不回来了。

A 需要　B 学校　C 性格　D 衣服　E 严重

16. A：你喜欢什么样的女孩儿呢？
B：我喜欢（　　）活泼的女孩儿，不喜欢不爱说话的。
17. A：玛丽得了什么病，为什么要住院治疗呢？
B：她得了很（　　）的感冒。
18. A：你通过这次考试了吗？
B：没有，我还（　　）继续努力。
19. A：你在哪个（　　）读书呢？
B：我在同济大学读书。
20. A：中国北方的冬天很冷，你一定要多穿些（　　）。
B：好的，妈妈，我会的。

2. 完成句子。

21. 感兴趣　比较　罗兰　最近　亚洲文化　对　＿＿＿＿＿＿＿＿
22. 有信心　自己　一定要　对　我们　＿＿＿＿＿＿＿＿
23. 学习汉语　选择　在同济大学　不错的　是一个　＿＿＿＿＿＿＿＿
24. 希望　养成　老师　上课从不迟到的　好习惯　同学们　＿＿＿＿＿＿＿＿
25. 购物　越来越多的人　喜欢　信用卡　使用　＿＿＿＿＿＿＿＿

3. 看图，用词造句。

26. 心情

____

27. 兴奋

____

26. 醒

____

27. 演出

____

30. 页

____

학습 중점

| 어휘 |

1급 6개, 2급 9개, 3급 17개, 4급 28개

| 용법 및 구조 |

1 一会儿 등 시량보어의 용법

2 구조一边…, 一边…

3 개사 以、由의 의미와 용법

4 접속사 因此、因为… 所以…、由于、于是、与의 의미

5 以为、意思、应该의 의미

6 一切、用、印象、友好의 용법

1021 ★★★
一般
yìbān

형 보통이다, 일반적이다, 평범하다

她并不是歌星，只是一般歌手。
그녀는 유명 가수가 아니라 단지 일반 가수일 뿐이다.

你一般几点起床呢？
너는 보통 몇 시에 일어나니?

1022 ★★★
一边
yìbiān

부 한편으로, …하면서 또 한편으로 …하다

我经常一边听音乐，一边跑步。
나는 언제나 음악을 들으면서 달리기를 한다.

1023 ★
一点儿
yìdiǎnr

양 조금, 아주 작은 수, 약간

我想喝(一)点儿水。
나는 물을 조금 마시고 싶다.

葡萄有(一)点儿贵。
포도는 약간 비싸다.

抽烟对身体一点儿好处也没有。
흡연은 몸에 조금도 좋은 점이 없다.

분석 一点儿 vs. 有（一）点儿

"동사+(一)点儿+명사"의 "一点儿"은 관형어 역할을 한다. ; "형용사+(一)点儿"은 비교를 나타낸다. 형용사가 표현하는 성질과 상태가 있기를 주어가 희망한다. ;"有(一)点儿+형용사"는 주로 불만과 싫어하는 일을 나타낸다.

1024 ★★★
一定
yídìng

부 반드시, 꼭 형 상당한, 꽤, 어느 정도의

今天的课很重要，所以你一定要来上课。
오늘 수업은 아주 중요하니까 넌 꼭 수업에 와야 해.

她对中国文化有一定的了解。
그녀는 중국 문화에 대해 어느 정도 이해하고 있다.

분석 一定 vs. 肯定（506），肯定（506）참고

1025 ★★★
一共
yígòng

부 모두, 전부, 합계

我们班一共三十人。
우리 반은 모두 30명이다.

1026 ★★★

一会儿
yíhuìr

명 짧은 시간, 잠깐 동안, 잠시

我们先休息一会儿吧。
우리 우선 잠깐 쉽시다.

분석 一会儿 vs. 一下儿
"一会儿"은 시간의 양(量)이다. 시간의 한도가 짧음을 나타낸다. 예) 等一会儿·看一会儿;"一下儿"은 동작의 양이다. 동작의 양이 적음을 나타낸다. 예) 用一下，打一下

보충 중국어에서 자주 쓰는 보어는

① 결과보어 : 동사 + 好 / 成 / 完 / 到
② 방향보어 : 동사 + 来 / 去 / 上来 / 上去 / 下来 / 下去 / 进来 / 进去 / 出来 / 出去 / 回来 / 回去 / 过来 / 过去 / 起来
③ 시량보어 : 동사 + 시량사 / 동량사 예) 休息了三天，读了两遍
④ 상태보어 : 동사 + 得 + 형용사 예) 跳得很好，跑得非常快
⑤ 정도보어 : 동사 / 형용사 + 부사 예) 累极了，饿死了，高兴坏了
⑥ 가능보어 : 동사 + 得 / 不 + 결과 / 방향 / 상태보어 예) 看得 / 不清楚，站得 / 不起来，写得 / 不好

1027 ★★★

一起
yìqǐ

부 같이, 더불어, 함께 명 한 곳, 같은 곳

我是和丈夫一起去伦敦的。
나는 남편과 함께 런던에 갔다.

我不跟父母住在一起。
나는 부모님과 같이 살지 않는다.

1028 ★★★★

一切
yíqiè

대 일체, 전부, 모든

谢谢你为我们所做的一切。
우리를 위해 해준 모든 것에 감사합니다.

我们利用一切机会学习新东西。
우리 모든 기회를 이용해서 새로운 것들을 배우자.

분석 一切 vs. 全部（710）vs. 所有（831），所有（831）참고

1029 ★★

一下
yíxià

양 동사 뒤에 쓰여 '시험 삼아 해 보다' 또는 '좀 …하다'의 뜻을 나타냄

请等一下，我马上就回来。
조금만 기다려줘, 금방 돌아올게.

我可以看一下吗？
한번 볼 수 있나요?

보충 상용어구 "동사 + 一下"

1030 ★★★
一样
yíyàng

형 같다, 동일하다

很多人的想法都跟你一样。
많은 사람들의 생각이 모두 너와 같다.

★新HSK 기출문제

判断对错：
虽然她俩是姐妹，性格却很不一样。姐姐非常安静，极少说话，妹妹正好相反，最喜欢和人聊天。
姐妹俩性格差不多。（　　）　　(H41001-7)

해설 "虽然她俩是姐妹, 性格却很不一样"을 근거로 얻을 수 있는 정답은 X이다.

1031 ★★★
一直
yìzhí

부 계속, 줄곧, 곧바로

一直往前走，在第二个十字路口往左拐。
줄곧 앞으로 걸어가서 두 번째 사거리에서 왼쪽으로 도세요.

玛丽今天呆在家里，因为她感冒了，还一直咳嗽。
마리는 오늘 집에 있었다. 왜냐하면 그녀는 감기에 걸려서 아직도 계속 기침하기 때문이다.

분석 一直 vs. 总是 (1181)
"一直"는 한 방향을 따라서 변하지 않는 것을 나타낸다. 또한 동작이 멈추지 않거나 상황이 바뀌지 않는 것을 가리킬 수도 있다. "总是"는 상황이 바뀌지 않거나 혹은 끊임없이 나타나는 것을 의미한다. 필연성과 안정성이 있는 것이다.

1032 ★
衣服
yīfu

명 옷, 의복

女人把大部分钱都花在买衣服上。
여자는 대부분의 돈을 모두 옷을 사는 데 쓴다.

보충 의복에 관련된 단어 衬衫（96）참고

1033 ★
医生
yīshēng

명 의사

一个医生能给他病人的最好礼物是什么？
의사가 본인의 환자에게 줄 수 있는 가장 좋은 선물은 무엇일까?

我感冒了，需要去看医生。
나는 감기에 걸렸다. 진료 받으러 가봐야겠다.

보충 기타 직업에 관련된 단어 大夫（147）참고

분석 医生 vs. 大夫（147），大夫（147）참고

1034 ★
医院
yīyuàn

명 병원

在医院工作是很辛苦的。
병원에서 일하는 것은 정말 힘들다.

보충 公司（289），学校（990），邮局（우체국），银行（1047），商店（741），超市（95）

보충 X 院：电影院（영화관），学院（단과대학）

1035 ★★
已经
yǐjīng

부 이미, 벌써

我们已经适应了北京的生活。
우리는 이미 북경 생활에 적응했다.

1036 ★★★★
以
yǐ

개 …(으)로(써), …을(를) 가지고, …에 의해, …에 따라

他以高分通过了 HSK六级考试。
그는 높은 점수로 HSK 6급 시험에 통과하였다.

★ 新HSK 기출문제

完成句子：
北京语音　标准音　普通话　以　为（H41004-92）

해설 "以"는 "用"의 뜻이고 "为"는 "当作"의 뜻이다. "以A为B"의 뜻은 "把A当作B" 또는 "认为A是B"이다. "普通话"는 주어이다. 보통화는 북경어를 표준음으로 한다는 것을 우리는 알고 있다. 얻을 수 있는 정답은 "普通话以北京语音为标准音"이다.

보충 위에서 말한 용법 이외에 "以" 는 아래와 같은 용법이 더 있다. ① 방식을 나타냄. "按照，根据" 의 뜻을 가지고 있다. 예) "以高标准来要求自己" ②원인을 나타냄. "因为，由于" 의 뜻을 가지고 있다. 예) "那个地方以产红茶而闻名" ③ 목적을 나타냄. 두 개의 동사 구 사이에 쓴다. 예) "不乱扔垃圾以保护环境" ④ "以 + 上 / 下 / 前 / 后 / 内 / 外" 는 시간, 수량 등의 범위를 나타냄. 예) "一亿元以上，五十人以上，春节以前，考试以后…"

1037 ★★★

以前

yǐqián

명 과거, 이전, 예전

两个月以前，女朋友和我分手了。

두 달 전에 여자친구와 나는 헤어졌다.

분석 以前 vs. 前

"以前"은 단독으로 쓸 수 있다. 예) "以前我们并不认识" 더 자주 쓰는 용법으로는 "...以前"으로 지금 또는 어떤 시간보다 이른 시간을 나타난다. "以前"은 시간만을 나타내지만 "前"은 시간을 나타낼 수도 있고 장소를 표시할 수도 있다. 예) 十天前；教室前

1038 ★★★★

以为

yǐwéi

동 여기다, 생각하다, 간주하다

你没有回国呀，我以为你回国了呢。

너 아직 귀국 안 했구나. 난 네가 돌아온 줄 알았어.

분석 以为 vs. 觉得（480）vs. 认为（724），认为（724）참고

1039 ★

椅子

yǐzi

명 의자

老师给了我们三把椅子。

선생님께서 우리에게 의자를 세 개 주셨다.

보충 桌子（1173）、座位（1199）、沙发（739）

1040 ★★★★

艺术

yìshù

명 예술

京剧是中国的传统艺术。

경극은 중국의 전통예술이다.

1041 ★★★★

意见

yìjiàn

명 의견, 견해, 이의, 불만

我请求你考虑一下我的意见。

제 의견을 한번 고려해주시기 바랍니다.

我们最好安排一个机会交换交换意见。

우리 서로 의견을 교환할 수 있는 기회를 잡아 보는 게 좋겠다.

学生们对新老师意见很大。

학생들은 새로운 선생님에 대한 불만이 많았다.

분석 意见 vs. 看法（487），看法（487）참고

1042 ★★

意思

yìsi

명 의미, 뜻, 생각, 견해

这个单词是什么意思？

이 단어는 무슨 뜻이야?

보충 有意思（재미있다） 예）上海是一个很有意思的城市

1043 ★★★★

因此

yīncǐ

접 이로 인하여, 그래서, 그 결과

电脑便宜些了，因此更多的人买得起了。

컴퓨터가 값이 싸지면서 그 결과 더 많은 사람들이 살 수 있게 되었다.

★ 新HSK 기출문제

排列顺序：

A 放弃并不代表认输，而是代表新的开始

B 因此，为了获得更多

C 需要主动丢掉一些不重要的东西 （H41003-62）

해설 A는 주제문장으로 첫 문장이다. "因此"는 주로 뒷문장이다. 중국어에서는 주로 "为了..., ..."형식으로 쓴다. 그것은 바로 "为了" 뒤에 반드시 뒷문장이 있어야 한다는 것이다. 따라서 B는 당연히 중간에 놓이게 된다. "为了获得更多"하려면 어떻게 해야 할 필요가 있을까? 우리는 C가 B뒤에 놓여야 함을 알 수 있다. 정답은 ABC이다.

분석 因此 vs. 所以（1044）vs. 于是 (1074)

"因此"는 앞에서 말한 원인을 근거로 뒤의 결과 또는 결론을 얻는 것을 뜻한다. 앞부분은 원인을 나타내는 문장이거나 혹은 하나의 상황이 나올 수 있으며 뒷부분은 결과를 나타내는 문장이다. 앞의 문장에서 주로 "由于"를 써서 "由于..., 因此..."구조를 이룬다. "所以"는 뒷부분에서 결과를 표시하는데 주로 쓰인다. 앞에는 주로 "因为"를 써서 "因为..., 所以..."의 구조를 이룬다. 어떤 때에는 "之所以..., 是因为..."으로 쓸 수도 있다. "于是"는 뒤에 오는 일이 앞에서의 일로 말미암아 일어났음을 나타낸다.

1044 ★★

因为… 所以…

yīnwèi… suǒyǐ…

접 왜냐하면…(그래서…)

因为我可以从书上学到很多东西，所以我喜欢看书。

왜냐하면 책을 통해 많은 것을 배울 수 있기 때문에 그래서 나는 책 보는 것을 좋아한다.

★ 新HSK 기출문제

请选出正确答案：

三叶草的叶子一般为三个，但偶尔也会出现 4 个叶子的，这种 4 个叶子的叫"四叶草"，因为很少见，所以有人说，找到这种"四叶草"的人会得到幸福。

"四叶草": (H41330-69)

A 很香 B 非常矮 C 不常见 D 表示友谊

해설 "三叶草的叶子一般为三个, 但偶尔也会出现4个叶子的"및 "因为很少见, 所以..."을 통해 알 수 있는 정답은 C이다.

분석 因为…所以…vs. 由于 (1063), 由于 (1063) 참고

1045 ★★

阴

yīn

형 흐리다

阴天时，人容易心情不好。

날씨가 흐릴 때 사람들은 쉽게 기분이 안 좋아진다.

보충 기타 날씨에 관련된 단어 晴 (701) 참고

1046 ★★★

音乐

yīnyuè

명 음악

有时候听听音乐可以放松我们的心情。

어떤 때는 음악을 듣는 것이 우리의 마음을 편안하게 해줄 수 있다.

★ 新HSK 기출문제

请选出正确答案：

同学们，我们先跟着音乐来练习一下上节课学的几个动作。大家记得跳舞的同时要看着镜子，检查自己的动作是否标准。

说话人希望学生： (样卷-77)

A 加快速度 B 把腿抬高 C 边跳边看镜子 D 严格要求自己

해설 "大家记得跳舞的同时要看着镜子"를 통해 말하는 이가 학생들이 춤을 추면서 거울을 보기를 바라는 것을 알 수 있다. 얻을 수 있는 정답은 C이다. A, B, D는 언급되지 않았다.

1047 ★★★

银行

yínháng

명 은행

我记得你有两张银行卡啊。

나는 네게 두 장의 은행카드가 있는 걸로 기억해.

哥哥毕业后去了一家银行工作。

오빠는 졸업 후에 은행에서 일을 한다.

보충 公司 (289), 学校 (990), 邮局 (우체국)

1048 ★★★★

引起

yǐnqǐ

동 끌다, 야기하다, 불러 일으키다

这个问题已经开始引起大家的注意。
이 문제는 이미 사람들의 관심을 끌기 시작했다.

饮食习惯不好可能引起健康问题。
좋지 않은 식습관은 건강상의 문제를 일으킬 수 있다.

★ 新HSK 기출문제

选词填空：

与人之间如果缺少交流，可能就会(　　)误会。(H41002-49)

A 冷静　B 地址　C 引起　D 坚持　E 禁止　F 消息

해설 "引起"는 동사이다. "원인+引起+결과"의 원인은 "缺少交流"이다. 결과는 "误会"를 야기했다. 얻을 수 있는 정답은 C이다.

결합 引起 + 麻烦 (580) / 问题 (908) / 注意 (1163) / 误会 (916)

1049 ★★★

饮料

yǐnliào

명 음료

咖啡是全世界最受欢迎的饮料之一。
커피는 전세계에서 가장 잘 팔리는 음료중의 하나이다.

보충 咖啡(481), 水(808), 果汁(319), 啤酒(660), 牛奶(640), 可口可乐 (코카콜라), 奶茶 (밀크티)

1050 ★★★★

印象

yìnxiàng

명 인상

他给我留下了深刻的印象。
그는 내게 아주 깊은 인상을 남겼다.

★ 新HSK 기출문제

判断对错：

第一印象是指在第一次见面时给别人留下的印象，第一印象往往是最深的，而且很难改变。

第一印象不容易忘记。　(　　)　(H41005-6)

해설 "第一印象往往是最深的, 而且很难改变"을 통해 얻을 수 있는 답은 옳음이다.

1051 ★★★

应该

yīnggāi

동 …해야한다, …하는 것이 마땅하다

你应该停止抽烟。
너는 담배를 끊어야 한다.

A B C D E F G H I J K L M N O P Q R S T U V W X Y Z

★ 新HSK 기출문제

判断对错：

理想的广告词应该简短，一般六到十二个字比较合适，不应该太长，否则观众不易记住，也就流行不起来。

广告词应该简短。（　　）　(H41002-10)

해설 "理想的广告词应该简短"을 통해 얻을 수 있는 답은 옳음이다.

보충 "应该"는 또한 "상황에 대한 필연적인 추측"의 뜻이 있다. 예) "他是昨天出发的，今天应该到了" 구어에서는 때로 "该"라고 쓰며 추측을 나타낸다. 예) "如果再不回家，妈妈该不高兴了；要是他在这儿，该多好啊" 상용어구로는 "该…了"가 있다. 예) "十二点了，该睡觉了，时间到了，该出发了"

1052 ★★★★

赢

yíng

동 이기다

别担心，下一场比赛我们肯定会赢。

걱정하지 마. 다음 경기에서는 우리가 분명히 이길 거야.

你猜怎么样？我今天赢了一辆新车。

뭔지 맞춰봐. 나 오늘 이겨서 새 차를 따냈어.

★ 新HSK 기출문제

排列顺序：

A 所以这种游戏十分简单

B 谁就赢了比赛

C 谁在规定的时间内接到的球最多　(H41001-60)

해설 "谁..., 谁就..."에 근거하여 C가 B앞에 오는 것을 알 수 있다. "..., 所以..."를 통해 얻을 수 있는 답은 CBA이다.

보충 输（793），比赛（경기, 시합）比分（점수, 득점）

1053 ★★★

影响

yǐngxiǎng

명 영향 동 영향을 주다(끼치다)

父母的离婚对她的生活产生了很大的影响。

부모의 이혼은 그녀의 생활에 아주 큰 영향을 주었다.

现在还不是恋爱的年龄，恋爱会影响学习的。

지금은 아직 연애할 나이가 아니다. 연애는 공부에 영향을 줄 수 있다.

분석 影响 vs. 效果（959）vs. 作用（1195），作用（1195）참고

1054 ★★★★

应聘

yìngpìn

동 초빙에 응하다, 지원하다

我们公司打算招聘一名经理，现在有两个人来应聘。

우리 회사에서 매니저를 채용할 계획인데 지금 두 사람이 지원했다.

★ 新HSK 기출문제

请选出正确答案：

应聘时，人们往往会紧张，这时一定要试着让自己冷静下来。回答问题时，语速不要太快，声音也不要太小，别让紧张的心情影响了自己。

面试时要注意什么？　(H41328-66)

A 要有礼貌　B 别太紧张　C 介绍要详　D 别打扰别人

해설 첫 문장의 "紧张", "冷静"과 마지막 문장의 "别让紧张的心情影响了自己"를 통해 얻을 수 있는 정답은 B이다.

보충 招聘（1114）

1055 ★★★★

永远

yǒngyuǎn

부 영원히, 언제까지나, 항상

愿所有的妈妈永远健康快乐！

모든 엄마들이 언제나 건강하고 행복하기를 바랍니다.

반의 暂时（1102）

1056 ★★★★

勇敢

yǒnggǎn

형 용감하다

父亲从小就教育我要做一个勇敢的男子汉。

아버지는 어려서부터 내게 용감한 남자가 되야 한다고 가르치셨다.

一个男人最需要的是勇敢。

남자에게 가장 필요한 것은 용기이다.

1057 ★★★

用

yòng

동 쓰다, 사용하다

你能告诉我怎么用这台机器吗？

이 기계를 어떻게 사용하는지 알려줄 수 있으세요?

教师用电脑来帮助教学。

선생님은 컴퓨터를 가지고 수업에 이용하셨다.

보충 "用"은 "使用"의 뜻을 가지고 있다. "用"은 또한 "用+명사+동사"의 구조로 쓸 수 있다. 예) "用杯子装水；用衣服包书"

"不用+동사"는 어떤 일을 할 필요가 없다는 뜻을 나타낸다. 예) "你今天晚上不用加班了"

1058 ★★★★

优点
yōudiǎn

명 장점

每个人都有优点和缺点。
모든 사람은 장점과 단점을 가지고 있다.

반의 缺点 (711)

1059 ★★★★

优秀
yōuxiù

형 아주 뛰어나다, 우수하다

在某些方面，女人比男人更优秀。
어떤 방면에서는 여자가 남자보다 더 뛰어나다.

她是一个优秀的游泳运动员。
그녀는 아주 뛰어난 수영선수이다.

1060 ★★★★

幽默
yōumò

형 유머러스하다

他们的英语老师在课堂上很幽默。
그들의 영어선생님은 수업시간에 아주 재미있으시다.

★ 新HSK 기출문제

请选出正确答案：

男：你为什么不喜欢小王？他不是挺成熟的吗？
女：可是他一点儿也不幽默，约会的时候真无聊。
问：女的喜欢什么样的人？ (H41003-17)

A 帅的　　B 耐心的　　C 诚实的　　D 幽默的

해설 "他一点儿也不幽默, 约会的时候真无聊"라는 여자의 말을 근거로 여자는 유머러스한 남자를 좋아한다는 것을 알 수 있다. 정답은 D이다.

보충 기타 성격에 관련된 단어 活泼 (373) 참고

1061 ★★★★

尤其
yóuqí

부 더욱이, 특히

我喜欢吃水果，尤其是苹果。
나는 과일을 좋아하는데 특히 사과를 좋아한다.

我喜欢这座美丽的城市，尤其喜欢这里的天气。
나는 이 아름다운 도시를 좋아한다. 특히 이곳의 날씨를 좋아한다.

분석 尤其 vs. 特别 (848)

"尤其"은 부사역할만을 할 수 있다. 일반적으로 문장의 뒤 절에 쓰는데 예를 들면 "他非常喜欢唱歌, 特别是老歌"와 같다. 여기서의 "特别"는 "尤其"와 바꾸어 쓸 수 있다. "特别"는 형용사 역할을 할 수 있다. 예를 들면, "他的名字很特别" 또한 부사 역할도 할 수 있다. 예를 들면 "今天天气特别热 ; 他非常喜欢唱歌, 特别是老歌"와 같다.

1062 ★★★★

由

yóu

개 …때문에, …(으)로 인하여, …에서(부터), …에 의해

交通灯由红色变成了绿色。
신호등이 빨간색에서 녹색으로 변했다.

参观团由北京出发访问了很多地方。
참관단은 북경에서 출발하여 아주 많은 곳을 방문하였다.

这一切都是由一只猫引起的。
이 모든 것은 다 고양이 한 마리 때문에 생긴 일이다.

보충 由 : ① 동작의 주체를 끌어냄. 예) "由…负责 / 管理 / 决定" ② 방식, 원인 또는 기원을 나타냄. 예) "发烧由感冒引起" ③ "从"의 뜻을 가짐. 예) "由北京出发，有难道被，由蓝色变成绿色"

1063 ★★★★

由于

yóuyú

개 …때문에, …(으)로 인하여

由于天气原因，飞机晚点了。
날씨 때문에 비행기가 늦어졌다.

由于他非常有幽默感，所以他交了不少朋友。
그는 아주 유머감각이 있어서 많은 친구들을 사귀었다.

분석 由于 vs. 因为 (1044)

"由于"는 개사일 수도 있고 접속사일 수도 있다. 서면어로 많이 쓰인다. "因为"는 단지 접속사일 뿐이며 서면어와 구어로 모두 쓸 수 있다. "由于"는 "因此"와 이어서 쓸 수 있지만, "因为"는 그럴 수 없다. "因为"는 뒤에 오는 절에 쓸 수 있다. 예를 들면, "我一到家就睡觉了, 因为我太累了"와 같다. "由于"는 이같이 쓸 수 없다.

1064 ★★★★

邮局

yóujú

명 우체국

今天下午我要去邮局给妈妈寄一个包裹。
오늘 오후에 나는 우체국에 가서 엄마에게 소포를 하나 보내야 한다.

보충 见医院（1034）

1065 ★★★

游戏

yóuxì

명 게임, 놀이

今天我一点儿也不想玩儿电脑游戏。
오늘 나는 전혀 컴퓨터 게임을 하고 싶지 않다.

1066 ★★

游泳

yóuyǒng

동 수영하다, 헤엄치다

游泳是一个很好的锻炼方法。

수영은 아주 좋은 단련 방법이다.

보충 기타 이합동사 跳舞（864）참고

1067 ★★★★

友好

yǒuhǎo

형 우호적이다

中国是我们到过的最友好的国家之一。

중국은 우리가 가 본 가장 우호적인 나라 중의 하나이다.

山羊是一种友好的动物，甚至连孩子们都可以照顾它们。

산양은 우호적인 동물이다. 심지어 아이들도 그들을 돌봐줄 수 있을 정도이다.

1068 ★★★★

友谊

yǒuyì

명 우정, 우의

友谊是金钱买不到的东西。

우정은 돈으로도 살 수 없는 물건이다.

★ 新HSK 기출문제

请选出正确答案：

很多时候，朋友间出现问题时，两个人都会想，如果他先道歉，我就原谅他。但谁都不愿意做那个先说“对不起”的人，于是他们的距离就会越来越远。其实一句简单的“道歉”，也许就能换回一段友谊，减少一些后悔。

和朋友出现问题时，许多人都希望：（样卷 -80）

A 得到同情　B 朋友先道歉　C 先改变自己　D 问题不严重

해설 첫 문장의 “...两个人都会想, 如果他先道歉, 我就原谅他”을 통해 친구와 어떤 문제가 생겼을 때, 많은 사람들이 친구가 먼저 사과해주기를 바란다는 것을 알 수 있다. 얻을 수 있는 답은 B이다. A, C, D는 모두 언급되지 않았다.

1069 ★

有

yǒu

동 있다, 가지고 있다, 생기다, 나타나다

桌子上有几本杂志。

테이블 위에 잡지 몇 권이 있다.

如果没有太阳，地球上就不会有生命。

만약 태양이 없다면, 지구상에는 생명도 없을 것이다.

1070 ★★★

有名
yǒumíng

형 유명하다

你知道日本有一只很有名的猫吗？
너 일본에 아주 유명한 고양이가 있다는 거 알아?

中国的玉在世界上是很有名的。
중국의 옥은 세계적으로 아주 유명하다.

★ 新HSK 기출문제

完成句子：

作者　　很有名　　小说的　　那本　（H41001-92）

해설 "양사+명사"와 "的+명사"의 구조에 따라 "那本小说的作者"를 완성할 수 있다. "很有名"은 "부사+형용사"이다, "주어+부사+형용사"구조에 따라 얻을 수 있는 정답은 "那本小说的作者很有名"이다.

분석 有名 vs. 著名（1165）

"有名"은 주로 구어에서 쓰인다. "有名"과 명사 중간에는 반드시 "的"가 있어야 한다. 예) "有名演员(X)" "有名的地方(O)" "著名"은 주로 서면어에 쓰이며 "著名"과 명사 사이에는 "的"가 있을 수도 있고 "的"가 없을 수도 있다. 예) "著名演员(O)", "著名的演员(O)"

1071 ★★★★

有趣
yǒuqù

형 재미있다, 흥미가 있다

我觉得这本书非常有趣。
나는 이 책이 정말 재미있는 것 같다.

★ 新HSK 기출문제

排列顺序：

A 从他嘴里说出来也会变得十分有趣
B 他是一个幽默的人
C 即使是很普通的经历　（H41004-64）

해설 B의 주어 "他"가 있으므로 B가 첫 문장이라는 것을 알 수 있다. "即使...也..."구조에 따라 C가 앞에 오고 A가 뒤에 온다는 것도 알 수 있으므로 얻을 수 있는 정답은 BCA이다.

보충 "有趣"는 구어에서 주로 "有意思"라고 쓴다.

반의 无聊（913）

1072 ★★★

又
yòu

부 또, 다시, 그 위에, 또한

我妹妹又漂亮又聪明。
내 여동생은 예쁘고 똑똑하다.

他又迟到了。
그는 또 지각했다.

★新HSK 기출문제

完成句子：

个　　又脏又破　　那　　白色的盒子（H41002-88）

해설 "那"는 대명사이고 "个"는 양사이다. "那个"가 된다. "양사+명사"구조대로 "那个白色的盒子"를 완성한다. "又"는 부사이고, "脏, 破"는 형용사이다. 다시 "주어+부사+형용사"구조를 근거로 얻을 수 있는 정답은 "那个白色的盒子又脏又破"이다.

분석 又 vs. 还 (324)

"又"와 "还"는 모두 동작이 다시 한번 나타났음을 뜻한다. 그러나 "还"는 주로 아직 실현되지 않은 동작이 다시 발생될 가능성이 있음을 나타내는 것이다. "又"는 주로 이미 실현된 동작을 나타내며 동작의 반복성을 더 강조한다.

분석 又 vs. 再（1098），再（1098）참고

1073 ★★

右边

yòubian

명 오른쪽

在美国，司机在马路右边开车。

미국에서는 기사들이 길의 오른쪽으로 운전한다.

보충 기타 방향을 지시하는 단어 旁边（652）참고

1074 ★★★★

于是

yúshì

접 그래서, 이리하여, 그리하여, 이 때문에

我饿了，于是去买了个三明治。

나는 배고파서 샌드위치를 샀다.

我不知道去旅馆的路怎么走，于是去问交警。

나는 호텔 가는 길을 어떻게 가는지 몰라서 교통경찰에게 물었다.

분석 于是 vs. 所以（1044）vs. 因此（1043），因此（1043）참고

1075 ★★

鱼

yú

명 물고기

你能像鱼一样游泳吗？

넌 물고기처럼 수영할 수 있어?

보충 기타 동물을 지시하는 단어 动物（194）참고

1076 ★★★★

愉快

yúkuài

형 기쁘다, 유쾌하다, 즐겁다

我发现学习是一件令人愉快的事。

나는 배움이 즐거운 일이라는 것을 알게 되었다.

분석 愉快 vs. 高兴（273）vs. 快乐（517），高兴（273）참고

1077 ★★★★
与
yǔ

접 …와 (과) 개 …와 (과), …함께

我学的专业是美术与设计。
내 전공은 미술과 디자인이다.
今年的情况与去年不同。
올해의 상황은 작년과 다르다.

보충 "与" 는 서면어로 자주 쓰인다 . 구어에서는 주로 "跟" 또는 "和" 라고 쓴다 .

1078 ★★★★
羽毛球
yǔmáoqiú

명 배드민턴

我最喜欢的运动是打羽毛球。
내가 가장 좋아하는 운동은 배드민턴이다.

보충 기타 운동경기와 관련된 단어 乒乓球（667）참고

1079 ★★★★
语法
yǔfǎ

명 어법, 문법

学习汉语，最难的是语法。
중국어 공부에서 가장 어려운 것은 문법이다.

★ 新HSK 기출문제

排列顺序：
A 语法是语言学习中很重要的一部分
B 却不是语言学习的全部
C 文化在语言学习中也很重要（H41002-58）

해설 B의 "却"는 "但是"의 뜻이다. C에는 "也"가 있다. 따라서 B, C는 당연히 첫 문장이 아니고 A가 첫 문장이다. "语法是… 一部分, 却不是…全部"를 근거로 B가 A뒤에 온다는 것을 알 수 있다. 다시 C의 "文化也很重要"를 근거로 C가 맨 뒤에 온다는 것을 알 수 있다. 따라서 정답은 ABC이다.

1080 ★★★★
语言
yǔyán

명 언어

学习语言，环境很重要。
언어를 배울 때 환경이 아주 중요하다.
这本书已经被翻译成了多种语言。
이 책은 벌써 여러 가지 언어로 번역되었다.

★新HSK 기출문제

请选出正确答案：

怎样才能说一口流利的外语呢？如果你有一定的语言基础和经济条件，那么出国是最好的选择。因为语言环境对学习语言有重要的作用。

去国外学习外语是因为：　　　　（样卷 -76）

A 语言环境好　B 经济条件好　C 有语言基础　D 学习更认真

해설 "因为语言环境对学习语言有重要的作用"을 보아 A의 "语言环境好"가 "国外学习"하는 원인이라는 것을 알 수 있다. 그런데 B와 C는 외국에 가서 공부하는데 더 유리한 조건이고, D는 글에서 언급되지 않았다. 따라서 정답은 A이다.

自测

자기평가

1. 选词填空。

A 一切　B 一般　C 一直　D 意思　E 意见

1. 请问你能再说一次吗？我不太明白你的（　　）。
2. 今天开会的目的就是想听一听大家的（　　）。
3. （　　）来说，工作越努力，得到的也越多。
4. 你（　　）往前走，然后往左拐就到了。
5. 她今天得到的（　　），都是她努力工作的结果。

A 应该　B 赢　C 影响　D 勇敢　E 幽默

6. 你太胖了，（　　）减肥了，每天去跑跑步吧。
7. 这个小男孩儿非常（　　），我们都很喜欢他。
8. 马克（　　）得了这次比赛，还获得了 1000 元奖金。
9. 他说话很有意思，是一个很（　　）的人。
10. 邻居家拉小提琴的声音太难听了，已经（　　）我休息了。

A 友谊　B 有趣　C 一定　D 已经　E 愉快

11. 只要你生活在这个世界上，就（　　）会有烦恼。
12. 真正的（　　）非常难得，我们都应该珍惜。
13. 玛丽在大山里走丢了，（　　）很多天没吃东西了。
14. 他这个人说话很（　　），大家都愿意和他做朋友。
15. 这次旅行是一次（　　）的经历，我永远都不会忘记。

A 以为　B 优秀　C 饮料　D 一共　E 印象

16. A：你怎么现在才来啊，我（　　）你不来了呢。
B：对不起，我早上起床太晚了，所以迟到了。
17. A：你觉得上海怎么样？
B：我觉得这座城市非常漂亮，给我留下了很深的（　　）。
18. A：一斤苹果，两斤梨子，请问（　　）多少钱？
B：三十二块五毛，给你三十二块吧。
19. A：小王很矮，你为什么会喜欢他呢？
B：个子矮一点没关系，其他方面都很（　　）。
20. A：小李，你想喝什么酒？
B：我不喝酒，要不给我一瓶（　　）吧。

2. 完成句子。

21. 爸爸的　跟　他的性格　不一样　完全　＿＿＿＿＿＿＿＿
22. 以　中国　为　标准时间　北京时间　＿＿＿＿＿＿＿＿
23. 严重的　容易　酒后开车　交通事故　引起　＿＿＿＿＿＿＿＿
24. 是　小伙子　那个　穿白衬衫的　来应聘的　＿＿＿＿＿＿＿＿
25. 小李　非常友好　自己的　对　朋友　＿＿＿＿＿＿＿＿

3. 看图，用词造句。

26. 游泳

____

27. 羽毛球

____

28. 有名

____

29. 饮料

____

30. 邮局

____

학습 중점

| 어휘 |

1급 6개, 2급 11개, 3급12개, 4급 31개

| 용법 및 구조 |

1 越来越…和越A，越B

2 在、再의 의미와 용법

3 怎么、怎么样의 의미와 용법

4 动 + 着 와 动$_{1}$ + 着 + 动$_{2}$ 구조

5 这、正式의 의미

6 负责、真、值得의 의미

1081 ★★★★

预习

yùxí

동 예습하다

预习和复习同样重要。

예습과 복습은 똑같이 중요하다.

1082 ★★★

遇到

yùdào

동 만나다, 마주치다, 부딪치다

一个人成功之前，可能会遇到很多的失败。

한 사람이 성공하기 전에 아주 많은 실패에 부딪칠 수도 있다.

当遇到危险时，你会打110吗？

위험에 처했을 때 110에 전화할 수 있겠니?

1083 ★★★

元

yuán

명 위안(화폐 단위)

我买了二斤苹果，花了二十元钱。

나는 사과 1킬로그램을 사고 20위안을 썼다.

★ 新HSK 기출문제

请选出正确答案：

男：西红柿新鲜吗？怎么卖？

女：三块五一斤。百分之百新鲜。

男：那我买二斤吧。

女：好，一共七块钱。

问：西红柿多少钱一斤？ （样卷-31）

A 两元　　B 3元5角　　C 7元　　D 9元

해설 "三块五一斤"이라는 여자의 말을 근거로 얻을 수 있는 답은 B이다.

보충 기타 화폐단위에 관련된 단어 角（424）참고

1084 ★★★★

原来

yuánlái

형 원래의, 본래의 부 알고 보니

鸡蛋的价格已经提高到原来的两倍。

계란 가격이 원래의 두 배로 올랐다.

我说夜里怎么这么冷，原来是下雪了。

밤에 어쩌면 이렇게 춥나 했는데, 알고 보니 눈이 내렸다.

분석 原来 vs. 本来（42），本来（42）참고

1085 ★★★★

原谅

yuánliàng

동 양해하다, 이해하다, 용서하다

有时候，你需要学着原谅自己。

가끔 스스로를 용서하는 법을 배울 필요가 있다.

★ 新HSK 기출문제

请选出正确答案：

原谅是一种美，我们常说要学会原谅别人，但也要试着原谅自己。我们都有缺点，不可能把每件事都做得很好。

这段话主要说，我们应该： (H41001-75)

A 感谢别人　B 尊重别人　C 原谅自己　D 成为优秀的人

해설 주제문장은 주로 첫 문장이다. "原谅是一种美, 要学会原谅别人, 但也要试着原谅自己"를 근거로 "原谅"을 주로 이야기하고 있다는 것을 알 수 있다. 정답은 C이다. A, B, D는 문장 중에 언급되지 않았다.

1086 ★★★★

原因

yuányīn

명 원인

汽车越来越多是引起堵车的主要原因。

자동차가 점점 많아지는 것은 교통체증을 일으키는 주요 원인이다.

★ 新HSK 기출문제

请选出正确答案：

网球爱好者都知道，选择厚一点儿的网球袜确实更好。第一，它能很好地吸汗，尤其适合那些容易出汗的人。第二，在紧张的运动过程中，厚的网球袜能更好地保护你的脚。

这段话主要讲了选择厚网球袜的： (H41003-73)

A 条件　B 原因　C 办法　D 重点

해설 "第一, 很好地吸汗" 와 "第二, 更好地保护你的脚"을 보아 두꺼운 테니스 양말의 좋은 점에 대해 주로 이야기하고 있다는 것을 알 수 있다. 이것이 바로 선택의 원인인 것이다. 정답은 B이다.

1087 ★★

远

yuǎn

형 멀다, 소원하다, (차이가)크다, 많다, 심하다

机场距离城市大约十英里远。

공항까지 거리는 도시에서 약 10리 정도 된다.

보충 A（장소）离 B（장소）+ 有点儿 / 很 / 非常 / 不（太）… + 远

반의 近（452）

1088 ★★★

愿意

yuànyì

동 바라다, 희망하다, 동의하다

我愿意跟你结婚。

난 너랑 결혼하고 싶어.

★ 新HSK 기출문제

判断对错：

虽然很多大学生毕业后希望留在大城市工作，但也有不少大学生选择去农村，因为在那里也有许多好的发展机会。

大学生不愿意去农村工作。（　　）　　(H41003-3)

해설 "也有不少大学生选择去农村, 因为有许多好的发展机会"를 통해 얻을 수 있는 답은 X이다.

1089 ★★★★

约会

yuēhuì

명 약속, 데이트 동 (만날)약속을 하다

下星期我和 / 跟她有个约会。
다음주에 나는 그녀와 데이트가 있다.

我约会时从来不迟到。
나는 약속 때 한번도 늦지 않았다.

1090 ★

月

yuè

명 달; 월 (시간의 단위), 달 (천체)

二月是一年里最短的一个月。
2월은 일 년 중에 가장 짧은 달이다.

보충 年（년），月（월），日（일）/ 号（일），星期（요일）

1091 ★★★

月亮

yuèliang

명 달 (천체)

明天又是中秋节了，月亮又圆了。
내일은 추석이다. 달이 다시 둥글어진다.

★ 新HSK 기출문제

排列顺序：

A "明" 由两个字组成

B 左边的 "日" 代表太阳，而右边的 "月" 代表月亮

C 所以 "明" 在汉语中表示有光亮的意思　　(H41002-63)

해설 문장의 뜻과 A의 "'明' 由两个字组成", 이어서 B의 "左边 '日', 右边 '月'"를 통해서, 그리고 "所以"를 근거로 C는 B뒤에 온다는 것을 알 수 있다. 얻을 수 있는 정답은 ABC이다.

보충 太阳（838），地球（175）

1092 ★★★★

阅读

yuèdú

동 열독하다, 읽다

阅读对人很有帮助。
독서는 사람에게 아주 도움이 된다.

★ 新HSK 기출문제

请选出正确答案：

阅读能力好的人不但容易找到工作，而且工资也比较高。另外，阅读考试的分数往往还能反映一个国家的教育水平。

阅读能力好的人一般：(H41001-68)

A 收入高　B 烦恼少　C 经历丰富　D 年龄比较大

해설 "工资也比较高"를 근거로 얻을 수 있는 답은 A이다. B, C, D는 글에서 언급되지 않았다.

보충 구어에서는 주로 "读 (197)" 로 쓴다 .

1093 ★★★

越

yuè

부 점점 …하다

越来越多的人认为中国是一个发展很快的国家。

점점 많은 사람들이 중국을 아주 빠르게 발전하는 나라로 생각한다.

工作越努力，进步就越大。

열심히 일할수록 발전도 크다.

보충 "越来越…"는 상황이 시간에 따라 변하고 또 변하는 것을 나타낸다 . (예문 1) ; "越 A，越 B" 는 A 의 변화에 따라 B 도 수량 , 범위 , 정도 등의 방면에서 변화가 발생하는 것이다 . (예문 2)

1094 ★★★★

云

yún

명 구름

空气中的水变成了云。

공기중의 수분이 변해서 구름이 된다.

보충 天空 (하늘), 雨 (비), 雪 (눈), 风 (바람)

1095 ★★★★

允许

yǔnxǔ

동 동의하다, 허가하다, 허락하다

现在请允许我自我介绍一下。

제가 자기소개를 좀 할 수 있도록 허락해주시기 바랍니다.

出租车公司不允许在车上抽烟。

택시 회사에서는 차 안에서 흡연하는 것을 불허한다.

★ 新HSK 기출문제

选词填空：

很多城市都不允许在地铁（　）吃东西。(样卷 -47)

A 躺　B 内　C 通过　D 坚持　E 因此　F 基础

해설 "주어+동사+목적어"구조에 근거하여 문장 구조가 완전하다는 것을 알 수 있다. "在地铁( )"는 부사어라는 것을 알 수 있으며 위치부사어의 구조는 "在+장소명사+방위사"이다. 따라서 "( )"의 빈칸은 방위사가 놓인다. 동시에 문장의 뜻은 지하철 안에서 음식 먹는 것을 금지한다는 내용이므로 정답은 B이다.

반의 禁止（453）

1096 ★★

运动
yùndòng

명 운동, 스포츠 동 운동하다, 활동하다

运动对你的健康有好处。
운동은 당신의 건강에 좋아요.

他经常运动，所以身体很健康。
그는 늘 운동을 해서 몸이 아주 건강하다.

보충 锻炼（단련하다），跑步（달리다），散步（산책하다），打篮球（농구하다）/ 羽毛球（배드민턴）/ 乒乓球（탁구）/ 网球（테니스），踢足球（축구하다），游泳（수영하다），跳舞（춤추다）

1097 ★★★★

杂志
zázhì

명 잡지

爸爸喜欢看体育方面的杂志。
아빠는 스포츠 잡지 보는 것을 좋아한다.

★新HSK 기출문제

看图，用词造句。

해설 "杂志"는 명사이다. "주어+동사+목적어"구조로 "他看杂志"를 완성할 수 있다. 그림을 보면 남자는 소파에 앉아서 물을 마시고 있다. 참고 답안은 "他在沙发上看杂志；他一边喝水，一边看杂志"이다.

杂志（H41002-100）

1098 ★★

再
zài

부 재차, 또, 다시

我还想再看一遍。
나는 다시 한번 보고 싶다.

我再也不想见他了。
나는 다시는 그를 보고 싶지 않다.

분석 再 vs. 重新（106）
두 단어는 모두 "从头再开始"의 뜻을 가지고 있다. "重新"뒤의 동작은 시간의 제한이 없으며 이미 끝낸 것, 현재 하고 있는 것, 앞으로 할 계획인 것을 나타낼 수 있다. "再"는 아직 발생하지 않은 일의 중복만 나타낼 수 있다.

분석 再 vs. 又（1072）
"再"와 "又"는 모두 동작 혹은 상황의 중복을 나타낼 수 있다. 다른 점은 "再"는 아직 일어나지 않은 일의 중복을 나타내는데 쓰이고, "又"는 이미 중복된 동작 혹은 상황을 나타내는 데 쓰인다.

1099 ★
再见
zàijiàn

동 또 뵙겠습니다, 안녕, 안녕히 가세요.

朋友们分开的时候，都要互相说一声"再见"。
친구들과 헤어질 때는 "안녕, 또 만나"라고 서로 말한다.

1100 ★
在
zài

개 …(에)서, …에 있어서 동 존재하다, …(에) 있다 부 마침 …하고 있다

你不应该在教室里抽烟。
너는 교실에서 담배를 피워서는 안 된다.

同学们都在教室里。
반 친구들이 모두 교실에 있다.

玛丽在教学生们跳舞。
마리는 학생들에게 춤을 가르친다.

보충 "在…上"은 어떠한 방면을 뜻한다. 예) "在学习上,大家要互相帮助"
"在…中" 은 과정을 가리킨다. 예）"在工作中一定要认真、仔细"
"在…下" 는 조건을 나타낸다. 예）"在老师的帮助下，我终于通过了考试"

분석 在 vs. 正在（1130）vs. 正，正在（1130）참고

1101 ★★★★
咱们
zánmen

대 우리

今天晚上咱们看电影吧？
오늘 밤에 우리 영화 볼까?

咱们把沙发和椅子放在客厅吧。
우리 소파랑 의자를 거실에 놓자.

분석 咱们 vs. 我们（910）

"咱们"은 구어이다. 말하는 사람과 듣는 사람을 포함한다. "我们"은 구어와 서면어에 모두 쓰이며 듣는 사람을 포함 할 수도 있고 포함하지 않을 수도 있다. 예) "我们去图书馆 你去吗?"(듣는 사람을 포함하지 않음) "我们一起去看电影吧"(듣는 사람을 포함함)

1102 ★★★★

暂时
zànshí

명 잠깐, 잠시

困难只是暂时的，你最后会成功的。
어려움은 단지 잠시일 뿐, 결국엔 성공할 거야.

★ 新HSK 기출문제

排列顺序：

A 所以要想完全解决这个难题

B 还需要找更好的办法

C 这样做，只能暂时解决问题 (H41001-59)

해설 A에 "所有"가 있고 B에는 "还"가 있는 것을 보아 A와 B는 첫 문장이 아니라는 것을 알 수 있다. C가 첫 문장이다. A의 "要"는 "如果"의 뜻이 있다. 만일 어려운 문제를 해결하고 싶다면 "还需要"무엇을 해야 할까? B가 이 문제에 답을 했다. 따라서 B는 A뒤에 온다는 것을 알 수 있다. 얻을 수 있는 정답은 CAB이다.

1103 ★★★★

脏
zāng

형 더럽다, 지저분하다

所有的脏衣服都已经洗过了。
모든 더러운 옷들은 다 벌써 빨았다.

★ 新HSK 기출문제

看图，用词造句。

脏 (样卷-100)

해설 "脏"형용사이다. "주어+부사+형용사"구조에 따라 "她很脏", "她的衣服很脏" 또는 "她的脸很脏" 등을 완성할 수 있다. 또한 "주어+把+목적어+동사+기타"구조에 따라 얻을 수 있는 참고 답안은 "她把脸弄脏了"이다.

보충 打扫 (136) 참고

1104 ★★

早上
zǎoshang

명 아침

邮递员每天早上都来收信。
우체부가 매일 아침 와서 편지를 수거해간다.

보충 기타 시간에 관련된 단어 上午 (746) 참고

1105 ★★★★

责任
zérèn

명 책임

我们必须完成它，因为这是我们的责任。
우리는 반드시 그것을 완성해야 한다. 이것이 우리의 책임이기 때문이다.

在我们心中，爱和责任很难分离。
우리 마음에서 사랑과 책임을 분리하기란 아주 힘들다.

분석 责任 vs. 负责（251）
"责任"은 명사이고 "负责"는 동사이다. 주로 "对...负责"으로 자주 쓴다.

1106 ★

怎么
zěnme

대 어떻게, 어째서, 왜

您认为我应该怎么办，医生？
제가 어떻게 해야 할까요? 의사선생님.

麦克，你怎么这么晚才回来？
마이크, 너 어쩜 이렇게 늦게 오니?

보충 "怎么"는 문의의 방식을 나타내는 것 이외에도 또한 3 가지 용법이 더 있다. 谁（751）참고
"怎么"는 또한 원인을 물을 수도 있는데 이 용법에서 말하는 이는 "불만"의 뜻을 가지고 있다. 예）你怎么才来啊？(뜻은 "你应该早点儿来"이다)

1107 ★

怎么样
zěnmeyàng

대 어떻다, 어떠하다

约翰，你最近的学习怎么样？
존, 요즘 공부하는 건 좀 어때?

约翰，你觉得上海的气候怎么样？
존, 네 생각에 상해의 기후가 어떤 거 같아?

★ 新HSK 기출문제

请选出正确答案：
女：这个白色的沙发怎么样？好看吧？
男：确实好看，不过太容易脏了，还是看看别的吧。
问：男的觉得这个沙发怎么样？ （样卷 -18）
A 值得买　　B 容易脏　　C 颜色深　　D 客厅放不下

해설 "不过太容易脏了"라는 남자의 말을 근거로 남자는 이 소파가 쉽게 더러워질 거라고 생각하는 것을 알 수 있다. 따라서 정답은 B이다. A, C, D는 언급되지 않았다.

1108 ★★★★

增加
zēngjiā

동 증가하다, 더하다, 늘리다

人们的年收入都增加了 10%。
사람들의 연간소득이 모두 10퍼센트 증가했다.

汽车的数量正在逐年增加。
자동차 수가 해마다 늘어나고 있다.

★ 新HSK 기출문제

完成句子：

这个城市　出租车的数量　决定　增加（H41005-90）

해설 동사"决定"뒤에는 주로 동사성목적어가 붙어서 "주어가 어떤 일을 하기로 결정했음"을 나타낸다. 얻을 수 있는 답안은 "这个城市决定增加出租车的数量"이다.

1109 ★★★★

占线
zhànxiàn

동 통화 중이다

今天下午我给你打了三次电话，你的手机一直占线。
오늘 오후에 너한테 3번 전화했는데 핸드폰이 계속 통화 중이더라.

★ 新HSK 기출문제

排列顺序：

A 可是一直都占线

B 我给马经理打了好几次电话了

C 也不知道他到底是怎么回事 （H41329-56）

해설 "可是"를 보아 A가 첫 문장이 아니라는 것을 알 수 있다. B는 주제문장이자 첫 문장이다. "打了好几次电话了", "占线"을 통해 B가 앞에 A가 뒤에 오는 것을 알 수 있다. C는 결과(평가)이므로 가장 뒤에 놓인다. 따라서 정답은 BAC이다.

결합 手机（핸드폰）/ 电话（전화）+ 占线（통화 중이다）

1110 ★★★

站
zhàn

동 서다, 멈추다 명 역, 정류장

无论发生什么事，我都站在你这边。
무슨 일이 생기든 나는 네 옆에 있을게.

各位乘客，下一站人民广场，请做好下车准备。
승객 여러분, 다음 정류장은 인민광장입니다. 내릴 준비를 해주시기 바랍니다.

보충 X 站，火车站（375）참고

1111 ★★★

张
zhāng

양 장(종이나 테이블, 침대 등을 세는 단위)

桌子上有一张红色的纸。
테이블 위에 붉은색 종이가 한 장 있다.

因为太硬，这张床睡得不舒服。
너무 단단해서 이 침대는 불편하다.

1112 ★★★

长
zhǎng

동 자라다, 나다, 생기다

她长着一张圆圆的脸，一双大大的眼睛，还有一头长发。
그녀는 동그란 얼굴에 큰 눈과 긴 머리카락을 가지고 있다.

1113 ★★

丈夫
zhàngfu

명 남편

她给她丈夫买了一件新衣服。
그녀는 남편에게 새 옷을 한 벌 사주었다.

★ 新HSK 기출문제

请选出正确答案：

昨天，妻子让我陪她去买一双袜子。进了商店，她先去看帽子，觉得有个帽子很可爱，就买了一个。然后她又买了一条裤子、一件衬衫，把她身上带的钱全花完后我们就回家了。回家以后，我吃惊地发现，竟然没有买袜子。

说话人是谁？ (H41001-43)

A 丈夫　B 导游　C 司机　D 售货员

해설 "昨天, 妻子让我陪她去买一双袜子"를 통해 말하는 이가 남편이라는 것을 알 수 있다. 따라서 정답은 A이다.

1114 ★★★★

招聘
zhāopìn

동 모집하다, 초빙하다, 채용하다

这家公司正在招聘高级技术人员。
이 회사는 지금 고위직 기술자를 모집하고 있다.

★ 新HSK 기출문제

完成句子：

招聘　银行　高级主管　决定　一名 (H41004-90)

해설 동사"决定"뒤에는 주로 동사성목적어가 붙어서 "주어가 어떤 일을 하기로 결정했음"을 나타낸다. 여기서 하려는 일은 "招聘一名高级主管"이다. 얻을 수 이는 정답은 "银行决定招聘一名高级主管"이다.

1115 ★★★

着急

zháojí

형 조급해하다, 안타까워하다, 마음을 졸이다

他看上去很着急，像是在找东西。

그는 조급해 보이는 게 무언가를 찾는 것 같다.

★ 新HSK 기출문제

请选出正确答案：

女：怎么样？那个技术上的问题解决了吧？

男：我以为今天能顺利解决，但是情况比我想的复杂得多，怎么办呢？

问：男的现在心情怎么样？ (H41003-20)

A 兴奋　　B 吃惊　　C 轻松　　D 着急

해설 "但是情况比我想的复杂的多，怎么办" 을 통해 남자가 지금 아주 초조해하고 있다는 것을 알 수 있다. 정답은 D 이다.

请选出正确答案：

女：海洋公园到底是不是在东边啊？怎么还没到？

男：方向肯定没错，估计再有几分钟就到了吧。

女：再晚了我们就来不及看表演了。

男：别担心，下午还有一场呢。

问：女的现在心情怎么样？ (H41004-32)

A 得意　　B 紧张　　C 吃惊　　D 着急

해설 "再晚了我们就来不及看表演了"라는 여자의 말과 "别担心"이라는 남자의 말을 통해 얻을 수 있는 정답은 D이다.

분석 着急 vs. 担心 (150)

"着急"는 비교적 심각한 상황을 듣거나 마주쳤는데, 해결 방법을 찾지 못했을 때 마음이 아주 급하고 불안한 것이다. "担心"은 사람이나 일의 안전 또는 기타 상황에 대해 안심할 수 없어 문제가 생길 것을 걱정하는 것으로 "着, 过"등의 단어를 같이 쓸 수 있고 반의어는 "放心"이다.

1116 ★★

找

zhǎo

동 찾다, 구하다, 물색하다

我觉得我必须得找一份新工作。

내 생각에 나는 새 일을 찾아야만 할 것 같다.

★ 新HSK 기출문제

请选出正确答案：

3月7日上午，我在体育馆打羽毛球时，丢了一个咖啡色书包，里面有笔记本电脑、钥匙和几本杂志，请拿到包的人与我联系。非常感谢。

这个人写这段话的目的是： (H41003-74)

A 还书　B 找他的包　C 表示道歉　D 重新申请奖学金

해설 "丢了一个咖啡色书包"와 "请拿到包的人与我联系"을 통해 얻을 수 있는 답은 B이다.

1117 ★★★★

照

zhào

동 비추다, 비치다, (사진, 영화를)찍다

阳光照在身上，让我感觉很舒服。
햇빛이 몸에 비치는 느낌이 아주 편안하다.

他每天出门之前都要照镜子。
그는 매일 외출하기 전에 거울에 비춰본다.

我妈妈照相总是照不好。
우리 엄마는 항상 사진을 잘 못 찍는다.

★ 新HSK 기출문제

请选出正确答案：

很多自行车后面都有一个灯，虽然小，但用处却很大。每当后面汽车的灯光照到它时，它就会发光，这样就能提醒司机前方有人。

自行车后灯可以：　(H41329-74)

A 提高车速　B 减少堵车　C 节约用电　D 引起司机注意

해설 "这样就能提醒司机前方有人"을 통해 얻을 수 있는 정답은 D이다.

보충 照 + 镜子 (466)，照相 = 拍照（片）= 照照片 = 照片 (1119. 사진을 찍다)，照相机 (1120)

X 照 ：护照 (356)，驾照（운전면허증）

1118 ★★★

照顾

zhàogù

동 보살피다, 고려하다, 특별히 관심 갖다

我弟弟这么小，我必须照顾他。
내 남동생은 이렇게 어리니 반드시 잘 보살펴야 한다.

★ 新HSK 기출문제

排列顺序：

A 做事情往往需要照顾大的方面

B 而放弃掉"森林"

C 换句话说，就是不要仅仅为了一棵"大树"(H41002-56)

해설 A는 주제문장이며 첫 문장이다. "换句话说 就是..."을 통해 C가 A뒤에 온다는 것을 알 수 있다. 또 "为了... 而..."을 통해 C가 앞에 B가 뒤에 오는 것을 알 수 있으므로 정답은 ACB이다.

1119 ★★★

照片

zhàopiàn

명 사진

看，这是一张我们全家的照片。

봐, 이건 우리 가족 사진이야.

1120 ★★★

照相机

zhàoxiàngjī

명 카메라

我把照相机忘在出租车上了。

카메라를 택시에 놓고 내렸다.

这个照相机拍出来的照片非常清楚。

이 카메라로 찍은 사진은 정말 선명하다.

보충 照相 = 拍照（사진을 찍다）, 예）照张相 = 拍张照

X 机： 洗衣机（세탁기）, 手机（핸드폰）, 电视机（텔레비전）, 面包机（제빵기）, 电话机（전화기）, 洗碗机（식기세척기）, 录音机（녹음기）

1121 ★

这

zhè

대 이, 이것

这是我爸爸给我买的照相机。

이것은 우리 아빠가 내게 사준 카메라이다.

★ 新HSK 기출문제

请选出正确答案：

我们对失败应该有正确的认识。偶尔的失败其实可以让我们清楚自己还有什么地方需要提高，这可以帮助我们走向最后的成功。

"这"指的是： （H41002-79）

A 仔细　　B 认真　　C 失败　　D 准确的判断

해설 "偶尔的失败..., 这可以帮助我们走向最后的成功"을 통해 대명사 "这"가 대신 가리키는 것이 "失败"라는 것을 알 수 있다. 얻을 수 있는 정답은 C이다. 대명사 "这"가 가리키는 내용은 독해문제에서 자주 출제되는 키 포인트이다.

반의 那（619）

1122 ★★

着

zhe

조 …하고 있다, …하고 있는 중이다(동사 뒤에 쓰여 동작이 진행되고 있음을 나타냄)

她穿着一件红色上衣和一条黑色裙子。

그녀는 붉은색 상의와 검은색 치마를 입고 있다.

妹妹抱着一瓶牛奶走在前边。

여동생은 우유 한 병을 안은 채로 앞에 걸어간다.

보충 "동사 + 着" 는 동작 또는 상태의 지속됨을 나타낸다. 예) "站着, 坐着, 听着"; "동사 1+ 着 + 동사 2" 는 앞의 동작은 뒤의 동작이 진행되는 상태 또는 방식을 나타낸다. 예) "站着上课, 坐着喝茶, 听着音乐跑步"; "동사 + 过"는 경험을 나타내며 "동사 + 了"는 완성을 나타낸다.

1123 ★★

真

zhēn

형 사실이다, 진짜이다, 분명하다, 정확하다 부 확실히, 진정으로

找到自己的真爱，才是真正的幸福。

진실된 사랑을 찾는 것이야 말로 진정한 행복이다.

我真不知道他去哪儿了。

나는 그가 어디로 갔는지 정말 모르겠다.

분석 真 vs. 真正（1124），真正（1124）참고

1124 ★★★★

真正

zhēnzhèng

형 진정한, 참된, 순수한, 진짜의

我们需要的就是这种真正的友谊。

우리에게 필요한 것은 바로 이런 진정한 우정이다.

真正的朋友应该说真话。

진정한 친구는 사실을 말해야 한다.

분석 真正 vs. 真（1123）

"真正"은 "표준에 부합한다" 혹은 "표준보다 높다"는 것을 강조한다. "真"은 "가짜가 아님"을 강조한다.

1125 ★★★★

整理

zhěnglǐ

동 정리하다

离开教室前，请把书桌整理一下。

교실에서 나가기 전에 책상을 정리하세요.

不管你有多忙，还是要抽点时间整理自己的心情。

네가 얼마나 바쁘든 간에, 시간을 좀 내서 스스로의 마음을 좀 정리해야 한다.

你经常整理自己的房间吗？

너는 자주 네 방 정리를 하니?

★ 新HSK 기출문제

完成句子：

整理　儿子的复习笔记　得　很详细　(H41002-92)

해설 "동사+的+怎么样"의 구조에 따라 "整理得很详细"를 완성할 수 있다. 문장의 가장 앞에 주어"儿子的复习笔记"를 붙여서 얻을 수 있는 정답은 "儿子的复习笔记整理得很详细"이다.

분석 整理 vs. 打扫（136），打扫（136）参고

1126 ★★★★
正常
zhèngcháng

형 정상적인

他最近的表现不太正常。
그는 최근의 태도가 별로 정상적이지 않다.

人体的正常温度大概是36℃-37℃之间。
인체의 정상 온도는 대략 36-37℃ 사이이다.

1127 ★★★★
正好
zhènghǎo

형 딱 맞다, 꼭 맞다

这个篮子正好可以用来装水果。
이 바구니는 과일 담는데 쓰기에 딱 맞다.

温度正好，不太热又不太冷。
춥지도 덥지도 않고 온도가 딱 좋다.

1128 ★★★★
正确
zhèngquè

형 정확하다, 올바르다

听句子，选出正确答案。
문장을 듣고 정확한 답을 고르세요.

如果你想取得好成绩，就一定要有正确的学习方法。
만약 좋은 성적을 얻고 싶다면 정확한 학습 방법을 알아야 한다.

분석 正确 vs. 准确（1171），准确（1171）참고

1129 ★★★★
正式
zhèngshì

형 정식의, 공식의, 정규의

明天我将去参加一个正式的西式聚餐，以前从未参加过。
내일 나는 이전에 한번도 가보지 않았던 공식적인 서양식 디너파티에 참가할 것이다.

★ 新HSK 기출문제

选词填空：
A：最近怎么穿得这么（　　）？很精神啊。
B：我现在开始上班了，这是公司的规定。　　(H41002-54)
A 填　　B 正式　　C 温度　　D 酸　　E 广播　　F 肚子

해설 "正式"는 형용사이고 "这么"는 대명사이다. 글에서 "穿", "很精神"이라고 한 것을 근거로 하여 정답은 B이다.

반의 随便（827）

1130 ★★

正在
zhèngzài

부 지금 …하고 있다

现在全球市场的咖啡价格正在上升。
현재 전세계 시장의 커피 가격이 오르고 있다.

★ 新HSK 기출문제

完成句子：

亚洲经济的　正在　逐渐　提高　增长速度（H41001-87）

해설 "增长速度"는 명사구이다. "的+명사"구조에 따라 "亚洲经济的增长速度"를 완성할 수 있다. "逐渐"은 부사이고, "提高"는 동사이다. "부사+동사"의 구조에 따라 "逐渐提高"를 만들고 문장의 맨 앞에 주어를 더해서 "亚洲经济的增长速度逐渐提高"를 완성할 수 있다. "正在"는 주로 주어 뒤, 동사 앞에 놓이므로 얻을 수 있는 답안은 "亚洲经济的增长速度正在逐渐提高"이다.

분석 正在 vs. 正 vs. 在（1100）
"正在"는 시간을 가리키기도 하고 상태를 가리키기도 한다. "正"은 시간을 강조하며 "正...呢" 구조로 자주 쓴다. "在"는 상태를 강조한다.

1131 ★★★★

证明
zhèngmíng

동 증명하다

你怎样才能证明地球是圆的？
당신은 어떻게 지구가 둥글다는 것을 증명할 건가요?

请病假需要医院的证明。
병가를 신청할 때는 병원의 증명서가 필요하다.

1132 ★★★★

之
zhī

조 …의, …한, …(은)는

中国人口是世界人口的五分之一。
중국인구는 세계인구의 5분의1이다.

我喜欢读报纸的原因之一是广告少。
내가 신문 읽는 것을 좋아하는 원인 중의 하나는 광고가 적기 때문이다.

보충 ① 점수표시 예）1/2 ＝二分之一，4/5= 五分之四
② "명사＋之一" 예）问题之一（문제 중의 하나），内容之一（내용 중의 하나），原因之一（원인 중의 하나）
③ "…之间" 예）春夏之间（봄，여름 사이），北京和上海之间（북경과 상해 간에），我们之间（우리 사이에）
④ "之＋(방위)명사" 예）之内，之外，之前，之后，之上，之下，之中，여기서의 之은 모두 以로 바꾸어 쓸 수 있다.

1133 ★★★★

支持
zhīchí

동 지지하다, 견디다, 지탱하다

我想我会一直支持你。
나는 계속해서 너를 지지할 생각이야.

谢谢您在工作上给我的支持和帮助。
업무상 제게 보내주신 지지와 도움에 감사합니다.

★ 新HSK 기출문제

请选出正确答案：

提到结婚，人们会很自然地想起爱情。爱情确实是结婚的重要原因，但仅有爱情是不够的。两个人还应该互相支持，互相信任。只有这样才能很好地生活在一起。

两个人怎样才能很好地一起生活？ (H41005-37)

A 不要害羞　B 不要解释　C 减少误会　D 互相支持、信任

해설 "只有这样才能很好地生活在一起"와 "这样"이 대신 가리키는 앞 문장의 "应该互相支持·互相信任"을 근거로 하여 얻을 수 있는 정답은 D이다.

1134 ★★

只
zhī

양 마리(주로 작은 동물을 세는 단위)

每只鸟都喜欢听自己唱歌。
각각의 새들은 모두 자기가 부르는 노래 듣기를 좋아한다.

1135 ★★

知道
zhīdào

동 알다

你知道我的爱好是什么吗？
너는 내 취미가 뭔지 아니?

我们都应该知道自己的缺点。
우리는 모두 자신의 단점을 알아야 한다.

知道 vs. 了解(562) vs. 认识(723) vs. 熟悉(800), 了解(562) 참고

1136 ★★★★

知识
zhīshi

명 지식

知识会随着年龄的增长而增长吗？
지식은 나이가 듦에 따라 같이 늘어나는가?

知识和能力是有区别的。
지식과 능력은 구별된다.

1137 ★★★★

直接

zhíjiē

형 직접적인

有什么问题直接跟我们联系。
무슨 문제가 있으면 직접 저희에게 연락 주세요.

我们直接从北京飞到纽约。
우리는 북경에서 뉴욕으로 직접 날아왔다.

★ 新HSK 기출문제

选词填空：

A：张律师，这份申请材料要复印几份？ (H41004-55)
B：先印8份，一会儿你印好以后（ ）送到会议室吧。

A 严格 B 后悔 C 温度 D 直接 E 重点 F 提醒

해설 "送"은 동사이고 "直接"는 형용사인데 부사역할을 할 수 있다. "부사+동사"구조와 문장 뜻을 근거로 얻을 수 있는 정답은 D이다.

1138 ★★★★

值得

zhídé

동 …할 만하다, …할만한 가치가 있다

这是一部好电影，值得每个中国人去看一下。
이것은 좋은 영화이다. 모든 중국인이 한 번 볼만한 가치가 있다.

★ 新HSK 기출문제

请选出正确答案：

做任何事情都有一个过程，如果把过程做好了，结果一般都会很好。可是，现在很多人做事情的时候只是想着结果，从来都不关心过程。

根据这段话，做事情的过程： (H41004-75)

A 比较无聊 B 困难很多 C 值得关注 D 一般都很精彩

해설 "如果把过程做好了, 结果一般都会很好"를 근거로 우리는 과정을 중시해야 한다는 것을 알 수 있다. 정답은 C이다.

1139 ★★★★

职业

zhíyè

명 직업

许多人认为教师是非常适合女性的职业。
많은 사람들이 선생님을 여자에게 아주 적합한 직업이라고 여긴다.

很多大学生选择的职业跟他们所学的专业没有关系。
아주 많은 대학생들이 선택한 직업이 그들이 배운 전공과는 관계가 없다.

보충 직업에 관련된 단어 大夫（147）참고

1140 ★★★★

植物

zhíwù

명 식물

所有的植物都需要水和阳光。

모든 식물은 물과 햇빛이 필요하다.

보충 动物 (194), 动植物 (동식물), 生物 (생물), 人类 (인류), 地球 (175), 太阳 (838), 阳光 (1006)

自测

자기평가

1. 选词填空。

A 约会　B 允许　C 暂时　D 增加　E 遇到

1. 请（　　）我介绍一下，这是我的妻子，她叫玛丽。
2. 困难只是（　　）的，只要你努力，办法总是比困难多。
3. 我在中国（　　）了一位很好的老师，她很认真地教我们学汉语。
4. 随着汉语知识的（　　），我已经能流利地和中国人聊天了。
5. 第一次（　　）的时候，马克迟到了，玛丽很不高兴。

A 原谅　B 着急　C 正式　D 支持　E 知道

6. 妈妈（　　）这件事以后非常生气，她让我去给人家道歉。
7. 你不用再向我道歉了，我已经（　　）你了。
8. 找工作的时候，人们一般都穿得很（　　）。
9. 玛丽刚出生的孩子丢了，她非常（　　）。
10. 爸爸非常（　　）我去中国留学。

A 值得　B 预习　C 占线　D 正好　E 愿意

11. 老师要求我们上课前（　　）课文。
12. 真正的友谊（　　）我们永远珍惜。
13. 我喜欢安静，而玛丽与我（　　）相反，她喜欢唱歌跳舞。

14. 马克认为自己做错了，所以他（　　）接受批评。

15. 你的手机怎么了？不是关机就是（　　）。

A 怎么样　B 怎么　C 照顾　D 原因　E 直接

16. A：玛丽，你今天为什么迟到呢？请告诉我（　　）。
    B：老师，对不起，我今天生病了。

17. A：我要出差两个星期，你能帮我（　　）我家的小狗吗？
    B：可以的，你就放心去吧。

18. A：如果你有不懂的地方，请（　　）来问我。
    B：好的，老师，我会的。

19. A：小王，你觉得今天的电影（　　）？
    B：我觉得不好看，一点意思也没有。

20. A：出了这么大的事，你（　　）不告诉我呢？
    B：因为我们要送他去医院，所以来不及告诉你。

2. 完成句子。

21. 好好保护　真正的　友谊　我们　值得 ________________

22. 自己的孩子　父母　都有　照顾　责任 ________________

23. 整理　每个周末　她的房间　田芳　都会 ________________

24. 非常　这是　好看的　杂志　一本 ________________

25. 都喜欢的　打乒乓球　是　一种运动　很多中国人 ________________

3. 看图，用词造句。

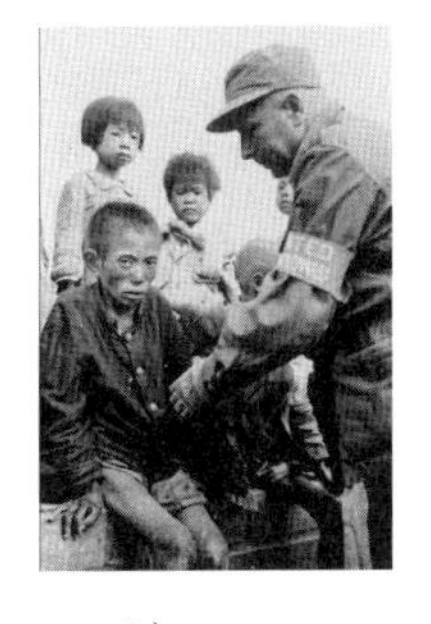

26. 脏

____

27. 照片

____

28. 照相机

29. 植物

30. 招聘

학습 중점

| 어휘 |

1급 8개, 2급 4개, 3급 17개, 4급 31개

| 용법 및 구조 |

1. 终于/最后、周围/附近、准确/正确、准时/按时/及时、仔细/认真、总是/一直의 구별
2. 动+住와 动+走구조, 只要…就…구조
3. 专门、最好의 용법
4. 只好、指의 의미

1141 ★★★

只
zhǐ

부 단지, 다만, 겨우

我们只去了公园，其他什么地方都没去。
나는 공원만 가고 다른 곳은 아무데도 가지 않았다.

我只问了他的姓名，忘记要电话号码了。
나는 그의 이름만 묻고 전화번호를 묻는 것은 잊어버렸다.

1142 ★★★★

只好
zhǐhǎo

부 부득이, 부득불, 할 수 없이, …할 수 밖에 없다

红灯亮了，我们只好停下。
빨간 불이 켜졌다. 우린 멈출 수 밖에 없어.

因为没有钱坐公共汽车，他只好走路去那儿。
버스를 탈 돈이 없어서 그는 할 수 없이 걸어서 갔다.

분석 只好 vs. 必须 (50)

"只好"는 다른 선택이 없고 어쩔 수 없음을 나타내고, "必须"는 반드시 그래야 하는 것이며, 사실상, 도리상 필요로 한다.

1143 ★★★★

只要
zhǐyào

접 …하기만 하면

只要努力，你就能学好汉语。
노력하기만 하면 당신은 중국어를 잘 배울 수 있어요.

只要我有空，就过来陪你。
내가 시간만 있다면 가서 너를 데리고 올 텐데….

★ 新HSK 기출문제

排列顺序：

A 就可以变得越来越优秀

B 但只要能发现自己的缺点并及时去改

C 每个人都有缺点 （H41003-57）

해설 B의 접속사 "但"과 A의 부사 "就"를 통해 A와 B는 모두 첫 문장이 아니라는 것을 알 수 있다. C가 주제문장이고, 당연히 첫 문장이 된다. "只要…, 就…"을 근거로 B가 앞에 오고 A가 뒤에 온다는 것을 알 수 있으므로 정답은 CBA가 된다.

1144 ★★★

只有…才…
zhǐyǒu… cái…

접 …해야만 …이다

学外语，只有多听、多说、多练才能学好。
외국어 공부를 할 때는 많이 듣고 많이 말하고 많이 연습해야만 잘 배울 수 있다.

분석 只要…就…vs. 只有…才…，只要（1143）참고

★ 新HSK 기출문제

排列顺序：
A 学习时，不光要知道答案是什么
B 只有这样，才能把问题真正弄懂
C 还要弄清楚答案究竟是怎么得来的 (H41328-61)

해설 "不光要..." "还要..."를 통해 A가 앞에 오고 C가 뒤에 오는 것을 알 수 있다. "只有...才..."은 이렇게 했을 때의 결과를 말하며, 맨 마지막 문장이다. 얻을 수 있는 정답은 ACB이다.

1145 ★★★★

指
zhǐ

동 가리키다, 지시하다

用手指指人是很不礼貌的。
손가락으로 사람을 가리키는 것은 아주 무례한 것이다.

生日蛋糕上的蜡烛数量，指的是年龄。
생일 케이크의 촛불 개수가 가리키는 것은 나이이다.

1146 ★★★★

至少
zhìshǎo

부 적어도, 최소한

这篇文章至少两万字。
이 문장은 적어도 2만 자는 된다.

人们不应该吸烟，至少不应该在公共场所吸烟。
사람들은 담배를 피워서는 안 된다. 최소한 공공장소에서는 피워서는 안 된다.

1147 ★★★★

质量
zhìliàng

명 질, 품질

足够的睡眠时间是学习质量的保证。
충분한 수면시간이 학습의 질을 보장한다.

★ 新HSK 기출문제

请选出正确答案：
这个公司专门制造各种各样的筷子。他们的筷子用不同的材料做成，颜色也都不一样，质量很好。买来不仅可以自己用，还可以当礼物送给别人，顾客们都很喜欢。
这个公司制造的筷子： (H41003-68)
A 很便宜　　B 很普通　　C 质量不错　　D 数量很少

해설 "筷子颜色也都不一样, 质量很好"을 통해 얻을 수 있는 답은 C이다. A, B, D는 글에서 언급되지 않았다.

请选出正确答案：

压力是一个非常有趣的东西，人们在没有压力的情况下，往往不想工作。在压力很大的情况下，工作的效果又很不好。

压力很大时，人们： (H41004-77)

A 经常加班　B 积极工作　C 工作质量差　D 会觉得很有趣

해설 "工作效果很不好"를 통해 얻을 수 있는 정답은 C이다. A와 B는 글에서 언급되지 않았다. D와 글의 뜻은 다르다. 글에서는 "压力是一个非常有趣的东西"라고 하였는데 D는 "压力很大时, 人们会觉得很有趣"라고 하였다.

보충 数量（802），기타 단어 速度（823）참고

1148 ★

中国

Zhōngguó

명 중국

中国是世界上人口最多的国家。

중국은 세계에서 인구가 가장 많은 나라이다.

1149 ★★★

中间

zhōngjiān

명 중간, 중심, 한가운데

他们在年轻人中间很受欢迎。

그들은 젊은이들 사이에 아주 인기가 있다.

教室中间有一棵圣诞树。

교실 한가운데 크리스마스 트리가 있다.

★ 新HSK 기출문제

请选出正确答案：

生活是一个圆面包，最中间那部分是最好吃的，然而不是每个人都能吃到。

圆面包有什么特点？ (H41004-43)

A 中间最好吃　B 不太受欢迎　C 样子很特别　D 价格很便宜

해설 "园面包, 最中间那部分是最好吃的"를 통해 알 수 있는 정답은 A이다.

보충 기타 방위에 관련된 단어 旁边（652）참고

1150 ★★★

中文

Zhōngwén

명 중문, 중국 언어

为了能在中国工作和生活，他正在努力学习中文。

중국에서 일과 생활을 하기 위해서 그는 지금 열심히 중국어를 배우고 있다.

1151 ★

中午

zhōngwǔ

명 정오

中午我和一个朋友一起吃午饭。

정오에 나는 한 친구와 같이 밥을 먹는다.

보충 기타 시간에 관련된 단어 上午（746）참고

1152 ★★★

终于

zhōngyú

부 마침내, 결국, 끝내

在经历了这么多困难之后，他们终于结婚了。

이렇게 많은 어려움을 겪은 후 그는 마침내 결혼했다.

在警察的帮助下，老人终于安全到家了。

경찰의 도움으로 노인은 결국 안전하게 집으로 돌아왔다.

분석 终于 vs. 到底 (159) vs. 最后 (1187)

"终于"는 각종 변화 또는 기다림을 거친 후에 어렵게 겨우 얻은 결과를 나타낸다. "到底"는 일 하는 과정을 강조한다. "到底"는 또한 주로 의문문에 쓰이며 말하는 이가 아주 결과를 알고 싶어하거나 답을 얻고 싶어 하는 것을 나타낸다. "最后"는 단지 시간의 전과 후를 나타낸다.

1153 ★★★

种

zhǒng

양 종류, 부류, 가지

这种葡萄有点儿酸。

이 종류의 포도는 조금 시다.

你需要哪一种字典？

어떤 종류의 사전이 필요하세요?

★ 新HSK 기출문제

完成句子：

这种看法　理解和接受　现在还很难　被　（样卷 -87）

해설 "被"자문의 구조는 "주어+被+동사"이다. "这种看法"는 주어이고 "理解和接受"는 술어이다. "现在还很难"은 부사어이므로 얻을 수 있는 정답은 "这种看法现在还很难被理解和接受"이다.

보충 各种各样（여러종류，각양각색，가지각색）

1154 ★★★★

重

zhòng

형 무겁다, 중요하다

这个箱子太重了！

이 상자는 너무 무겁다.

小学生们的学习负担很重。

초등학생들의 학습 부담이 아주 심하다.

1155 ★★★★

重点
zhòngdiǎn

명 중점, 중심, 강조하는 곳

这部分是文章的重点和难点。
이 부분이 문장의 중점이자 난점이다.

★ 新HSK 기출문제

选词填空：
A：经理，新的计划发您信箱了，您看了吗？ （H41004-51）
B:内容太简单,不够详细,缺少（ ）,明天我们得继续讨论。
A 严格　B 后悔　C 温度　D 直接　E 重点　F 提醒

해설 "缺少"는 동사이다. 뒤에는 당연히 목적어가 온다. "重点"은 명사이며 "缺少"의 목적어 역할을 할 수 있다. 다시 "内容太简单, 不够详细"를 근거로 얻을 수 있는 정답은 E이다.

1156 ★★★★

重视
zhòngshì

동 중시하다, 중요시하다

你们国家重视教育吗？
너희 나라는 교육을 중시하니?

반의 轻视（경시하다）, 忽视（소홀히하다, 경시하다）

1157 ★★★

重要
zhòngyào

형 중요하다

安全与健康对于我们是最重要的。
안전과 건강은 우리에게 가장 중요하다.

★ 新HSK 기출문제

请选出正确答案：
经济、社会、科学、教育等各方面的变化，都会对一个国家的发展产生极大的影响，但是其中起关键作用的应该还是教育。
这段话主要谈的是： （H41004-78）
A 社会的管理　B 国家的历史　C 教育很重要　D 科技的发展

해설 "但是其中起关键作用的应该还是教育"를 통해 얻을 수 있는 정답은 C이다.

1158 ★★★

周末
zhōumò

명 주말

我过了一个愉快的周末，你呢？
난 즐거운 주말을 보냈어, 너는?

보충 X末:月末（월말）,年末（연말）/ 岁末（연말, 세밑）; 周一（월요일）= 星期一

★ 新HSK 기출문제

判断对错：

小红去外地上学了，我们虽然不能经常见面，但每个周末都会发电子邮件或者上网聊天儿。

他和小红每周都见面。（　　）　　　　（样卷 -9）

해설 "每个周末都会发电子邮件或者上网聊天儿"을 보아 그와 小红은 매주 만나는 게 아니라는 것을 알 수 있다. 따라서 정답은 X이다.

1159 ★★★★

周围
zhōuwéi

명 주변, 주위

虽然我们周围有空气，但我们却看不见。

우리 주위에는 공기가 있지만, 눈으로 볼 수는 없다.

분석 周围 vs. 附近 (252)

"周围"는 지면을 가리킬 수도, 공중을 가리킬 수도 있다. "附近"는 주로 지면을 가리키는데, 주변의 한 지점을 가리킨다.

1160 ★★★

主要
zhǔyào

형 주요한, 주된

他来的主要目的是学习。

그가 온 주된 목적은 공부이다.

德语、法语和意大利语是瑞士的三种主要语言。

독일어, 프랑스어, 이탈리어는 스위스의 3가지 주요 언어이다.

보충 重要（1157）

1161 ★★★★

主意
zhǔyi

명 방법, 생각, 아이디어

这是个简单而聪明的主意。

간단하지만 번뜩이는 아이디어다!

我要买礼物送一位女士，你有什么好主意？

여성분께 드릴 선물을 사려는데 뭐 좋은 생각 있니?

분석 主意 vs. 办法（21）vs. 方法（229），办法（21）참고

1162 ★

住
zhù

동 살다, 거주하다, 숙박하다

我挺喜欢现在住的地方，很安静。

나는 지금 살고 있는 곳이 아주 조용해서 좋다.

这间屋子可以住四个人。
이 방은 네 사람이 살 수 있다.

보충 "동사 + 住"는 움직이지 않거나 변하지 않는 것을 나타낸다. 예) 站住(똑바로 서다, 멈추다), 停住(정지하다. 멈추다), 接住(잡다)

1163 ★★★

注意
zhùyì

동 주의하다, 조심하다

过马路时要注意交通安全。
길을 건널 때는 교통안전에 주의해야 한다.
你注意到他的眼睛是什么颜色了吗?
넌 그의 눈이 무슨 색인지 알아봤니?

1164 ★★★★

祝贺
zhùhè

동 축하하다

亲戚朋友们都来祝贺他考上大学。
친척 친구들이 모두 그의 대학 합격을 축하하러 왔다.
祝贺你在比赛中获得了胜利。你真的太棒了!
경기에서 승리한 거 축하해. 너 정말 너무 멋졌어!

분석 祝贺 vs. 祝

"祝贺"는 이미 성공을 거둔 사람 또는 일에 대해 축하하는 마음을 전하는 것이다. "祝"는 일종의 희망을 드러내는 것으로 다른 사람이 행복하거나 성공하기를 바라는 것이다.

1165 ★★★★

著名
zhùmíng

형 저명하다, 유명하다

西湖是杭州著名的景点。
서호(西湖)는 항저우에서 유명한 명소이다.
他是著名的美国歌手麦克尔·杰克逊吗?
그가 유명한 미국의 가수 마이클잭슨이야?

★ 新HSK 기출문제

完成句子:

那位　深受　演员　观众的喜爱　著名的 (H41004-91)

해설 이 문장의 술어는 "深受"이다. 동사 "受"뒤의 목적어는 주로 사람의 감각과 상관 있는데 여기서는 "深受观众的喜爱"이다. "那位"와 "著名的" 모두 주어 "演员"앞에 놓이며 "그것들의 배열 순서에 따라 ("的"자구문이 주어에 더 가까움) 얻을 수 있는 답안은 "那位著名的演员深受观众的喜爱"이다.

분석 著名 vs. 有名 (1070), 有名 (1070) 참고

1166 ★★★★

专门
zhuānmén

부 전문적으로, 오로지, 특별히

我专门为你做了块巧克力蛋糕。
특별히 너를 위해서 초콜릿 케이크를 만들었어.

这本书是专(门)为留学生写的。
이 책은 전문적으로 유학생을 위해 쓰여졌다.

1167 ★★★★

专业
zhuānyè

명 전공, 전문 형 전문의

他是一位医学专业的学生，不是吗？
그는 의학을 전공한 학생이다. 그렇지?

我相信我的医生，因为她很专业。
나는 의사선생님을 믿는다. 왜냐하면 그녀는 아주 프로이기 때문이다.

★ 新HSK 기출문제

请选出正确答案：

既然你不喜欢新闻专业，那就再考虑考虑其他专业吧，中文、国际关系什么的，妈和你爸都不反对。但是为了将来不后悔，不要这么快做决定，至少应该去了解一下这个专业，也许最后你会改变主意的。

根据这段话，可以知道他：（H41003-69）

A 后悔了　B 很生气　C 想换专业　D 成绩不合格

해설 "你不喜欢新闻专业, 就考虑其他专业"와 "妈和你爸都不反对"를 통해 알 수 있는 정답은 C이다.

보충 기타 전공에 관련된 단어 法律（223）참고

1168 ★★★★

转
zhuǎn

동 돌다, 회전하다, 바꾸다, 전환하다

一直走，到第一个红绿灯向左转，邮局在右边。
앞으로 쭉 가서 첫 번째 신호등에서 왼쪽으로 돌면 우체국이 오른편에 있다.

我们的话题转到了篮球上。
우리의 화제가 농구로 바뀌었다.

1169 ★★★★

赚
zhuàn

동 (돈을) 벌다, 이윤을 남기다

我应当更努力地工作，赚更多的钱。
나는 더 열심히 일해서 더 많은 돈을 벌어야 한다.

她们的丈夫不能赚足够的钱来养家。
그녀들의 남편은 가족을 부양할 충분한 돈을 벌지 못했다.

1170 ★★

准备

zhǔnbèi

동 준비하다, …하려고 하다

妈妈正在厨房准备晚饭。

엄마는 지금 주방에서 저녁식사를 준비한다.

建新学校的计划正在准备中。

새 학교 건설 계획이 지금 준비 중이다.

★ 新HSK 기출문제

请选出正确答案：

男：中秋晚会你准备节目了吗？

女：我想唱个歌——《月亮船》。

男：我怎么没听过这个歌？

女：这是个老歌，过去很有名，现在唱的人已经很少了。

问：关于那个歌，可以知道什么？ （样卷 -35）

A 是新歌　　B 以前很有名　　C 很多人都会唱

해설 "这是个老歌, 过去很有名, 现在唱的人很少了"를 통해 그 노래가 예전에 아주 유명했다는 것을 알 수 있다. 얻을 수 있는 정답은 B이다. A, C는 모두 틀렸다.

1171 ★★★★

准确

zhǔnquè

형 확실하다, 정확하다, 틀림없다

天气预报有时候不太准确。

일기예보가 가끔은 그다지 정확하지 않다.

那个年轻人说汉语虽然不是很准确，但很流利。

그 젊은이가 말하는 중국어는 비록 정확하지는 않지만 유창하다.

★ 新HSK 기출문제

请选出正确答案：

新闻报道中使用数字的目的是，通过它们来说明问题。所以这些数字必须是准确的，只有这样，才能证明报道的"真"，才是对读者负责。

新闻报道中的数字： （H41005-78）

A 不易理解　　B 使用随便　　C 让人失望　　D 不能出错

해설 글에서 "数字必须是准确的"라고 말했다. 보기 D의 "不能出错"가 바로 "必须准确"라는 뜻이다. 정답은 D이다.

분석 准确 vs. 正确 (1128)

"准确"는 마침 딱 맞음을 강조하고 "正确"는 일이 기준, 규칙에 부합하고 틀리지 않은 것을 강조한다.

1172 ★★★★

准时
zhǔnshí

형 정시에, 제때에

我们明天早上八点半准时出发。
우리는 내일 아침 8시 반 정시에 출발할 것이다.

我们的老师每天都准时来上课，她从不迟到。
우리 선생님은 매일 제때에 수업한다. 여태껏 지각한 적이 없다.

분석 准时 vs. 按时 (10)vs. 及时（386），及时（386）참고

1173 ★

桌子
zhuōzi

명 테이블

哦，能给我那张靠窗的桌子吗？
어, 그 창문 옆에 있는 테이블 좀 줄 수 있어요?

在桌子上有两块手表。
테이블 위에 손목시계 두 개가 있다.

보충 座位（1199），沙发（739），椅子（1039）

1174 ★★★★

仔细
zǐxì

형 세심하다, 꼼꼼하다, 조심하다

经过仔细考虑，我做了这个决定。
꼼꼼한 고려를 끝에 나는 이 결정을 내렸다.

上课仔细听讲很重要。
강의 들을 때에는 전념해서 수업을 듣는 것이 아주 중요하다.

분석 仔细 vs. 认真（725）vs. 小心（955），认真（725）참고

1175 ★★★

自己
zìjǐ

대 자기, 자신, 스스로

我告诉自己必须要有信心。
나는 자신감을 가져야 한다고 스스로 말한다.

了解自己才是真的进步。
스스로를 잘 아는 것이야말로 진짜 진보이다.

1176 ★★★★

自然
zìrán

명 자연 형 천연의, 자연의, 자연스럽다, 당연하다

我们热爱自然，并且总想接近自然。
우리는 자연을 사랑하고 늘 자연에 다가가고 싶다.

我从小就开始用电脑，所以用电脑对我来说是很自然的事。
나는 어려서부터 컴퓨터를 쓰기 시작했기 때문에 컴퓨터 사용은 나에게는 아주 자연스러운 일이다.

보충 X 然 : 当然 (153) 참고

1177 ★★★★

自信
zìxìn

형 자신만만하다, 자신감 있다

我男朋友是一位自信的律师。

내 남자친구는 자신감 넘치는 변호사이다.

★ 新HSK 기출문제

请选出正确答案：

人一定要旅行，旅行能丰富你的经历，不仅会让你对很多事情有新的认识和看法，还能让你变得更自信。

这段话主要谈的是： (H41328-76)

A 旅游的好处　B 说话的艺术　C 阅读的作用　D 知识的重要性

해설 첫 문장의 "人一定要旅行"을 근거로 이 글은 주로 "旅行"에 대해 이야기하고 있다는 것을 알 수 있다. "旅行能丰富你的经历, 不仅..., 还..."을 통해 여행이 어떤 작용을 하는지 즉, "旅行的好处"를 이야기하고 있다는 것을 알 수 있다. 얻을 수 있는 정답은 A이다.

1178 ★★★

自行车
zìxíngchē

명 자전거

她已经忘记怎样骑自行车了。

그녀는 벌써 어떻게 자전거를 타는지 잊어버렸다.

自行车是他上下班的交通工具。

자전거는 그의 출퇴근용 교통수단이다.

보충 X 车 : 公共汽车 (버스), 出租车 (택시), 火车 (기차), 摩托车 (오토바이), 动车 (중국 고속열차의 일종) ; 骑自行车 (자전거를 타다), 坐火车 (기차를 타다), 坐飞机 (비행기를 타다)

1179 ★

字
zì

명 글자, 문자

我希望这本书的字再大一点儿。

나는 이 책의 글자가 더 컸으면 좋겠다.

1180 ★★★★

总结
zǒngjié

동 총괄하다, 총정리하다

我将总结一下我已经做过的事。

나는 내가 이미 한 일을 총정리 할거야.

我习惯在岁末年初对自己一年的工作进行总结。

나는 연말연시에 일년 동안의 업무를 총결산하는 것이 습관이 되었다.

★ 新HSK 기출문제

判断对错：

回忆过去，有苦也有甜，有伤心、难过也有幸福、愉快，有很多故事让人难以忘记，有很多经验值得我们总结。

应该总结过去的经验。（　　）　　(H41002-9)

해설 "有很多经验值得我们总结"를 통해 얻을 수 있는 정답은 '옳음'이다.

1181 ★★★

总是
zǒngshì

부 늘, 줄곧, 언제나, 결국

我们两个中午总是在一起吃饭。

우리 둘은 점심에 늘 같이 밥을 먹는다.

早点儿起床，别总是迟到。

일찍 좀 일어나라, 매번 지각하지 말고.

분석 总是 vs. 有时候 vs. 经常（455）vs. 偶尔（646），经常（455）참고

분석 总是 vs. 一直（1031），一直（1031）참고

1182 ★★

走
zǒu

동 걷다, 떠나다, 달리다

我经常走路去学校。

나는 항상 걸어서 학교에 간다.

既然已经完成了工作，那你可以走了。

이미 일을 끝냈으니, 너는 가도 된다.

결합 "동사＋走"：예）取走，拿走，带走，借走，送走

1183 ★★★★

租
zū

동 세내다, 임차하다, 세를 주다, 임대하다

如果你想租自行车，我知道一个好地方。

네가 만약 자전거를 빌릴 생각이라면 내가 좋은 곳을 알고 있어.

那对年轻人结婚时不得不租房子。

그 젊은 사람들은 결혼할 때 어쩔 수 없이 집을 빌렸다.

1184 ★★★

嘴
zuǐ

명 입

将一个手指放在嘴前，表示"安静"。

손가락 한 개를 입 앞에 대는 것은 "조용히 하라"는 뜻이다.

보충 기타 이목구비에 관련된 단어 鼻子（44）참고

1185 ★★

最

zuì

부 가장, 제일, 아주

今年夏天最流行的颜色是粉红色。

올 여름 가장 유행하는 컬러는 분홍색이다.

我们三个人中,汤姆最胖。

우리 셋 중에 톰이 가장 뚱뚱하다.

1186 ★★★★

最好

zuì hǎo

부 제일 좋기는, …하는 게 제일 좋다

你最好多吃些水果和蔬菜。

과일과 야채를 많이 먹는 것이 가장 좋다.

你最好呆在床上,好好休息。

침대에 머무르며 잘 쉬는 것이 제일 좋다.

★ 新HSK 기출문제

选词填空：

A：咱们把沙发往窗户那儿抬一下，这样看电视更舒服些。

B：别开玩笑了，我们俩抬不动，（　　）等你爸爸回来再弄。

（H41003-53）

A 最好　B 继续　C 温度　D 热闹　E 作者　F 商量

해설 "等"은 동사이다. 동사 앞에는 주로 부사가 붙는다. "别开玩笑了, 我们俩抬不动"을 통해 만일 소파를 들어올려야 한다면 아빠가 돌아온 다음 함께 하는 것이 가장 좋은 방법이라는 것을 알 수 있다. 얻을 수 있는 정답은 A이다.

1187 ★★★

最后

zuì hòu

명 최후, 제일 마지막, 끝

那是她在电视中最后的一次演出。

그것이 그녀의 텔레비전에서의 마지막 공연이었다.

笑到最后的人笑得最好。

마지막에 웃는 사람이 가장 잘 웃는 사람이다.

분석 最后 vs. 到底（159）vs. 终于（1152），终于（1152）참고

1188 ★★★

最近

zuì jìn

명 최근, 요즈음

他最近刚和妻子离婚。

그는 최근에 막 아내와 이혼했다.

我知道他最近要出国。

그가 곧 출국할거라는 것을 나는 알고 있다.

1189 ★★★★
尊重
zūnzhòng

동 존중하다, 중시하다

你应该尊重父母的意见。
너는 당연히 부모의 의견을 존중해야 한다.

★ 新HSK 기출문제

请选出正确答案：
要获得别人的尊重，必须先尊重别人。任何人心里都希望获得尊重，受到尊重的人往往会变得更友好、更容易交流。
怎样获得别人的尊重？ (H41003-70)
A 尊重别人 B 多与人交流 C 多表扬别人 D 严格要求自己

해설 주제문장은 주로 첫 문장이다. 첫 문장의 "要想获得别人的尊重, 必须先尊重别人"을 근거로 얻을 수 있는 정답은 A이다.

排列顺序：
A：就好像站在镜子前面，看镜子里面的人
B：尊重别人的人，同样也会受到别人的尊重
C：你热情他也热情，你友好他也友好 (H41004-59)

해설 B는 주제문장이다. 따라서 첫 문장이 된다. A의 "就好像..."은 예시를 들어 B를 설명한다. 따라서 B의 뒤에 놓이게 된다. C의 "他"는 B의 "镜子里面的人"을 가리킨다. 먼저 "看镜子"한 후에야 "你热情他也热情..."을 비로소 알 수 있으므로 C는 A뒤에 온다. 따라서 정답은 BAC이다.

1190 ★
昨天
zuótiān

명 어제

昨天，北京下了一场大雪。
어제, 북경에 큰 눈이 내렸다.

보충 今天（오늘），明天（내일），前天（그저께），后天（모레），大前天（그그저께），大后天（글피）

1191 ★★
左边
zuǒbian

명 왼쪽, 왼편

左边那个书包是我朋友的。
왼쪽의 그 가방은 내 친구의 것이다.
史密斯太太，您的座位在您丈夫的左边。
스미스부인, 부인의 자리는 남편 분 왼쪽입니다.

보충 기타 방위에 관련된 단어 旁边（652）참고

1192 ★★★★

左右
zuǒyòu

조 가량, 안팎, 만큼, 내외, 쯤

这件礼物价值200元左右。
이 선물은 200위안 가량의 가치가 있다.

他大概一个月左右回来。
그는 한 달쯤 후에 돌아올 것이다.

결합 수량사 + 左右

1193 ★★★★

作家
zuòjiā

명 작가

他是一位著名的作家。
그는 유명한 작가이다.

보충 X家： 画家（화가），书法家（서예가），书画家（서화가），美术家（미술가），音乐家（음악가），钢琴家（피아니스트），教育家（교육가）

분석 作家 vs. 作者，作者（1196）참고

1194 ★★★

作业
zuòyè

명 숙제, 과제

学生们正在认真地写着作业。
학생들은 지금 열심히 과제를 하고 있다.

1195 ★★★★

作用
zuòyòng

명 작용, 영향, 효과 동 작용하다, 영향을 미치다

他在公司里发挥着很重要的作用。
그는 회사에서 아주 중요한 역할을 발휘하고 있다.

两种力互相作用。
두 가지 힘이 서로 작용한다.

★ 新HSK 기출문제

判断对错：

我喜欢阳光，因为阳光给了万物生命。因为有了阳光，花园里的小草更绿了；因为有了阳光，天空下的海洋更蓝了。

阳光的作用很大。 （ ） (H41005-5)

해설 "阳光给了万物生命", "小草更绿了", "海洋更蓝了"등을 통해 알 수 있는 정답은 '옳음'이다.

분석 作用 vs. 效果 (959) vs. 影响 (1053)

"作用"은 사물(혹은 사람)에 대한 영향이 생긴 것을 강조한다. "效果"는 일, 물건, 사람 등의 영향 때문에 생긴 결과인데 주로 좋은 결과를 나타낸다. "影响"가 명사역할을 할 때는 사람 또는 사물에 대해 일으키는 작용을 뜻하고, 동사 역할을 할 때는 생각이나 행동 등에 대해 생긴 좋거나 나쁜 작용을 뜻한다. "了, 着, 过"를 붙일 수 있으며 명사 혹은 동사 목적어를 가질 수도 있다. "影响+사람+做事"의 구조로 주로 쓰인다.

1196 ★★★★

作者

zuòzhě

명 지은이, 저자, 작자

这本书是一位很有名的作者写的。

이 책은 아주 유명한 작가가 쓴 것이다.

★ 新HSK 기출문제

选词填空：

A：那篇文章的（　　）是谁？

B：我忘了他叫什么名字了，只记得他姓李。（H41003-51）

A 最好　B 继续　C 温度　D 热闹　E 作者　F 商量

해설 "的"는 뒤에 명사가 붙는다. "作者"는 명사이다. "文章"과 "谁"를 통해 빈 칸의 명사가 그 글을 쓴 사람이라는 것을 알 수 있다. 바로 "作者"인 것이다. 얻을 수 있는 정답은 E이다.

보충 X者：读者（독자），记者（기자），译者（역자，번역자），成功者（성공한 사람），合格者（합격자），学者（학자）

1197 ★

坐

zuò

동 앉다, (교통수단을)타다

白先生，这是您的座位，请坐。

백선생님, 여기가 선생님 자리입니다. 앉으세요.

我想和朋友们一起坐飞机去旅行。

나는 친구들과 함께 비행기 타고 여행가고 싶다.

★ 新HSK 기출문제

判断对错：

姐，咱们弄错方向了，去西边的公共汽车应该在对面坐。正好前边有个天桥，我们从那儿过马路吧。

他们要坐地铁。　（　　）　（H41005-4）

해설 "公共汽车应该在对面坐"를 통해 그들은 버스를 탔지, 지하철을 타지 않았다는 것을 알 수 있다. 정답은 X이다.

1198 ★★★★

座

zuò

양 (빌딩이나 산처럼 부피가 크거나 고정된 물체를 세는 단위)

那座新建筑物高二十多米。

그 새 건축물은 20미터 높이이다.

★ 新HSK 기출문제

完成句子：

那座桥　800 年的　历史　有　了（样卷－完成句子例题）

해설 "历史"는 명사이다. "的+명사"구조에 따라 "800年的历史"를 완성한다. "有"는 동사이다. 다시 "주어+동사+목적어"구조에 근거하여 "那座桥有800年的历史"를 완성하고 문장 끝에 "了"를 더해서 얻을 수 있는 정답은 "那座桥有800年的历史了"이다.

1199 ★★★★

座位

zuòwèi

명 좌석

他把座位让给了那位老大妈。

그는 자리를 그 할머니에게 양보했다.

每辆公共汽车上都有一些座位，是老人和病人的专座。

모든 버스에는 노약자 전용 좌석이 있다.

보충 桌子（1173）참고

1200 ★

做

zuò

동 하다, 종사하다, 만들다, 제작하다

为保护环境，我们能做些什么呢？

환경을 보호하기 위해 우리는 무엇을 할 수 있을까?

这些儿童玩具都是塑料做的。

이 아이 장난감들은 모두 플라스틱으로 만들어졌다.

你妈妈做什么工作？

너희 엄마는 무슨 일을 하시니?

분석 做 vs. 干 (268) vs. 弄 (641)

"做"는 "做菜, 做衣服, 做作业, 做母亲"등의 결합으로 자주 쓰인다. "干"은 구어이며 뒤에는 주로 구체적인 목적어가 붙지 않고, 그다지 좋지 않은 일에 많이 쓴다. 예) "你干什么? 这不是我干的". "弄"은 구어이며 기타 일부 동사의 뜻을 대신할 수 있다. 예) "电脑坏了, 帮我弄(修)一下; 你休息一下, 我去弄(做)饭, 他把屋子弄(收拾)得很干净; 我一定要把这件事弄(查)清楚". 또한, "使"의 뜻을 나타낼 수 있는데 좋지 않은 방면에 많이 쓰인다. 예) "那个孩子把衣服弄脏了" 또한, "想办法取得"의 뜻이 있다. 예) "我去弄点儿水; 他弄了两张电影票"

自测

자기평가

1. 选词填空。

A 至少　　B 只好　　C 重点　　D 重视　　E 重要

1. 她没赶上火车（　　）坐汽车回家了。
2. 这个行李箱太重了，（　　）有 50 斤。
3. 这是一个特别（　　）的会议，所以大家不能迟到。
4. 这个学期汉语课的学习（　　）是语法。
5. 同学们都很（　　）这次考试，所以每天都花很多时间复习。

A 周围　　B 只要　　C 主意　　D 注意　　E 准时

6. （　　）你努力，我相信你一定会成功的。
7. 这个（　　）真不错，我们就这么干。
8. 公园（　　）的环境不错，我想去那儿买一套房子。
9. 今天的会议非常重要，请您一定（　　）参加。
10. 请大家（　　），离考试结束还有 5 分钟。

A 总是　　B 总结　　C 租　　D 最后　　E 最近

11. 他学习很努力，每次下课他都是（　　）一个离开教室。
12. 玛丽（　　）了自己 2015 年的工作，总的来说还是让人满意的。
13. 他（　　）精神不太好，主要是晚上睡得太晚。
14. 马克上课（　　）迟到，大家都不喜欢他。
15. 在上海（　　）房子太贵了，要 3000 块一个月。

A 质量　　B 自信　　C 最　　D 作用　　E 准确

16. A：这套西服的（　　）真的不错，请问你在哪儿买的？
    B：我在南京东路买的。
17. A：今天有多少人来参加会议？你能不能告诉我一个（　　）的数字？
    B：今天有 120 个人来参加会议。
18. A：这里有蛋糕、水果和烤肉，你（　　）喜欢吃什么呢？
    B：我最喜欢吃蛋糕。

19. A：你觉得这种药怎么样？

B：这种药一点（　　）也没有，吃了半个月我的感冒还没好。

20. A：那个学生怎么样？

B：他很聪明，不过不大（　　），总是不敢开口说汉语。

2. 完成句子。

21. 尊重　应该　我们　老师　我们的　＿＿＿＿＿＿＿＿
22. 不断地努力　他　通过　考上了大学　终于　＿＿＿＿＿＿＿＿
23. 慢慢地　让　我的汉语水平　提高了　多练习口语　＿＿＿＿＿＿＿＿
24. HSK 考试　明年五月　祝同学们　顺利通过　我　＿＿＿＿＿＿＿＿
25. 你特别　最好　专业　喜欢的　换一个　＿＿＿＿＿＿＿＿

3. 看图，用词造句。

26. 重

＿＿＿＿＿＿＿＿

27. 著名

＿＿＿＿＿＿＿＿

28. 座位

＿＿＿＿＿＿＿＿

29. 祝贺

＿＿＿＿＿＿＿＿

30. 仔细

＿＿＿＿＿＿＿＿

1. A 我们应该首先表示感谢
   B 而不是问礼物多少钱
   C 收到礼物时 ____________

2. A 但他就是不敢去
   B 昨天老师给他打了一个多小时的电话
   C 鼓励他去参加汉语桥比赛 ____________

3. A 所以还是有很多人选择这个职业，尤其是女孩子
   B 但是因为有寒暑假
   C 在中国，虽然做老师很忙很累 ____________

4. A 虽然我们现在的生活条件变好了
   B 很多人的健康和心情也因此越来越差
   C 但是人们的压力却越来越大 ____________

5. A 去朋友家做客以前
B 否则就很可能遇到朋友不在的情况
C 最好先给他们打个电话约好时间 ____________

6. A 对于同一个问题
B 但这并不表示他们就没有办法交流
C 老年人和年轻人的看法往往会不同 ____________

7. A 但是水的好坏对身体有很大的影响
B 水是我们生活中不可缺少的东西
C 所以我们要尽量喝没有被污染的、干净的水 ____________

8. A 我们的老师是北京人
B 现在她已经在这儿生活了 10 年了
C 因为工作的关系才来到上海 ____________

9. A 但中国人这样做的原因往往不是为了吃饭
B 大家都知道中国人很喜欢请朋友吃饭
C 而是借这个机会跟朋友见见面、聊聊天 ____________

10. A 很多人喜欢去大商场购物
B 而是因为商场的东西质量好，让人放心
C 这并不是因为他们有花不完的钱 ____________

11. A 学习外语时一定要多说多练
B 这样才能使自己进步得更快
C 即使说错了，也不要害羞 ____________

12. A 因此很容易和别人相处
B 性格外向的人一般都比较活泼
C 他们很自信，也常照顾别人 ____________

13. A 即使上了中学，他们对我的要求仍然很多
B 那时候我真的很羡慕我的同学
C 小时候父母对我要求非常严格 ____________

14. A 时间就像河里的水
B 人的生命也是一样的
C 流了过去就不可能再回来 ____________

15. A 有些人认为应该每天都洗头发
B 但是有研究发现
C 长时间这样，头发很容易变干变黄 ____________

16. A 前段时间她一直在忙着减肥
B 每天只吃一些水果和牛奶
C 结果只坚持了半个月就被送进了医院 ____________

17. A 首先是希望学会说汉语
B 很多外国人学习汉语的目的
C 然后是希望了解中国的文化 ____________

18. A 随着经济的发展
B 因此，很多人选择离开大城市
C 城市的环境变得越来越差 ____________

19. A 现在用 E-mail 联系的人越来越多
B 很多人打开电脑的第一件事就是查看 E-mail
C 我也是这样 ____________

20. A 当孩子们学习成绩不好时
B 而应该给孩子们更多的鼓励
C 父母们不应该随便批评 ____________

21. A 因为同学们经常会在一起唱歌、跳舞
B 在中国留学的那段日子最值得我回忆
C 更重要的是认识了我的妻子 ____________

22. A 就是想借这个机会看看我的父母
B 其实没有什么特别的原因
C 我打算今年放寒假的时候回国一趟 ____________

23. A 不过价格太贵了，比超市至少要贵一倍
B 所以很多人坐火车旅行时都会提前买很多吃的东西上车
C 虽然火车上有各种各样吃的可以买 ____________

24. A 因为文化就在人们的日常生活中
B 与中国人一起生活一段时间其实是个好办法
C 怎样才能更好地理解中国文化呢 ____________

25. A 所以还没来得及打开
B 您送我的礼物我昨天就已经收到了
C 只是我昨天实在太忙了 ____________

2. 请选出正确答案。

1. 我今年寒假想去上海看一看。我英语很好，只会说一点儿汉语，但我知道在上海人们都说汉语，不知道我是否能用英语与他们交流呢？

★他在担心什么？

A 语言　B 吃饭　C 不同的文化　D 交通

2. 适当地看看电视对人们的生活会有积极的影响，比如使人放松、实时地了解信息，但很多人花费了太多的时间在看电视上，这不仅不会对身体有帮助，反而对身体有害。

★看电视时间太长的话，会：

A 对健康有好处　　B 能让人放松
C 对身体有害　　D 实时地了解信息

3. 现在的年轻人更喜欢上网了解新闻，而不是通过看电视来了解信息。相反的，老年人则更喜欢看电视。

★老年人了解信息的方式主要是：

A 上网　B 看电视　C 上网和看电视　D 其他

4. 随着科学技术的发展，人们的生活水平提高了，电脑、手机、电视、汽车等走进了千家万户，但环境的污染也越来越严重了。

★通过这段话，可以知道：

A 电脑不太多　　B 生活压力大
C 环境污染很严重　　D 生活水平不高

5. 明天导游会带大家去湖边走一走，那边还有一个大商店，你们可以顺便在那儿逛逛。

★这些人最有可能在干什么？

A 看电影　B 买衣服　C 看医生　D 旅游

6. 玛丽建议我最好寒假的时候再回家，虽然那时候天气稍微冷点儿，但机票打完折后确实便宜多了。

★玛丽为什么建议我寒假的时候再回家？

A 天气暖和　B 天气很冷　C 机票便宜　D 时间很多

7. 今天晚餐非常丰富，有很多水果和蛋糕，特别是还有她最喜欢吃的巧克力。但当她看到自己这么胖时，她回到了自己的房间。

★她最可能吃什么？

A 巧克力　B 水果　C 蛋糕　D 什么都不吃

8. 毕业的时候，他的工作不太理想，但他没有放弃，这么多年的坚持和努力终于使他成为了一个非常成功的人。

★他为什么能成功？

A 有理想　　B 坚持和努力　　C 愿意放弃　　D 自信

9. 现在越来越多的人喜欢骑自行车上班，因为虽然下雨的时候不太方便，但是骑自行车既便宜又方便，不会堵车，而且还能锻炼身体，保护环境。

★关于选择骑自行车的好处，以下不正确的是：

A 方便又便宜　　B 能锻炼身体　　C 不怕下雨　　D 不容易堵车

10. 我的朋友最近总是觉得头很疼，他以为自己得了很严重的病，心里很担心，所以昨天他去医院做了一个全身检查。检查以后医生说他没有什么大问题，可能是因为最近工作压力太大了。

★我的朋友最近：

A 得了重病　　B 肚子疼　　C 没有压力　　D 总是头疼

11. 来中国以前，我一直以为北京是中国最大的城市。可是等我在中国生活了一年以后，我才发现上海比北京还大，人口也比北京多很多。

★根据这段话，我们可以知道：

A 北京最大　　B 上海比北京大

C 我还没来过中国　　D 北京人口最多

12. 每个人的一生都会经历很多事情，有些事情会让你很开心，有些事情会让你很伤心。遇到开心的事儿时，我们应该保持冷静。遇到伤心的事情时我们也不要抱怨。

★遇到伤心的事儿时我们应该：

A 开心　　B 保持冷静　　C 抱怨　　D 不要抱怨

13. 小时候，我们的生活条件很差，有时候就连吃饱都是一件很难的事儿，更不用说吃好吃的了，可是我们的身体都很健康。现在的孩子生活条件比我们那时候好多了，每天想吃什么就可以吃到什么，可是却总是要经常往医院跑。

★根据这段话，我们可以知道现在的孩子：

A 生活条件很差　　B 身体很健康　　C 生活条件很好　　D 不常生病

14. 我爷爷很年轻的时候就到国外留学了，毕业以后又在国外工作了好几年。我爸爸五岁的时候，他才回到中国工作，现在爷爷常常给我讲他在国外的经历。我觉得他在国外的生活虽然很辛苦，但是也很有意思。

★关于爷爷，以下不对的是：

A 在国外留过学　　B 在国外工作过

C 五岁就出国了　　D 在国外的生活很辛苦

15. 小时候，对于大人的话，孩子们总是不当一回事儿，常常左耳朵进，右耳朵出。等他们长大以后才发现大人们往往是对的，可是等到那个时候再后悔，常常已经来不及了。

★对于大人的话，孩子们应该：

A 左耳朵进　　B 重视　　C 不当一回事儿　　D 右耳朵出

16. 谁都知道抽烟不但对自己的身体不好，对周围人的健康也会产生很大的影响。但是很多喜欢抽烟的人，在他们需要抽烟的时候，却不管身边的人是孩子还是女人，就开始抽烟，这真让人受不了。

★这段话是抱怨谁的？

A 女人　　B 抽烟的人　　C 孩子　　D 男人

17. 很多女人都觉得结婚以后虽然跟丈夫的感情仍然不错，但是却没有结婚以前那么浪漫了，有时候丈夫连结婚纪念日都不记得，更不用说给她们送礼物了，这让她们觉得很失望，甚至有时候会很伤心。

★很多女人觉得结婚以后：

A 跟丈夫感情不好　　B 生活不够浪漫　　C 总是很开心　　D 总是很后悔

18. 如果你给中国朋友送礼物，有些东西一定要注意。以前中国人喜欢送吃的、喝的或用的。现在，随着生活水平的提高，人们送的礼物也发生了变化，更多的是送一些鲜花或艺术品。礼物不一定要很贵，但质量一定要好，而且最好是对方喜欢的。

★现在给中国朋友送什么礼物最好？

A 日用品　　B 贵的　　C 吃的　　D 朋友喜欢的

19-20. 本公司现招聘职员，要求如下：

博士，经济学专业，普通话标准，熟悉电脑，有五年以上工作经验。请符合招聘要求的人在本月 25 日以前带上本人的博士毕业证书和两张一寸照片到同济大学经济管理学院 303 室面试。

★这个公司在做什么？

A 介绍职员　　B 招聘职员　　C 进行面试　　D 学习电脑

★这个公司招聘的人要求什么专业？

A 计算机　　B 管理学　　C 经济学　　D 语言学

21-22. 现在在中国非常流行减肥，尤其是女孩子。我觉得中国的女孩子都不胖，但是她们却总觉得自己太胖了，总是希望能瘦一点儿，再瘦一点儿。所以很多女孩子都拒绝吃各种肉类、糖类食品，有些女孩子甚至连饭都不吃，只吃水果。时间长了，身体越来越差。我觉得，漂亮虽然很重要，但是健康更重要。

★为了减肥，有些女孩子选择：

A 只吃肉类　　B 只吃水果　　C 只吃糖类　　D 什么都不吃

★作者觉得什么最重要？

A 减肥　　B 漂亮　　C 健康　　D 瘦

23-24. 有的人喜欢在大城市生活，有的人喜欢在小城市生活。其实生活在大城市和小城市各有各的优点和缺点。大城市的工资比较高，工作机会也更多，但是东西也更贵，因此生活和工作的压力也很大。小城市呢，环境美丽，工资虽然不高，可是东西也比较便宜，因此生活压力不大，不过没有大城市那么热闹、精彩。

★生活在大城市的人：

A 工资不高　　B 机会更多　　C 压力不大　　D 没有缺点

★关于小城市，下列哪个不正确？

A 工资不高　　B 环境美丽　　C 压力很大　　D 东西不贵

25-26. 老马最喜欢聊天儿。有一天去看朋友时，他和朋友从下午 3 点一直聊到晚上 12 点。后来朋友实在太累了，就对他说："老马，我明天早上还要上班呢。"老马这才想起来自己是在朋友家，马上对朋友说："真不好意思，我还以为这是在我家呢。"

★老马和朋友聊了多长时间？

A 3 个小时　　B 12 个小时　　C 9 个小时　　D 一天

★他们在哪儿聊天？

A 在老马家　　B 在朋友家

C 在朋友的办公室　　D 在老马的办公室

27-28. 我们对今年毕业的大学生的工作情况进行了一个调查，从每个专业选择了100个毕业生。其中医学专业的学生100%都找到了工作，经济专业的90%找到了工作，历史专业的只有65%，比法律专业的还少10%。

★这是关于大学生的什么调查？

A 工作　　B 专业　　C 大学　　D 人数

★最不好找工作的专业是：

A 医学　　B 经济　　C 历史　　D 法律

29-30. 这几年我家的邻居张阿姨的生活变化可大了，大儿子三年前就在公司当上了经理，小儿子也已经大学毕业了，现在在一家医院当大夫。可是一提到大儿子，张阿姨就着急，都30多岁了，连女朋友还没有呢。

★谁在医院工作？

A 张阿姨　　B 张阿姨的大儿子

C 张阿姨的小儿子　　D 张阿姨的邻居

★张阿姨为什么着急？

A 大儿子没当上经理　　B 小儿子还没毕业

C 大儿子身体不好　　D 大儿子还没有女朋友

3. 完成句子。

1. 公司　学生　招聘了　许多　刚毕业的　________________
2. 听懂　能　他　老师　说的话　________________
3. 书　的　怎么样　这本　内容　________________
4. 速度　这辆车　的　特别　快　________________
5. 中国城市的　正在　慢慢地　提高　生活水平　________________
6. 特别为小学生　做的　这种服装　是　________________
7. 太极拳　很漂亮　打得　体育老师的　________________
8. 已经　全市人口　300万　增加了　________________
9. 机场　推迟　起飞时间　通知　________________
10. 对　很热情　他　客人　________________

11. 好处　喝牛奶　对皮肤　很有 ______________________

12. 她　陪外国朋友　去外滩　看看　打算 ______________________

13. 个　又累又渴　那　穿蓝衣服的女孩儿 ______________________

14. 孩子们　打篮球的声音　弄醒了　把老人 ______________________

15. 口语水平　经常回答问题　提高　能 ______________________

16. 暂停营业　大风雪　让他的商店　不得不 ______________________

17. 水平　演员们的演出　他们现在的　超出了 ______________________

18. 派他　访问中国　你　最好　别 ______________________

19. 希望　我　通过　顺利　考试 ______________________

20. 不明白　难道你　连这么简单的问题　也 ______________________

21. 进行了　领导们　讨论　在会议室 ______________________

22. 那个学校　留学生的数量　打算　减少 ______________________

23. 非常　多　通过人数　这次考试　的 ______________________

24. 电话卡　是　一种　IP 卡 ______________________

25. 妹妹　吃不下饭　得　难过 ______________________

26. 完全　考试的　那样写　符合　具体要求 ______________________

27. 有帮助　这本书　对　学习汉语　十分 ______________________

28. 引起　了　很多人的　这篇文章　注意 ______________________

29. 举办　学校　文化活动　决定　一次 ______________________

30. 那位　深受　老师　学生的欢迎　优秀的 ______________________

4. 看图，用词造句。

1. 烦恼

____

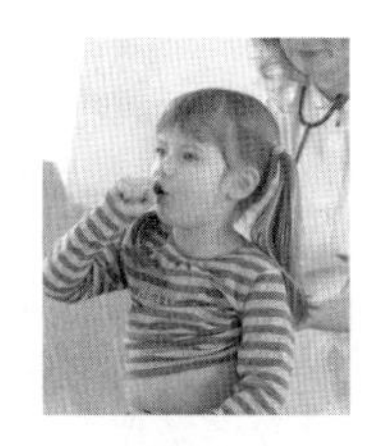

2. 检查

____

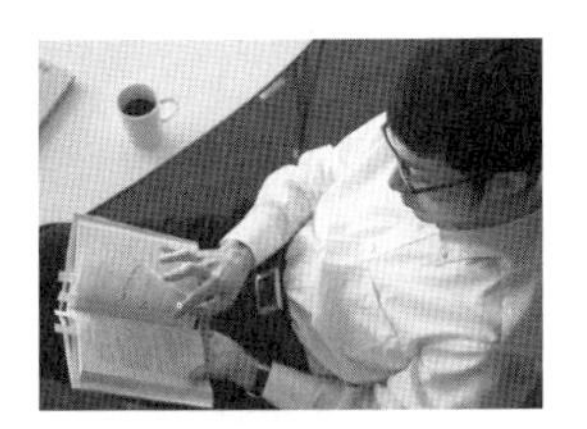

3. 研究

4. 通知

5. 画

6. 应聘

7. 丰富

8. 衬衫

9. 蛋糕

10. 感动

11. 爱好

12. 表演

13. 厚

14. 整理

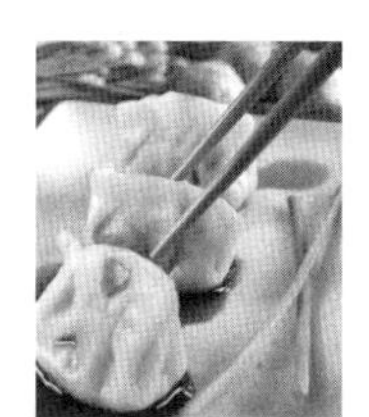

15. 好吃

자기평가 및 모의100제 정답

1-5. BECAD　6-10. BACED　11-15. DBECA　16-20. EACBD

21. 弟弟把药吃了吗?
22. 那道题没有标准答案。
23. 姐姐比妹妹跑得快。
24. 我代表学校向你们表示感谢。
25. 报纸上报道了那条消息。

26. 他们大学毕业了。
27. 弟弟比哥哥矮很多。
28. 他们正在搬箱子呢。
29. 这个孩子吃饱了。/ 她吃得很饱。
30. 他们受到了表扬，非常高兴。

1-5. CEDAB　6-10. CDAEB　11-15. EDCBA　16-20. ADCEB

21. 每学期学习的人数都超过了一千人。
22. 你参加四月份举办的汉语水平考试了吗?
23. 生活的压力让我不得不努力工作。
24. 抽烟对身体一点儿好处也没有。
25. 前面那个穿红衣服的女孩儿是我朋友。

26. 这家餐厅的环境很好。
27. 她正在擦鼻子呢。
28. 冰箱里有很多食品。/ 冰箱里有很多吃的和喝的东西。
29. 这家饭馆的菜很好吃。/ 多吃菜对身体好。
30. 她在想今天穿哪件衣服。

1-5. BDEAC　6-10. BAEDC　11-15. ECBAD　16-20. BEADC

21. 她打算买一本汉语词典。
22. 那个戴红帽子的女孩儿跑得很快。

23. 这道题以老师的答案为标准答案。
24. 他代表经理参加会议。
25. 请帮我把这份文件打印三份。

26. 他们正在等车呢。
27. 商场里的衣服打折了。
28. 他们正在打篮球呢。/ 他们很喜欢打篮球。
29. 大夫正在给孩子看病呢。
30. 我常常乘坐地铁。/ 地铁是一种很方便的交通工具。

4일

1-5. CEDBA 6-10. BACDE 11-15. EADBC 16-20. BCADE

21. 他能听懂汉语广播。
22. 你发现问题的原因了吗?
23. 这次考试的范围非常大。
24. 放暑假时我常常去别的城市旅行。
25. 现在人们常常用电脑收发电子邮件。

26. 她们正在锻炼身体呢。/ 她们喜欢锻炼身体。
27. 这个女孩儿把书放在了头上。
28. 他正在看电视呢。/ 他喜欢看电视。
29. 猴子是我最喜欢的动物。/ 这种动物很可爱。
30. 这个小孩儿的肚子很疼。

5일

1-5. DAEBC 6-10. DBAEC 11-15. EADBC 16-20. CEABD

21. 上海的高楼更多。
22. 哥哥个子比弟弟高。/ 哥哥比弟弟个子高。
23. 我非常喜欢会打篮球的人。
24. 他现在的工资超过了五千。
25. 你一定要向他表示感谢。

26. 听到这个消息，他非常高兴。
27. 她告诉了朋友一个好消息。/ 她把这件事告诉了朋友。

28. 这个房间很干净。/ 他家的客厅非常干净。

29. 为我们的友谊干杯。

30. 她非常喜欢购物。/ 休息的时候，她常常去购物。

1-5. EADBC　　6-10. BEADC　　11-15. DABEC　　16-20. ECBDA

21. 弟弟对汉语特别感兴趣。

22. 经常锻炼身体对老人有很多好处。

23. 我是坐国际航班来北京的。

24. 这么做不符合学校的规定。

25. 墙上挂着一幅妹妹画的画儿。

26. 这个小女孩儿很害羞。

27. 她常常逛超市，买东西。

28. 她喜欢喝果汁。/ 她正在喝果汁呢。/ 喝果汁对身体有好处。

29. 盒子里是爸爸送给她的生日礼物。

30. 刮风了，快把窗户关上吧。/ 她正在关窗户。

1-5. CAEBD　　6-10. CADBE　　11-15. BACED　　16-20. ACEDB

21. 他的努力常常获得老师的表扬。

22. 这位著名的歌星在青年人中非常受欢迎。

23. 他坚持认为别人的看法都不重要。

24. 这道题比那道题简单得多。

25. 别让减肥影响你的健康。

26. 他们正在加班呢。/ 他们每天都加班。

27. 他正在寄信。/ 他寄了很多信。

28. 这个记者正在问问题。

29. 大家觉得她的建议很不错。

30. 这个房间里的家具非常漂亮。

1-5. ADCBE　　6-10. CABDE　　11-15. CDEAB　　16-20. DECBA

21. 他决定照一下镜子。
22. 那个警察拒绝解释这个问题。
23. 我的自行车叫朋友借走了。
24. 这次活动是由那家博物馆举办的。
25. 街道两旁摆着很多鲜花。

26. 今天我姐姐跟她的男朋友结婚了。/ 今天他们结婚了。
27. 比赛正在进行。/ 他们正在进行比赛。
28. 我觉得今天的表演很精彩。/ 这个节目真的非常精彩。
29. 他们正在考试，看上去一点也不紧张。
30. 地铁站里禁止吸烟。

1-5. DBACE　　6-10. CEDAB　　11-15. BACED　　16-20. DBAEC

21. 我觉得中国菜又辣又咸。
22. 我觉得每天开心比什么都重要。
23. 他们夫妻俩对客人总是非常热情。
24. 他一直穿着那条蓝色的裤子。
25. 这是一部浪漫的爱情故事片。

26. 这个孩子笑得真可爱。
27. 听到那个消息，她伤心地哭了。
28. 请把垃圾扔到垃圾桶里去。
29. 我觉得这种药非常苦。
30. 我买了一瓶矿泉水。

10일

1-5. BAECD　　6-10. EBCAD　　11-15. CBDAE　　16-20. EDACB

21. 我对中国历史一点儿也不了解。
22. 请您慢点儿说可以吗？ / 请您说慢点儿可以吗？
23. 洗手间的墙上挂着一条绿色的旧毛巾。
24. 他的汉语说得比我流利多了。

25. 路上刚开过去一辆空出租车。
26. 妈妈把毛巾洗得很干净。/ 酒店为客人准备好了干净的毛巾。
27. 我喜欢到世界各地去旅行。
28. 看起来他对这些衣服很满意。
29. 我的理想是当一名医生。
30. 这是爸爸妈妈送给我的礼物。

1-5. ABDEC　6-10. CBEAD　11-15. BACDE　16-20. BCAED

21. 刚修好的手机又被儿子弄坏了。
22. 我相信儿子有能力自己解决这个问题。
23. 这本书的内容你看得懂吗? / 你看得懂这本书的内容吗?
24. 一名优秀的教师最需要的就是耐心。
25. 我每天都要跑一个小时的步。
26. 她最喜欢吃这种面条儿。/ 这种面条儿非常好吃。
27. 他们正在爬山。/ 周末的时候, 我常跟朋友们一起去爬山。
28. 登山时如果不带地图, 很容易迷路。
29. 这些盘子真漂亮啊! / 我非常喜欢这些盘子。
30. 她最近变得很胖。

1-5. ECBDA　6-10. ABEDC　11-15. DCABE　16-20. ABDEC

21. 你发现他们俩的区别在哪儿了吗?
22. 我们每个人都有自己的优点和缺点。
23. 他又被骗了 500 块钱。
24. 他比他妻子的脾气好得多。
25. 无论遇到什么困难他都不怕。
26. 报纸上的一篇文章让他很感兴趣。/ 他很认真的在读报纸上的一篇文章。
27. 这条裙子是妈妈送给我的礼物。
28. 你喜欢吃巧克力吗?
29. 她正在轻轻地敲朋友的房门。/ 进别人的房间之前,应该先轻轻地敲门。
30. 他们经常一起骑自行车去旅游。

1-5. CDABE 6-10. CBAED 11-15. BACED 16-20. CDBAE

21. 大家都认为可以把会议推迟到下个星期。
22. 中国人对客人总是非常热情的。
23. 我们今年的任务是把汉语学好。
24. 你听出来这是什么声音了没有？
25. 中医有时候会使用一种很细的针给病人看病。
26. 我习惯用勺子。

27. 他生病了，正在房间里休息。
28. 这个女孩儿正在打扫别人扔的垃圾。
29. 他上班经常迟到，每次都跑得很快。
30. 他们俩吵架了，现在都非常生气。

1-5. EABDC 6-10. ECDBA 11-15. EABCD 16-20. DBECA

21. 请重新排列一下这些数字的顺序。
22. 我对他们家附近的情况不太熟悉。
23. 叔叔让我陪爷爷去医院看病。
24. 爸爸送了女儿一辆自行车做生日礼物。
25. 上个月的三场比赛他都输了。

26. 她正在卫生间里刷牙。/ 她每天要刷两次牙。
27. 这种水果非常酸。/ 我不喜欢吃这种很酸的水果。
28. 他是一个很帅的男人。/ 这个男人打扮得很帅。
29. 她对他悄悄地说了这件事。/ 这件事你不能对别人说。
30. 这个房间看上去很舒服。

15일

1-5. ACDEB 6-10. ECDAB 11-15. DAECB 16-20. CABDE

21. 通过 HSK 考试的关键就是记住生词和语法。
22. 昨天下午学校突然通知师生们提前放暑假。
23. 老板完全同意我对这个问题的看法。
24. 两个建筑师正在讨论怎么建房子。

25. 今年夏天的天气比去年好得多。

26. 玛丽的头很疼，你最好陪她去医院看看。
27. 在新年晚会上，他们跳舞跳得好极了。
28. 她躺在沙发上看书，看了一会儿就睡着了。
29. 马克昨天买的西瓜很甜。
30. 妈妈正在教她弹钢琴。/ 妈妈陪孩子一起弹钢琴。

16일

1-5. DBAEC　6-10. DBCAE　11-15. CADEB　16-20. CEDAB

21. 国际旅行社为我们做了一个详细的旅游计划。
22. 那座山看起来像一头大象的鼻子。
23. 每天坚持喝这种茶对减肥特别有效果。
24. 他正在想一个让人非常头疼的问题。
25. 洗衣机把洗衣服变成了一件很容易的事。

26. 这盘北京烤鸭的味道一定很好。
27. 这杯咖啡闻起来很香。
28. 宝宝很喜欢洗澡，因为他可以玩水。
29. 玛丽经常讲笑话，我们都很喜欢她。
30. 爷爷听到了一个好消息，所以高兴极了。

17일

1-5. AECDB　6-10. EDABC　11-15. DABCE　16-20. CEABD

21. 罗兰最近对亚洲文化比较感兴趣。
22. 我们一定要对自己有信心。
23. 在同济大学学习汉语是一个不错的选择。
24. 老师希望同学们养成上课从不迟到的好习惯。
25. 越来越多的人喜欢使用信用卡购物。

26. 他们分手了，所以心情很不好。
27. 当听到自己通过 HSK 考试的消息时，她非常兴奋。
28. 已经早上六点了，她还没有醒。
29. 今天的演出非常精彩。
30. 这本书有点儿厚，看起来有几百页。

1-5. DEBCA 6-10. ADBEC 11-15. CADBE 16-20. AEDBC

21. 他的性格跟爸爸的完全不一样。
22. 中国以北京时间为标准时间。
23. 酒后开车容易引起严重的交通事故。
24. 那个穿白色衬衫的小伙子是来应聘 的。
25. 小李对自己的朋友非常友好。

26. 他很喜欢游泳，而且游得很好。
27. 罗兰经常锻炼身体，最喜欢的运动是打羽毛球。
28. 这位演员很有名，他演过很多电影。
29. 这三种饮料我都爱喝。
30. 学校附近有一个邮局。

19일

1-5. BCDEA 6-10. EACBD 11-15. BADEC 16-20. DCEAB

21. 真正的友谊值得我们好好保护。
22. 父母都有责任照顾自己的孩子。
23. 每个周末田芳都会整理她的房间。
24. 这是一本非常好看的杂志。
25. 打乒乓球是很多中国人都喜欢的一种运动。

26. 他们的头和衣服都弄得很脏。
27. 这是我们全家的照片，有爷爷、奶奶、爸爸、妈妈、姐姐和我。
28. 杰克刚买了一台新的照相机，看起来很专业。
29. 这种植物看上去很漂亮。
30. 这个公司正在招聘高级技术员。

20일

1-5. BAECD 6-10. BCAED 11-15. DBEAC 16-20. AECDB

21. 我们应该尊重我们的老师。
22. 他通过不断地努力终于考上了大学。
23. 多练习口语让我的汉语水平慢慢地提高了。
24. 我祝同学们明年五月顺利通过 HSK 考试。

25. 最好换一个你特别喜欢的专业。

26. 这些箱子太重了。

27. 天安门是北京最著名的建筑之一。

28. 剧场里有很多空座位。

29. 大家一起祝贺她生日快乐。

30. 这些学生正在仔细地写作业。

21일

1. CAB 2. BCA 3. CBA 4. ACB 5. ACB

6. ACB 7. BAC 8. ACB 9. BAC 10. ACB

11. ACB 12. BCA 13. CAB 14. ACB 15. ABC

16. ABC 17. BAC 18. ACB 19. ABC 20. ACB

21. BAC 22. CBA 23. CAB 24. CBA 25. BCA

1-5. ACBCD 6-10. CDBCD 11-15. BDCCB

16-20. BBDBC 21-25. BCBCC 26-30. BACCD

1. 公司招聘了许多刚毕业的学生。

2. 他能听懂老师说的话。

3. 这本书的内容怎么样?

4. 这辆车的速度特别快。

5. 中国城市的生活水平正在慢慢地提高。

6. 这种服装是特别为小学生做的。

7. 体育老师的太极拳打得很漂亮。

8. 全市人口已经增加了 300 万。

9. 机场通知推迟起飞时间。

10. 他对客人很热情。

11. 喝牛奶对皮肤很有好处。

12. 她打算陪外国朋友去外滩看看。

13. 那个穿蓝衣服的女孩儿又累又渴。

14. 孩子们打篮球的声音把老人弄醒了。

15. 经常回答问题能提高口语水平。

16. 大风雪让他的商店不得不暂停营业。
17. 演员们的演出超出了他们现在的水平。
18. 你最好别派他访问中国。
19. 我希望顺利通过考试。
20. 难道你连这么简单的问题也不明白?
21. 领导们在会议室进行了讨论。
22. 那个学校打算减少留学生的数量。
23. 这次考试的通过人数非常多。
24. IP 卡是一种电话卡。
25. 妹妹难过得吃不下饭。
26. 那样写完全符合考试的具体要求。
27. 这本书对学习汉语十分有帮助。
28. 这篇文章引起了很多人的注意。
29. 学校决定举办一次文化活动。
30. 那位优秀的老师深受学生的欢迎。

1. 工作的事情让她很烦恼。
2. 大夫正在给她检查身体。
3. 他在认真研究这本书的内容。
4. 她打电话通知我明天去旅行。
5. 他正在画画儿。/ 他喜欢画画儿。
6. 他去了一家大公司应聘。
7. 今天的晚饭真丰富。
8. 她今天穿的衬衫很漂亮。
9. 今天是她的生日，爸爸妈妈给她买了一个好吃的生日蛋糕。
10. 今天的晚餐很浪漫，很让人感动。
11. 他爱好打篮球。/ 他的爱好是打篮球。
12. 她正在表演京剧呢。
13. 这几本书都很厚。
14. 她已经把床整理好了。
15. 这种饺子很好吃。

新HSK 1-4급 기출어휘 목록표

〈1급〉

1	八月	Bāyuè	팔월
2	茶杯	chábēi	찻잔
3	吃饭	chīfàn	밥을 먹다
4	打车	dǎchē	택시를 타다
5	大学	dàxué	대학교
6	电影院	diànyǐngyuàn	영화관
7	汉字	Hànzì	한자
8	后天	hòutiān	모레
9	回来	huílái	돌아오다
10	回去	huíqù	돌아가다
11	今年	jīnnián	올해
12	开车	kāichē	운전하다
13	里面	lǐmiàn	~ 안에
14	明年	míngnián	내년
15	那里	nàlǐ	거기
16	你们	nǐmen	너희들
17	上面	shàngmiàn	위
18	书店	shūdiàn	서점
19	他们	tāmen	그들
20	听见	tīngjiàn	들리다
21	午饭	wǔfàn	점심 식사
22	下面	xiàmiàn	아래
23	星期一	xīngqīyī	월요일
24	学车	xuéchē	주행연습
25	一些	yìxiē	일부
26	有点儿	yǒudiǎnr	조금
27	这儿	zhèr	여기

28	住院	zhùyuàn	입원하다
29	坐车	zuòchē	차를타다
30	做饭	zuòfàn	밥을 짓다

〈2급〉

1	白色	báisè	흰색
2	病人	bìngrén	환자
3	不错	búcuò	나쁘지 않다
4	茶馆	cháguǎn	찻집
5	出去	chūqù	나가다
6	出院	chūyuàn	퇴원하다
7	电视机	diànshìjī	텔레비전
8	房子	fángzi	집
9	鸡肉	jīròu	닭고기
10	进站	jìn zhàn	역에 들어오다
11	咖啡馆	kāfēiguǎn	카페
12	旅馆	lǚguǎn	여관
13	那边	nàbiān	저쪽
14	奶茶	nǎichá	밀크티
15	男孩	nánhái	남자 아이
16	女孩	nǚhái	여자 아이
17	上课	shàngkè	수업하다
18	它们	tāmen	그들, 그것들
19	外面	wàimiàn	~밖에
20	晚饭	wǎnfàn	저녁 식사
21	下班	xiàbān	퇴근하다
22	下雪	xiàxuě	눈이 오다
23	星期日	xīngqīrì	일요일
24	早饭	zǎofàn	아침 식사

〈3급〉

1	班级	bānjí	반
2	办公楼	bàngōnglóu	사무실 건물
3	北门	běimén	북문
4	草地	cǎodì	잔디
5	春季	chūnjì	봄
6	蛋糕店	dàngāodiàn	제과점
7	地铁站	dìtiězhàn	지하철역
8	电影节	diànyǐngjié	영화제
9	电子词典	diànzǐ cídiǎn	전자사전
10	电子邮箱	diànzǐ yóuxiāng	전자 우편, 이메일
11	电子游戏	diànzǐ yóuxì	컴퓨터 게임
12	东北	dōngběi	동북쪽
13	东边	dōngbian	동쪽
14	动物园	dòngwùyuán	동물원
15	放学	fàngxué	수업을 마치다
16	花瓶	huāpíng	꽃병
17	花园	huāyuán	화원
18	会议室	huìyìshì	회의실
19	开会	kāihuì	회의를 하다
20	楼梯	lóutī	계단
21	门口	ménkǒu	입구
22	名单	míngdān	명단
23	名人	míngrén	유명인사
24	南方	nánfāng	남방
25	南面	nánmiàn	남쪽
26	前年	qiánnián	재작년
27	钱包	qiánbāo	지갑
28	书包	shūbāo	책가방
29	体育馆	tǐyùguǎn	체육관

30	外地	wàidì	외지
31	夏天	xiàtiān	여름
32	箱子	xiāngzi	상자
33	校园	xiàoyuán	캠퍼스
34	以后	yǐhòu	~이후
35	游客	yóukè	관광객
36	雨季	yǔjì	장마철, 우기
37	雨伞	yǔsǎn	우산
38	遇见	yùjiàn	만나다
39	运动会	yùndònghuì	운동회
40	运动鞋	yùndòngxié	운동화
41	怎么办	zěnmebàn	어떡하지(요)?
42	照相馆	zhàoxiàngguǎn	사진관
43	周日	zhōurì	일요일
44	字典	zìdiǎn	사전
45	做客	zuòkè	손님이 되다

〈4급〉

1	保修期	bǎoxiūqī	보증 기간
2	餐桌	cānzhuō	식탁
3	茶叶	cháyè	찻잎
4	长处	chángchù	장점
5	车窗	chēchuāng	차창
6	车速	chēsù	차 속도
7	成败	chéngbài	성패
8	乘客	chéngkè	승객
9	传真机	chuánzhēnjī	팩스
10	存放	cúnfàng	맡기다
11	打败	dǎbài	패배
12	打印机	dǎyìnjī	프린터

13	大海	dàhǎi	대해
14	电视剧	diànshìjù	드라마
15	房租	fángzū	집세
16	肥胖	féipàng	비만하다
17	丰富多彩	fēngfù-duōcǎi	풍부하고 다채롭다
18	风速	fēngsù	풍속
19	服务区	fúwùqū	휴게소, 안내데스크
20	父母	fùmǔ	부모
21	付费	fùfèi	지불하다
22	复印机	fùyìnjī	복사기
23	富有	fùyǒu	부유하다
24	购买	gòumǎi	구매하다
25	观看	guānkàn	관람하다
26	海水	hǎishuǐ	해수
27	寒冷	hánlěng	춥다
28	坏处	huàichù	단점
29	环保	huánbǎo	환경보호
30	货物	huòwù	화물
31	获取	huòqǔ	획득하다
32	加倍	jiābèi	배가하다, 갑절이 되게 하다
33	加入	jiārù	더하다, 가입하다
34	价钱	jiàqián	가격
35	减轻	jiǎnqīng	가볍게 하다, 경감하다
36	奖学金	jiǎngxuéjīn	장학금
37	降价	jiàngjià	값을 내리다
38	降温	jiàngwēn	온도를 내리다
39	交谈	jiāotán	이야기하다
40	金钱	jīnqián	돈
41	进入	jìnrù	들어가다
42	景点	jǐngdiǎn	관광 명소

43	警察局	jǐngchájú	경찰서
44	举例	jǔlì	예를 들다
45	科技	kējì	과학 기술
46	快速	kuàisù	신속하다
47	垃圾袋	lājīdài	쓰레기 봉투
48	礼拜六	lǐbàiliù	토요일
49	例子	lìzi	예
50	留言	liúyán	메모를 남기다
51	旅程	lǚchéng	여정
52	美好	měihǎo	(생활 · 앞날 · 희망 등이) 아름답다
53	美景	měijǐng	아름다운 풍경
54	美味	měiwèi	맛있는 음식
55	能够	nénggòu	능히, …할 수 있다
56	女性	nǚxìng	여성
57	牌子	páizi	상표
58	气温	qìwēn	기온
59	亲情	qīnqíng	혈육간의 정
60	取得	qǔdé	취득하다
61	全身	quánshēn	전신
62	入睡	rùshuì	잠이 들다
63	入学	rùxué	입학하다
64	山区	shānqū	산간 지대
65	商场	shāngchǎng	상점
66	时速	shísù	시속
67	售票员	shòupiàoyuán	매표원
68	树叶	shùyè	나뭇잎
69	孙女	sūnnǚ	손녀
70	谈话	tánhuà	(두 사람 이상이 함께) 이야기하다
71	谈论	tánlùn	토론하다
72	提交	tíjiāo	(문제를) 제기하다

73	体温	tǐwēn	체온
74	听众	tīngzhòng	청중
75	停车	tíngchē	주차하다
76	停止	tíngzhǐ	정지하다
77	网页	wǎngyè	홈페이지
78	网址	wǎngzhǐ	홈페이지 주소
79	午餐	wǔcān	점심 식사
80	细心	xìxīn	세심하다
81	下降	xiàjiàng	줄어들다, 떨어지다
82	香味	xiāngwèi	향기
83	信箱	xìnxiāng	우편함
84	选购	xuǎngòu	선택하여 사다
85	选取	xuǎnqǔ	골라잡다
86	研究生	yánjiūshēng	대학원생
87	用处	yòngchù	쓸모
88	友情	yǒuqíng	우정
89	原价	yuánjià	원가
90	暂停	zàntíng	일시 정지하다
91	增多	zēngduō	많아지다, 증가하다
92	增进	zēngjìn	증진하다
93	增长	zēngzhǎng	늘어나다, 증가하다
94	之后	zhīhòu	~ 이후
95	之间	zhījiān	사이
96	之前	zhīqián	이전
97	之所以	zhīsuǒyǐ	~ 의 이유, ~ 한 까닭
98	指出	zhǐchū	지적하다, 가리키다
99	住址	zhùzhǐ	주소
100	租金	zūjīn	임대료
101	做梦	zuòmèng	꿈을 꾸다